穿过迷雾

巴菲特投资与经营思想之我见

任俊杰◎著

中国经济出版社
CHINA ECONOMIC PUBLISHING HOUSE
·北京·

图书在版编目（CIP）数据

穿过迷雾：巴菲特投资与经营思想之我见/任俊杰著．
北京：中国经济出版社，2016.10（2025.10 重印）
ISBN 978-7-5136-4409-9

Ⅰ.①穿… Ⅱ.①任… Ⅲ.①巴菲特（Buffett，
Warren 1930-）—投资—经验 Ⅳ.①F837.124.8

中国版本图书馆 CIP 数据核字（2016）第 235146 号

责任编辑 燕丽丽
责任审读 贺 静
责任印制 李 伟
封面设计 任燕飞

出版发行 中国经济出版社
印 刷 者 河北宝昌佳彩印刷有限公司
经 销 者 各地新华书店
开 本 710mm×1000mm 1/16
印 张 26.75
字 数 400 千字
版 次 2016 年 10 月第 1 版
印 次 2025 年 10 月第 10 次
定 价 68.00 元
广告经营许可证 京西工商广字第 8179 号

中国经济出版社 **网址** www.economyph.com **社址** 北京市东城区安定门外大街 58 号 **邮编** 100011
本版图书如存在印装质量问题，请与本社销售中心联系调换（联系电话：010-57512564）

序

20 世纪 90 年代跟老任打过一场球，之后就几乎没有联系了。若干年前某天，突然发现这个曾经的外管局干部竟然也做起了投资，还颇有一些心得，所以，当他问我是否可以给他的书作序时，也就糊里糊涂答应了。作为一个既没有写过书也没有写过序的人，有个机会说点自己对投资的想法也是蛮好玩的。

其实，我从来没有系统地看过巴菲特的东西。我非常认同买股票就是买公司这个逻辑。对我来说，这个逻辑其实不是来自老巴，而是来自我自己的内心，只是后来发现老巴也是如此，而且干得很不错，从而坚定了自己的信心而已。所以，我更认为我喜欢老巴，是因为老巴是我的“同道中人”。

老巴股东信里讲的东西无非就两个：一个是“做对的事情”，就是去找好公司，关注公司长远的未来；另一个是“如何把事情做对”，就是如何找到好公司，如何看到公司的未来。

第一个问题其实就一句话，非常典型的“大道至简”，但非常难，绝大多数人在这点上过不去，所以才会过于关注市场。第二个问题，是每个人的能力圈问题，做投资，每个人都该找自己能搞懂的好企业。老巴懂的我经常不懂，我懂的老巴也可能不懂。我大致看过一些老巴的股东信，也很认真地听过他在几个大学的问答式演讲。老巴的东西语言精练、诙谐、逻辑性极强，对我来说听起来就好像听音乐一样，非常舒服。对于能看懂他的东西的人来说，这些已经足够好了；对于那些看不懂的人来说，其实就算详细讲解也是没什么用的。

当然，老任倾注多年心血，系统解读老巴的投资和经营思想，作为工具书而言，这本书还是非常有意义的，尤其是对于那些介于似懂非懂之间又很想做好投资并且懒得看英文的人而言。

总而言之，在投资里，能说的老巴都说过了，我没见过谁能比他说得更简单明了！

段永平

2016 年 8 月 30 日

目录

第四章　聊市场

第五章　说公司

前言

本书系统梳理和解读了巴菲特的投资与经营思想，其定位是：一本介绍加解读式的读物。基于这样一个定位，笔者主要做了以下三件事情：

（1）以 1977—2015 年巴菲特致股东信为基础，将巴菲特的投资与经营思想解构为 86 个既相互联系又互为独立的部分，并删减了一些笔者认为非伯克希尔股东可能不太感兴趣的内容。经过一番系统的归类整理和解读，希望可以达到如下目的：不管你是一个证券投资者，还是公司经营者，或是某项生意的所有者、债权人，当你拿起本书时，都能够很快且较为系统地找到你所需要的内容。

（2）将笔者搜集到的所有涉及巴菲特投资与经营思想（主要为 1977—2015 年巴菲特致股东信）的中文译文——只要被本书摘录——全部进行了逐句逐字的英文核对和必要的重译。之所以要这样做，是因为现有的译文水平参差不齐，且在笔者看来，有很多的错译，可能会误导那些渴望学习巴菲特投资与经营思想的读者。

（3）在对巴菲特的投资与经营思想进行摘录、归纳和整理时，本书还提供了大量的解读和辅读性资料，其目的主要有三：第一，为一些摘录提供必要的背景资料，方便读者学习与理解；第二，对那些不太了解巴菲特的读者给出一些笔者的解读，谨供参考；第三，通过这些资料，凸显巴菲特是一个价值投资的集大成者，他的许多重要思想和观点不仅源于前辈的贡献，也得到了不少后辈投资者和学者的认可与共鸣。

经过这一番内容重构后，相比直接阅读巴菲特致股东信原文，如果可以帮助您更快且更为系统地领悟到巴菲特投资思想的精彩纷呈与博大精深，那么，笔者创作的目的也就达到了。

在日常的工作和生活中，笔者除了做一些股票投资外，其他领域较少涉及，加上英文水平有限，因此本书难免存在不足和错误，请各界人士不吝赐教。本书出版后，我会在雪球个人页面连载一些与本书相关的内容，也非常高兴与读者朋友就相关问题进行更多的交流与探讨。

在写作的过程中，我得到了儿子任为（美国注册会计师，就职于深圳毕马威会计师事务所）的很多帮助（主要是英文与会计方面）。本想让他参与得更多一些，但由于他工作繁忙，只好作罢。特在此对他表示深深的感谢！除此之外，我的岳母刘朝晖女士也对本书的出版发行有过非常重要的贡献，一并在此表示由衷的感谢！

第一章

买什么

第一节 四把尺

迷雾 **在选择投资标的时，巴菲特手中是否有一个通用的标准？**

解析 **是的，我们可称其为“四把尺”。**

在 1977 年的巴菲特致股东信中，我们看到了一组可被称为“四把尺”（或“四只脚”）的投资标准：“我们选择股票时的评估方式与买进整家企业的评估方式基本一致，我们想要的企业是：（1）我们懂的生意；（2）有良好的经营前景；（3）由德才兼具的人士管理；（4）非常吸引人的价格。”

一年后，在 1978 年的致股东信中，巴菲特再次提到了这一选择标准：“只有当以下条件全部符合时，我们才会将保险公司的大部分资金投入到股票上：（1）我们懂的生意；（2）具有良好的经济前景；（3）由德才兼具的人士经营；（4）非常吸引人的价格。”

十几年后，在 1991 年的致股东信中，我们再次看到了它们——尽管表述的方式有了一些变化：“我们持续地在寻找那种拥有容易被理解、有持久性、让人垂涎三尺的生意，并且由有才干且以股东利益为导向的管理层所经营的大型企业。仅具备这些条件还不足以保证结果一定令人满意：我们还需以合理的价格买入且被投资公司的表现与我们当初所评估的结果保持一致。尽管如此，这种‘寻找超级明星’的投资方法却为我们提供了走向成功的唯一机会。查理和我天资有限，再考虑到公司目前的资金规模，我们实在无法靠着灵巧地买卖一些普通企业的股权来赚取足够的收益，我们也不认为其他人能够以这种小蜜蜂在花朵间不停地飞来飞去的方法获取长久的成功。事实上，我们认为将那些交易频繁的机构称为‘投资人’，就如同把那些热衷于寻找一夜情的行为称为‘浪漫’一样不着调。”

在 1994 年的致股东信中，“四把尺”再一次清晰地展现在我们面前：“我们的投资继续保持集中、简单的风格：一个重要的投资理念完全可以用简单的一句话来说明。我们喜欢的生意必须具有长久的竞争优势并且由有才干并能以股东利益为导向的经理人所管理。当这些条件全部具备时，如果再能以一个合理的价格买进，那么出错的机会是很小的（这也是我们一直需要面对的挑战）。”

抓要点：四把尺缺一不可并同时适用于股票投资和企业收购。

关键词：全部符合、超级明星、唯一机会、小蜜蜂、出错机会。

第二节　能力圈

迷雾　如何正确把握巴菲特提出的能力圈概念？

解析　它包含了多层含义。

易了解才风险可控

在 1993 年的致股东信中，巴菲特是这样描述能力圈的：“每个投资人都会犯错，但只要将自己限制在少数几个容易了解的投资对象上，一个有智慧、有知识和勤勉的投资人，一定能够将风险控制在一个可控的范围内。”

简单而美丽

在 1994 年的致股东信中巴菲特提出，投资回报并不与标的复杂程度成正比。“投资人应当了解，你的投资成绩与奥运跳水比赛的计分方式并不相同，难度高低一点都不重要。你正确投资一家有着单一成功要素、简单易懂并且可持久保持下去的公司，与你投资一家有着多项竞争变量且复杂难懂的公司相比，即使后者已经过你缜密而深入的分析，它们的回报最终也差不了多少。”

知晓边界

在 1996 年的致股东信中，在谈到有关能力圈的话题时，我们看到了一个非常重要的观点：“有智慧的投资并不复杂，虽然也远不能说它很简单。投资人真正需要的是具备能正确评价一项特定生意的能力。请注意‘特定’这个词语——你不必成为所有乃至许多公司的专家，你只要能对个人能力范围之内的公司做出正确评估即可。能力的大小并不重要，重要的是你要很清楚自己的能力边界在哪里。”

不碰科技股

众所周知，巴菲特不买科技股（至少很长时间如此）。在 1999 年的致股东信中，巴菲特道出了他不买科技股的原因："几家我们拥有较大投资部位的公司其去年的经营状况令人不太满意。尽管如此，我们相信这些公司会继续拥有重要的且可持续的竞争优势。这种可以让长期投资获取不错成果的商业特质，查理和我有时还是可以分辨出来的。不过，很多时候我们也不敢百分之百保证一定没有问题。这也是为什么我们从来不买科技类股票的原因，尽管我们也承认它们所提供的产品与服务将会改变这个社会。我们的问题——这一点并不能通过学习和研究就能得到解决——是没有能力分辨出在参与竞争的各项技术中，哪一项技术会有持久的竞争优势。"

坚守能力圈

说了就要去做，要让自己做到知行合一。在 1999 年的致股东信中，巴菲特提出了投资者必须要坚守能力圈的观点："如果说我们有什么能力，那就是我们深知要在我们的能力圈范围内把事情做好，以及知晓可能的边界在哪里。如果一家公司身处一个变化快速的产业中，那么对其长期经营前景做出判断就明显超出了我们的能力范围。如果有人宣称他们有能力进行预判并且以公司股价的表现作为佐证，则我们一点也不会羡慕，更不会去仿效。相反，我们会坚守我们所了解的东西。如果我们偏离了轨道，那一定是出于一时的疏忽，绝非有了其他不安定的替代方法。"

机会多多

坚守能力圈是否会大幅缩小投资者的视野，从而束缚投资者的手脚并严重影响他的投资表现？对这个问题，巴菲特是这样说的："幸运的是，我们几乎可以确定，伯克希尔永远有机会找到它能力范围内可以做的事情。"（1999 年致股东信）

一个简单的数学问题

让事情简单化还涉及一个简单的数学问题。在 2004 年的致股东信中巴菲特指出："我们的失败再次凸显了一项原则的重要性——尽量让事情简单化。我们已将这项原则广泛应用于我们的投资事业以及生意营运之中。如果某项决策中只有一个变量，而这个变量有 9 成的成功机率，那么你就会有 9

成的胜算。但如果有 10 个变量，而每一个变量你都有 9 成的把握，那么最后成功的概率就只有 35% 。在锌金属回收的这项案例中，我们几乎克服了所有的问题，但最后就仅仅因为一个问题出了状况，就导致整个计划的失败。既然一根链条的稳固性是由最弱的那个环节所决定，那么链条的环节就越少越好。”

抓重点：坚守能力圈才有望成功。

关键词：易了解、边界、跳水比赛、变化快速、坚守、永远有机会、链条节点。

第三节　后视镜

迷雾　**巴菲特很在意公司历史是否具有较高的稳定性，但历史能代表未来吗?**

解析　**历史不能代表未来，但历史中却隐藏着不少有用的信息。**

在 1987 年的致股东信中，巴菲特较为集中地谈了他的几个“历史观”。

邻家的女孩更美丽

“我们旗下的这些事业实在没有什么新东西需要向各位报告的。实际上这是一件好事。剧烈的变动通常不会有特别好的结果。当然，大部分投资人的行为显示出的似乎是一个相反的事实。人们通常将最高的市盈率给予那些擅长编制美丽故事的企业，对美好前程的憧憬让投资人往往忘记去正视现实的经营情况。对于这种爱做梦的投资人来说，任何未曾相识的女孩都比邻家的女孩更具吸引力——不管后者是如何的才华出众。”

坚固的城堡需要坚实的土地

“经验显示，最赚钱的往往是那些 5 至 10 年来一直做着相同生意的公司。当然，公司经理人不能就此而自满，企业总有机会改善他们的服务质量、产品线、制造工艺等，且必须要好好把握这些机会。但如果一家公司总是面临一些大的变化，那么犯大错的机会也会相应增加。要知道，在一块动荡不安的土地上不可能建造出一座坚固的有着市场特许权（business franchise）的城堡，而这个市场特许权才是持续创造高资本回报的关键所在。”

来自实证研究的支持

“先前提到的《财富》杂志的一项研究，可以支持我们的这个观点。

1977 到 1986 年间，每 1000 家企业中只有 25 家可以通过两项有关企业是否杰出的测试：（1）10 年内的平均股东权益报酬率达到 20%；（2）没有任何 1 年低于 15%。这些生意上的超级明星同时也是股票市场的宠儿。在这 10 年里，25 家中有 24 家的股价表现超越了标普 500 指数。”

“这些财富杂志上的冠军们在以下两点上或许会让你感到有些意外：（1）相对于自身支付利息的能力，他们只使用了很小的财务杠杆。一个真正的好生意是不需要借债的。（2）除了一家是高科技公司以及少数几家是制药企业外，大多数公司的事业整体上看都相当平凡。他们制造与销售的产品或服务不仅非常普通，而且与 10 年前也大致相同（只是数量或价格比以前高了很多）。这 25 家公司的记录显示：将企业的市场特许权最大化或专注于有希望的单一产品，会创造出极不平凡的佳绩。”

来自投资实践的支持

“事实上，伯克希尔的经验也是如此。我们的经理人所从事的事业大多都相当普通，但他们所创造的业绩却很不平凡。这些经理人始终致力于保护公司所拥有的市场特许权，努力控制成本，基于现有的竞争优势去寻找新产品与新市场，从不受外界的诱惑。他们非常努力地工作，不放过工作中的任何一个细节，不断创造出有目共睹的工作佳绩。”

关于历史与未来的关系，不同人会有不同的看法。为了加深读者对这一节的印象，下面介绍几个我本人比较认同的观点，它们可以从一个侧面佐证巴菲特的看法有其合理性和必要性。

历史是时代的见证，真理的火炬，记忆的生命，生活的老师和古人的使者……如果你对自己出生之前的事情毫不了解，那么你永远都是一个无知的孩童。人生如果不是对于历史密不可分的往事回忆，又能是什么呢？

——马尔库司·图卢斯·西塞罗（古罗马著名政治家、演说家、雄辩家、法学家和哲学家）

指引我前进的明灯只有一盏，那就是经验之灯；帮助我判断未来事物的方法只有一个，那就是过去之事。

——帕特里克·亨利（美国政治家，美国革命时期卓越的领导人，曾两

次担任弗吉尼亚州州长）

要想聪明地进行证券投资，你必须事先对不同的债券和股票在不同条件下的表现有足够的知识，至少其中某些条件会在一个人的经历中反复重演。对于华尔街来说，没有哪一句话比桑塔耶纳（George Santayana，1863—1952年，美国著名的自然主义哲学家、著名的诗人、文学批评家）的告诫再真切不过了：“忘记过去的人，必将重蹈覆辙。”

——本杰明·格雷厄姆（《聪明的投资者》导言）

就确定未来而言，没有比历史更好的老师……一本30美元的历史书里隐藏着价值数十亿美元的答案。

——查理·芒格（巴菲特的合伙人兼伯克希尔公司副主席）

抓要点：一块动荡不安的土地上不可能建造出一座坚固的城堡。

关键词：邻家女孩、相同生意、专注、单一产品、外界的诱惑。

第四节　100:1

迷雾　说事物的确定性就是它的不确定性，这个观点正确吗？

解析　当一些条件得到满足时，投资回报就有很高的确定性。

尽管会有不少读者觉得在投资领域谈什么回报的确定性不免有些不着调，但在巴菲特的投资思想中，不仅有着对确定回报的孜孜追求，而且在他看来这完全可以实现。在1996年的致股东信中，我们就看到了大量与确定性有关的表述。

确定性

“在观察我们的投资时，不论是收购私人企业或是买入股票，大家一定会发现我们偏爱那些变化不大的公司与产业。这样做的原因很简单：在从事上述两类投资时，我们寻找的是那些在未来10年或20年内能够拥有确定竞争力的公司。快速变化的产业环境或许可以提供赚大钱的机会，但却无法提供我们想要的确定性。”

不变的事物

“当然，所有的生意都会有不同程度的改变。喜诗糖果今日的经营形态与我们当初在1972年买下这家公司时已有很大的不同：它提供了不同种类的糖果、使用了不同种类的设备、采取了不同的分销渠道。不过人们购买盒装巧克力以及一定要选择喜诗的原因自从喜诗糖果在1920年代由See夫人的家族创立以来就没有改变过，并且在我看来，所有这些原因在往后的20年乃至50年都不会有任何改变。”

可预期

“在投资股票时，我们同样追求可预期的未来。以可口可乐为例，其产品所代表的热情与创造力在 Roberto Goizueta 的带领下得到了快速升华。在为公司股东创造出可观价值方面，Roberto Goizueta 做出了巨大的贡献。在 Don Keough 与 Doug Ivester 的协助之下，他对公司的每一个运行部分都进行了全新的思考和进一步的完善。不过，公司的生意基础——支撑公司竞争强势和出色表现的产品品质——却从未改变。”

结果必然如此

“像可口可乐与吉列这类的公司，应该被称为‘结果必然如此’的企业。公司分析师对于这两家企业在未来 10 至 20 年内到底能生产出多少饮料和刮胡刀也许意见会稍有不同。当我们说‘结果必然如此’时，也不代表公司可以忽略那些涉及产品制造、分销、包装和创新等各经营环节上需要一以贯之的重要工作。不过到最后，就算是一些敏锐的观察家——甚至那些声称自己会做出客观评估的公司竞争对手，也不得不承认可口可乐与吉列将会持续在其各自的领域里占据全球性的霸主地位。事实上，它们的统治地位目前还在进一步加强。过去 10 年来，两家公司已分别提升了原本已经很大的市场份额。而所有的迹象都显示出在接下来的 10 年里，他们还会继续扩大其业务的版图。”

高概率胜出

“当然，查理和我终其一生恐怕也只能发现少数几个‘结果必然如此’的公司。产业的领军企业并不能提供我们所要的确定性：过去几年来，我们先后见证了通用汽车、IBM 与西尔斯这些曾经在很长时间里几乎没有竞争对手的公司所经历的巨大震荡。尽管有些行业或生意的内在属性能让它们的领导者占据一些似乎难以逾越的竞争优势，使得所谓‘大者恒强’几乎成了一种自然规律。但对于它们中的大多数来说，最终的结果却并非如此。因此，在那些貌似‘结果必然如此’的公司里，难以避免地会隐藏着不少的假冒者。尽管它们的发展速度很快，但却很容易在产业竞争的打击下受伤。至于什么才是真正的‘结果必然如此’类型的企业，查理和我深知，我们不仅不能提供一个类似‘漂亮 50’的企业名单，而且恐怕连‘闪耀 20’也提不出来。因此，就我们自己的投资组合而言，除了少数几个‘结果必然如此’的公司外，我们也只能再增加几个‘高概率胜出’的公司而已。”

确定的好结果

“当然，对于一些高科技企业或一些新创立的事业来说，它们的增长速度也许会远远高于这些‘结果必然如此’的企业。但我宁愿要确定的好结果，也不要有希望的伟大结果。”

尽管巴菲特对其投资回报的确定性深信不疑，但也并非毫无忧虑，大可以放入箱底不再理会。毕竟商场如战场，威胁与诱惑无处不在，企业也难免会有把持不住自己的时候。就在这一年的致股东信中，巴菲特也表达了自己在这方面的一些忧虑：“当一家优秀公司的运行轨迹出现偏差，比如将原本运转良好的主业弃之不顾，反而跑去购并一堆普通甚至更差的公司时，就会出现一些大的问题。而一旦发生这样的事情，投资人承受痛苦的时间便会加长。不幸的是，这种事情几年前就曾经发生在可口可乐与吉列身上。（你能想象就在十几年前可口可乐公司曾进入养虾产业，而吉列竟热衷于石油探勘吗?）舍弃生意的重心，是查理和我在期待投资一个看起来很不错的公司时最为担心的事情。屡见不鲜的是，当傲慢或不甘寂寞使公司经理人的注意力发生偏离时，公司的价值就会停滞不前。”

寻找确定的投资回报，不仅需要找到“结果必然如此”或“高概率胜出”的投资标的，投资者的操作策略也不能出现任何的偏差。在 1996 年的致股东信中，巴菲特还为我们提出了两个比较著名的操作准则。

两门课

“投资要成功，你不需要明白 Beta、有效市场、现代投资组合、期权定价以及新兴市场等知识。事实上大家不懂这些反而会更好。当然，我的这种看法在大部分的商学院里并不流行。在那里，与金融有关的课程已被上述这些东西所主导。然而以我个人的观点，研读投资的学生只需要学好两门课程即可：（1）如何去评估一项生意的价值；（2）如何看待市场价格的波动。”

10 分钟与 10 年

“身为一位投资人，你的目标应当是以一个合理的价格买进一家容易被了解，其利润在未来 5 年、10 年和 20 年内有确定性高成长的企业的部分股权。长期来看，你会发现只有少数几家公司符合这一标准，所以如果你真的找到了这样的公司，就应当买进足够的数量。你必须坚持让自己不要脱离既定的投资轨道。如果你不打算持有一家公司 10 年以上，那最好连拥有它 10 分钟的想法都不要有。”

看到这里，也许有读者会问：不断追求确定性回报的巴菲特，其投资成果真的有很高的确定性吗？在 2002 年的致股东信中，巴菲特回答了这个问题：“在投资股票时，我们预期每一次行动都会成功，因为我们已将资金集中在那些具有稳健财务、较强竞争优势、由才干与诚实兼具的经理人所管理的公司上。如果我们再能以合理的价格买进，出现投资损伤的概率通常就会非常小。事实上，在我们经营伯克希尔的 38 年里（不含由通用再保险与 GEICO 自行做出的投资），我们从股权市场获取的投资收益与投资亏损的比值关系大约是 100∶1。”

在巴菲特看来，寻找优秀的投资标的，然后长期持有，这是投资获胜的不二法门。

抓要点：投资要成功，就必须努力找到那些“结果必然如此”或者“高概率胜出”的投资标的。

关键词：确定的竞争力、产品品质、霸主地位、运行轨迹、确定的好结果与有希望的伟大结果。

第五节　砂糖

迷雾　**在巴菲特的眼中，什么是较差的商业模式？**

解析　**企业只会生产一般化商品。**

在给出具体答案之前，我们先来看看在巴菲特的笔下，这类企业是如何惨淡经营的。“1977 年，纺织业的表现依旧萎靡不振，过去两年来我们的乐观预期均未实现。出现这样的结果，也许是因为我们的预测能力很差，也许这就是纺织产业的自然属性。尽管付出了很多努力，但行销与制造环节上的各类问题依旧存在。虽然许多市场困境与产业的发展情势有关，但其中也有不少问题是我们自己造成的。”（1977 年信）

一年后，巴菲特对伯克希尔等纺织业的运营情况给出了更详细的描述：“1978 年，纺织业的利润达到了 130 万美元，尽管比 1977 年有了较大的改进，但相对于 1700 万美元的资本投入，其报酬率还是有些低。厂房及设备的账面净值远低于它们的重置成本。虽然这些设备相当老旧，但大部分的功能与业内采用的全新设备相比，其差异并不大。尽管固定资产的投入不大，但销售中所累积的应收账款及存货却相当沉重，从而导致了较低的资本回报。”

这里描述的纺织业境况与我们上面所说的商业模式有什么关联呢？

当然有关联。为何早期被巴菲特收购的纺织企业一直都经营不善？就是因为它们只会生产不具任何差异性的一般化商品，当一家企业长期处于这种状态时，惨淡经营就是一个必然的结局。在 1978 和 1982 年的致股东信中，巴菲特指出了这种商业模式的特质所在（表述互有你我，逐步深化）。

资本密集且产品无重大差异

“纺织业的现状充分印证了教科书中所讲的：除非市场出现供不应求的情况，否则资本密集但产品无重大差异的生产者，将只能赚取微薄的利润。只要产能过剩，产品的价格就只会反映其经营成本而非已投入的资本。这种供给过剩的情况正是纺织行业的一种常态，所以我们也只好期望能获取勉强满意的资本回报即可。”（1978 年信）

产品过剩且自身产品仅为一般化产品

“当企业处在产品供给过剩且自身产品仅为一般化商品时（即指在客户关注的产品性能、外观、售后服务等方面与其他商品相比没有什么不同），便极有可能最先出现获利警讯。”（1982 年信）

产品成本与价格完全由市场竞争来决定

“如果产品成本与价格完全由市场竞争来决定，而市场的可拓展空间又非常有限，再加上客户也不在乎其所用产品或分销渠道由谁提供，这样的产业一定表现平平，甚至会面临悲惨的结局。”（1982 年信）

企业是否可以自我改变“较差的商业模式”呢？在巴菲特看来，这是有条件的，某种程度上，企业的努力会受到所在产业的强大制约。“这种做法（实现产品差异化）在糖果身上有用，（消费者会选某个品牌的糖果，他不会只是说：‘来 5 盎司糖果。’）在砂糖上则没有用。（你听过有人说‘我的咖啡要加 × × 牌子的砂糖’吗？）”（1982 年信）

我们可以做一些延伸思考，在以下产品与服务当中，是否存在重大的差异化选择空间：国产电视机、低端白酒、感冒药、航空旅行、股票交易中介、房屋买卖中介、电影院、洗衣粉以及柴米油盐酱醋等。相信读者都会给出偏否定的回答。基于此，单一生产和提供这些产品与服务的上市公司，其长期业绩也就难以令人放心和满意。

企业如果做不到差异化经营，那么降低产品与服务的成本是否可行呢？在 1982 年致股东信里，巴菲特给出了偏悲观的回答：“产业中的某些企业，只要具有较大且可持久的成本优势，就可以长期经营良好。然而按照一般惯例，这样的企业并不多见。在不少产业中，连是否存在这样的企业都值得质疑。对于大多数生产一般化商品的公司来说，只能被迫让自己持续地去承受巨大的经营压力。产业的供应过剩再加上不加管制的价格（或成本）断杀，最终只会带来惨淡经营和利润微薄的结局。”

既然某些产业中企业其能做的事情不多，那么产业自身呢？如果产业能够不断地进行自我调整，改善供求失衡的状况，企业是否有望获得新的生机？请看下面的两段话，它们同样都来自 1982 年信。

“当然，产能过剩会伴随着产能缩减或需求增加而进行自我修正。但不幸的是，这种自我修正通常需要较长时间。当情况好不容易出现转机时，紧接着往往又是新一轮扩张的开始，用不了几年，产业又要面对先前的窘况。换句话说就是，在这样的产业环境下，成功也就意味着失败的开始。

“在这样一种经营状态下，能决定利润丰厚还是微薄的要素是供给吃紧与供给过剩年度的比率。但同样不幸的是，这种比率通常都很小——以我们在纺织业的经验来说，供给吃紧的状态要追溯到许多年以前，且大约仅维持不到一个早上的时间。”

抓要点：只能生产一般化商品的企业，长期获利前景堪忧。

关键词：无重大差异、一般化产品、价格竞争、一个早上。

第六节　市场特许经营权

迷雾　**差的商业模式已清楚了，什么是好的商业模式呢？**

解析　**具有市场特许经营权的生意。**

如果说巴菲特非常重视一家企业的商业模式，就没有理由只对较差的商业模式给出描述，而闭口不谈什么是好的商业模式。实际上，在巴菲特多年的致股东信中，都谈到了他心目中的好商业模式就是企业具有市场特许经营权。

如何理解市场特许经营权呢？在 1991 年致股东信中巴菲特给出了清晰定义：“有着市场特许经营权的产品和服务具有以下特质：（1）它被人们需要或渴求；（2）被消费者认定找不到其他替代品；（3）不受价格管控的约束。企业是否存在以上 3 个特质，可以从企业能否定期且自由地对其产品与服务定价，从而可以赚取较高的资本回报上看出来。此外，特许事业能够容忍不当的管理。低能的经理人尽管会降低特许事业的获利能力，但不会对其造成致命的伤害。”

在其他年份的致股东信中，当巴菲特聊起他已投资的公司——可口可乐、美国运通、喜诗糖果、盖可保险等——时，都不免会聊到这些公司的商业模式，这里就不展开谈了。

按照巴菲特的有关表述，我们是否可以认为在他的眼里所有的上市公司均可简单分为“市场特许经营”和“一般化事业”两种呢？情况也没有这样简单，还是在 1991 年的致股东信中，巴菲特对这个问题是这样解答的：“请记住，很多事业实际上是介于这两者之间，所以最好将它们定义为弱势的特许事业或是强势的一般事业。”

有了“市场特许经营权”或“弱势的市场特许权”，就会带来较高的资本回报吗？反之，如果商业模式属于其他两种类型，其资本回报就会略输一筹吗？我们以中国的上市公司为例，看看巴菲特的观点是否适用于中国股市。

表 1.1　特许事业的资本回报

年	2005	2006	2007	2008	2009	2010	2011	2012	2013	2014
贵州茅台	23.99	27.67	39.30	39.01	33.55	30.91	40.39	45.00	39.43	31.96
云南白药	30.91	29.32	28.18	29.40	17.98	23.07	21.80	25.16	28.94	24.86

注：资本回报采用的是加权净资产收益率（下同）。

表 1.2　弱势特许事业的资本回报

年	2005	2006	2007	2008	2009	2010	2011	2012	2013	2014
招商银行	17.51	18.49	24.76	27.41	21.18	21.75	24.17	24.78	23.12	19.28
双汇发展	21.88	24.78	26.73	31.71	34.96	34.23	14.86	27.93	30.44	28.60

表 1.3　强势一般事业的资本回报

年	2005	2006	2007	2008	2009	2010	2011	2012	2013	2014
格力电器	18.72	21.92	31.94	32.13	33.48	36.51	34.00	31.38	31.43	35.23
上海家化	3.24	7.78	16.56	18.85	19.43	19.87	22.33	27.77	24.89	23.60

表 1.4　一般事业的资本回报（随机选取）

年	2005	2006	2007	2008	2009	2010	2011	2012	2013	2014
海南航空	-14.00	6.00	8.88	-20.78	5.27	32.00	19.00	11.00	9.00	9.00
深康佳	2.26	3.16	6.05	6.84	3.93	2.13	0.62	1.14	1.11	1.28

几点说明：（1）上表中企业分类由笔者给出，不一定准确；（2）没有考虑企业对财务杠杆的使用程度；（3）市场特许经营企业和弱势特许经营企业的资本回报区别并不明显（也许时间再长一些方可见高低）；（4）总体来看，巴菲特关于商业模式与资本回报有关联的看法与中国上市公司的财务表现基本吻合。

抓要点：那些有市场特许经营权的上市公司通常会有较高的资本回报。

关键词：市场特许经营权、弱势的市场特许经营权、强势的一般事业。

第七节　船与船长

迷雾　**买公司就是买管理吗？巴菲特怎么看？**

解析　**这个问题回答起来有点复杂……**

根据本人的学习研究，我觉得巴菲特在讲述这个问题时并没有一个统一的答案，要视具体情况而定。我们知道伯克希尔旗下有数十家非上市公司并且大多运转良好，背后的原因与其说是有着出色的商业模式，不如说它们只是有着出色的企业管理。在很多场合聊起这些公司时，巴菲特经常说的一句话就是：如果不是××在管理，我是不会买这家公司的。

如何看待马与骑师、船与船长的关系呢？这似乎不是一个简单的问题。在本书后面的讨论中，我们还会涉及这个话题。不过在这一节，我们读到的恐怕都是一些较为悲观的观点：当商业模式或所处产业环境较为恶劣时，即使是较为出色的骑师或船长也大多无能为力。

“在过去几年的报告中我们一再指出，当你买入那些所谓具有‘转机’题材的公司后，最后的结局大多只会让你大失所望。这些年，我们作为参与者或观察者，大约接触和目睹了数百家这样的公司，最后的结果都是事与愿违。我们的结论是：当一位名声显赫的管理人遭遇到一个声名狼藉的夕阳产业时，往往是后者的名声得以继续。”（1980 年信）

“我从个人的经验以及对不少企业的观察中得出一个结论，那就是一项优异的管理记录（以经营回报率来衡量）揭示的往往是这样一条道理：你划一条怎样的船胜于你怎样去划这条船（尽管无论是好企业还是坏企业，经营者的智慧与勤奋都非常重要）。几年前我曾说过：‘当一个以管理出色而闻名的人遇到一家经营惨淡的公司时，最后的结果通常是后者维持原状。’如今我的看法一点也没有改变。当你遇到一条总是会漏水的船时，与其不断花费力气去修修补补，不如干脆换一条好点儿的船。”（1985 年信）

请注意巴菲特说这些话的时间，这正是伯克希尔（纺织事业）遭遇最大困难且面临收摊儿的时期。也许正是这种如鲠在喉、遍体鳞伤的刺痛，才让巴菲特发出了无可奈何的仰天长叹。

在备受“较差商业模式”煎熬的同时，巴菲特也一直在观察那些“出色生意”带给投资人的种种好处。在 1995 年的致股东信中，巴菲特为我们做了不同商业模式之间经营情况的对比。

“零售业的经营充满艰难。在我个人的投资生涯中，看过许多零售企业曾在某段时间有很快的成长并拥有极高的股东权益报酬率，但突然间就会快速逆转且经常难逃倒闭的命运。比起一般制造业或服务业，这种昙花一现的现象在零售业较为普遍。这些零售业者必须时刻保持高度的警惕，因为竞争对手随时都会复制你的做法，然后再想办法超越你。同时，消费者也绝不吝于以各种方式给那些新加入的业者提供机会。在零售业，业绩下滑就意味着开始走向失败。

“相对于这种‘必须每天聪明’的生意，还有一种被我称之为‘只需聪明一次’的生意。比如，如果你在很早以前就能很睿智地买下一家电视台，你甚至可以把它交给一个既笨拙又懒惰的亲属去打理，但这项事业仍然可以成功地运营数十年之久。当然，如果你能聘请到汤姆·墨菲①，你就会更加成功。不过即使你没有汤姆·墨菲，你一样会活得很自在。但是对零售业来说，如果用人不当，就等于买了一张通往破产的捷运车票。”

船与船长究竟谁更重要，在巴菲特那里也许不同时间会给出不同的答案。但总体来看（本人体会），巴菲特对企业的商业模式应当更为看重一些。当然，本人的看法不一定准确，还望读者从本书的各个章节中去细心领会。

① 注：大都会/美国广播公司的 CEO，巴菲特称其为“我曾遇到过的总体而言最好的企业经理人”。

抓要点：你划一条怎样的船胜于你怎样去划这条船。

关键词：漏水的船、每天必须聪明、只需聪明一次。

第八节 护城河

迷雾 **在投资领域，常听人们谈论护城河，如何准确把握这个概念呢？**

解析 **当竞争优势难以模仿时，企业就有了自己的护城河。**

说起巴菲特的投资，护城河是一个被经常提起的概念。在巴菲特历年的致股东信中，护城河这个词也确实被多次提及。那么应如何准确把握其背后的含义呢？这个听起来似乎简单易懂，但却又看不到、摸不着的概念，背后究竟有着怎样的故事？

三组竞争要素

在《奥马哈之雾》这本书中，我们曾经聊过这个话题，本节的讨论算是一次补充吧。下面我们就围绕巴菲特曾经提到的三组竞争要素，再次聊聊这个话题。

先来看巴菲特笔下的第一组要素：超低成本 + 诚实价格。在 1983 年的致股东信中，当说起 B 夫人的大卖场时，巴菲特是这样说的："奥马哈的零售商开始察觉到 B 太太给顾客提供的价格比他们的要低很多，于是便联手向家具及地毯制造商施压，让他们不要供货给 B 太太。但凭借着各种不同策略，她还是能够取得货源并大幅降价。B 太太后来甚至被告进了法院，说她违反了公平交易法。最后，她不但赢了所有的官司，更是因此而大大提升了个人知名度。在其中一个官司接近尾声时，当她向法庭证明即使在现行市价上再打一个大的折扣，她仍有所获利时，她卖了一条价值 1400 美元的地毯给法官。"

这家位于奥马哈市，由 B 夫人打理的家具店有着一个怎样的成本与费用，这里就不展开谈了，总之我们可以用"超低"来形容。正是这一超低的成本结构，加上B夫人对其顾客的坦诚与率真，让我们似乎摸到了一些护城河的影子。

再来看巴菲特笔下的第二组要素：出色的产品+优秀的服务。在1983年的致股东信里，巴菲特这样描绘伯克希尔旗下的喜诗糖果："除去销量上的一些问题，喜诗具有多项重要的竞争优势。在我们主要的销售地区美国西部，喜欢我们糖果的消费者远比任何一个竞争者都多。事实上，我相信这些巧克力爱好者甚至愿意多花2~3倍的价钱来享受喜诗糖果。（糖果和股票一样，价格与价值有所不同。价格是你付出的，价值是你得到的。）我们全美直营店（非加盟店）的服务品质与产品品质一样好。亲切而贴心的服务人员与糖果包装盒上的产品商标形象高度吻合。对于一家每年需要雇用2000名季节性员工的企业来说，这些都不容易办到。据我所知，在同等规模的组织中，还没有哪一家的顾客服务能做得比查克·哈金斯和他的团队更好。"

本人很早以前就买过喜诗糖果，后来因为购买不便再加上懒惰，就没有再买过。2014年去美国西部时，顺便又买了很多带回国内。可以这样说，凡是吃过的亲属和朋友无不交口称赞。

最后看巴菲特笔下的第三组要素：品质+品牌。巴菲特在2011年致股东信中指出："多年来，'买商品，卖品牌'一直是企业成功的方程式。这一方程式让可口可乐自1886年以来，以及箭牌自1891年以来，都相继产生了数额巨大且可持续的经营利润。"

读到这里，也许会有读者质疑：护城河就这样简单吗？通过以上这些例子，让人感觉所谓企业的护城河既不那样"高大上"，也不如原来想的那样神秘。然而，正是这些看起来朴实无华的东西，构筑起了企业难以逾越的护城河。在1988年致股东信中，巴菲特给我们提供了一个护城河可让企业免受竞争之苦的实例："最近，Dillard进驻奥马哈，这是一家在全美地区经营得相当成功的百货公司。在此之前，它的各分店都设有品种齐全的家具部门，也同样经营得很成功。然而，就在其奥玛哈分店开张前不久，Dillard的董事局主席威廉先生宣布这家分店将不会售卖家具。他提到了NFM[①]：你不会想要

① 注：B夫人的大卖场。

与他们竞争，我想他们在当地是最棒的零售商。”

我对这段话的体会是：当企业的某项（关键）竞争优势难以模仿时，就会构筑起难以逾越的护城河。

加宽护城河

罗马不是一天建成的，企业的护城河也同样如此。在2005年的致股东信中，巴菲特对此可谓说了一段很重要的话：“每一天，通过无数种方式，我们旗下每一家公司的竞争地位要么变得更强，要么变得更弱。如果我们能取悦于我们的客户、消除不必要的成本支出、不断改善我们的产品和服务，我们就会变得更强。如果我们对客户保持一种冷淡甚至是自我膨胀的态度，我们的生意就会逐步萎缩。就每一天而言，我们行动的效果也许难以察觉，但经过日积月累，它的影响力将是巨大的。当这些毫不显眼的行动最终导致我们的长久竞争力得到改善时，我们称这种现象为‘加宽护城河’。”

说到超低的成本结构，伯克希尔旗下除了B夫人的家具店外，比较知名的还有盖可保险与波仙珠宝。

在1987的致股东信中，巴菲特对盖可保险做出了如下描述：“盖可之所以能够成功，一个重要因素就在于它的营运成本非常低，使公司能把其他数百家车险公司远远抛在后面。盖可去年的承保及损失调整费用（loss adjustment expense）占年度保费收入的比率只有23.5%，而许多大公司的此项比率要比盖可高出15个百分点。即使是像Allstate与State Farm这样的大型车险直销公司，其综合成本也比盖可保险高出不少。”

而在1989年的致股东信中，他是这样介绍波仙珠宝的：“如果你还没有到过那里，你一定不知道竟然还有像波仙这样的珠宝店。由于在一家店铺里就汇集了数量如此众多的珠宝，在那里你会看到有各式各样、各种价格的商品可供你挑选。基于同样的理由，它的营业费用大概只有一般同类型珠宝店的三分之一。他们严格控制费用支出且有着极强的采购能力，从而使得它所销售的商品要比其他珠宝店便宜很多，而便宜的价格又反过来吸引更多的顾客上门。作为这种良性循环的结果，该珠宝店在旺季里的单日顾客流量有4000人之多。”

说到出色的产品品质，伯克希尔旗下公司除了有喜诗糖果外，还有布法罗新闻以及众多的食品加工企业。说到市场品牌，巴菲特手上除了有可口可乐外，还有美国运通、富国银行、华盛顿邮报、吉列刀片等。

可以这样说，在伯克希尔旗下各种类型的上市与非上市公司中，其运行链条中最重要的一个环节，就是对护城河的发现、创建、维护与拓展。“我们总是想在短期内就能赚到更多的钱，但当短期目标与长期利益冲突时，加宽护城河必须放在优先的地位。”（2005 年信）“我要求旗下公司的经理们要永无止境地去专注于那些能够加宽企业护城河的机会。”（2012 年信）

巴菲特很重视一家企业是否有护城河，这一点我们已经清楚了。读者进一步关心的也许是，伯克希尔旗下的那些经理们是否也能像巴菲特一样重视这个问题呢？下面我们就用一段话作为本节的结束：“盖可保险与其竞争者之间的成本差异，就是保护其美丽城堡不受侵犯的护城河。没有人比比尔·斯奈德——盖可公司的主席——更懂得‘城堡周围的护城河’这一概念的重要性了。依靠持续降低的成本开支，他不断地将护城河予以加宽，致使盖可的市场特许权变得更加稳固。过去两年，GEICO 的综合比率从 24. 1% 降至前面提到的 23. 5% 。展望未来，在比尔的领导下，可以确定这项比率还会进一步降低。如果公司能够持续保持原有的服务质量与承保水准，公司的前途将一定会一片光明。”

抓要点：难以模仿的竞争优势就是企业的其中一种护城河。

关键词：成本、品质、服务、品牌、日积月累、优先地位。

第九节　小投入 大产出

迷雾　巴菲特会时不时提到商誉，它代表着什么呢？

解析　如果是经济商誉，它代表着小投入，大产出。

巴菲特笔下的商誉有两种，一种是经济商誉，一种是会计商誉，两者代表了完全不同的意思。被巴菲特较多提及的应当是经济商誉。

理念转变

我们都知道巴菲特的许多投资思想来自于他的老师格雷厄姆，特别在他的早期投资阶段尤其如此。例如，捡起烟蒂，吸上一口；买较多的股票，分散风险；趁低价买入，趁高价卖出；更着眼于企业的现在，而不是它的未来；关注企业的有形资产，而不是它的无形资产……

然而到了后来，巴菲特的投资思想渐渐发生了一些改变。例如，放弃烟蒂型企业，拥抱杰出公司；放弃分散持股，改为集中投资；仍会低价买入，但很少或不再高价卖出；更着眼于企业的未来，而不是它的现在；更偏重企业的无形资产，而不是它的有形资产……

“不用了解商誉和摊销，你一样可以生活得很美好。但对于学习投资和管理的人来说，却有必要了解其中的些微不同。我现在的想法与35年前相比，已有明显的改变。在那之前，我所学到的知识都是要重视企业的有形资产并尽量回避那些主要倚靠经济商誉去估算内在价值的公司。当初的偏见让我在生意上出现了不少的错误以及工作上的失职，尽管这些错误相对来说还不算太多。

“凯恩斯发现了我的问题：‘困难不在于要有新观念，而是如何摆脱旧观念的束缚。’我的摆脱进程之所以比较慢，部分原因在于我的老师所教导的东西一直以来（未来也会如此）都让我感到非常有价值。最终，从商的经历直接或间接地让我对拥有持久经济商誉且仅需要少量有形资产的公司大有好感。”（1983 年信）

这两段话给出了三点信息：（1）想法已有明显的改变；（2）过去的想法曾导致很多错误（那些认为巴菲特后来进行长期投资只是因为资金规模变大的读者尤其要注意这一条）；（3）从商的经历促使巴菲特改变了初衷（当然还有费雪与芒格等人的影响）。

经济商誉的重要性

如何理解“从商的经历……”这句话呢？让我们一起看看巴菲特在 1985 年信中的有关描述：“我把内布拉斯加家具店、喜诗糖果店与水牛城新闻放在一起讨论，是因为这几家公司的竞争优势、竞争劣势以及产业前景与我一年以前报告的一样，没有什么改变。简短的叙述，不代表它们在我们公司中的重要性会有任何削弱。1985 年，它们的合计税前利润为 7200 万美元，而在 15 年前我们还未买下它们时，这一数字为 800 万美元。利润从 800 万增长到 7200 万，听起来好像很惊人（事实上也的确如此），但你千万不要以为事情就是这样简单。首先，你必须确定基期的数据没有被严重低估。其次，如果利润的增长需要投入新的资金，那么更加重要的一点是你还需要搞清楚这部分新增的利润使用了多少资本金。”

尽管这段话的重点不是我们常说的资本支出，而是股东权益（仅限于新股发行和利润留存）增加额，但其含义却是相通的：由于商誉大幅减少了企业的资本支出，从而也大幅减少了新股本的投入。

这段话同样适用于 A 股，下面给出的是几家有着经济商誉的公司其资本支出的近况。

表 1.5　资本支出占当年利润的比率

年	2006	2007	2008	2009	2010	2011	2012	2013	2014
贵州茅台	45. 60	26. 03	25. 27	29. 72	32. 43	23. 62	30. 08	33. 85	27. 23
双汇发展	29. 57	26. 55	31. 66	38. 15	32. 01	70. 29	39. 13	32. 83	58. 05
东阿阿胶	23. 38	37. 14	17. 23	30. 22	22. 89	25. 75	26. 67	3. 93	20. 12
上海家化	94. 44	29. 53	37. 43	33. 05	38. 40	24. 93	21. 50	19. 15	10. 91

表 1.5 给出的信息只是为了说明这些公司的年度利润远远超出其资本支出的需要，仅此而已。读者如果有兴趣，还可以进一步与那些没有经济商誉的公司进行对比，看看会有一个怎样的情况。当然，进行对比时，有时还要融入一些其他财务指标。分析一家公司的财务特质，单项指标往往不足以给出足够的信息。例如，评估一家公司是否属于小投入、大产出时，还有一些指标可以一并考虑，如利润增加值与资本支出总额的比率以及利润增加值与股东权益增加值的比率等。

最后还需要提示一点，巴菲特在写上述文字时，正赶上美国的高通胀（20 世纪 70 年代的均值为 7.4%，80 年代的均值为 5.1%），而通胀对一家资本密集企业的影响，要远远大于那些小投入、大产出的公司，其背后的理由也是不难理解的。在 1985 年致股东信中，巴菲特特别提到了这一点："这 3 家公司运用少数增量资金便能大幅提高盈利能力，它很好地解释了一间公司的经济商誉在高通胀时期所能发挥出的巨大魔力（在 1983 年的年报中我们对此有详细解释）。这些公司身上所具有的财务特质，使得我们可以将他们所得利润的大部分用在其他用途上。然而，其他美国公司则做不到这一点——为了大幅提高利润，绝大部分的美国公司需要投入大量的新资本。平均来看，美国公司每创造 1 美元的税前利润大约需要投入 5 美元。如果套用在我们这个例子上，等于需要额外投入 3 亿美元才能达到我们这 3 家公司目前的获利水准。"

抓要点：有着较高经济商誉的公司，往往会小投入而大产出。

关键词：有形资产、经济商誉、利润增加值、权益增加值、巨大魔力。

第十节　股东利润

迷雾　应当如何去准确理解巴菲特所说的股东利润?

解析　我们可按时间顺序分八步加深理解。

第一步：企业的再投资回报而不是你的权益占比决定了股东利润大小

在1980年的致股东信中，巴菲特为我们指出了背后的玄机所在："我们对利润真实性的看法与一般公认会计原则不太一致，尤其在目前通货膨胀高企或极不确定的时候就更加如此。（不过批评一件东西比修改它要容易多了，而且有些问题早已是根深蒂固。）我们有些100%持股的公司，其实际的利润比其报告利润可能要小很多——即使依照会计原则我们可以百分百地控制它们。（我们的控制权仅仅是理论上的，实际上我们必须把所赚到的每一分钱都投在更新设备上面，以维持原有的生产能力，然后再去赚取远低于市场平均值的资本回报。）我们也有一些仅持有少数股权的公司，由于其有较强的再投资能力，使得那些被保留下来的本属于股东的利润，有望为大家创造出更多的价值。"

当然，权益占比非常重要，上面这段话只是提醒我们，除了关注那些表面的数据外，还要关注数据背后的故事。

第二步：大投入+高通胀=海市蜃楼般的利润

还是在1980年的致股东信中，巴菲特为我们指出了这个公式背后的含义："对于购并的对象，我们偏爱那些能产生现金而非消费现金的公司。当通货膨胀逐渐加剧时，越来越多的公司发现他们必须将所赚得的利润全部再投入才能维持原有的营运规模。这些企业的运营就像海市蜃楼般虚幻。不管公司的利润数据有多么好看，由于这些利润几乎不可能转换为实实在在的收入，我们对其将保持高度警戒。”

消费现金一般是指那些有着高资本投入的公司，而当通货膨胀肆虐时，这种公司往往就会变成股东价值的杀手。关于这个问题我们在《奥马哈之雾》的“受限制盈余”一节曾有过具体的讨论，这里就不重复了。

第三步：给出股东利润的定义

在 1986 年的致股东信中，巴菲特给出了股东利润的定义：“它包含：报告利润（a），加计折旧、摊销与其他成本（b），扣除用于维持公司长期竞争地位的资本支出（c）。如果企业需要额外的营运资金来维持既有的竞争地位，这部分的增量支出也需要纳入（c）项——不过存货计价方式采用后进先出法的公司应当没有这方面的问题。”

对上面这段话，请读者务必关注这两组定语：“用于维持公司长期竞争地位的资本支出”和“维持既有的竞争地位”。对，不是资本支出，而是“维持既有竞争地位”的资本支出。什么意思呢？会计上好像没有做这种区分吧？请再往下读。

第四步：模糊的正确好过精确的错误

在 1986 年的致股东信中，巴菲特是这样提出和回答问题的：“从我们的股东利润算式中，得不出按照一般公认会计准则计算出来的那些表面看起来很精准的数字，因为（c）项不仅需要去估算，而且有时这种估算还很不容易。尽管存在这些问题，我们仍然认为股东利润（而不是按照一般公认会计准则计算出来的数据）是我们进行公司价值评估时需要考虑的一个重要数据——不管是股票投资还是私人企业并购都是如此。在这个问题上，我们认同凯恩斯的看法：我宁愿对得模模糊糊，也不愿错得清清楚楚。”

既然难以计算，那么按照巴菲特对股东利润的定义，我们能否粗略地用折旧与摊销等同于这种“用于维持现状”的资本支出呢？我们继续下一步。

第五步：大部分美国公司的“c”大于“b”

下面这段话仍来自 1986 年信：“大部分的经理人或许认为，长期来看他们需要花费比（b）项更多的钱来维持公司的现有规模与竞争地位。当这种情况确实存在时，也就是说当（c）项的资金需求远超过（b）项的资金供给时，就意味着按一般公认会计准则计算出来的数据会高估股东利润。通常情况下，这个高估的数字会非常惊人。近年来，石油产业就为这一现象提供了明显的例证。如果这些石油公司每年的资本支出只相当于（b）项资金的话，它们的实际产能将会大幅度缩水。”

想一想，如果美国的公司大多如此，那么中国的上市公司呢？对于不少资本密集型的公司来说，那些报表上的利润数据，是否也会像海市蜃楼般地虚幻？

第六步：不靠谱的现金流量数据

接着上面那段话，巴菲特继续指出：“以上这些观点，充分证明了‘现金流量’这个被华尔街经常使用的概念所内含的荒谬性。这一数字通常只包含（a）和（b），但却未扣除（c）。大部分投资银行所撰写的公司推介报告都会使用类似的欺骗手法。这等于是在暗示，他们所推广的公司就像一座商业领域中的金字塔，会永远地傲视群雄、不会被取代、不用维修，甚至把外表洗刷一下也不需要。事实上，如果全美的企业同时被我们这些具有超前思维的投资银行所推介，或者说由他们编写的分析报告都十分可信的话，那么政府每年编制的全美工厂及设备采购预算将会大幅减少90%以上。”

既然现金流量并不十分严谨，给不出企业经营的真实情况，能否改一改公认的会计准则呢？

第七步：现金流量背后的故事

“为什么‘现金流量’在今天如此流行呢？在回答这个问题前，需要先表达一下我们的犬儒哲学观：我们认为这些数字通常都是某些企业或证券推销员用来证明一些难以证明的事物（或者说是售卖一些本不应售卖的东西）。当（a）——即按一般公认会计原则核算的利润——看起来不足以支撑垃圾债券的债务负担或过高的股票价格时，那么在数据（a）的基础上再加上（b），对于这些推销员来说是再方便不过的事情了。但是你不能只加上（b）而不扣除（c）。虽然牙医会告诉你，如果你不在乎你的牙齿，他们便会走开，但对于（c）来说，是不能套用牙医这个故事的。当一家公司或一个投资人在估算某家公司的偿债能力或其权益价值时，如果他只关注（a）和（b），却忽略了（c），将来肯定会遇上大麻烦。”（1986年信）

明白了吧，有人需要这些数据……

就没有别的办法了吗？

第八步：把会计数据只当作一个起点

下面这段话还是来自1986年信："不管怎样，会计数字是企业的语言，对于评估一项生意的价值以及追踪其经营的过程相当有帮助。如果没有这些数据，查理和我将会迷失方向：对我们来说，这些数字一直是我们评估自身公司以及其他公司价值的一个起点。然而无论是公司经理人还是所有者都需要谨记：会计只是我们进行商业思考的一个辅助性工具，而不是替代品。"

至此，我们一共走了八步。对股东利润这个概念，你是否已经有一个初步了解呢？

抓要点：既要关注会计利润，更要关注股东利润。

关键词：股东利润。

第十一节　踮脚

迷雾　怎样理解资本支出中的“踮脚”效应？

解析　顾名思义即可。

“踮脚”效应

记不清是2007年尾还是2008年初了，北京奥运火炬从我居住的小区门前经过。提前半个小时，我和太太就赶到了门口，没想到马路两旁早已挤满了人，都在热切等待着火炬手的到来。时间过得很快，似乎没有多久，火炬传递选手的前哨队伍就过来了，人们开始躁动、欢呼、沸腾。我和太太隔着四五层的人群队伍，伸长了脖子往火炬手过来的方向看，但由于人太多，除了能看见前面一群人的脑袋外，什么也看不见。于是，我们开始踮起脚后跟，视野果然好了一些。可是当火炬手真的跑过来时，眼前又是一片人的脑袋，因为前面的人也都踮起了双脚。

当公司身处恶劣的环境时，企业的资本支出计划恐怕大多都会面临这种“踮脚”效应。在1985年致股东信中，巴菲特对此做出了生动描绘：“多年以来，我们一再面临向纺织业投入大量资本以降低企业变动成本的选择。每次的投资计划看起来都很快就能让我们成功。事实上，如果按照标准的投资报酬率来衡量，它们的投资回报甚至比我们有着较高获利能力的糖果与新闻事业还要好。但是这些预期的效益最后都被证明只是一种幻象。我们许多的竞争者，不管来自国内或是国外，全部都在进行相似的行动。一旦行动结束，其降低后的成本很快就会变成全行业新的价格底线。站在单一公司的角度看，每家公司的资本支出计划看起来都是合理而有效的。但如果整体观之，其最终效果就会被相互抵消掉（这就好比每个去看游行队伍的人都以为自己踮一踮脚就可以看得更清楚一样）。每一轮的资本支出尽管都增加了游戏中的资金筹码，但最终的结果却是依然如故。”

A 股案例

下面我们来看一组数据，表 1.6 为中国某航空公司的资本支出情况。

表 1.6　某航空公司资本支出占当年利润的比例

年	2006	2007	2008	2009	2010	2011	2012	2013	2014
净利润（亿元）	1.83	7.08	负数	3.56	32.21	28.34	19.45	21.08	26.43
资本支出（亿元）	29.30	62.62	85.08	63.42	46.65	79.51	82.61	90.12	77.85
资本支出/净利润	1601%	884%	不适用	1781%	144%	280%	425%	427%	294%

注：2008 年公司利润是负值。

数据来源：新浪财经

这一组数据不仅告知我们公司的股东利润相对于资本支出有多么单薄，而且公司资本支出的“踮脚”效应也是较为明显的：2007—2014 年公司资本支出总计为 588 亿元人民币，而利润只增加了 19.35 亿元。

美国的案例

让我们再回到巴菲特笔下的美国。

“大笔的资本支出虽然可以令我们的纺织事业得以存活，但投资回报却少得可怜。每投入一笔资金后，依然要面对国外低劳动成本的强力竞争。但如果不再继续投资，我们将变得更加没有竞争力——即使是与国内同业相比也是如此。我总觉得我们就好像是伍迪·艾伦在他的某一部电影中所形容的：‘比起历史上的任何一刻，此时的人类处于一个更加需要抉择的路口，一条通往绝望的深渊，另一条则通往毁灭。请大家一起祈祷我们有足够的智慧去做出正确的抉择吧。’”（1985 年信）

在那一年的致股东信中，巴菲特也为我们讲述了一个类似于上述某航空公司的例子：“想要了解一般商品产业‘投与不投’的窘境，不妨看看 Burlington 的情况。Burlington 决定固守纺织业，到 1985 年，其营业额达到了 28 亿美元。从 1964 到 1985 年，公司总计投入了大约 30 亿美元的资本支出，这一数字远比其他同业高出许多，换算为每股数据相当于每股 60 美元的价格对应每股 200 多美元的资本支出。我相信，其中绝大部分的支出都用在了降低成本与产业扩张上。由于公司要固守纺织业，这种投资决策看起来无可厚非。尽管如此，比起 20 年前，公司的销售额与资本回报早已今非昔比。公司股票经过 1965 年 1 拆 2 后，目前的股价为 34 美元，仅略高于当年的 60 美元。与此同时，消费者物价指数却增加了 3 倍，每股价格因此仅剩下当初三分之一的购买力。虽然公司每年都有固定的股息发放，但它们的购买力一样遭遇到严重的萎缩。”

无论是上文提到的某航空公司，还是 Burlington（当然还有被巴菲特收购的伯克希尔），他们都付出了艰辛的努力，但就像观看奥运火炬的我，尽管在那里持续地踮起双脚，但境况最终也没有好多少。“这种情况就如同塞缪尔·约翰逊的那匹马：一只能数到 10 的马是只了不起的马，却不是了不起的数学家。同样，一家能够在其所属产业中明智而合理地分配资金的纺织公司是一家了不起的纺织公司，但却不是什么了不起的公司。”（1985 年信）

抓要点：当产业环境不佳时，注意资本支出的“踮脚”效应。

关键词：踮脚、依然如故、一匹能数到 10 的马。

第十二节　EJA

迷雾　**伯克希尔旗下的 EJA 公司经营情况如何？**

解析　**提供了高资本支出公司经营状况的实例。**

经营模式

我们先来看巴菲特对 EJA 公司的简要介绍："想要了解企业主管飞行计划（Executive Jet Aviation）的巨大潜力，你需要先对这项生意有个了解。它出售小型喷气式客机的部分产权给有需要的人士，然后为它的众多所有者运行和管理此项飞行计划。Rich Santulli——EJA 的 CEO，在观察到人们在使用飞机服务上会出现一些新的需求后，于 1986 年，靠着其个人的胆识与才干，开创了这项事业。

"按照部分产权计划，你可以买下飞行机队（有各种不同类型的飞机）的部分产权（比如说 1/8），然后你便获得了每年 100 个小时的飞行时数（不含空飞时数，获得的飞行时数可在 5 年内平均使用）。不过，你还需要每个月向公司支付一笔管理费以及使用飞行服务的钟点费。然后，你只要在几个小时前通知我们，EJA 就可以在遍布全美的 5500 个机场为你安排好你所要的飞机（或同等级别的飞机）。实际上，这种便利性就与你打电话叫出租车一样方便。"（1998 年信）

竞争优势

"EJA 是这个产业中规模最大的公司，拥有 1000 多个客户和 163 架飞机（包括 23 架由 EJA 自身拥有或租赁的'核心'飞机），以确保在订位需求强劲时还能保持高品质的服务……成为这个产业的领军企业是一项很大的优势。我们的客户会因为我们有遍布全美的飞行机队而受惠，我们也由此可以提供对手难以匹敌的服务。同时，此项优势还可以让我们大幅减少空飞的成本消耗。我们另一个吸引客户的优势是可以提供各种不同类型的飞机：波音、湾流、猎鹰、塞斯纳、雷神等。而我们的两个竞争对手，由于其所有人是飞机制造商，因此他们只能提供由自家公司生产的飞机。事实上，NetJets 就像是一位内科医生，可以为不同的病人开出不同药物。对比之下，我们的竞争对手则像是一个房屋品牌商，只能不停地为自己寻找适宜的客户。”(1998 年信)

资本模式

“EJA 的设备所有权则属于客户，当然我们自己也必须拥有一支核心机队以满足额外的需要。举例来说，感恩节后的那个星期天往往是我们最忙碌的一天，它几乎会耗尽我们所有的飞机资源。由于 169 架飞机分属于 1412 位所有权人，许多人都想在当天下午 3 点到 6 点坐飞机返回家中。在那一天(其他忙碌的日子也是一样)，我们就需要提供公司自己拥有的飞机，以便让每个客人可以在他们提出的任何时候到达任何他们想要去的地方。”（1998 年信)

EJA 是资本密集型公司吗？好像是，又好像不是。不管怎样，那支“核心机队”应当花费不少。不过下面这段话似乎显示公司资本支出的担子并不轻：“专机部分所有权产业还只是处于起步阶段，EJA 目前在欧洲正在逐步扩大它的营业规模。假以时日，我们的业务触角将会遍及全世界。当然，要做到这一点，必须要有巨大——而且是相当巨大——的投入。”（1998 年信）

投资实情

EJA 的服务很优秀、同竞争对手相比有很大的竞争优势、市场前景看好。唯一不足的是公司的资本支出压力——不算大，也不算小。毕竟，维持一个核心机队（含机长）以及优质与安全的服务是需要不少花费的。

巴菲特在 1998 年以 7.25 亿美元的价格从创办人手里买下了这家公司，那么后来公司经营的情况究竟如何呢？请看我下面整理的相关记录。

（1）2001 年初提出警讯：“我们拥有的规模优势及其他方面的优势让 NetJets 拥有了较强的竞争力，然而在近几年产业竞争较为激烈的环境下，这

些优势最多也只能让我们获取一些还算说得过去的利润。”（2001 年信）

（2）2002 年再提警讯：“虽然 NetJets 的营业额在 2002 年创下历史新高，但它仍然继续在亏钱。美国地区虽有小赚，但仍抵不过欧洲业务的亏损。总的来说，专机部分产权计划这项事业在过去的一年里亏了不少钱。可以肯定的是，2003 年将会是同样的结局。残酷的事实是：供养一支飞机编队实在是一项很沉重的负担。”（2002 年信）

（3）2003 年报告亏损：“NetJets——我们的飞机部分产权营运计划——2003 年的税前损失是 4100 万美元。该公司在美国地区尚有不错的营业利润，但是这些都被 3200 万美元的飞机存货跌价损失以及欧洲业务的持续亏损抵消殆尽。”（2003 年信）

（4）2005 年情况继续：“出售及管理飞机分时业务的 NetJets，在经营方面有明显的改善。该公司的成长从来不是问题，自 1998 年被伯克希尔收购以来，其营业收入已经增长了 596%。不过，其盈利状况却是飘忽不定。”（2005 年信）

（5）2009 年一声叹息：“在我们拥有 NetJets 的 11 年里，录得的税前亏损总计 1.57 亿美元。此外，公司的债务也从我们收购它时的 1.02 亿美元，增长至去年 4 月的 19 亿美元。如果不是伯克希尔为其债务提供了担保，恐怕 NetJets 已经倒闭了。对于 NetJets 走到今天这个地步，我个人难辞其咎。”（2009 年信）

（6）2010 年情况依旧：“尽管 NetJets 在客户服务方面做得很好，但自从 1998 年我们收购 NetJets 以来，它的财务表现却一直是个失败的故事。在包含 2009 年的过去 11 年里，公司的税前亏损总计达到 1.57 亿美元。这个数字其实已过于保守，因为公司一直都在免费使用伯克希尔的信用。如果 NetJets 是个独立经营体，这些年的损失恐怕会多出几亿美元。”（2010 年信）

在巴菲特买下该公司后的 12 年里，其营业情况一直不尽如人意。背后的故事也许不简单，但有一条恐怕不能回避：来自高资本支出的压力。尽管不少飞机以部分产权出售的方式被卖出了，但估计维持一个“核心机队”（公司客户越多，核心机队的规模就会越大）以及在保障高度安全和优质服务方面，公司恐怕一直需要背负一个较大的资本支出和营运费用。此外，由于存在其他竞争对手，公司在服务收费方面相信也会受到不少掣肘。

简言之，航空运输服务，一个不容易赚钱的产业。

抓要点：应回避有“巨大投入”的非垄断性公司。

关键词：核心机队、产业竞争、债务、免费信用。

第十三节　船长

迷雾　**在伯克希尔，有一个怎样的船与船长的故事？**

解析　**在伯克希尔，故事的演绎似乎有些不太一样。**

伯克希尔旗下有众多的非上市公司，因此也就有了为数众多的管家。关于这些管家的详细情况，后文还会有进一步讨论，本节的任务主要是对这些管家的“角色”给出一个简要的“速描”。不过在做出速描之前，我想先说三句话。

第一句话：平凡的事业创造了不平凡的业绩。

所谓平凡的事业，是指伯克希尔旗下的这些非上市公司大多属于巴菲特笔下的“一般商品事业”，最多也只是“强势的一般商品事业”，它们距离“市场特许经营事业”或者“弱势的特许经营事业”还有不小的距离。然而，伯克希尔正是靠着这些平凡的事业创造出了极为不平凡的业绩：在1965—2014的近50年里，每股收益的年复合增长率达到了20%以上。

第二句话：非凡的业绩源自非凡的管理人。

既然事业是平凡而普通的，那么出色的业绩必然源自出色的管理人。究竟有多么出色？按照巴菲特自己的话说就是：这些人都是“艺术大师”级的人物。

第三句话：非凡的管理人造就了非凡的管理边界。

如何理解这句话？我们还是听听巴菲特自己是怎样说的吧！“在我们不断增加旗下的事业体时，我会被问及我一个人究竟可以应对多少个经理人同时向我报告。我的回答相当简单：如果他是一颗酸柠檬，那么即使我只管理一个人也已太多；如果我管理的部下都像我们旗下已经拥有的那些经理人那样，那么对于我来说这个数目将没有任何限制。”（1995年信）

下面我们借用巴菲特的笔，对伯克希尔旗下那些出色的经理做出简短的“速描”。

内布拉斯加家具大卖场

“我很高兴地跟各位报告，家具店的负责人B太太虽然已有92岁的高龄，但每天仍以任何人都跟不上的步伐在店里忙碌着。她坐在轮椅上，一个礼拜工作7天，我希望当大家造访奥马哈时，能到店里看看她，相信你会与我一样精神为之一振。”（1985年信）

水牛城新闻报

“去年我曾明确表示水牛城新闻1988年的税前利润一定会下滑。这一预测如果指的是其他同等或更大规模的报纸无疑是正确的，但斯坦·利普西在这一年里的所作所为让我的预测看起来很蠢——上帝保佑他！”（1988年信）

喜诗糖果

“查理和我在买下喜诗糖果的5分钟之后，便决定让查克·哈金斯负责这家公司的管理。在看过他这些年的表现之后，你会怀疑为何我们要考虑那么久。”（1988年信）

费区－海默

“在费区－海默，海德曼家族就好像是B太太家族的辛辛那提版。不管是家具业或是服装制造业，它们都不是很有吸引力的产业，只有出色的管理才能让股东们获得好的投资回报。”（1988年信）

寇比吸尘器与史考特飞兹

“所有拉尔夫·斯西所管理的事业，包含世界百科全书、寇比吸尘器与史考特飞兹制造集团（Scott Fetzer Manufacturing Group），在1988年的表现均相当出色。交由拉尔夫打理的资金均取得了不错的回报……能够拥有拉尔夫这样的经理人，实在是伯克希尔的幸运。”（1988年信）

布朗鞋业

布朗鞋业是北美地区生产工作鞋与工作靴的领军企业，一直以来都有着非常出色的销售和资产利润率。制鞋产业的生意并不好做，全美每年大约10亿双的采购量中差不多有85%是从国外进口的，这个产业中的大部分制造商都可谓是在惨淡经营。由于款式与型号极其繁多，导致这个行业的库存压力很大，同时大量的资金又被绑在应收账款上。这样的经营环境，只有像弗兰克这样出色的经理人以及由海弗南（Heffernan）先生[①]所建立的事业，才有可能取得成功。(1991 年信)

黑尔斯博格（Helzberg）[②]

“伯克希尔被要求提出一个报价，我们花了好长一段时间才在价格上达成协议。但以后我再没有针对下列事实有过任何的疑问：（1）黑尔斯博格一定是那种我们想要拥有的事业；（2）Jeff 一定是我们喜欢的经理人。事实上如果这项事业不是由 Jeff 来管理，我们可能就不会买下它。买下一家没有良好管理的零售企业，就好像是买下一座没有电梯的埃菲尔铁塔。”（1995 年信）

吉列

“无论怎样强调一个 CEO 对公司的重要性，都不会过分。在 Jim Kilts 于 2001 年进入吉列之前，这家公司正在为其错误的资本配置处于苦苦的挣扎之中。公司对金霸王电池（Duracell）的收购让股东们付出了数十亿美元的代价，而这种代价在传统的会计处理上是根本看不出来的。Jim Kilts 入主吉列以后，马上开始严格财务纪律、全面收紧公司业务以及着力推动市场营销的工作。这一系列措施大幅提升了公司的内在价值。”（2005 年信）

艾斯卡

“艾斯卡生产小型、消耗性的切割工具，其产品主要是作为一些昂贵大型设备的零配件。这项事业没有任何神奇之处，只有靠优秀的管理才能赋予其价值。而 Eitan、Jacob 以及他们的团队成员真的就像魔术师一样不断生产出出色的产品，使其下游顾客的生产力得以不断提升。我们的观察结论是：艾斯卡的赚钱之道在于它能帮助顾客赚更多的钱。还有比这更能创造持续成功的方法吗?”（2006 年信）

抓要点：在伯克希尔，船长比船重要。

关键词：管理边界。

---

① 注：布朗鞋业的创始人。

② 注：是一家美国珠宝零售商。

第十四节　六道门槛儿

迷雾　如何才能在伯克希尔旗下做一个称职的管家呢?

解析　至少要过六道门槛儿。

能在伯克希尔旗下当一名称职的管家可不是一件容易的事情。我们在前面已经聊过，巴菲特无论是投资上市公司股票还是进行私人企业收购，都会用手中的四把尺进行仔细衡量，其中的第二把尺就是“才德兼具的管理人”。不符合这个标准的企业，是无缘进入伯克希尔这个大家庭的。那么，如何正确理解“才德兼具”呢?我们下面就用“六道门槛儿”做一个大致的介绍。

门槛一：以股东利益为导向

“布朗鞋业一个与众不同的特质是它的薪酬制度，可谓深得我心。公司对几个主要经理人每年会支付 7800 美元的底薪，然后再从公司的年度利润中——扣除资本使用费用——按一个事先约定的比例附加到经理人的基本年薪上。这样的处理代表了公司经理人完全与股东站在了同一条船上。相比之下，大部分的公司经理人都是说一套而做一套，其薪酬与奖罚体系都是萝卜长长而棒子短短（在他们眼里，使用股东资金是不需要考虑成本的）。布朗鞋业的薪酬体系对公司和经理人都是有利的。那些敢于用自己的工作能力下重注的经理人，通常也都有很强的工作能力。”（1991 年信）

请注意“扣除资本使用费用”这句话。我们不妨快速地想一下：在你熟知的企业中，有无这样发放经理人薪酬的?

“在去年年报中，我曾经谈到我们目前的最大持股——可口可乐。可口可乐继续扩大其在全世界饮料市场的霸主地位，但很不幸的是，我们已失去了这个产业最杰出的领导者——该公司的董事长 Roberto Goizueta 已于去年 10 月过世。在他死后，我再次逐一阅读了过去 9 年来 Roberto 写给我的超过上百封的书信。这些书信不仅可以作为经营一家公司的指南，也可以指导一个人应如何去度过他的一生。在这些书信中，Roberto 展现出他清晰而卓越的战略眼光——永远将公司的经营目标放在如何提升股东价值上面。Roberto 很清楚自己要将公司带往何处、要如何做才能达到目标、为何这样做才最有利于股东价值的提升以及——同等重要的是——他对于达成这一目标始终有着强烈的渴望。”（1997 年信）

再回想一下，你身边或你了解的企业中，有无这样进行企业使命定位的，“永远将公司的经营目标放在如何提升股东价值上面”？

需要特别指出的是，在巴菲特关于“德”的考察中，经理人是否能事事以股东利益为先，是一个最为重要的、最为核心的标准。正像巴菲特在另一场合说过的那样，经理人能事事从股东的角度考虑问题，这将是我们对经理人的最高褒奖。

门槛二：较强的资金配置能力

“我们并不反对旗下子公司将所赚取的利润全部保留，如果他们可以有效利用这些资金，创造出更高的投资回报。对于我们持有少数股权的上市公司，如果他们同样可以很好地运用这些资金，为股东创造出更高的价值，我们又何乐而不为？（这一提议也代表着如果某些产业不需要太多的资本投入或是管理层过去有资金使用的不佳记录，那么利润就应该分给股东或是用于股票回购——这也是目前大多数情况下资本运用的最好选择。）”（1983 年信）

注意，这里一共提出了两个评估标准：主观标准和客观标准。如果主观标准比较难以做到的话（谁不认为留存利润会有大用途呢?），公司经理人和股东至少还有第二个评判与行动标准：管理层关于资金使用的历史记录。那么如何把握这个历史记录呢?

“我们认为应该定期检验（资金使用的）效果。我们测试的标准是：保留下来的每一美元能否为股东创造出至少一美元的市场价值。到目前为止，我们尚能达到标准。我们会以 5 年为一个循环，持续地进行这样的考评。不

过随着公司净值的成长，合理使用资金的难度将会越来越大。”（1983 年信）

看到这里，读者不妨对那些被人们称为“铁公鸡”或近似于“铁公鸡”的上市公司进行一次留存利润使用效果的考察，看看它们是否都能符合上面提出的标准：每一元的保留利润都创造了大于一元的市场价值。不过需要提示的是，这种关于历史记录的考察也许没有那么直白和简单。

“在判断公司是否应当保留利润时，股东不能只是简单地对照近几年的资本回报，因为这一指标有可能会被公司的核心事业所扭曲。在高通胀时代，公司具有特殊竞争力的核心事业有可能仅运用少量的资金即可创造很高的投资回报（就像去年我们曾提过的商誉问题）。除非公司正在经历巨幅的增长，否则一家出色的企业理应可以产生大量的闲置资金。如果这家公司将这些现金的大部分投入低回报的事业，在核心事业继续表现良好的基础上，公司的投资回报仍会在整体上看起来相当不错。”（1984 年信）

门槛三：严格的成本控制

伯克希尔旗下的那些非上市公司，几乎个个都是成本控制的高手，因此也颇得巴菲特的赏识。下面列出几例。

“根据我们的经验，一家高成本运行公司的经理人，永远能找到增加公司开支的理由。一家低成本运行公司的经理人，也永远能找到为公司进一步节省开支的新方法——即使其成本支出已远低于竞争对手。关于第二点，恐怕没有人能比 Gene Abegg① 做得更好了。”（1978 年信）

“我们不是要批评 Levitz（B 夫人的竞争对手），事实上该公司的经营也颇为出色。但是 NFM② 的表现实在是太好了（所有这一切都是从 B 太太 1937 年 500 美元的初始投资开始）。依靠极高的工作效率和采购上的规模成本优势，NFM 在创造较高资本回报的同时，还能为购买了相同商品的顾客每年平均节省 3000 万美元的购物成本。凭借这一点优势，该公司客户的地理分布越来越广，而商店营业额的增长速率也高于奥马哈家居用品市场的自然增长。”（1984 年信）

“一看完 Cathy 总共两页纸的来信，我就觉得美国商业资讯网（Business

---

① 注：伊力诺国民银行负责人。

② 注：内布拉斯加家具大卖场。

Wire）与伯克希尔是一对佳偶。我特别喜欢她信中倒数第二段的表述：‘我们严格控制成本，限制一切不必要的支出。我们公司没有秘书，也没有管理中层。但我们会花费大量的资金去更新技术和推动业务不断地向前发展。’”（2005 年信）

“当我们在 Charlie Heider 的办公室准备签约以完成此次收购的当天，Jack Ringwalt① 迟到了。他踏进办公室，解释说之所以迟到，是因为他要开车在附近绕来绕去，以便能找到一个计时器还未用完的车位。对我来说，那真是一个美妙的时刻，因为我知道 Jack Ringwalt 就是我想找的那种经理人。”（2006 年信）

伯克希尔旗下这些非上市公司能做到的，不代表公司所投资的那些上市公司也都能够做到。在 2006 年的致股东信中，巴菲特为我们提供了一个有趣的例子。

“企业界里的许多大人物，常常会对美国政府的开销问题进行抨击，指责这些官僚在花费那些不属于自己的钱时总是那样大手大脚。不过，这些企业界的大人物在处理个人消费时，有时也要看他们花费的到底是谁的钱。下面讲一个我在担任所罗门公司董事长时曾经发生的小故事。1980 年代，公司聘请了一位名为吉米的理发师，每个星期都要来公司为高层人士理发，随行的还有一位指甲美容师。后来公司开始消减行政费用支出，提出接受此项服务的人必须自行负担相关的费用。其中有一位公司高管，以前是每周向吉米报到 1 次。在新规定实施后，立刻改为每 3 周报到 1 次。”（2006 年信）

门槛四：真诚

“从我们第一次碰面开始，Gene Abegg 就表现出百分之百的坦诚——这也是他唯一的行事风格。谈判一开始，他就把公司所有的负面因素都摊在桌面上；除此之外，在交易完成数年后，他还会定期地告诉我一些之前未曾讨论过的公司情况。”（1980 年信）

“我可以确定，大家只要把钱交给 Ike Friedman 及其家族，就一定不会失望。我们购买波仙珠宝股权的经历就可以提供最好的证明。波仙没有经会

---

① 注：20 世纪 60 年代巴菲特收购国民保险公司时的所有者。

计师审计的报告，因此我们没有去进行盘点，也没有去验证和审计应收账款或其他经营项目的真伪。只是在 Ike 做了一个简要介绍后，双方就拟定了一份仅有一页纸的买卖合约，然后由我开出一张大额支票。”（1988 年信）

需要指出的是，巴菲特要求别人做到的，自己也一直在身体力行：“我们会以坦诚的态度对待大家，尤其是与公司价值有关的信息——不管是好的还是坏的——我们更加会如实相告。我们的行为准则是：当我们的位置对调时，凡是我们希望从你那里得知的内容，也是我们应该告知你的内容。此外，伯克希尔拥有多家媒体事业，当我们用较高的标准去要求这些媒体人时，如果我们自己的信息披露做得不够准确、均衡和深入，那是不可原谅的。我们深信：坦诚，对于身为经理人的我们来说肯定是有益的。一个误导别人的 CEO，最后也会把自己给骗了。”（1983 年信）

读者中可能有不少人知道，巴菲特在收购公司时很少做所谓的谨慎调查，我想其中一个原因就是，在巴菲特看来（基于面对面的接触和对方提供的资料）这些公司创办人都很真诚，真诚到会把“所有的负面因素都摊在桌面上”，因此进行谨慎调查的动因就弱化了，甚至没有必要再去做了。

门槛五：乐在其中

“B 太太，公司董事会主席，现年 91 岁，最近的报纸刊载了一篇关于她的采访报道，报道中 B 太太是这样形容自己的：‘我们每天下班回家后只是吃饭和睡觉，第二天不等天亮便急着要赶回店里上班。’B 太太每周工作 7 天，每天从一开门一直工作到关门，她在一天内所做的决策可能比大部分的 CEO 一年内所做的决策还要多（当然是指好的决策）。”（1984 年信）

“波仙珠宝的营运模式并不会因为伯克希尔的加入而有任何改变。所有的家族成员仍然像以前一样在他们各自的岗位上努力工作着。查理和我则继续在我们的位置上默默地给予支持。当我们说‘所有的家族成员’时，这并非虚言。已经分别有 88 岁和 87 岁高龄的 Friedman 先生和他的夫人，仍然坚持每天到店里来工作。他们的儿媳妇 Ike、Alan、Marvin 和 Donald 也都是从早忙到晚，家族的第四代也已开始学习做生意的各种技巧。”（1988 年信）

先举这两个例子，在下面的“插满蜡烛的雪糕”一节中，读者可以继续从中感受什么是“乐在其中”。

门槛六：理性并购

由于这个话题包含的内容很多，本人决定对它进行单独的讨论，请看接下来的“非理性并购”一节。

抓要点：一个合格的管家至少要过六道门槛儿。

关键词：同一条船、资金成本、股东价值、最好选择、定期检验。

第十五节　非理性并购

迷雾　什么叫作“理性并购”?

解析　关注小精灵的去向而不是它现在的位置。

并购是企业发展的路径之一，成功的或理性的并购有望带来股东价值的提升，而失败的或非理性的并购无疑会对股东价值造成伤害。什么才是成功或理性的并购呢？哪些又是失败或非理性的并购呢？对于这些问题，巴菲特在 1981、1983、1994 和 1995 年的致股东信中较为集中地给出了回答。为了便于读者理解，我把理性并购归纳为七种模式。

旨在内在价值而不是管理版图的扩充

“我们收购的目标着眼于经济价值的最大化，而非管理版图与报告利润的最大化（长久以来，管理层太过注重企业的会计表现而非内在价值的提升，最终将导致两者都获益不佳）。”（1981 年信）

“大部分的公司、机构或其他组织，在进行自我评估或被其他公司与机构评估，抑或是在制定经理人的薪酬标准时，大多是以组织的规模而非其他指标作为量度的标尺。（问一问那些名列财富 500 强的企业负责人——他们或许从来都不知道——如果他们的公司是以盈利能力而不是销售规模来重新进行排序的话，会排在第几位?）”（1981 年信）

价格重于权力

“不考虑对短期报告利润的影响，我们更希望以 X 元/股的价格购买好生意 T 的 10% 股权，而不是以 2X 元/股的价格购买其 100% 的股权。大多数公司经理人的行为偏好与我们正好相反，而且也从不缺少对这种行为的解释。”

（1981 年信）

这一条，恐怕也同样适用于中国资本市场。当然，中国的商业环境与美国有很多不同，许多控股性收购也许是不得已而为之。但我们也不能就此完全排除那些旨在满足自己的权力欲望，而不是看股东价值是否得到提升的收购行为。

天性抑制

“公司或其他机构的领导者很少有缺乏动物天性的，而且喜欢接受各种挑战。然而在伯克希尔，即使是购并在即，我们的心跳也不会加快哪怕一下。”（1981 年信）

“管理大师彼得·德鲁克几年前在对《时代》周刊的一次专访中指出了问题所在：让我告诉你一个秘密，撮合一笔交易比努力工作要好很多。促成交易刺激而有趣，而后者却尽是一些龌龊污浊之事。经营任何事业都无可避免地会面对一大堆繁杂的工作……而交易则显得浪漫、性感。这就是为什么许多交易毫无道理可言的症结所在。”（1995 年信）

毋庸赘言，在中国资本市场，这种类似的收购我们是经常看到的……

公主情结

“许多经理人明显是让自己沉迷于一本颇为吸引人的儿童读物了——关于一个已被施予魔法的英俊王子因美丽公主的深情一吻而被救赎的童话故事，从而也认为那些被收购的公司，只要被他们优异的管理天赋轻轻一吻，便同样可以脱胎换骨。”（1981 年信）

无论是美国还是中国的资本市场，为何总是会有那么多的高溢价收购？其中一个重要原因，恐怕就是收购者都不缺乏这种浓浓的公主情结，坚信在自己的亲吻之下，一个普普通通或境况不佳的公司就会焕发出勃勃生机。但实际情况究竟如何呢？

“如果剔除这些美丽的幻想，投资人完全可以用蟾蜍的价格买到蟾蜍。如果投资人愿意用双倍的代价资助公主去亲吻蟾蜍的话，最好保佑奇迹会发生。我们见过很多公主式的亲吻，但却少有奇迹发生。然而，许多公主依然坚信她们的吻有让蟾蜍变成王子的魔力——尽管在公司的后院早已爬满了一大片毫无反应的蟾蜍。”

要知道因为并购而产生管理奇迹的事情，即使收购者是像伯克希尔这样的公司也是很少发生的：“我们已经尝试过用便宜的价格买下一些蟾蜍，至于最后的结果，在过去的报告中已多有提及。很明显，我们的亲吻效果平平。我们也曾经在几个王子身上做得不错，只是早在我们买下他们时，他们就已经是王子了，至少我们的吻没让他们再变回蟾蜍。最终，当我们的投资目标聚焦于部分股权时，我们倒是成功地以蟾蜍的价格购买到了一些很容易就能加以识别的王子。”（1981 年信）

盯住小精灵的去向而不是现在的位置

“会计的短期结果不会对我们的经营或资金配置决策有任何影响，当购并成本接近时，我们更喜欢购买的是依照标准会计准则无须列示在账面上的两块钱利润，而不是完全可以列示在账面上的一块钱利润。这也正是我们经常要面对的选择，因为选择收购整家公司（会计利润可以完全反映）的价格通常要两倍于我们购买上市公司部分股权（会计利润仅反映其中的一小部分）的价格。但就整体和长期而言，我们预计这些没有列示在报表上的利润会累积于公司的内在价值中，并最终通过资本增值的方式显露出来。”（1983 年信）

“在思考企业合并或收购时，许多公司经理人都专注于每股收益（金融机构偏重的则是每股净值）是否会增加或是被稀释。这样做其实是很危险的。回到我们先前有关教育投资的例子：假设一位 25 岁的 MBA 一年级学生正在考虑将他未来一生的经济利益与另一位同样 25 岁，但只是打一些散工的年轻人的一生权益进行合并，这位暂时无任何收入的 MBA 学生自然会发现，经过这样的合并，他的近期收入马上就会大幅度增加。但是我们不妨想一想，还有比这更愚蠢的交易吗?”（1994 年信）

“在伯克希尔，我们不知拒绝了多少尽管会大幅增加我们的短期利润，但长期来看却可能损伤公司每股内在价值的合并案或收购案。我们的处事方式追随 Wayne Gretzky① 的建议：‘要紧盯小精灵的去向，而不是它现在的位置。’长期下来，比起按照较为流行的教义去行动，我们的股东已多赚了数

① 注：20 世纪 80 年代加拿大职业冰球明星。

十亿美元。”（1994 年信）

不要问设计师你是否需要一个价值不菲的地毯

“长期而言，公司经理分配资金的技能会对企业的内在价值有很大的影响。几乎可以确定的是，一家好公司所能创造出的现金（至少在度过它的初期发展阶段后），一定会超过其本身所需。公司当然可以透过分配股利或回购股票的方式将资金回馈给股东，但是通常企业的 CEO 会询问公司策略企划部门、企业顾问或是投资银行：我们是否可以收购 1 ~ 2 个公司？这样的行事方法无异于一个人去问他的室内设计师，他是否应该增添一条价值 5 万美元的炉边地毯。”（1994 年信）

我本人就曾经读过也做过不少同类型的可行性报告，报告的目的不是去证明计划可不可行，而是搜集一切可用的资料去证明它为何可行。

避免“别家的小孩都有一个”的思维模式

“几年前，我的一位 CEO 朋友半开玩笑地在无意间透露出许多大宗交易背后的病态心理。这位朋友经营的是一家财产意外险公司，当时他正在向公司董事解释为何他们必须收购一家人寿保险公司。当谈到此次收购究竟有何经济与策略上的合理性时，他在进行了一番毫无说服力的解释后，突然间停止了演说，然后露出顽皮的眼神说道：‘好吧！小伙伴们，谁叫其他的孩子都有一个呢。’”（1994 年信）

这让我想起了一段往事：20 世纪 80 年代初我刚到深圳不久，去一个领导的家里做客。当我看见那位并不喜欢音乐的领导在家里摆放着一个巨大的音响组合时，就禁不住问他：“你不是不喜欢听音乐吗？”我的这位领导是这样回答的：“嗨，看到别人家都有，我也就买一套呗。”

不同的结果

一次非理性的并购，有关方会得到相同的结果吗？当然不会。巴菲特在 1994 年的致股东信中指出了非理性并购之所以流行的原因：“遗憾的是，大部分的大型购并案充满了不公平性：对于被购并方来说，得到是财富；对购并方的管理层来说，得到的是名和利；对投资银行家与购并顾问来说，得到是蜜糖罐；对于购并方的股东来说，得到的却是财富的即时或长期缩水。”

抓要点：不是基于股东价值提升的并购大多都是非理性的。

关键词：经济价值、动物天性、亲吻蟾蜍、愚蠢的交易。

第十六节　用结果说话

迷雾　**巴菲特在评价旗下经理人的表现时有无量化指标?**

解析　**有一组逐步递进的量化指标。**

当巴菲特评价旗下经理人的表现时，除了上面说的“六道门槛儿”这些非量化指标外，还有一组完全可以量化的评价标准。你干得好与坏，最终还需要用公司的长期财务表现来说话。在整理巴菲特 1989 和 1990 年致股东信时，我们发现了这一组指标。请注意，这是一组较为简单但需要逐步递进的指标（以下摘录全部来自 1989 和 1990 年信）。

税前利润

“在给股东的报告中，CEO 往往会用几个篇幅详细描述企业的表现是如何不令人满意，但最后却会以感性的口吻来形容他的管理团队是‘公司最珍贵的资产’。这种形容有时不免会让人质疑：那公司其他的资产又算是什么呢？不过在伯克希尔，我个人对于旗下经理人的称赞都是恰如其分的。要想知道背后的原因何在，不妨先看看第 7 页①，它显示了本公司旗下 7 个最大的非金融事业体——水牛城晚报（Buffalo News）、费区－海默（Fechheimer）、寇比吸尘器（Kirby）、内布拉斯加家具卖场（Nebraska Furniture）、史考特飞兹集团（Scott Fetzer Manufacturing Group）、喜诗糖果（See’s Candies）以及世界百科全书（World Book）的盈利情况（股东权益均以历史成本计价）。1987 年，这 7 家公司的息税前利润总计为 1.8 亿美元。”

---

① 注：指 1989 年信的第 7 页。

你也许觉得这一指标没啥好稀奇的，因为它太普通了，哪家公司——无论是上市还是没有上市——在评价其经理人表现时不看利润数据呢？不要急，上面我说过了，这是一组逐步递进的财务指标。

资金投入

“只看数字本身，并不足以说明什么。要想知道这一数据是否具有某种特殊性，还需要了解在利润的背后究竟使用了多少资金——有息负债加权益资本。在这7家公司中，负债只扮演了很小的角色：1987年的利息支出仅为200万美元。因此，扣除利息后的税前利润为1.78亿美元，而按历史成本计价的权益资本仅为1.75亿美元。”

注意，这里说的是有息负债，如果公司有能力利用其他公司的无息负债来为自己赚取更多的回报，那是公司的本事（想想格力电器和贵州茅台这样的公司）。

权益报酬率

“如果把这7家企业视为一个独立经营的公司，那么1987年的税后净利润大约为1亿美元，其股东权益报酬率高达57%。这是一个你很难在其他公司——更不要说大型公司——能够看到的比率。根据《财富》杂志1988年出版的《投资人手册》，在全美500大工业与500大服务业公司中，在过去的10年里只有6家公司的平均股东权益报酬率达到了30%。最高的公司Commerce Clearing House，也不过只有40.2%。”

是的，你没有看错，57%。当然，我们在这里先不必纠结于指标的大小。重点是，这一数据道出了巴菲特评价经理人表现的一个核心指标：不是看你赚了多少钱，而是你为股东的资本赚了多少钱。有读者可能会质疑：权益报酬率是个有缺陷的指标，它背后可能隐藏着公司对财务杠杆的使用，单看这个指标容易被误导。我们接着往下看。

财务杠杆

“大部分的公司经理人①并不是为了生活而工作，他们出现在棒球场上，只是为了要击出全垒打。事实上，他们也正是这样做的。他们在公司财务上（包括一些较小的事业体）的整体表现，可以彰显出他们的业绩有多么出色。

① 注：指伯克希尔旗下8家私人企业。

以历史成本为计算基准，他们现在每年的平均股东权益报酬率高达57%。值得一提的是，达到这样高的回报水平却并没有使用任何的净财务杠杆：账上的现金就足以清偿所有的借款。”

精明的巴菲特自然是不会忽略这个问题的。那些对杜邦分析了解不多的读者，当你在评价所关注的上市公司有一个怎样的权益回报率时，别忘了看看它的资本乘数是多少。

非凡的业绩是否出自垄断型生意

“我们的获利并不是来自类似香烟或电视台这些拥有特殊经济权的事业。相反，它们来自于一些再平凡不过的产业，诸如家具零售、糖果制造、吸尘器乃至钢铁仓储等。成功背后的原因也很清晰：非凡的回报源自于非凡的经理人，而不是先天的产业环境优势。”

我们不妨还是以刚才提到的两家中国上市公司做一个对比性思考：如果格力电器与贵州茅台长期有相似的权益报酬率，那么哪家公司的指标更显得弥足珍贵呢？（公司未来的长期前景是另一个话题。）

数据背后的故事

“从以上所列数字中可以得出3点重要推论：（1）这7家企业的内在价值远高于账面净值，也远高于伯克希尔账列的投资成本；（2）由于经营这些事业不需要太多的资金，因此公司可以通过将营业所得用于新的生意机会而让自己不断成长；（3）这些事业都由能干的经理人所打理，如布鲁姆金家族、海德曼家族、查克·哈金斯、斯坦·利普西与拉尔夫·斯西等。他们集才干、精力、品格于一身，把自己所供职的事业经营得有声有色。”

大家不妨关注一下巴菲特得出的这三点结论，当我们为特定的上市公司做价值评估时，其为我们提供了三个值得思考的问题：（1）如何确定公司的内在价值是否高于账面价值；（2）如何看待公司的资本投入；（3）如何看待经理人对公司内在价值的贡献。

抓要点：评价公司经理人的表现需要引入一组逐步递进的量化指标。

关键词：税前利润、资本投入、资本回报、财务杠杆、平凡的产业。

第十七节　插满蜡烛的蛋糕

迷雾　**商场竞争惨烈，伯克希尔是否拥有一批年轻有为、年富力强的商业才俊？**

解析　**恰恰相反，从某种程度上说，伯克希尔是老人当道。**

说伯克希尔是老人当道，至少在很长一段时间内是一点也不过分的。不过，这与我们平常理解的某某领导岗位的老龄化现象并不是一回事。伯克希尔不是一家国有企业，更不是什么事业单位或主管机构，它是身处竞争激烈的商业领域中的一家上市公司，经理人的表现会直接影响公司的长短期业绩，进而是股东的利益。当我们说公司是老人当道时，是因为这家公司对“管家”的要求有着独特视角以及与众不同的思维模式。

在巴菲特1988年的致股东信中，我们看到了这一独特视角：“在伯克希尔，这样的关系可以维持相当长的时间。我们不会因为这些杰出经理人的年纪到了一定岁数就把他们给换掉——不管他是65岁，还是B太太在1988年光明节前夕将要达到的95岁。出色的经理人实在是可遇不可求的稀有资源，即使在这些蛋糕上已插满了蜡烛，还是让人舍不得把他们丢弃。相较之下，我们对于新鲜出炉的MBA则不是太有兴趣。他们的学术经历看起来总是很吓人，讲起话来也一直头头是道，但在企业与生意上的见识却显得十分有限。此外，你也很难去教一只新狗玩老的把戏。”

为了让读者能更加清晰地了解伯克希尔独有的“老龄化”现象，笔者列举几个实例如下：

Gene Abegg：80岁

“去年，虽已80岁高龄，但依然独自领导着银行运营的Gene Abegg提出让一个候选者接手管理。因此，曾任奥马哈美国国民银行 CEO 的 Peter Jeffrey 于 3 月 1 日正式加入伊利诺国民银行担任总裁和 CEO。老当益壮的 Gene 依然担任董事会主席。我们预期该银行仍会成为 Rockford 地区银行业的领导者并继续表现出色。”（1977 年信）

Ben：75 岁

“Ben[①] 今年 75 岁，与伊利诺国民银行 81 岁的 Gene Abegg 以及 Wesco 公司 73 岁的 Louie Vincenti 一样，依旧每天以无比的热情为企业操劳着。不知情的人或许以为我们对于这群杰出的经理人有年龄上的过分偏好。尽管我们的做法有些离经叛道，但这种关系却让我们获益良多——无论是在财务上或私人感情上都是如此。与这些喜欢每天早晨一起床就开始工作，而且始终能像企业所有者那样去思考的人一起共事是非常愉快的。他们是最优秀的一群人。”（1978 年信）

B 夫人：100 岁

“B 太太在 12 月 3 日度过了她 100 岁的生日（买蜡烛的钱比买蛋糕的钱还多）。本来当天家具店计划到了晚上再开始营业，但对于已习惯于每周工作 7 天（不论每天工作多少个小时）的 B 太太来说，毫不犹豫地做出了对她来说明显是正确的决定：等到晚上商店关门之后才开始她的生日宴会。”（1993 年信）

弗兰克：71 岁

“过去我曾向各位提到过弗兰克在 Melville 企业担任 23 年 CEO 期间所做出的杰出贡献。如今已高龄 72 岁的他，在伯克希尔的运行速度甚至比以前还要快。虽然弗兰克的行事风格有些低调和闲散，但千万不要被他的外表所欺骗，一旦他开始挥舞手中的球棒，球就会被击得一飞冲天，然后消失在围墙之外！”（1993 年信）

阿 · 尤里奇：83 岁

“FSI[②] 的阿 · 尤里奇（Al Ueltschi）[③] 今年已经 83 岁，目前仍然处于全

---

① 注：联合零售商店的创办人。

② 注：国际飞安公司。

③ 注：公司创始人。

速前进的状态。尽管我本人不喜欢进行股票分割，但我正在计划当阿·尤里奇到100岁时，将他的年龄一分为二。（如果此举确实可行，猜一猜谁是下一个！）”（2000年信）

罗·辛普森：74岁

“去年夏天，罗·辛普森（Lou Simpson）告诉我他打算退休。罗只有74岁，在查理和我看来，这个年纪在伯克希尔只适合当培训生，所以我们对罗的要求感到很惊讶。罗于1979年加入GEICO并任投资经理，他后来对这家公司所做出的巨大贡献是难以估量的。在2004年的年度报告中，我详细列举了他的股票投资业绩，后来没有进一步更新，是因为他的投资表现让我本人的投资成绩显得差多了，谁愿意看到这样的对比呢？罗从来不曾给自己的投资才能做过任何的宣传，那么就由我来完成这个工作吧：简单来说，罗是一个伟大的投资者。我们会怀念他的。”（2010年信）

当然，我们还可以增加两个。

沃伦·巴菲特：86岁

伯克希尔董事局主席兼多家上市公司的董事。

查理·芒格：92岁

伯克希尔董事局副主席兼威斯科公司董事局主席。

这是一个在其他公司几乎无法看到的景象，我们甚至可以说，伯克希尔公司为企业管理课程提供了又一个需要深入思考和认真研究的管理实例。一群老头和老太太把公司“玩”得风生水起、眼花缭乱，甚至不乏让人叹为观止的事例，这背后的故事是很值得玩味的。

抓要点：很难去教一只新狗玩老的把戏。

关键词：可遇不可求、新鲜出炉、MBA、学术经历、生意见识。

第十八节　大赢家

迷雾　**当巴菲特打算长期持有一家公司时，价格和品质谁更重要？**

解析　**早期时天平偏向前者多一些，中后期时天平偏向后者多一些。**

读过一些巴菲特和芒格著作的人，对这句话恐怕都耳熟能详："以出色的价格买入一家普通的公司，不如以普通的价格买入一家出色的公司。"对，这句话是芒格先说的，然后逐渐被巴菲特接受且身体力行，为后期的伯克希尔公司创造了令人称道的业绩。如何正确理解这句话？对于早期热衷于"捡烟蒂"策略并取得不错投资回报的巴菲特来说，究竟经历了一个怎样的心路历程？

要想完整地回答上面这个问题并不容易，毕竟这种转化不是一两天就能完成的。即使如此，笔者还是愿意就这个问题展开一次专题讨论，尽管不能还原事情的全貌，但透过巴菲特的一些相关表述，我们还是可以从中体会到一些思想转化的细节。

捡烟蒂

我们先来看较早期阶段的一些回忆："各位的董事长，也就是本人，在数年前决定买下位于曼彻斯特的 Waumbec 纺织厂，以扩大我们在纺织业的投资。无论你怎样测试，这笔买卖都相当划算，出售价格低于其营运资本，大量的机器设备与不动产几乎就是半买半送。但这次收购仍被证明是个错误。即使我们再怎么努力，在旧的问题得到解决后，新的问题又冒了出来。"(1979 年信)

出售价格低于营运资本，如果没有理解错的话，这应当指的是售价低于公司的流动资产净值，而这个指标来源于格雷厄姆关于股票（投资）价值评估的其中一个思想。那么，这笔“无论你怎样测试，买卖都相当划算”的交易，其结果究竟如何呢？在说完上述这段话下一年的致股东信中我们找到了答案：“去年，我们缩减了纺织业的经营规模。虽然有些不情愿，但却不得不关闭了 Waumbec 工厂。除了一些设备转移至 New Bedford 外，余下的大部分设备，连同房地产都已经或即将卖掉。你们的董事会主席由于无法早日面对现实而犯下的错误可谓是代价高昂。”（1980 年信）

转变

尽管那时伯克希尔的经营（指被巴菲特合伙公司收购后）还处于早期阶段，但由于公司对喜诗糖果的成功买入，巴菲特已经开始思考价格与品质的问题：“某些生意——比如电视台——其有形资产回报多到你挡都挡不住。不过这些生意的售价也特别高，账面 1 块钱的东西可以叫价到 10 块钱，充分反映出其资产有着惊人的获利能力。虽然价格高得吓人，但那样的生意做起来反而会更容易一些。”（1979 年信）

在同一年的致股东信里，巴菲特明确提出了那句出自查理·芒格的重要投资思想：“我们在生意运营和股票投资上的双重经历让我们得出如下结论：（1）所谓有‘转机’的公司最后鲜有成功的案例；（2）以低廉的价格购买一家正在惨淡经营的企业，不如以合理的价格购买一家优异的企业，因为后者更能发挥管理人的才干。”

进化

时间到了 1985 年，当巴菲特决定买入大都会公司的股票时，其思想的转变似乎又往前走了一大步。

“我们此次购买大都会的股票可谓是为其价值支付了全款，在价格上并未占到什么便宜。这反映出近年来市场对媒体事业或媒体股票的热衷（其中有一些投资案例已达到疯狂的地步）。事实上，我们也没有多少讨价还价的余地。然而，我们这次对大都会股票的投资，让我们能够成功地把杰出人才与出色生意紧密结合在一起。而且，还是我们所喜欢的大规模介入。”

本人觉得，巴菲特在这段话里似乎向我们做出了暗示：购买大都会公司股票时，他支付的价格尺度比往常宽松了不少。之所以会这样做，想必是因为在他看来，这家公司真正做到了出色生意与出色管理的完美结合，而这种结合会让投资前景变得更加具有确定性。这就像巴菲特在另一个场合说过的那样：汤姆·墨菲就是我的安全边际。

两年后，在1987年的致股东信中，巴菲特再次夯实了自己对这个问题的感悟："每一次行动，我们都试着买进一家具有长期经济特质的公司。我们的目标是以合理的价格买到优秀的企业，而不是以便宜的价格买进平庸的企业。查理和我发现，在投资领域，同样是种瓜得瓜，种豆得豆。"

与此同时，巴菲特也对自己过去的错误再次反省："需要特别注意的是，你们的董事长虽然以反应快速著称，但却用了20年的时间才明白买下好生意的重要性。在那段时间里，我一直在努力寻找便宜的货色，不幸的是真的就被我找到了。我在这些诸如农具机械制造、三流百货公司与新英格兰地区的纺织工厂身上，结结实实地上了一课。"（1987年信）

思考

写到这里，我禁不住想与大家共同思考一个问题：巴菲特后来投资模式的改变（即从"捡烟蒂"转变为长期持有优秀上市公司），只是因为资金规模变大了吗？从上面的这些表述中，我觉得问题没有那么简单。资金规模问题自然不能忽略，但如果把策略改变的全部原因都归于此，恐怕也与事实不符。排除价格因素不谈（20世纪50年代的股票价格很低），遍览巴菲特历年的致股东信（包括上面的这几段表述），我们不难看出，巴菲特之所以会在行为模式上出现了"进化"，是因为过去那种投资方法已经难以为继，而那些对高品质公司的偶然拥抱（比如喜诗糖果），却给伯克希尔带来了优异并且是长盛不衰的回报。

最后，让我们用2012年的一段表述结束本节的讨论："当然，如果买价过高，一项非凡的生意也会转变成一次失败的投资。对于我们旗下的这些公司，我们差不多都支付了高于其有形净资产的价格，这些成本反映在我们巨额的无形资产科目里。不过总体上看，这些收购让我们取得了还算不错的资本回报，这些业务的内在价值在总体上也都大幅超过了它们的账面价值。除此之外，我们保险和公用事业的内在价值与其账面价值的差异还要更加巨大。这里才是发现大赢家的地方。"

抓要点：以出色的价格买入一个普通公司，不如以普通的价格买入一个出色的公司。

关键词：杰出人才、出色生意、合理价格、安全边际、大赢家。

第十九节　基石

迷雾　安全边际在巴菲特的投资操作中究竟占有什么样的地位？

解析　与格雷厄姆的思想基本一致，尽管内涵已变得稍有不同。

评价安全边际思想在巴菲特投资实践中的地位，同样需要通读本书的全部内容，因为一个章节的讨论并不足以给出全面的展现。但由于这一思想实在是太重要，因此本书专门使用了三个小节进行讨论。除了本节外，上一节的“大赢家”以及下一节的“打棒球”，它们都与安全边际这一投资思想密切相关。

需要特别指出的是，尽管安全边际思想在巴菲特的投资操作中占有很重要的地位，但随着巴菲特投资实践在时间与空间上的不断延伸，这一思想也在悄然发生着变化。

都有哪些变化呢？笔者认为至少有三点：（1）好价格的首要地位逐渐让位于好生意；（2）评估价格是否安全的依据由过去的基于资产评估和历史评估改为基于对企业未来长期前景的评估；（3）当对企业的品质与未来充满信心时，会适度放宽价格尺度。总之一句话，对买入价格是否具有安全边际的评估，如今更多的是基于企业的内在价值。当然，是保守评估下的内在价值。

尽管如今巴菲特对安全边际的要求与格雷厄姆的安全边际思想已不是完全吻合，但从他历年的致股东信中我们仍然可以深深地感受到，当初由格雷厄姆提出的安全边际理念对巴菲特的投资操作一直具有深远影响。

“我们投资上市公司的部分股权，唯有当买入的生意与交易的价格具有同等吸引力时才能够成功。我们的这些努力需要一个温和的市场配合。然而市场就像上帝一样，只帮助那些会自我帮助的人。但市场与上帝也有不一样的地方——它不会原谅那些不知道自己在做什么的人。对投资人来说，如果买进一家优秀企业的价格过高，那么有可能抵消掉公司未来10年的发展成果。”（1982年信）

从这段表述中，我们可以看到巴菲特在投资股票时具有的“生意”情结：“买入的生意”“买进一家优秀企业”“公司未来10年的发展成果”。但尽管如此，巴菲特也同样意识到，如果“价格过高，那么有可能抵消掉公司未来10年的发展成果”。

“当股票市场涨到很高时，我们使用资金买进公司部分股权的能力与效果就会削弱甚至完全消失。这种情况会周期性地出现。就在10年前，当股市和私人股权市场同时发高烧时（企业的资本回报率被机构投资者捧上天），伯克希尔保险子公司仅持有1800万美元市值的股票，这还不包括我们在蓝筹印花上的持股。那个时候，股权投资仅占保险公司投资总额的15%，而目前这个比例是80%。与1982年一样，1972年也有一样多的好公司可供我们挑选，但当时这些公司的股票价格实在是太高了。尽管股价高涨可以让公司的短期报表好看，但却会降低我们对公司长期前景的期望。”（1982年信）

从这段表述中，尽管我们可以深深感受到巴菲特在购买股票时所具有的长远目光或战略视角，但叙述的重点却是价格：当价格高涨时，我们保持原地不动；当价格大幅下降时（1981年美股仍处于熊市），我们开始大量买入。这种逆向操作的背后，其实是对安全边际的孜孜追求。

“记得1979年夏天，在我的眼里四处都是便宜的股票，为此我特地在《福布斯》上写了一篇文章，名为‘乐观的共识会带来股价的高涨’。当时市场上到处弥漫着怀疑与悲观的情绪，而我提出的看法是投资人对于这种现象应该感到高兴，因为悲观情绪会使许多公司的股价跌至相当吸引人的价位。不过现在，我们倒是有一个乐观的共识了。当然，这不代表我们现在就不能买股票。近年来，美国企业的盈利水平比几年前已有大幅提升，而且基于目前的利率水准，企业赚取的每一美元利润比起过去也有更高的价值。不过，现在的股票价位已经严重背离了格雷厄姆一直强调的安全边际准则——

这是聪明投资的基石所在。”（1997 年信）

这段话的重点显然在最后一句，请重复阅读三遍。

“我们在所持股票未来表现上的保留态度，与我们对股市整体在下一个10 年表现的保留态度基本吻合。去年 7 月，在一场由 Allen 公司举办的会议中，我表达了本人对于股市未来回报的看法（两年前我已表达过类似的观点）。在同年 12 月 10 日的《财富》杂志中，你们也可以看到关于我这些看法的修正版。我已将这篇文章附在本年报的后面。登陆公司的网站，你们也可以看到这篇文章。查理和我相信，长期而言，美国企业定会有一个不错的经营成果，但目前股票的价格预示着投资人只能得到一个过得去的市场回报。股市的表现优于公司本身的表现已有很长一段时间了，这种现象终将会结束。不过，市场经常性地不与企业的发展同步，这一点会让许多投资者感到失望，特别是那些股市的新手们尤其如此。”（2001 年信）

读完这段话，我们可以尝试一下如下方法：不妨在电脑屏幕上画出随时更新的两条曲线，一条是某企业的股票价格曲线，一条是这家企业的内在价值（可用每股收益替代）曲线。当价格曲线处于业绩曲线的上方时，显示这不是买入其股票的最佳时间。当价格曲线处于业绩曲线的下方时，则显示你已进入买入股票的安全区域。至于两条曲线如何画才科学，这里就不讨论了。

抓要点：安全边际准则是聪明投资的基石所在。

关键词：自我帮助、短期报表、长期前景、乐观共识、终将会结束、股市新手。

第二十节　打棒球

迷雾　**巴菲特投资股票时也会进行时机选择吗?**

解析　**会，不过是基于价值评估上的时机选择。**

常听到有人说，巴菲特投资股票时只注重“time”，而不注重“timing”。如果这里说的“timing”是指基于股市预测的那种时机选择（机构投资者比较热衷于玩这种游戏），则此话没有错。但如果换另一个视角谈这个问题，我们也可以说巴菲特在买股票时，其实是很注重“timing”的，不过这个“时机选择”是以价值评估为基准的。

也许会有读者对上面的看法提出异议：基于价值评估的机会选择与基于价格走势预期的时机选择会有什么联系呢？看完本节的讨论，也许你会消除心中的疑虑。

下面我会按照时间顺序，分别给出 1997 年、1998 年、1999 年、2002 年、2003 年以及 2004 年巴菲特在买股票时进行“时机选择”的实证。再说一遍：此“timing”不同于彼“timing”。除此之外，我还会在每一项历史记录的后面给出本人的一些解读，其中有两条解读我认为非常重要，它回答了不少投资者多年一直疑虑的两个问题，望读者能予以注意。当然，个人感悟，不一定对。

1997 年实证

“目前，不管是私人股权市场还是股票市场，价格都过于高了……在这种情况下，我们试着去模仿棒球明星 Ted Williams 的做法。在其所著《打击的科学》一书中，他说他会把打击区域划分为 77 个，每个区域只有一个棒球大小。他深知，只有当球滑进最理想的那个区域再去挥棒打击时，才能保持四成的打击率。如果勉强去击打位于最边缘位置的球，他的打击率只会骤降到二成三以下。换句话说，耐心等待好球出现后再发力一击，才是通往名人堂的大道；那些不管青红皂白而胡乱挥棒的打者，只会迎来一个完全不同的命运。”（1997 年信）

解读：（1）投资股票如同打棒球，你需要划分出从好到坏的多个击球区域；（2）不管落球区域胡乱击球（这正是许多业余投资者的行为模式）不会有好的结果；（3）“只有当球滑进最理想的那个区域再去挥棒打击时”，才有望击出好球。（如果你对此还是不甚了了的话，请阅读《奥马哈之雾》中的“卡片打洞”一节。）

1998 年实证

“到年底，我们手上持有超过 150 亿美元的现金及其等价物（包含一年内到期的高等级债券）。现金从来不是我们的最爱，但是我们宁愿让这 150 亿美元在口袋里烧成一个大洞，也不愿让它们舒适地躺在别人的口袋里。查理和我会继续寻找规模较大的股票投资机会，如果能遇到一个大型企业购并案并花光我们手中的现金则更好。不过到目前为止，我们还没有发现目标。”（1998 年信）

解读：尽管有源源不断的浮存金流入，尽管“现金（含债券）不是我们的最爱”（说不是最爱，可能过于婉约了），但只要球还没有进入最佳击球区，就会坚持坐在那里一动不动。

1999 年实证

“目前，我们拥有的这些好公司的股票价格并不吸引人。换句话说，现在更能让我们感到安心的是它们的生意而不是它们的股票价格。这也是为什么我们并不急着增加持股的原因所在。尽管如此，我们也没有相应地降低投资部位。如果让我们在股价令人满意但公司有问题与股价有问题但公司令人满意之间做出选择，我们宁愿选择后者。当然，真正引起我们兴趣的，是公司与股价都能令人满意。”

解读：这段话似乎已回答了困扰不少投资者多年的一个问题：即“持有”是否等于“买入”？曾有不少投资者认为，如果对某只股票选择继续持有，就意味着在这个价位上可以对这只股票进行增持，即持有等于买入。对这个问题，巴菲特似乎给出了否定回答："虽然没有降低我们的投资部位"，但也"并不急着增加持股"。

2002 年实证

"查理和我目前对于股票有所抵触的态度并非天生如此。我们喜欢投资股票——但前提是能够以一个较具吸引力的价格买入。在我 61 年的投资生涯中，大约有 50 个年头都能出现这样的机会，我想以后也会同样如此。不过除非我们发现有很高的概率可以让我们获得至少税前 10%（也可视为公司税后的 6.5% ~7%）的回报，否则我们宁可坐在一旁观望。尽管让手中的资金赚取不到 1% 的回报不是一件让人开心的事，但成功的投资有时候就需要投资者坐在那里什么也不做。"

解读：这段话似乎回答了困扰不少投资者多年的另一个问题：什么是合理（普通）的价格？记得有一次我在一家基金公司和几个基金经理聊价值投资，当讲到用合理价格买入优秀企业时，他们中有很多人询问我：什么是合理价格？我觉得这个答案就隐藏在上面这段话里。

2003 年实证

"我们仍将保持过去惯用的资金分配方式。如果投资股票比买下整家公司便宜很多，我们就会积极地去持有更多的股票。如果特定债券变得足够吸引人，就像是 2002 年一样，我们就会大量买进这类债券。不管市场或经济状况如何，我们随时都愿意买进符合我们标准的生意，而且规模越大越好。目前我们的资金并未被充分利用，不过这种情况只是时而有之。虽然这会让人感到有些不太好受，但也总比干出一些蠢事要好得多（我可是从惨痛的教训中走过来的）。"

解读：这段话透露出巴菲特作为投资者与其他人的不同之处：脚踏三只船。乍听起来，股票和债券倒也没什么稀奇的，每个投资者都可以做这种选择。但巴菲特的不同之处在于：在他的眼里，债券也是一门生意——一门特殊的生意（对格雷厄姆和巴菲特有一定了解的人应当知道我在说什么）。至于在投资股票与买下整家公司之间的闪转腾挪，就不是每一个业余投资者都能做到的了。

2004 年实证

“去年我没有做好分内的工作。我本希望能够谈成几个数十亿美元的收购，好让我们能够在原有基础上再多增加一些利润，可惜我一事无成。此外，我也没发现什么吸引我的股票可以购买。到年底，伯克希尔账上累积的现金和现金等价物已高达 430 亿美元，我对此感到有些压力。查理和我会更加努力地工作，争取在 2005 年能将这些闲置资金转化为较有吸引力的资产，不过我们不敢说一定能成功。”

解读：430 亿美元！居然还能坐得住，让人佩服。

抓要点：没有好球，决不挥棒。

关键词：耐心等待、发力一击、通往名人堂的大道、税前（或税后）回报。

第二十一节 财务 2+2

迷雾 巴菲特对财务数据有什么独特见解吗？

解析 见解是否独特不清楚，但都很重要。

财务数据是投资者或债权人进行证券或公司分析时的重要参考信息。然而，由于会计准则制定的目标并不只限于为投资者和债权人服务，加上某些不良人士的有意误导以及投资者的一些不正确认识，使得人们在使用财务数据时不免会出现一些偏差。

不过，财务分析是一个庞杂的工程，不可能通过一个章节的讨论就把事情全部说清楚。在巴菲特的历年致股东信中，尽管有不少关于"财务课"的讨论，但许多是属于伯克希尔信息披露的范畴，这里就不逐一介绍了。考虑到本书的读者大多为投资者或债权人，下面仅就大家可能会关注的四个财务指标做一个简要介绍。

权益报酬率

"大多数公司根据年度每股收益的变化来定义公司收益的'新记录'。由于生意在年度间的扩充常常是以资本投入为基础，所以我们并不认为这样的经营表现有什么特别之处，比如公司资本扩充了10%，而每股收益只增长了5%。即使是一个静止不动的定期存款账户，由于复利的关系，每年也都可以稳定地为储户带来利息的增长。"（1977年信）

"我们一向认为，营业利润（不含资本收益）与股东权益（所有资产净值按原始成本计价）的比率，是衡量单一年度经营表现的最佳指标。"（1979年信）

利润数据的最大问题是显示不出其背后使用了多少资金，毕竟货币都是有成本的。每股收益（EPS）尽管比利润指标向前迈进了一步，但还是没能解决这个问题。直到今天，我们还会经常看到不少公司喜欢说公司利润创了新高，但却绝口不谈资本投入的情况，这其实就是一种有意或无意的误导。一个数十年前就被指出来的问题，如今还有人在误导公众，不能不说事情有点可悲。

“评估一家公司经营好坏的首要指标，是其能否保持一个较高的股东权益报酬率（排除不当的财务杠杆或会计做账），而非每股收益的持续增长。在我们看来，如果企业经理人和证券分析师们能够修正一下他们对每股收益及其增长率的过分关注，则公司股东及一般投资大众将会对公司的经营情况有更加深入的了解。”（1979 年信）

事实真如巴菲特所讲，企业经理人和证券分析师对“每股收益”给予了“过分关注”吗？下面这张表也许能够说明一些问题。

表 1.7　美林证券机构调查（1989—1997 年）

关注要素	1997	1996	1995	1994	1993	1992	1991	1990	1989
每股收益惊喜	1	1	1	1	1	2	3	1	1
权益报酬率	2	4	4	4		1	4		
收益回顾	3	2	2	2	2				
价格与现金流量比	4	5	3	3	4	5		3	4
5 年增长预期	5		5	5					
每股收益动力		3			3	4	2	2	2
红利折现模型					5				5
价格与净值比						3		4	3
负债与权益比							1		
净收益率							5		

注：1～5 为受欢迎的程度，1 最高，5 最低。

对于上表所反映的情况，读者也许并不陌生。在巴菲特指出问题所在的数十年后，今天的机构投资者仍然热衷于玩“每股收益竞猜”的游戏。每当公司年报披露后，为了赢得机构投资者的关注，证券公司研究报告最爱说的一句话就是“利润符合预期”。至于利润增长的背后使用了多少资金，则少有人提及。为何这种情况能够延续这么多年而没有什么大的改变呢？想必读者也都清楚，这里就不展开谈了。

如果不是机构投资者中的一员，如果你觉得买股票就是买公司，如果你想做的是股东而不是股民，那么就应当像巴菲特那样，把审视的重点始终聚焦在权益报酬率上面。

每股净值增长

这项指标背后的含义尽管不如权益报酬率那么简单明了、更能切中“要害”，但其实也很重要。我们先看巴菲特对此曾说过什么。

“最近几年，我们都会在这一部分详细谈论保险业的股权投资情况。1979 年它们继续表现优异，主要是因为被我们投资的公司几乎全部都表现出色。属于我们保险公司但由被投资公司留存下来的利润数额继续增加着，至今已形成巨大的数额。我们相信这些被留存下来的利润会被公司管理层予以有效利用并最终为我们创造出更多的商业价值和市场价值。”（1979 年信）

此段话至少透露出两个含义：（1）被投资公司截留了巨大数额的属于伯克希尔的利润；（2）相信这些被截留的利润会得到“有效利用”。巴菲特究竟想说什么呢？笔者觉得他在这里道出了公司财务分析或价值评估中的一个重要课题：是什么驱动了内在价值？

为了能清楚地说明这个问题，我们不妨看一个简单的公式：每股收益 = 每股净值 × 净资产收益率。从公式中我们可以看出公司每股收益的增长是由两个要素共同驱动的：每股净值与净资产收益率。它代表着公司每股收益的增速不仅取决于它的资本回报，还取决于公司资产净值的增速。

还不是很清楚？那我们再来看一个公式：每股收益增长率 = 净资产收益率 ×（1 − 现金分红比率）。这个公式告诉我们一个同样的道理：每股收益的增速不仅直接受到资本回报率的影响，也直接受到公司当年现金分红比率高低的影响。换句话说就是，在资本回报不变的前提下，你分得越少，公司的利润增速就会越快（想想伯克希尔）。

是这样的吗？我们接着往下看。

“我们在意的是企业的经济利润，包括企业全部的未分配利润，而不是我们在这些利润中的占比。在我们看来，这些未分配利润对于全体股东的价值，主要取决于它后来的使用效益，而不是谁占了多少比例。如果你在伯克希尔拥有万分之一的权益，过去 10 年来，你一定已受益于公司对留存利润的使用——不管你采用的是何种会计准则。同样，如果你拥有的权益是 20%，效果也是一样的好。如果你 100% 拥有一家资本密集型企业，即使你每年的会计报告能认列所有的公司利润，你最终获得的经济价值却仍有可能乏善可陈或干脆就是零。”（1982 年信）

尽管巴菲特在这里重点谈的也许不是公司资产净值的增长，但我们从中不难看出：过去 10 年来，让伯克希尔股东“受益”的不仅是公司的新资本回报率（即公司对留存利润的使用效益），也包括公司对当年利润的留存比率。

10 年后，在 1992 年的致股东信中，巴菲特再次提到了这个问题：“如果暂时把价格问题放在一边，投资人最值得拥有的应是那种在一段很长期间内可以把大笔的资金运用在高回报项目上的企业；最不值得拥有的企业则正好相反——长期把大量的资金运用在低回报项目上。不幸的是，第一类企业可遇不可求，因为大部分拥有高回报的企业通常都不需要投入太多的增量资金。这类企业的股东通常会因为公司发放大量的股利或是大量买回自家公司的股票而受惠。”

所谓“可遇不可求”，是指这类公司非常少（市场上能有几家像伯克希尔这样的公司呢），但这并没有就此淹没上面提到的财务逻辑。特别是当那些被称为“现金牛”的公司大量回购公司股票时，每股收益同样可以得到快速提升，只是一种不同方式的提升罢了。

财务数据的时间刻度

“到 1977 年底，我们未实现的资本利得大约有 7400 万美元。对于这个数字，就像对其他单一年度数字（我们在 1967 年时曾有 1700 万美元的账面亏损）一样，大家不必太过在意……一个题外的例子也许可以说明上述情况。伯克希尔纺纱与哈撒韦工业是在 1955 年合并成为伯克希尔·哈撒韦公司的。1948 年——假设它们那时已经合并——其税前盈余为 1800 万美元，旗下拥有 12 个遍布新英格兰地区的工厂，员工人数有 1 万人。在当时的商业环境下，它们算得上是地区经济增长的一个发电站。要知道 IBM 在同一年度的盈余也不过才 2800 万美元（现在的年度利润则为 27 亿美元），Safeway

Stores 的年度利润为 1000 万美元，3M 公司只有 1300 万美元，时代杂志则仅为 900 万美元。然而在双方合并后接下来的 10 年内，累计营收虽然达到 5.95 亿美元，但却出现了 1000 万美元的亏损。时至 1964 年，公司营运仅剩下两家工厂，资产净值更从合并时的 5300 万美元缩减至 2200 万美元。单一年度所透露出的公司营运信息实在有限。”（1977 年信）

上面这段话究竟想说什么想必读者已经很清楚了。我们接着往下看。

“1983 年，公司的每股资产净值由上一年的 737.43 美元增加到 975.83 美元，增长了 32%。我们从未把单一年度的表现看得太认真。毕竟，没有什么道理要把企业反映盈余的期间正好与地球绕太阳一周的时间画上等号。我们建议至少应以 5 年为一个周期来评估企业的经营状况。如果 5 年的所得远低于美国企业平均的权益回报率，红灯就应亮起。”（1983 年信）

这段话告诉我们两点：（1）企业评估周期不应短于 5 年；（2）比较基准是美国企业平均权益报酬率。

引入这个话题应当不难理解，市场上有太多的投资人（想一想我们刚才提到的机构投资者偏好），他们关注的不是企业内在价值的长期发展趋势，而是聚焦于某一年甚至某一季度公司利润的变化情况。不过这也没什么好责难的，不同类型的投资者自然有不同的思维与操作模式。但是，如果你把自己当作是一个企业投资者，就应当把审视企业的目光放得长久一些。

我们不妨以格雷厄姆在《证券分析》中的一段话作为本专题讨论的结尾，从中不难看出师徒二人在相关问题上的看法可谓是高度一致：“公司当期收益对普通股市场价位的影响程度要大于长期平均收益。这个事实构成了普通股价格剧烈波动的主要原因。这些价格往往（虽然不是一定）随着年景好坏所导致的收益变化而涨落不定。显然，根据公司报告利润的暂时性变化而等幅地改变对企业的估计，就这一点而言股票市场是极不理性的。一家私营企业在繁荣的年景下，可以轻而易举地赚取两倍于不景气年份的利润，而企业的所有者决不会想到要相应地增计或减计他的资本投资价值。这正是华尔街的行事方法和普通商业原则之间最重要的分野之一。”

EBITDA

熟悉财务分析的读者应当清楚这一堆英文字母背后的含义，它代表的是企业息、税、折旧与摊销前的利润数据，常常被当作一个重要指标运用于不同场合。对于这项指标，巴菲特在其2000年致股东信中给出了自己的看法："当查理跟我在阅读财务报告时，我们对于那些有关人事、工厂或产品的描绘没有多大兴趣，关于财务指标EBITDA——即扣除折旧、摊销、税负和利息前的利润——的引用更是让我们胆战心惊，难道公司管理人员真的认为半夜到访的牙仙女可以为他们梦幻般地送来大笔的资本支出吗？"①

对现金流量表比较熟悉的读者想必清楚巴菲特的这段表述想说些什么。折旧和摊销尽管没有当期的现金支付，但这并不代表以后也不会有。因此，无论把这个指标用于企业还债能力的分析还是投资价值的分析，都存在一些瑕疵且容易引起误导。

在2001年的致股东信中，巴菲特又一次提到了这个话题："2000年我们投资了2.72亿美元用于购买飞行模拟器，今年的投资金额也基本相同。那些认为每年的折旧费用算不上真实成本支出的人，应该让他们到国际飞安公司来做实习生，这样他们就会知道每一分钱的折旧都和员工薪酬或原料成本一样真实。每一年我们都必须投入相当于折旧费用的资金用于更新设备，而这样做仅仅可以维持现有的竞争地位，如果我们还想成长，就必须投入额外的资金。"

读者也许会质疑，用一个资本密集型的公司来举例是否恰当？其实，国际飞安公司只是提供了一个较为极端的例子，但它并不代表其他的美国公司（或中国的公司）就可以无视企业未来资本支出的需要，就可以拿着EBITDA到处说事儿。从我们身边的公司身上，读者应不难发现，企业要想长久地维持或争取一个好的竞争地位，资本支出一直小于折旧的例子恐怕是少之又少的。

也许是过于厌恶EBITDA这个指标了，巴菲特在2005年的致股东信中再次指出了这一数据的荒谬性："鼓吹EBITDA（未扣除利息、税负、折旧及摊销的利润）这一观念，将是一项有害的举动。它好比是说由于不涉及现金支

---

① 牙仙女源于美国的一个民间传说：美国小孩子们都被告之，有一个仙女专门收集小孩子换牙时掉落的牙齿，因此小孩子应该把自己掉落的牙齿放在自己的枕头下面，牙仙女半夜到访时不仅会收集你的牙齿，还会送一些钱财或礼物给你。

出，因此折旧算不上一项真实的费用。这样讲是毫无道理的。的确，折旧是一项不容易引起人们注意的费用，因为它的实际（现金）支出在所购资产还未创造出效益之前就已经完成了。然而我们可以想象，如果有一间公司于年初就向其员工预先支付了未来 10 年的薪酬（这与为一批年限为 10 年的固定资产预先支付费用的情形一模一样），那么在接下来的 9 年里，所有的薪酬支出都将变成一项没有实际现金支付的费用——会计上则会作为预付费用科目的一个减项。面对这样一种状况，不知道是否还会有人说这些账上的处理不过是走走形式而已。”

抓要点：关注驱动公司价值的两个关键要素；关注企业财务数据的时间刻度。

关键词：权益报酬率、财务杠杆、留存利润、当期收益、长期收益、EBITDA、资本支出。

第二十二节　下滑的电梯

迷雾　对于高通胀巴菲特发表过什么观点？

解析　可了解一下“投资人痛苦指数”。

由表 1. 8 可以看出，美国 20 世纪 70 和 80 年代曾有过一次时间较长的高通胀时期。在 1979 和 1980 年的致股东信中，巴菲特曾就高通胀会给投资者带来什么影响深入谈了自己的观点。由于涉及的内容较多，为了便于读者理解和直奔重点，我把这些内容划分成了 5 个小部分。不过既然是个人解读，难免会有错漏之处，这一点请读者务必注意。

表 1. 8　美国年平均通胀率

年	1970—1980	1970—1990	1970—2000	1980—1990
平均通胀率	7. 4%	6. 2%	5. 1%	5. 1%

资料来源：《投资收益百年史》

通胀率已成为决定投资回报高低的首要因素

“在各位沉溺于一片欢乐气氛之前，还是先进行一项更加严格的自我检视吧。几年前，当一家公司的每股净值以年复合 20% 的速率增长时，可以确定其股东也同时获得了很高的投资回报。但在目前环境下，情况已变得不那么确定了，因为在判断公司的经营成果是否已让股东有了一个满意的投资回报——即购买力的提升——时，通货膨胀率与个人所得税率已成为最后的决定因素。”

“我们仍会尽力妥善地打理公司生意，但大家必须了解，影响币值是否稳定的一些外部因素，将会决定各位在伯克希尔的投资是否能最终获取一个真实的回报。”

“一位友好而眼光敏锐并且长期观察伯克希尔公司的评论员曾经指出，1964 年末，我们的每股账面净值大约可以买入半盎司黄金。15 年之后，在我们流血流汗地努力耕耘了一番后，每股账面净值还是只能买入半盎司黄金。相同的道理也适用于购买中东地区的石油。问题的关键就在于，我们的政府在印制钞票及制造承诺方面有着很强的能力，却没有什么能力出产黄金和石油。”

以上三段话摘自巴菲特 1979 年致股东信。从前两段话里我们可以清楚看到，当通胀率高企时，巴菲特认为它们已变成决定投资者回报的首要因素。后面一段话则是用实例提供了佐证。1964—1979 年，伯克希尔资产净值的年复合增长率为 20.5%，如果 1979 的净值“还是只能买入半盎司黄金”，我们不仅可以想象当时的通胀有多么严重，而且也可以看出，它确实已变成影响投资者回报的决定性因素。

投资人痛苦指数

在同一年的致股东信中，巴菲特还为我们引入了一个新的概念——投资人痛苦指数：“通货膨胀率，加上股东在将自己的获利放入口袋之前必须支付的所得税率（股息税及公司未来将以前的未分配利润最终发还给股东时需缴纳的所得税），构成了‘投资人痛苦指数’。当这个指数超过公司股东权益报酬率时，就意味着投资人的购买力——即使他没有消费一分钱——会不增反减。对于这样的情况我们无计可施，因为高通胀率不代表企业的权益报酬率会跟着提高。”（1979 年信）

由于投资人“必须支付的所得税率”和“通胀率”是投资回报的减项，因此这个概念不难理解。这就好比投资人面前有两条增长曲线，一条是名义回报曲线，一条是所得税率和通胀率增长曲线。只有在名义增长曲线中扣除所得税和通胀后，才是投资者的实际回报。当前一条曲线增长较高时，投资者有正回报，当后一条曲线增长较高时，投资者的实际回报就会变成负值。

下滑的电梯

在 1980 年的致股东信中，巴菲特形象地将高通胀率比喻成一部正在高速下滑的电梯：“高通胀率等于是对投入的资本又额外课了一次税。如果我们用实际回报来衡量一项投资的话，它可能会使许多投资开始变得不再划算。这个基本门槛——公司必须给股东创造实际的资本回报——近几年来可以说是大幅提高。每个纳税人就好像是在一个不断下滑的电动扶梯上拼命往上跑，而加速跑的结果却往往等于只是在原地踏步。”

“举例来说，假设一项生意的资本回报率为 20%（一般人很难达到的成绩），而当年的通胀率为 12%，公司决定把利润全部以股息的形式发放给股东，如果公司适用的税率是 50% 的话，投资人的实际资本回报其实就是负的。(20% 的资本回报中有一半要上缴国库，剩下的 10% 全部被通胀吃光后还不够。这种结局，可能比在零通胀率下投资一家获利极为平庸的公司还不如。)”

不得不说，这个比喻还是很形象的。在过去的许多年里，工薪阶层与退休人士常说的一句话是收入的涨幅赶不上物价的涨幅，这实际上就等于一个人在一座快速下滑的扶手电梯上往上跑。想想这些年房价、教育以及医疗费用的巨大涨幅，工薪阶层那点可怜的工资收入可以抵消这“三座大山”的不停崛起吗？

“亏空”税

我们听过因赚钱而交所得税，但从未听过出现亏空时也要交所得税。然而，在高通胀时期，这一奇闻就会变成现实。

“如果只有显性的所得税率而无隐性的通胀率，无论如何一个正的投资回报都不会变成负的。(即使股息所得税和资本利得税率高达 90%，但只要通胀率为零，股东一定会有一些实际回报。) 但通货膨胀却不管公司赚不赚钱。比如最近这几年的通胀情况，会使大部分公司股东的实际资本回报由正值转为负值，即使公司不必缴纳任何所得税也是一样。(举例来说，如果通胀率达到 16%，则大约会有六成以上的美国公司其实际的资本报酬率变为负值——即使大家不必缴纳一分钱的资本利得税和股息所得税。)”

“当然，所得税是按名义收入征收的，因此这两项税负不仅同时存在而且相互影响。也因为如此，当收入按不变价格计算时，你可能会因实际上的‘亏空’而缴纳个人所得税。”(以上两段全部摘自 1980 年信)

这两段话我觉得应包含两个含义：(1) 当通胀率高于你的资本回报率

时，你会因缴税（通胀税）而让收入变成“负值”；(2) 由于所得税是按名义收入缴纳，因此当你的名义收入因通胀而变成负的实际回报时，你必须交付的那笔所得税就变成因亏空而缴税。

Indexing

由于一时找不到合适的中文，我就直接把英文写在这里了。啥是 Indexing 呢？在 1980 年的致股东信里巴菲特是这样解释的：

“公司收入如果能按价格指数调整（Indexing），自然可以抵御通货膨胀的袭击，但大部分的公司资本从未能做到这一点，哪怕只是一部分调整也做不到。当然，如果一间公司把当年利润的大部分予以保留并用于再投资，公司的账面每股盈余与股利通常会逐年增加，但那只是在无通胀时才可以实现。就像是一个勤俭的仅靠薪水过日子的人，只要他固定把其薪水的一半存入银行，就算是从来没有获得过加薪，其账户的资金也会慢慢增加。但无论是这位勤俭的工薪阶层人士，还是作为一家每年赚取稳定收入且股息会逐年增加（资本回报率则保持平稳）的公司股东，他们都没有在做 Indexing。”

“对于真正做到 Indexed 的公司，其资本回报率必须有所增加，即在不需额外投入资本金的情况下，其经营利润可以持续地跟随价格指数的增长而增加（利润的增加如果源自新增资本的投入则不算数）。只有少数企业具有这种能力，而伯克希尔并不在其中。”

我个人对上面这两段话的解读是，当通胀率较为缓和时（比如 3% 左右），股票投资（仅限于对股票指数的长期持有）一般会让投资者获取正的实际回报（特别是相对于那些固定收益产品），这一点是有大量实证基础的。但如果出现像欧美某段历史时期中的那种高通胀率，我想就会像巴菲特在上面所指出的，能够继续在资本回报上进行 Indexing 的企业恐怕就寥寥无几了。

抓要点：高通胀会让投资行为变成一场负值游戏。

关键词：最后的决定因素、投资人痛苦指数、下滑的电梯、亏空税、Indexing。

第二十三节　横杆

迷雾　**高通胀时期投资股票仍然是一个好选择吗？**

解析　**答案并不那么一目了然。**

这一节的内容其实可当作上一节话题的延续。由于涉及的问题稍显复杂一些，因此就单独设置了一节进行专门的讨论。

巴菲特在2011年的致股东信中曾经指出：相对于存款、债券和黄金，股票投资不仅回报高，而且也更加安全。其实早在30年前，他已经发现了这个问题，不过由于当时美国正处于高通胀时期，导致巴菲特对过往的一些认识产生了怀疑。本节讨论中的有关引用全部来自1981年致股东信。

从本节开始，在一些引用后面我会选择性地提供一些“辅读”，供读者参考。

股票的长期回报

“过去的几十年，如果一家公司的权益报酬率为10%，就会被划进‘好生意’之列——即公司一美元的再投资，逻辑上可以被市场给予高于一美元的估值。由于长期应税债券的利率为5%，长期免税债券的利率为3%，一个可以获取10%权益回报率的公司，市场理应给予估值溢价。这是真实的情况，即使股息和资本利得税会让股票的实际回报有所降低——比如投资者最后拿到的回报只剩下6%~8%。”

辅读：由于历史上美国企业的平均资本回报大约都在10%上下，因此在“过去的几十年”里，相对于固定收益类金融产品，股票一直都略胜一筹，这与30年后（2011年）巴菲特再次提出的论断基本一致。

股票回报略胜一筹的原因

“经济领域的实例证明，相对于保守投资（指对固定收益证券的投资），股票投资在整体上之所以能取得超额回报，是因为在资本运用上存在一些对管理技术的应用。此外，这些实例也证明了一点：股权回报之所以高于债权回报，还因为前者比后者承担了更大的风险，因此被‘授权’可以有一个较高的回报，于是来自于股票组合的‘回报增加值’红利就是自然和确定的了。”

辅读：所谓“管理技术的应用”，个人理解应当是指埃德加·史密斯在其所著《用普通股进行长期投资》中提到的那个著名发现——企业隐藏了一部分收入以方便用于利润再投资。由于有利润再投资，加上企业的资本回报一般会高于债券，因此长期来看股票的投资回报会好于债券。至于说股票“承担了更大风险，因此被授权可以有一个较高回报”，这个观点似乎更像是来自学术界。比如，彼得·伯恩斯坦在为西格尔所著《股市长线法宝》一书作序时就曾经指出：“债券是在法律上可以强制执行的合同，而股票却存在风险——股票就是一种风险投资，它要求投资者对未来市场走势非常信任。因此，股票并不是天生就优于债券，但它的高回报可以在一定程度上弥补其高风险。”

市场为“好生意”给予了估值溢价

“投资市场已认识到了这一点。在早期的时光里，美国公司平均能赚取大约11%的资本回报，股票的售价整体上可以达到其权益资本（账面净值）的150%。由于资本回报远高于人们在固定收益资产上的回报，因此大多数的权益投资也都被当作是‘好生意’。权益投资所带来的‘增加值’，整体上看也是巨大的。”

提示：美国股市市盈率过去100年的历史均值大约为15倍左右。如果ROE为11%，1.5倍的PB大约就是7.3%的即时回报，这和市盈率的历史均值差不多。不过不要忘了，整体上看，企业的每股收益不是一个静止不动的数值，因此市场给予的估值溢价其实并没有充分反映股票的投资价值。背后的道理很简单，从挡风玻璃往前看，与从后视镜里往后看的风景是完全不同的——前者云山雾罩，后者云淡风轻。

高通胀让好生意不再好

“那样的日子已经过去……去年，长期应税债券的收益率已经超过了16%，长期免税债券收益率也已达到了14%。当然，源自免税债券的回报可以直接进入个人投资者的腰包。与此同时，美国公司的资本回报率仅为14%，而且这14%的回报在个人投资者将其转为银行存款之前还会因支付税款而大幅减少。减少的幅度则取决于公司的股息政策以及适用于个人投资者的税率水平。”

辅读：如果应税债券的收益率已经超过16%，可以想象当时的美国资本市场有一个怎样的通胀预期。而在这样一种预期下，我们也可以想象股票回报面临着一种怎样的压力。

情形一：利润全部分配

“当固定收益资产的利率水平达到1981年后期的水平时，对于个人投资者来说，传统美国公司的一美元投资已不再具有100美分的价值。假设一位投资者的适用税率为50%并且公司的利润全额进行分配，投资者的回报也仅相当于持有一张利率为7%的免税债券。如果条件继续保持不变，即公司将所有的利润予以分配并且资本回报率持续为14%，则对于一个高税基的个人投资者来说，等于每年可以固定收取一个利率为7%的免税息票。当我写下这段文字时，这个7%的免税息票，其价值仅仅为50美分。”

辅读：巴菲特在这里又重提资本市场的双重纳税问题，即显性的所得税和隐性的通胀税。当两个税种都高高耸立时，股票的实际回报就会大幅下降。

情形二：利润全部保留

“如果美国公司将其年度利润全部保留，资本回报率也保持恒定不变，那么公司的利润每年就可以保持14%的增长。如果市盈率也能保持不变，股票价格也会以每年14%的速度增长。但是所有这些利润都还没有进入投资者的口袋，在把它们放入口袋之前还需要支付资本利得税。按现行的税率估算，最多需要支付 20%。而这个税后净收益与目前保守投资的税后净收益相比，还是要低一些。”

辅读：巴菲特给出的策略就是伯克希尔一直奉行的策略（不过伯克希尔这样做的初衷并不是为了应对通货膨胀），只是这里面有一个前提：企业的资本回报要高于债券回报，否则即使延续了缴税的时间（这个当然很重要），也最终好不到哪去。

历史将有望在这里改写

“除非固定收益资产的利率下降，否则，如果公司的资本回报率为 14% 且不发放任何股息，对个人投资者来说，他的这项投资最终仍不能算是成功的。保守投资的资本回报率超过了进取投资的资本回报率，这对于投资者和企业经理人来说都不是一件愉快的事情，也是他们不愿面对的事情。但是现实就是现实，不会因为你不喜欢或刻意地忽略就不存在了。”

辅读：写到这里我们已可以看出，过去那些源自历史的实证数据——即股票回报一直高于债券——在高通胀肆虐的情况下还是有望发生（短暂性）逆转的。

“横杆”已越抬越高

“应该强调的是，这种沮丧的情况本不应该出现，因为美国公司的经营较以前还是有了一些改善，使得资本回报在过去 10 年里有了几个点的抬升。但保守投资回报的‘横杆’抬升的速度更快。不幸的是，对大多数美国公司来说，除了希望这条横杆能够大幅度降低外，别无他法；只有很少的产业有望在未来能够进一步抬升它们的资本回报。”

辅读：尽管保守投资的“横杆”抬升更快，但这并不是一个长久的现象，否则历史走到这里真的就要改写了。在本节讨论的结尾处，我们将提供一组数据供大家参考。

高通胀下“好生意”应有的经营模式

“逻辑上，一个不仅在过去的历史中，而且未来预期也会有高资本回报的公司，应当留存大部分的利润，从而可以让股东获取更好的投资回报。相反，那些低资本回报的公司理应发放高比例的红利，从而可以让股东将资金投入到更具吸引力的项目上。（圣经也认同我们的观点。在一个有关才干比较的寓言中，两个赚取高额利润的仆人被奖励可以100%地留存利润，并被鼓励去扩张业务。而没有赚取任何回报的那位仆人，不但被斥责为‘邪恶和懒惰’，而且还被要求将其所有的资金转交给表现最好的那个仆人。马太福音25：14－30。）”

辅读：历史和未来都有高资本回报的公司，理应保留全部的利润。这不仅可以提升股东价值（还记得我们关于价值驱动要素的讨论吗），而且由于缴税时间的拖后，也会大幅增加企业未来的现金流。不过正如我们上面所说过的，这样做对“好生意”（资本回报高于债券）有效，对“坏生意”则无效。

高通胀下“坏生意”面临的窘境

需要特别小心

“以目前的情况看，一家公司的资本回报如果只有8%或10%的话，不会有多少剩余资金用于生意扩张、还债或发放实实在在的股利。通胀这条寄生虫早就把盘子里的食物给吃光了。（那些只能赚取微薄利润的企业是不具分红能力的，但这一点却常常被伪装起来。有越来越多的美国企业被迫实施利润再投资计划，甚至是资产加速折旧计划。所有这些，都需要股东被迫将资金重新投入原有的事业。还有些企业甚至用定向发行新股的方法来应对原有的股息支付需求。当一家企业需要进行新的资本配置才能支付股息时，大家就要特别小心了。）”

辅读：还记得我们关于股东利润的讨论吗？对于那些实际上没有创造多少股东利润的公司来说，当通胀长期肆虐时，其经营状况就会变得更加艰难，因为他们将面临更大的资本支出压力。

没有希望了吗？

“通胀的经历与预期将是影响未来这道‘横杆’高度的主要因素（但不是唯一因素）。如果长期通胀的成因能够得到缓和，那么保守型投资的回报就很有可能会下降，美国股权投资的实质境况也就会相应地得以大幅度改善。在这样一种情况下，那些从经济意义上来说已被划分为‘坏生意’的美国公司，就有望重新变回为一个‘好生意’。”

辅读：庆幸的是，巴菲特最后提出的希望最终变成了现实。由于美国市场的通胀后来得到了缓解，股票投资回报高于债券的历史记录也最终没有遭遇扭转。从下表给出的数据中，我们可以清楚地看到这一点。

表 1.9　美国 20 世纪 70、80、90 年代各金融工具的年均回报

	股票实际收益率	长债实际收益率	短债实际收益率	通货膨胀率
70 年代	−0.7	−1.7	−0.9	7.4
80 年代	11.0	7.2	3.9	5.1
90 年代	14.2	6.3	2.0	2.9

资料来源：《投资收益百年史》

抓要点：高通胀会严重削弱股票回报的比较优势。

关键词：好生意、坏生意。

第二十四节　我们买了些报纸

迷雾　巴菲特好像很喜欢投资报业？

解析　差不多是这样。

从20世纪70年代中期买入华盛顿邮报和水牛城新闻到2012年收购28家报纸，表面上看巴菲特和芒格似乎很喜欢投资报纸，然而实际情况则还要复杂一些，其投资、经营和管理的过程也颇为曲折。

巴菲特先后在1984、1988、1990、2006和2012年的致股东信中，分别谈了他对报纸业的看法以及他和芒格会一直投身于报业的背后原因。从这些表述中，我们可以大致了解到在长达近40年的时间里，两个人有一个怎样的心路历程。

这一历程大致可划分为四个阶段，我下面会按时间分别摘录巴菲特的相关表述，请读者自行体会其投资思想的演变过程。

第一阶段：乐观的80年代

“在商业社会中，一家有着强势地位的报纸其经济状况是很好的。报纸的所有者通常会认为他们有出色的赚钱能力是因为他们有一份出色的报纸。但是这种貌似合理的理论却被一种貌似不合理的事实打破。当一些一流的报纸大赚其钱时，不少三流的报纸同样赚得盆满钵满，甚至更多——只要报纸能在当地社区占有统治地位。当然，报纸的品质对于一份报纸能否占有强势地位至关重要，我们相信这也正是水牛城新闻目前的状况，而这些都是像Alfred这样的人带给我们的。”（1984年信）

“一旦主宰了当地市场，报纸的命运就交给了报纸自己而不是市场了。

不管办得是好是坏，报纸都将会大发其财。其他行业就做不到这一点：不良的产品一定会导致企业不良的经济状态。但是，即使是一份内容贫乏的报纸，由于它的广告版面，也会吸引当地居民掏钱购买。当其他条件相同时，一份三流报纸的读者人数当然无法和一份一流报纸相比。然而，对普通市民来说它仍然具有吸引力。居民对报纸的关注，带来了广告商对报纸的关注。”（1984 年信）

“查理和我在年轻的时候就很热爱新闻事业，买下水牛城新闻的 12 年来，让我们渡过了许多快乐时光。我们很幸运能够找到像 Murray 这样具有一流水准的编辑人员，让我们自从入主水牛城新闻后，便一直能以他为傲。”（1988 年信）

第二阶段：谨慎的 1990 年

“查理和我对过去一年媒体事业——包含水牛城新闻等报纸在内——的发展感到十分意外。这个产业目前在经济衰退的早期所受到的伤害要比过去严重了许多。问题是这种退化只是因为景气循环而暂时性失调——这意味着下次景气回暖时会再次恢复过来——还是意味着已失去的那部分企业价值再也不会回来了？”（1990 年信）

“由于我对已发生的事情没能事先预料到，所以你可能会质疑我对未来的预测能力。尽管如此，我还是会提供一项个人判断供大家参考：虽然相较于美国其他产业，有些媒体事业会继续维持不错的繁荣景象，不过已经远不如我个人、业界或贷款人在几年前的预期。”（1990 年信）

“媒体事业过去之所以能有如此优异的表现，并不在于其体量上的成长，而是从业者都握有非比寻常的定价能力。不过现在，广告收入的增速已开始放缓。此外，那些本就很少或根本不做广告的零售商（虽然他们有时会做一些邮购服务）已在一些特定的商品领域得到了他们的市场份额。更加重要的是，无论是印刷品广告还是电子广告，它们的渠道数量都已大幅增加，广告收入因此被大量分摊与稀释，广告承办商的议价能力逐步消失殆尽。这一现象大大降低了我们所投资媒体的内在价值，包括水牛城新闻——尽管大体而言它们都还算是不错的生意。”（1990 年信）

“尽管利润会缩水，但我们对于自己的产品依然感到骄傲。比起其他同等规模的报纸，我们一直拥有较高的新闻比率（新闻占报纸版面的比率）。1990 年，我们的新闻比率已从去年的 50.1% 增加到 52.3%。只是增加的原因来自广告版面的减少，而不是新闻版面的扩充。虽然报纸有不小的利润压力，但我们还是会坚持至少 50% 的新闻比率。降低产品的品质可不是应对逆境的应有方式。”（1990 年信）

第三阶段：悲观的 2006 年

“不是所有伯克希尔的事业都注定能不断地增加盈利。当产业的基本面恶化时，有才干的管理层仅仅能相对降低一些企业下滑的速率。到最后，逐渐恶化的基本面一定会战胜管理人的大脑。（就像一个聪明的朋友曾经告诉我的那样：‘要想成为一个有好名声的生意人，就要先确定你从事的是一项好事业。’）目前报业的基本面绝对是每况愈下，从而使得伯克希尔旗下水牛城新闻的盈利水平不断下降。这一趋势恐怕还会持续下去。”（2006 年信）

“我在 1991 年的致股东信中就已经断言，媒体这种独善其身的状况正在改变。我当时写道：‘媒体事业……最终会证明其经营效益将比我本人、整个业界以及债权人几年前所做的美好预期逊色不少。’有些报社对我的这番评论以及后来陆续出现的警告感到不悦，愿意接手报业资产的人也仍然络绎不绝。在他们眼里，报纸会继续如同赌场里的老虎机一样，带给他们源源不断的利润。事实上，许多聪明的报社经理人，尽管他们会定期记录和分析周边的重要事件，但对发生在自己鼻子底下的事情却视而不见，或是装成一种无所谓的样子。然而现在，几乎所有的报社老板都已意识到，他们正在从这场争夺眼球的战斗中败下阵来。我们不妨简单地想一件事：如果有线电视、卫星广播以及互联网比报纸更早诞生在这个世界上，那么我们身边也许根本就不会有报纸的出现。”（2006 年信）

“就像我们以前曾经说过的，除非面临不可逆转的现金枯竭，否则我们还是会固守新闻事业。芒格和我热爱新闻事业——我们每天都要读 5 份报纸——并且相信一个自由、充满活力的报纸是民主社会得以维持的一个关键要素。我们希望新闻与互联网的结合可以延缓或阻止报纸末日的到来。我们也会与水牛城新闻一起努力，发展出一套可以持续经营的商业模式。我相信

我们一定会成功，只是那种可以赚取可观利润的岁月已经一去不复返了。”（2006 年信）

第四阶段：偏乐观的 2012 年

“在过去 15 个月里，我们用 3.44 亿美元收购了 28 家日报。有两个地方可能会让你们感到困惑。（1）在以往的致股东信和年度股东大会中我曾经告诉过你们，报纸发行量、广告和利润等从整体上看都将面临较为确定性的下滑。我的这个预测至今仍然不变。（2）我们买入的这些资产，远远达不到我们曾多次强调的关于资产收购的规模与标准。”（2012 年信）

“我们能够很容易地对第二点做出解释。查理和我热爱报纸，如果它们的经济运行保持基本合理，我们就会出手收购它们——即使其规模远不符合我们事先定下的收购门槛。”（2012 年信）

“现今的世界已有所变化。股票市场行情和大型国际体育比赛的信息在报纸出版前就已经变成了旧闻。互联网提供了广泛的有关职业招聘和房屋出售的信息。电视台为它的观众提供了大量有关政治、国内和国际的新闻。在一个接一个观众所感兴趣的领域，报纸已经失去了首选地位。读者的减少也导致了广告的减少。（来自于‘员工招聘’的广告收入——它曾经长期是报纸的主要收入来源——在过去 12 年里已经下降了 90%。）”（2012 年信）

“然而，报纸在提供社区新闻方面仍占据着统治地位。如果你想知道你所在的城市正在发生着什么，无论是关于市长的，还是关于税收的，抑或是关于中学橄榄球比赛的，没有其他媒介可以替代一份地区性的报纸。一位读者可能会在几个有关加拿大关税或巴基斯坦政治变革的段落上进行快速浏览，而当他阅读到有关自己和邻居的故事时，就会认真地把它看完。只要一个社区有自己普遍关注的事情，一份服务于本社区新闻与事件的报纸，对当地大部分的居民来说就是不可缺少的。”（2012 年信）

“随着时间的推移，伯克希尔源自于新闻事业的收入几乎可以确定是逐渐下降的。即使有一个合理的互联网战略，恐怕也难以阻止这种趋势。然而，从资金成本的角度看，我相信这些报纸最终会通过乃至超越我们的收购标准。至少，目前的情况是如此。”（2012 年信）

抓要点：巴菲特确实很喜欢报纸——尽管其经济状况已大不如从前。

关键词：热爱报纸、已失去的首选地位、社区统治地位、难以替代。

第二十五节　银行业

迷雾　巴菲特是否说过银行业不是他们的最爱？

解析　是，也不是。要看银行的经营品质如何。

伊利诺国民银行：被迫卖出

“1977 年，伊利诺国民银行继续其过往的业绩，资产利润率大约为那些规模较大同业的 3 倍。像往常一样，在这一成绩的背后，存款户继续可以获得最优惠的利率，贷款户继续保持较低的风险，银行则继续保有较高的流动性。Gene Abegg 在 1931 年以 25 万美元的资金创建了这家银行。在第一个完整的营业年度，利润就达到了 8782 美元。从那时候开始，该银行就再没有增添新的资本；与此相反，自从我们在 1969 年买下该公司后，已经收获了 2000 万美元的股息。1977 年的盈余更是达到了 360 万美元，甚至比规模大它 2 ~ 3 倍的银行挣得还要多。”（1977 年信）

辅读：从这段话里至少可以解读出如下信息：（1）1969 年巴菲特就已经投资银行业；（2）在“存款户继续可以获得最优惠利率”的前提下，其“资产利润率约为那些规模较大同业的 3 倍”；（3）该银行挣得多，分得也多，但 40 多年来却从未“增添新的资本”。

“我们是在 1969 年 3 月买下伊利诺国民银行的。当时该公司有着一流的运作水平，从 1931 年 Gene Abegg 创立时就一直如此。目前客户的定期存款是 1968 年的 4 倍，利润是 1968 年的 3 倍，信托部门的收入也增加了 1 倍，经营成本也一直能得到有效的控制。”（1978 年信）

辅读：买入这家银行，是因为该银行“有着一流的运作水平”。无论是保险业还是银行业，在巴菲特看来它们不仅没有独特的经济特质，而且都有着很高的经营风险。基于此，公司的品质并非源于产业的品质，而是全靠公司自身是否有“一流的”管理。

“在 Gene Abegg 及 Pete Jeffrey 出色的领导下，这家银行去年的盈利再次打破了历年来的所有记录，去年的平均资产利润率达 2.3%——大约是大型银行平均值的 3 倍和所有银行平均值的 2 倍。这样的成绩无疑是非常出色的，所有伯克希尔的股东应当再次起立为 Gene Abegg 报以热烈的掌声，感谢他们在过去一年以及自 1969 年成为伯克希尔一员以来所做出的贡献。”（1979 年信）

辅读：这是卖掉这家银行前的最后一次报告。

“如各位所知，1969 年颁布的《银行控股公司法》要求我们必须在 1980 年底以前将这家银行给卖掉。过去几年来，我们曾试图使用资产分割（spin - off）的方式来符合法令的规定，但联储却坚持说，如果这样处理，伯克希尔不能有任何一位董事或经理人在分割后的银行或控股公司中担任任何管理职务——即使像我们这样，由一个独立单位同时拥有两家公司 40% 以上的股份也不行。”（1979 年信）

辅读：巴菲特是按照美国的新法规要求被迫卖出。不过有一点本人不是很清楚：1979 年时，巴菲特已经有了可以放心让出色公司自我经营，不需要施加多大影响力的思想。但不知为何，在伊利诺银行这个案例中，这个思想似乎没有体现出来。背后肯定有原因，但不知是什么原因。难道只是因为资金配置权与 CEO 薪酬决定权不宜完全放手这个问题吗？

“然而大家必须清楚，当我们卖掉这家银行后，以后被替换进来的资产所能给予我们的回报，恐怕将无法与这家银行相比，甚至连接近它可能都比较难。因为你很难期望能以卖出这家银行同等的市盈率，去买进一家有着高质素资产的出色生意。”（1979 年信）

辅读：用很低的价格卖出 A（1979 年美股处于熊市），这并不是问题的关键，因为你完全可以用同样的低价在市场上买入 B 或 C。问题的关键是，在巴菲特看来，他是以铅的价格卖出一块金子，但市场上已经没有同等质素的金子了。

富国银行：出色的管理人

“银行业不是我们的最爱。当一个行业的资产普遍是其股东权益的 20 倍时，只要资产端发生一点点状况就有可能把大部分的股东权益给蚕食掉。在不少大银行那里，这些问题早已变成常态而非特例。许多问题源自管理上的失误，就像去年我们在讨论‘机构强制’时所提到的：企业的经营主管们会不由自主地去盲目模仿同业的做法，而不管这些行为有多么愚蠢。发放贷款时，由于许多银行从业者都有着旅鼠般‘追逐领先者’的热情，所以现在他们也正在遭遇旅鼠一样的命运。由于 20 比 1 的杠杆比率会使管理中的所有优点与缺点被放大，所以我们对用便宜的价格买下一家经营不善的银行一点兴趣都没有。相反，我们只对以合理价格买进一些经营良好的银行感兴趣。”(1990 年信)

辅读：两点感悟：(1) 在买入富国银行的当年，提出“银行业不是我们的最爱”。道理很简单：银行是高杠杆行业，对管理水平有着很高的要求，而很多银行做不到这点。(2) “机构强制”是指大型公司都普遍存在着一种惯性行为，如因循守旧、喜欢模仿与跟随同业等。

“在富国银行，我想我们已找到银行界最好的经理人：Carl Reichardt 和 Paul Hazen。在许多方面，这两个人的组合使我联想到另外一对搭档：大都会/ABC 的汤姆·墨菲与丹·伯克。首先，两个人加起来的合力都大于个体的简单相加，因为他们每个人都十分了解、信任和尊敬对方；其次，他们会毫不吝啬地犒赏有才能的员工，同时又十分痛恨人浮于事；再次，即使公司的利润已经屡创纪录，他们控制成本的热情却从未松懈，就好像是他们一直都处于一种无形的压力下；最后，他们都坚持只做自己所熟悉的事情，让自己的能力而非自尊来决定应当做些什么。(IBM 的 Thomas Watson 曾经说过：‘我不是天才，我只是有点小聪明——不过我会充分运用这些小聪明。’)”(1990 年信)

辅读：1990 年敢于逆势买入银行，是因为银行有出色的管理人（当然，其经营前景也不像市场当时想象的那样糟糕），其中第三条尤其符合巴菲特的个人偏好。

美国银行：持续增持

“伯克希尔有一项重要的股票仓位没有列示在表上：在 2021 年 9 月之前

的任何时候，我们都可以用 50 亿美元购买美国银行 7 亿股的普通股。截至 2013 年底，这些股票的市场价值为 109 亿美元。我们可能会在选择权到期前的那段时间再购买。同时大家应该了解，美国银行将成为我们的第五大持股，并且我们非常看好它。”（2013 年信）

辅读：巴菲特在经营伯克希尔的后期阶段还在大举买入银行。

总结

纵览 1977—2014 年信的相关内容，尽管巴菲特说“银行业不是我们的最爱”，但我们还是看见巴菲特曾经多次买入银行业的股票。表 1. 10 提供了一个大致的情况记录。

表 1. 10　伯克希尔银行持仓记录　（单位：美元）

年	1969	1980	1990	1994	2002	2006	2013
银行	伊利诺	底特律国民	富国	匹兹堡国民	M&T	美国合众	美国银行
持仓成本	不详	59. 3 万	2. 89 亿	5. 03 亿	1. 03 亿	9. 69 亿	不详

资料来源：历年巴菲特致股东信

巴菲特在 1990 年重仓买入富国银行，在后来的 20 多年里又有一个怎样的持仓变化呢？表 1. 11 给出了基本情况。

表 1. 11　伯克希尔对富国银行的持仓成本变化　（单位：亿美元）

年	1990	1991	1992	1993	1994	1995	1996	1997	1998	1999
持仓成本	2. 89	2. 89	3. 81	4. 24	4. 24	4. 24	4. 98	4. 13	3. 92	3. 49
年	2000	2001	2002	2003	2004	2005	2006	2007	2008	2009
持仓成本	3. 19	3. 06	3. 06	4. 63	4. 63	27. 54	36. 97	66. 77	67. 02	73. 94
年	2010	2011	2012	2013	2014					
持仓成本	80. 15	90. 86	106. 06	118. 71	118. 71					

注：（1）1990 年买入后一直（至少）持仓至 2014 年末；（2）1998—2004 年虽有不同程度的减持，但减持数量不是很大；（3）2005 年开始大幅加仓并开始以后的一路增持，直到 2013 年停止。

资料来源：历年巴菲特致股东信

抓要点：高杠杆的银行业需要高水平的管理。

关键词：最优利率、较低风险、经营成本、资产利润率、股本增发。

第二十六节 20年的糖果店

迷雾 **巴菲特为什么经常提起喜诗糖果公司？**

解析 **喜诗糖果对巴菲特来说有着多重意义。**

喜诗糖果，一个在伯克希尔经营的较早时期被巴菲特买入的优质公司。之所以单独划出一节进行专门讨论，是因为这家公司的买入对巴菲特后期投资思想的转变起了很大的作用。可以这样说，如果没有这家公司后来的成功，巴菲特投资思想的“进化”恐怕还要再晚上几年。

买入喜诗

“我们刚刚跨过历史性的一页。20年前，也就是1972年1月3日，蓝筹印花公司（当时还是伯克希尔的一家子公司，后来并入了伯克希尔）买下了喜诗糖果——美国西海岸一家盒装巧克力制造商与零售商——的控股权。当时卖方的报价——以获取100%股权进行换算——为4000万美元，但当时仅公司账上的闲置资金就有1000万美元，因此真实的报价应该是3000万美元。当时查理和我还不是很了解一家市场特许事业的真正价值，在看到公司账面上只有700万美元的有形资产净值后，向对方表示2500万美元是我们可以支付的上限（我们当时也确实是这样想的）。幸运的是，卖方接受了我们的报价。”（1991年信）

辅读：（1）根据《滚雪球》一书的记载，关于喜诗糖果有意出售的消息是从蓝筹印花公司总裁比尔·拉姆齐那里发出来的。（2）巴菲特在决定去探访前，曾研究过这家公司以及另外两家位于美国的糖果公司的经营情况。当时之所以没有买入是因为出价普遍较贵。（3）在《滚雪球》中，关于公司当时有形资产净值的记载是 500 万美元，与这里说的 700 万美元有些出入。

高速增长

“在这之后，蓝筹印花公司的营业收入从 1972 年的 1. 02 亿美元下滑到 1991 年的 1200 万美元。而同一时期喜诗糖果的营业收入则从 2900 万美元增长到 1. 96 亿美元。更有甚者，其利润增长的幅度还远高于营收增长的幅度，税前利润从 1972 年的 420 万美元增加至去年的 4240 万美元。”（1991 年信）

辅读：（1）据《滚雪球》记载，喜诗糖果被巴菲特买入当年的利润是 400 万美元，除以 2500 万美元后，当年的即时回报（税前）就有 16%。（2）根据这封信中提供的数据计算，1972—1991 年的营收年复合增长率为 10. 58%，利润的年复合增长率为 12. 94%。这个速度要说快也不是很快，我想其主要的价值在于：在这些长达近 20 年的双位数增长数据的背后，企业并不需要投入什么资金。

“正确评估利润的增长，需要看在这些增量利润的背后究竟投入了多少增量资本。就这点而言，喜诗的表现令人咂舌：公司目前的股东权益为 2500 万美元，这意味着除了初始的 700 万美元，公司后来只留存了 1800 万美元的利润。与此同时，喜诗在以后的 20 年里把余下的 4. 1 亿美元利润——在扣除所得税之后——全部上交给了蓝筹印花与伯克希尔公司，再由后者将资金配置到其他可产生利润的项目上。”（1991 年信）

辅读：每新投入 1 美元，可以为公司创造 22. 78 美元的利润。这个数据对比还是相当惊人的。

“在买下喜诗时，有一点是我和查理已经看到的：它尚未被发掘的定价能力。除此之外，我们在其他两个问题上算是很幸运：第一，整个交易没有因为我们愚昧地坚持 2500 万美元的价格上限而告吹。第二，我们发现了查克·哈金斯，他当时任喜诗糖果公司的副总经理。在我们的坚持下，他最后担任了总经理。从这以后，不管是在生意上或是在私下交情上，我们与查克相处得都很不错。有一个例子可以说明：当收购完成后，我们在短短 5 分钟之内就与查克达成了关于总经理薪酬标准的口头协议，连一份书面合约都没有——至今仍是如此。”（1991 年信）

辅读：（1）据《滚雪球》记载，尽管当时喜诗糖果的品质“比‘上等质量’还要优质”，但其产品售价却和其他公司的产品一样。因此，当时的巴菲特就曾经想：“如果每一磅提高15美分的话，就能增加250万美元的收入。”（2）同样是据《滚雪球》记载，当时的芒格对查克·哈金斯可谓是赞赏有加：“他们的经理查克·哈金斯非常聪明。”

思想转变

“查理和我有许多地方要感谢查克和喜诗糖果，其中最明显的一个理由就是他们不仅帮我们创造了非凡的利润，而且过程也是如此令人愉快。同样重要的是，拥有了喜诗糖果后，让我们对于应如何去评估一项特许事业的价值有了更多的认识。我们靠着在喜诗身上所学的东西，在别的股票投资上又赚了很多的钱。”（1991年信）

辅读：请注意最后这句话。正如我们前面所讲，喜诗案例的成功，对于巴菲特后来投资思想的改变起了非常大的作用。以前是重有形资产，而轻无形资产。买入喜诗后，让巴菲特逐渐地“对于应如何去评估一项特许事业的价值有了更多的认识”。

最后，我们以一段颇具巴氏幽默风格的话来结束本节的讨论：“查克的表现可谓是一天比一天好。记得他接手喜诗时，只有46岁，而当时公司的税前盈利（计量单位为百万美元）大概是他年纪的10%。如今他已74岁高龄，利润与年龄的比率却提高到了100%。在发现了这个数学关系后，我们把它称之为‘哈金斯定律’。现在查理和我只要一想到查克的生日快到时，就会暗自窃喜不已。”（1999年信）

抓要点：促成巴菲特后期投资思想转变的不仅有费雪和芒格，还有喜诗糖果。

关键词：市场特许事业。

第二十七节　GEICO

迷雾　GEICO 是巴菲特经常提到的另一家公司，这是一家怎样的公司？

解析　伯克希尔旗下的另一家低成本运营商。

除了喜诗糖果外，盖可保险（GEICO）是另一家巴菲特只要一提起就会眉飞色舞的公司。如今，盖可保险已是伯克希尔旗下一家全资拥有的公司。许多年来，它为伯克希尔的业务发展可谓做出了巨大贡献。这是一家怎样的公司呢？这家公司与巴菲特之间究竟有着怎样的故事呢？下面我们就借助巴菲特的笔，做一个简要介绍。

投资细节

首次买入

"1950 至 1951 年间我就读于哥伦比亚大学，当时去那里读书的目的倒不在于想取得该校的学位，而是为了能在本杰明·格雷厄姆的门下学习，他当时正在该校担任教师……有一次，我偶然间翻开《全美名人录》，发现我的老师是一间叫作政府雇员保险公司的董事会主席。对于当时的我来说，那完全是一家在陌生产业里的陌生公司。一位图书管理员介绍我看《全美最佳火险与意外险公司手册》。在这本手册里，我查到 GEICO 的总部位于华盛顿特区。于是在 1951 年 1 月的某个星期六，我搭乘火车前往位于华盛顿市中心的 GEICO 总部……就这样，我遇到了当时还是助理总裁的洛里默·戴维森（Lorimer Davidson），后来他成为了 GEICO 的 CEO。虽然我唯一的身份凭证只是格雷厄姆的一名学生，戴维森还是很耐心地花了大约 4 个小时的时间给我上了一课。我想大概没有人能够像我这样可以幸运地在半天之内接受如此美妙的一堂课，它不仅告诉我一家保险公司是如何营运的，也让我了解了基于何种因素一家保险公司可以超越它的同行。就像戴维森明确指出的，GEICO 的竞争优势在于保险直销。由于其他保险同行已习惯于通过保险经纪人进行分销，而且不会轻易放弃这种早已根深蒂固的经营模式，从而使得 GEICO 的经营成本相对要低很多。在上过戴维森的课程之后，GEICO 成为有生以来让我最为心动的一只股票……我在 1951 年总共分 4 次买进 GEICO 的股票，最后一次是在 9 月 26 日……我最后总共持有 350 股 GEICO 股份，成本为 10282 美元。到了年底，股票的市值增长至 13125 美元，超出我个人资产净值的 65%。”（1995 年信）

辅读：（1）巴菲特曾分别在 1995 和 2010 年的致股东信中讲述了同一个故事，我们上面的摘录来自 1995 年信，由于故事较长，我做了一些删减，望读者能谅解。（2）关于首次买入占巴菲特个人资产的比重，巴菲特的几次表述不尽相同。总之，占比不低。（3）首次买入后不久，巴菲特于 1952 年因转投一家低价公司而把 GEICO 给卖掉了。这次卖出的行动让巴菲特后来悔恨不已，具体情况请参见后文。

再次买入

“1970 年代初期，在戴维森退休后不久，公司管理层犯了一些严重的错误。他们低估了保险理赔的成本，使得公司对外销售保单的定价过低，此举导致公司几乎倒闭。所幸后来由杰克·伯恩（Jack Byrne）于 1976 年接掌公司，在采取了多项果断而严厉的修补措施后，公司才得以幸免于难。

由于我对杰克以及公司拥有的竞争优势再次投了信任票，伯克希尔于是在 1976 年下半年买进大量 GEICO 的股票，之后又进行了一次小幅加码。到 1980 年底，我们总计投入了 4570 万美元，共取得该公司 33.3% 的股权。在往后的 15 年内，我们没有再进行新的买入行动。不过，由于该公司不断进行股票回购，使得我们在 GEICO 的持股比例后来增加到 50% 左右。”（1995 年信）

辅读：关于这次买入的过程可一点都不简单，我和朱晓芸在《奥马哈之雾》一书中也曾有过讨论，有兴趣的读者可参阅有关的章节。关于巴菲特为何敢于冒险逆市买入，在其 1980 年的致股东信里也有过一次简要的介绍：

“GEIGO 的问题与 1964 年美国运通的色拉油丑闻事件类似。两家公司都只是遇到了暂时的困难，一时的财政打击并未毁掉企业原有的经济特质。两家公司的产业地位、强大的市场特许权以及完全可以被切割的肿瘤（当然，它需要一个技术高超的外科医生），与那些需要创造管理奇迹才能有所‘转机’的公司是完全不同的。”

全资拥有

“时间到了 1995 年，我们同意用 23 亿美元买下另一半不属于我们的股份。尽管这是一个很高的出价，不过它让我们可以百分之百地拥有一家正在快速成长的公司，而且公司在 1951 年呈现出的竞争优势如今光彩依旧。”（1995 年信）

辅读：巴菲特愿意以“一个很高的出价”买入余下 50% 的股份，除了 GEICO 优异的运营模式外，恐怕还有两个原因：（1）巨额的保险浮存金；（2）极为出色的公司管理人。关于第二点我们下面还有讨论，至于第一个原因，巴菲特在 1995 年的致股东信中是这样表述的：“对 GEICO 的收购，使我们的保险浮存金即刻增加了近 30 亿美元，而且可以确定的是，未来这一数字还会继续增长。此外，我们也预期 GEICO 每年能够继续维持适当的承保利润，这也意味着我们的浮存金今后还会保持零成本的状态。”

以上为巴菲特投资盖可保险的一些细节。下面将主要围绕巴菲特如何评价这家公司展开。

公司评价

最好的投资标的

“GEICO 可以说是投资领域里的最好标的，它不仅具有重要且难以模仿的产业优势，同时还具有特别优秀的管理层——不论是在生意运行上还是资本分配上皆如此。”（1980 年信）

低成本运营商

“身处庞大的汽车保险市场，区别于大部分营销策略趋同的同业，GEICO 将自己定位为低成本运营商。按照既定的政策，GEICO 在为客户创造非凡价值的同时，也为自己赚取了非凡的利润。几十年来，公司都是如此运行着。它在

70 年代中期发生的危机，并非源自这些经济特质的弱化与消失。”（1980 年信）

出色的经理人

“GEICO 拥有两位出类拔萃的经理人：一位是负责保险营运的托尼·奈斯利（Tony Nicely），一位是负责投资的罗·辛普森（Lou Simpson）。52 岁的托尼在 GEICO 已经工作了 34 年，他是我心目中负责 GEICO 保险营运的最佳人选。他有头脑、有精力、正直、专注，如果我们够幸运的话，托尼应该还能再为公司工作 34 年。罗在投资方面也同样出色。在 1980 年到 1995 年这段时间，由他所管理的公司净值，年复合增长率高达 22.8%，而同期的标普 200 指数只有 15.7%。罗所采取的保守、专注与集中的投资方式与伯克希尔的投资风格高度一致。有罗的加入，实在是伯克希尔之幸。罗的存在对伯克希尔来说还有一个好处：万一哪天查理和我本人有突发状况时，将有一位杰出的专业人士可以立即接手我们的投资工作。”（1995 年信）

公司有难以逾越的护城河

“公司成功的关键还是要保有一个很低的营运成本，最好能够低至让所有竞争对手都难以超越的水平上。1995 年，在托尼及其团队的努力下，公司的承保费用加损失调整支出占保费收入的比例进一步压低到 23.6%，比 1994 年又低了一个百分点。在商业领域，我致力于寻找那些由宽广护城河保护的美丽城堡。感谢托尼跟他的经营团队，在他们的努力下，GEICO 的护城河在 1995 年又更加宽广了一些。”（1995 年信）

一直如此

“在过去的 60 年里，GEICO 发生了很大变化，但是它的核心目标——为美国人购买汽车保险节省支出——则一直没有改变。换句话说就是，要让手中的这份保险单成为值得你拥有的保险单。聚焦于这个目标，公司已成长为美国第三大汽车保险公司，市场份额达到了 8.8%。”

讨论至此，想必大家对盖可保险及其背后的投资故事已有了一个大致了解。

抓要点：出色管理人造就了出色的生意。

关键词：保险直销、暂时的困难、优秀的管理层、低运营成本。

第二十八节　公用事业

迷雾　巴菲特为何会投资以前从不触碰的公用事业？

解析　公司的资金规模太大了。

巴菲特管理的伯克希尔在最近一段时间开始大举投资公用事业。由于这项事业资本支出大，价格又受到政府管制，因此一时间有不少人对巴菲特这一投资对象的转变有些看不懂。其实也没什么复杂的，本人觉得主要原因就是伯克希尔的资金盘太大了，原有的选股标准已承载不了巴菲特手中数以百亿计的资金。

为何会投资公用事业

“早期，查理和我曾经努力避开资本密集型的产业，如公共事业。是的，对于企业所有者来说，最好的投资依然是那些投入少而回报高的企业。幸运的是我们就拥有一批这样的企业，而且我们还想拥有更多这样的企业。不过，伴随伯克希尔资金规模的不断扩大，我们目前开始有意寻找那些需要定期投入巨额资本的生意。我们的期望是能在这些生意上取得与投入资本相称的回报即可。如果这个愿望能够实现——我相信它一定会实现——一直在不断收集从良好到杰出企业的伯克希尔，在未来的几十年里就能继续创造出高于市场平均水平——尽管算不上杰出——的回报。”（2009 年信）

辅读：个人觉得巴菲特投资方向转变的原因至少有三个：（1）文中提到的资金规模问题；（2）从 1999 年开始，巴菲特已把伯克希尔内在价值增长的速率从过去的 15% 修正为“略微超过标普 500 指数”；（3）一个庞大的、多元化的利润来源，可以不断增强伯克希尔抵御各种风险的能力。

下表给出的数据，会帮助读者理解巴菲特所说“伯克希尔资金规模的不断扩大”的含义。

表 1.12　浮存金规模　（单位：亿美元）

时间	浮存金规模
1970	0.39
1980	2.3
1990	16.3
2000	278.7
2010	658.3

资料来源：历年巴菲特致股东信

两家主要公用事业的经营特质

“我们拥有两个非常大的生意：BNSF[①] 和中美能源（MidAmerican Energy），它们共同具有的几个重要经济特质使其与我们旗下的其他生意有所区别。

“这两家公司共有如下几个重要特征：（1）生命周期里的巨额投资；（2）受监管的资产；（3）部分融资依赖于（并非由伯克希尔担保）数额巨大的长期负债。我们是不需要向它们提供任何信用担保的：两家公司即使在较差的商业环境下，其盈利也足以覆盖利息支出。在 2011 年较为疲软的经济环境下，BNSF 的利息覆盖倍数为 9.5。而对于中美能源来说，它有两项关键指标确保了公司在各种经营环境下的债务偿付能力：（1）提供独家的基础性服务，从而使其有着稳固的盈利；（2）多元化的收入来源。这些特质使其可以免受任一监管行动的影响。”（2011 年信）

辅读：尽管两家公司都有着巨额的负债，但与伯克希尔旗下的航空服务公司（特别是 EJA）不同，它们均不需要伯克希尔公司为其债务提供担保。

其服务难以替代

“以吨/英里计，铁路承担了美国城市间货运量的 42%，而 BNSF 的运输量要多于其他铁路公司，占到行业总量的 37%。简单的换算就能告诉你，美国城市间运输量的 15% 是由 BNSF 完成的。毫不夸张地说，铁路就是我国经

① 注：伯灵顿北方圣太菲铁路运输公司。

济的一个循环系统，而我们现在所拥有的这条铁路是其中最大的一条运输干线。”（2011 年信）

“伯克希尔持有中美能源 89.8% 的股份，后者向美国国内的 250 万客户提供电力服务。在爱荷华、犹他和怀俄明州，我们是最大的电力供应商，同时还是其他 6 个州的重要供应商。我们的输气管道每天输送着这个国家 8% 的天然气。很明显，数百万的美国人每天都要依赖我们的服务，他们也从未失望。”（2011 年信）

辅读：巴菲特在选择投资标的时，很喜欢“过桥收费”的盈利模式。公用事业尽管“收费”不高，但却是必须要过的“桥”，盈利有很高的确定性。而正如我们已经知道的，巴菲特特别强调盈利的确定性。

旗下公用事业经营出色

“当中美能源在 2002 年收购北方天然气公司（Northern Natural）的输气管道时，这家公司的排名曾被一家行业权威机构评为最后一名，即全部 43 家公司中的最后一位。在最近的一份报告中，Northern Natural 已经名列第 2 位。第 1 位则是我们的另一家输气管道公司：Kern River。

“在电气行业中，中美能源有着非常优秀的记录。在最近一次的客户满意度调查中，中美能源的美国公用事业公司在全部受调查的 60 家公用事业公司中位列第 2 名。这一结果，与多年前中美能源收购这些资产时的情况相比，可以说是大相径庭。”（2011 年信）

辅读：“出色的管理”是巴菲特四条投资标准的其中一项，不可或缺。当投资对象并非巴菲特笔下的市场特许事业时，这一条尤为被巴菲特看重。

积极投身于新能源

“到 2012 年末，中美能源将会拥有 3316 兆瓦的风力发电，远远高于美国其他电力公司。我们已经完成和承诺会完成的投资将达到惊人的 60 亿美元。我们能够做出如此巨大的投资，是因为中美能源保留了它所有的经营利润，而不像其他公用事业，几乎将经营收益的全部都支付给了公司股东。此外，去年年底我们还上马了两个太阳能项目，一个是我们拥有 100% 权益的位于加州的项目，另一个是我们拥有 49% 权益的位于亚利桑那州的项目。这两个项目将需要我们投入 30 亿美元的建设资金。我们后续一定还会有更多

的风能和太阳能项目。”（2011 年信）

辅读：新能源代表着什么想必读者都已很清楚。

抓要点：投资公用事业是为了消化过于庞大的资金以换取可以接受的回报。

关键词：资本密集、高于市场平均水平的回报、15%、8%、风力与太阳能。

第二章

怎么买

第一节　长期投资

迷雾　价值投资是否等于长期投资？

解析　至少巴氏投资等于长期投资。

常听到有人说，巴菲特的投资并不等于长期投资。他们的理由之一是伯克希尔买入的股票，其持有时间大部分都没有超过 5 年。持有这一观点的人最爱举的例子就是中石油，几乎每次争论我都会看到有人拿出这一案例，作为巴氏投资不等于长期投资的依据。

中石油的案例我们在这里就不讨论了，《奥马哈之雾》一书已聊过这个话题。本节讨论的重点是要搞清楚一个问题：巴氏投资是否等于长期投资？为了便于读者快速切入重点，我还是会在巴菲特的有关表述前面加一个小标题，然后在每段引述的后面给出本人的简要辅读。

关于持有时间

“要持有很长一段时间”

“我们大部分的主要股票仓位往往都要持有很长一段时间，而我们的投资记录反映的也是这些被投资公司在这段时间的经营表现而不是它们的股票价格。就像我们认为收购一家公司，却只关心它的短期状况是件很傻的事一样，持有公司的部分所有权——股票，如果你只关心它的短期表现或变动趋势也是不对的。”（1980 年信）

辅读：伯克希尔的股票持仓需要分成两个部分：（1）仓位占比较大的主要投资部位；（2）仓位占比较小的次要投资部位。说巴菲特的投资是长期投资，主要指的是伯克希尔的主要投资部位。这个读者一定要先搞清楚。

“无限期”持有

“只要相关法令许可，我们会无限期地持有华盛顿邮报的股票。我们预期公司的内在价值会持续而稳定地成长，我们也相信公司管理层具有足够的才干并能以股东利益为导向。不过该公司的市值目前已增长至 18 亿美元，因此其价值的提升速度很难再达到当市值为 1 亿美元时的增长速度。由于目前的市场价格已充分反映了我们其他主要持股的价值，我们整体股票组合的增长潜力也必将随之大幅降低。”（1985 年信）

辅读：华盛顿邮报于 1971 年公开上市，巴菲特是在 1972 年开始买入的。一直到 2008 年的致股东信，我们在公司的持仓表中仍然可以看到这家公司的身影，当时的市值是 6.74 亿美元。由于 2009 年伯克希尔仓位披露的起点金额提升至 10 亿美元，我们就没有再看见邮报的身影。不过就此仍可以推断，巴菲特对华盛顿邮报的持有时间至少是 36 年。

“永久持有”

“我们预计会永久持有我们的 3 只主要持股：（1）大都会/ABC；（2）GEICO；（3）华盛顿邮报。即便这些股票出现了过度定价，我们也不打算把它们卖掉，这就好比即使有人出再高的价——甚至远高于两家公司的内在价值——我们也不会出售我们的喜诗糖果或水牛城新闻一样。”（1986 年信）

辅读：尽管巴菲特对其主要投资部位中的股票会持有很长时间，但真正做到“永久持有”恐怕也不是一件很容易的事，除非是像 GEICO 这种被私有化的公司。资本市场的变化有时是出乎意料的，包括公司基本故事完全有可能发生质的改变。以上述三只股票为例，华盛顿邮报在 2013 年 8 月将自己卖给亚马逊的掌门人贝索斯后（报业部分），巴菲特应当已经将其脱手了。大都会/ABC 也远没有做到永久持有——无论是公司被并购之前还是之后。

判断标准

我们买的是一家“企业”

“每当查理和我为伯克希尔旗下的保险公司买进股票时（扣除套利交易，这个后面会讨论），我们采取的态度就像我们买下的是一家私人企业一样。

我们着重于这家公司的长远经济前景、经营管理层以及我们支付的价格。我们从来没有考虑要在什么时间以何种价格再把这些股份卖出。事实上，只要预期这家公司的内在价值能以我们满意的速率稳定增加，我们愿意无限期地持有这些股份。在投资时，我们视自己为企业分析师，而不是市场分析师、宏观经济分析师，甚至是证券分析师。”（1987 年信）

辅读：这段话本人认为极为重要，它不仅揭示了巴氏投资的核心所在，也是把巴氏投资与其他投资区别开来的关键所在。

“我们想要的生活”

“我们的态度完全符合我们自身的人格特质，这也是我们想要的生活。丘吉尔曾经说过：‘你先塑造你的房子，然后房子也会塑造你。’我们很清楚如何去塑造我们自己。基于此，我们宁愿选择回报为‘X’但却能与我们所喜欢与尊崇的人打交道的投资对象，也不愿选择回报为‘110% X’但却要与我们不喜欢甚至讨厌的人打交道的投资对象。让我们能够像喜爱和尊崇我们 3 家永恒持股公司 CEO 一样去喜爱和尊崇的经理人，恐怕是再也找不到了。”（1987 年信）

“我们已经建立起来的生意拍档不仅极为少有，而且还能让我们乐在其中，因此我们希望能将这一切都保持下去。做出这种决定对我们来说一点都不困难，因为我们相信这种关系最终会让我们有一个很好的财务成果——虽然它可能不是最好的成果。考虑到这一点，我们就会觉得舍弃我们熟悉和欣赏的人，转而把时间浪费在我们不熟悉且综合素养可能只是接近甚至低于平均水准的人身上，就没有任何的道理。那样做就等于一个人是为了金钱而结婚——更不要说很多时候新郎其实已经很富有了。”（1989 年信）

辅读：（1）自从买入华盛顿邮报后，邮报的出版人凯瑟琳和巴菲特逐渐变成了亲密的朋友；（2）大都会公司的 CEO 墨菲则是被巴菲特称为可以把自己的女儿嫁给他的人；（3）至于盖可保险的托尼，由于其管理业绩太出色了，巴菲特曾建议公司股东把自己新出生的小孩取名为托尼。

“长期股票投资”

“我们旗下的保险公司还持有大量的其他有价证券。这些可供我们选择的投资工具主要有以下 5 种：（1）长期股票投资；（2）中期固定收益债券；

(3) 长期固定收益债券; (4) 短期现金等价物; (5) 短期套利交易。”(1987年信)

辅读: 不要以为巴菲特只是在某一年的致股东信里这样说,当任何一年的股东信出现类似表述时,在股票投资的前面你一定会看到“长期”二字。

行事准则

我们是“有耐性的投资者”

“我们保持原地不动的投资方式,反映了我们把股票市场当作是财富分配的中心,在这里,钱从活跃的投资者流向有耐性的投资者。[由于嘴巴管得不严,我最近提到了一些事情让那些备受争议的‘懒惰有钱人’(idle rich)受到了批评:当那些‘勤奋的有钱人’(energetic rich)——如房地产大亨、企业购并者以及石油大亨等——眼睁睁地看着自己的财富一点点消失时,这些‘懒惰有钱人’的财富却得以继续保值或增值。]”(1991年信)

辅读: 从某个特定角度,或者从某种程度上说,一些人生警句似乎并不适用于股市,比如“天道酬勤”。当然,这样说是有着严格限制条件的。

“很难找到的替代品”

“考虑到今年公司所列出的投资组合名单与过往竟如此相似,你可能会认为本公司的管理层已懒惰到不可救药的地步。不过我们还是相信离开原本熟悉且一直表现优异的公司实属不智之举,要知道拥有这些生意类型的公司是很难找到替代品的。

“有趣的是,当公司经理人聚焦于自己的本业时,他们从来不会犯迷糊:公司总部不管什么价格都不会把旗下最优秀的子公司给卖掉。届时公司CEO一定会问,为什么我要卖掉皇冠上的宝石?不过当情况转换为股票投资时,他却会毫不犹豫甚至是急不可耐地从一项生意转换到另一项生意,而促成他这样做的不过是听从了股票经纪人几句肤浅的劝诱——其中最差劲的一句话就是:你不会因为盈利而破产。你能想象一家公司的总裁会用类似的方式敦促董事会将其最有发展潜力的子公司给卖掉吗?在我们看来,适用于企业运营的原则也同样适用于股票投资。”(1993年信)

辅读: 经常听到人说:巴菲特之所以会长期投资,是因为其资金来源绵绵不绝。如果真的如此，我们又如何理解巴菲特在这里说的这番话呢？

“减轻税负惩罚”

“我们所采取的长期投资策略可以大大减轻——虽远谈不上消除——我们以公司形态运作所受到的税负惩罚。不过即使可以免交所得税，查理和我还是会坚持买入并持有的投资策略。我们认为这是最好的投资方式，同时也符合我们的个人习性。当然，它还有第三个好处：只有在我们实现资本利得时才需要缴纳所得税。”（1993 年信）

辅读一：让我们重提一个旧的复利算式：将一张厚一公分的纸板对折 20 次，它最后的高度是多少？答案很简单，2 的 20 次方，即 10485 米。现在让我们修改一下假设：每次对折时，都将厚度削薄 30%，它的高度又是多少？答案也不复杂，但结果可能会出乎意料：1.7 的 20 次方，即 406 米。通过这个算式，我们可以清晰看到延期缴纳资本利得税的好处是非常显著的。

辅读二：基于此，常听到有人说巴菲特之所以会长期投资，就是因为美国有很重的资本利得税。不过现在看来，事实并非如此。

“明智的行为”

“按兵不动对我们来说是一项明智的行为。无论是我们还是其他公司的经理人，都不会因为市场上谣传联储可能要调整贴现率或是华尔街人士改变了他们对股市前景的看法，就决定把旗下有着很高盈利能力的子公司给卖掉。那么，当我们只是拥有一些绝佳生意的部分股权时，为何就要有不同的行为模式？投资上市公司的技巧与获得一家子公司的技巧没有什么两样。在处理这两种不同类型的投资时，人们都希望能够以一个合理的价格取得拥有竞争优势并且由德才兼备的经理人打理的公司。接下来，你只需要关注这些特质是否得以保留就行了。”（1996 年信）

辅读：我国股市的实证研究同样支持巴菲特的上述观点，由于我们在《奥马哈之雾》已讨论很多，这里就不再赘言了。

“基石所在”

“看过这张表的某些人或许以为这些股票都是基于 K 线图、股票经纪人的建议或是公司近期的利润预期来进行买卖的。其实查理和我本人从来都不会为此而分心，而是以一个企业所有者的身份去持有股票。这是一个非常大的区别。事实上，这也正是我数十年来投资行为的一个基石所在。当我在 19 岁读到格雷厄姆的著作《聪明的投资者》之后，我便茅塞顿开。（在此之前，虽然我早已进入股市，但对如何投资根本就没有什么概念。）”（2004 年信）

辅读：如果让我在全书中选一段最重要的话，我会选这段话。

“我们不会用某一年的市值变化来衡量投资成果”

“需要强调的是，我们不会用所持股票在某一年的市值变化来衡量投资成果。取而代之的是另外两个衡量标准：（1）每股收益的增长——需要适度参考所在产业的经济环境；（2）这个标准略带一些主观性：公司的护城河——即它所拥有的让竞争对手始终都感到棘手的竞争优势——是否在这一年变得更加宽阔了。”（2007 年信）

辅读：为何许多人做不到长期投资？就是因为他们用于衡量投资成败的标尺不对。

“美国的好日子还在后头”

“尽管处在坏消息中，然而不要忘记我们的国家曾经面临更为剧烈的阵痛：仅仅在 20 世纪，我们就经历了两次世界大战（其中一次在我们开打的初期几乎就要战败了）；十几次的恐慌与衰退；1980 年的恶性通货膨胀曾导致最优惠利率高达 21.5%；发生在 30 年代的大萧条——当时的失业率持续多年维持在 15% 至 25% 的水平上。美国从不缺少挑战。

“没有失败，是因为我们战胜了失败。面对这样和那样的障碍——以及其他各种类型的问题——美国人的生活水准在 20 世纪翻了 7 倍，与此同时，道琼斯指数从 66 点上涨至 11497 点。相对于我们在这个世纪所取得的成就，历史上的许许多多个世纪，人们在生活质量上所取得的进步——如果有的话——都是微不足道的。虽然前方的道路并不平坦，但我们的经济体系一直运转得良好。没有任何国家的经济体系能够像我们国家一样，可以最大限度地发挥人的潜能。美国的好的日子还在后头。”（2008 年信）

辅读：对国家的经济前景充满信心，是坚守长期投资的基本前提。

读到这里，你是否已经开始确信：巴氏投资就是长期投资？当然，读到这里，也必会有读者质疑：巴菲特不卖股票吗？答案自然是否定的：“当然，有时市场也会高估一家企业的价值。在这种情况下，我们会考虑把股票出售。有时，尽管公司的估值较为合理甚至还略微有些低估，但如果我们发现了有更加被低估的股票或我们更加熟悉的公司，我们也会考虑把手中的股票卖掉。"（1987 年信）不过从实际操作情况看，巴菲特真的因"高估"而卖出的实例其实并不多，因"看错"而卖出的实例倒是不少。为何那些"次要投资部位"的股票很快就会被出售？大部分的原因是巴菲特后来发现企业的内在价值不如预期那样理想。

抓要点：价值投资也许不全是长期投资，但巴氏投资一定是长期投资。

关键词：企业分析师、企业所有者、投资的基石。

第二节　集中持股

迷雾　巴菲特买过很多股票，他的投资风格究竟是集中还是分散呢？

解析　集中持股——仅就上市公司股票而言。

巴菲特的早期投资策略有一个比较有趣的现象，他一方面坚定不移地执行老师教导的“捡烟蒂”并尽量分散的操作策略，一方面在遇到较为优秀的上市公司时，又重仓持有。关于这点，历史上有两个实例可以提供佐证。不过这个我们等会儿再聊。

至于在巴菲特执掌伯克希尔的数十年里，他的投资策略是不是集中持股，我想如果只是指那些公开上市的股票（即不算伯克希尔旗下的私人企业），答案就是肯定的。下面，我们就按照一个至少我个人认为与实际情况比较符合的逻辑框架展开介绍和讨论。

我们是集中持股

“我们的策略是集中持股。对那些缺乏足够吸引力的生意与价格，我们试着尽量避免这也买一点，那也买一点。当我们觉得某个投资对象有足够吸引力时，我们就会大量地买进。”（1978 年信）

我们会先增加旧有的投资部位

“在接受新的投资之前，我们一般先选择增加旧有的投资部位。如果一家企业曾经有足够的吸引力让我们买入，再重复一次这样的过程也是不错的。我们很愿意增加在喜诗糖果或是史考特飞兹上的持股，只可惜增加至100%恐怕还是有些难度。然而，在股票市场中，投资人对于自己熟悉并喜爱的公司，通常会有很多机会增加已有的持股。比如去年，我们就扩大了对可口可乐与美国运通的持股。

“我们投资美国运通的历史可以追溯到很早时期，它符合我们从老交情中寻找投资机会的行为模式。例如 1951 年，GEICO 保险占据我个人投资组合的 70%[①]，它也是我生平——当时我年仅 20 岁——第一次以证券交易员身份所推介的股票（我将 100 股 GEICO 卖给了我的婶婶 Alice，她对我的投资建议基本上都照单全收，上帝保佑她）。25 年后，当公司面临破产威胁时，伯克希尔又一次买下 GEICO 大量的股份。另一个例子就是华盛顿邮报：1940 年代，我当时的第一笔投资资金有一半来自发送该报的收入。30 年后，伯克希尔在公司上市两年后买下它大约 10% 的股权。至于可口可乐，算得上我生平的第一次商业冒险。1930 年代，当我还是个小孩子的时候，我花 25 美分买下半打装的可口可乐，然后再以每罐 5 美分的价格分售出去。直到 50 年以后，我才终于搞明白：真正有赚头的还是那糖水。”（1994 年信）

我们行，别人不一定行

“我们不墨守成规的做法，还体现在对保险事业投资所采取的集中持股策略，包括我们对 WPPSS 债券的投资。只有当保险事业具备雄厚的财务实力时，集中投资的策略才有它的合理性。对于绝大多数的保险公司来说，与我们相同或相似力度的集中持股也许完全不适当，因为他们的资本实力可能无法承受任何一个大的错误——不管某个投资机会经过研究后看起来是多么诱人。”（1984 年信）

理由

40 个女人

“以我们的财务实力，我们可以用便宜的价格买下少数几家心仪已久公司的大量股票。（Bill Rose 曾指出过度分散投资所面临的问题：如果你有 40 个女人，那么你永远都不可能深入了解她们中的任何一位。）长期下来，我们集中投资的策略会产生很好的结果，尽管这一结果会因资金规模而有所冲

① 注：巴菲特每次在谈及这个数据时相互之间经常会有一些出入。

淡。”（1984 年信）

好东西太少

“我们持续地把资金集中在为数不多的我们能够深入了解的公司上。只有极少数的企业可以让我们深具信心并愿意长期持有，因此，当好不容易找到这些企业时，我们就要达到一定的参与程度。我们同意 Mae West 的看法：好东西多多益善。”（1988 年信）

一个人的精力有限

“约翰·梅纳德·凯恩斯，他的投资实践与他的经济思想一样杰出。1934 年 8 月 15 日，他曾经写了一封信给他的生意伙伴 Scott，上面写道：随着时光流逝，我越来越相信正确的投资方式是将大部分的资金投入到自己了解且十分信任其管理的事业上；那种通过把资金分散到一大堆自己不太了解且没有什么信心的公司上面以便借此去控制投资风险的想法是错误的……一个人的知识与经验一定有其限度，就我本身而言，很少同时有 2～3 家以上的公司可以让我感到完全放心。”（1991 年信）

降低而不是提高了风险

“我们采取的这种策略，否定了有关通过分散投资才能降低风险的教条。许多学者因此会说，这种投资策略，其风险比投资大众采用的分散投资策略要高出很多。这一点，我们不敢苟同。我们相信集中持股的做法更能大幅降低风险，只要投资人在行动前能够加强自身对于企业的认知以及对于企业商业特质的信任程度。在叙述这一观点时，我们将风险定义（源于字典里的定义）为资产损伤的可能性。”（1993 年信）

谋求更好的回报

“如果你是一个有一定选股能力的投资人，熟悉产业运行并能够自行找出 5～10 家股价合理并享有长期竞争优势的公司，传统的分散投资对你来说就没有什么意义，那样做反而会容易伤害到你的投资并由此增加你的风险。我实在不明白一个投资人为何要把钱放在排名第 20 好的股票上，而不是把钱集中投资在排名更为靠前、自己更加熟悉、风险更小且获利潜力更大的股票上。”（1993 年信）

经典案例

下面介绍几个巴菲特集中持股的典型案例（其中一个前面曾经提到）。

盖可保险

巴菲特从哥伦比亚大学毕业后，曾回到自己的家乡奥马哈当了一段时间的股票推销员，而他推销的第一只股票就是盖可保险（这与我们已经知道的发生在大学读书期间的那段故事有关）。后来，他除了成功把股票推销给他的婶婶外，自己也分次买入了这只股票，最后的净值占个人资产净值的65%（每当巴菲特谈起这个数据时，前后不太一致）。

美国运通

1960 年代中期，美国运通爆发了一次有关色拉油的丑闻，股票受到市场的持续打压。巴菲特在经过一番深入调查后，认为公司的竞争力并未因此而受到损害，于是果断逆市大量买入该公司的股票，最终的持仓占用了巴菲特合伙企业 40% 的资金。

可口可乐

从 1988 年起，基于自己对可口可乐的国外业务没有引起市场的足够关注的认识，巴菲特开始分次大量买入可口可乐的股票。在后来的很长一段时间内，可口可乐均为伯克希尔第一市值股票。其中 1990、1991 和 1996 这三年，其市值占比均超过 40%。

1987 的股票组合

表 2.1 1987 年的股票组合

公司名称	持股数量	成本价（千美元）	市场价（千美元）
大都会/美国广播公司	3,000,000	517,500	1,035,000
盖可保险	6,850,000	45,713	756,925
华盛顿邮报	1,727,765	9,731	323,092

如表 2.1 所示，巴菲特将超过 21 亿美元（如按 3% 进行通胀调整，相当于现在的 50 亿美元）的资金仅投资在 3 只股票上。在当时的市场上，敢这样做的人即使不是绝无仅有，恐怕也是为数不多。

抓要点：巴菲特对上市公司股票实施的是集中持有策略。

关键词：大量买进、老交情、好东西多多益善、十分信任、资产（永久）损伤。

第三节　逆向而动

迷雾　巴菲特是逆向投资者吗？

解析　整体上看，可以这样说。

从某种程度上说，投资上的逆向操作是安全边际偏好者的必然选择。搞价值投资的人，他们总爱说的一句话就是趁低价买入，趁高价卖出。单从字面上看，这其实就是一种逆市场而动的操作策略：当众人陶醉于股票价格的狂欢派对时，偷偷将手中的股票脱手；当市场哀鸿遍野时，偷偷地大举买入。巴菲特无疑是一个价值投资人，因此，他必定也是一个逆向操作者。从巴菲特历年的致股东信中，我们可以清晰地看到这一点。

仓位管理：贪婪与恐惧

仓位实证

“只有当以下条件符合时，我们才会将保险公司大部分的资金投入到股票上：（1）我们了解；（2）具有良好的前景；（3）由才德兼具的人士所经营；（4）非常吸引人的价格。我们通常可以找到一些符合前3项条件的投资标的，但第4项条件却往往让我们止步不前。举例来说，1971年伯克希尔保险子公司股票仓位的投资成本仅为1070万美元，市值则为1170万美元[①]。市场上确实有不少可以被识别的好股票，但其价格却大多都难以吸引我们。（讲到这里，我不得不做一个补充：1971年，退休基金经理人将可运用资金

① 注：其意思是说当时的投资仓位很低。

的122%投资在了股票上——即比全仓投入还要多。1974年，当股市大幅回调至底部区域时，他们投资在股票上的比例却降到21%的历史新低点。）”（1978年信）

辅读：伯克希尔1971年的股票投资成本为1070万美元，1975年的投资成本为3930万美元，1978年的投资成本为1.29亿美元，7年间投资额增长了12倍（同一时期的公司保险浮存金并没有同比例增长）。与此同时，股票市场则是从热到冷，从牛到熊。

“对于我们来说，这几年的故事正好相反。1975年底，我们保险子公司持有的股票市值与3930万美元的投资成本正好相等。然而到了1978年底，我们股票投资部位（包括可转换优先股）的资金成本已增加为1.29亿美元，市价则增加为2.17亿美元。在这3年内，我们另外还实现了2470万美元的资本利得（税前）。因此，在这3年间，我们已实现与未实现的税前资本利得达到了1.12亿美元。同一时间内，道琼斯指数由852点跌至805点。对于以价值为投资导向的股票投资人（value-oriented equity buyer）来说，这真是一段美好的岁月。”（1978年信）

辅读：据巴菲特的后续补充，1978年，许多原本最应该采取长期投资策略的退休基金经理人，平均只将9%的资金投资在股票上，创下比1974年更低的纪录。

抛弃复杂，拥抱简单

“当市场条件较好时，比如那些同时具备良好商业特质和杰出管理人员的公司正在以低于内在价值的价格交易，你很有机会完成一个全垒打。不过目前我们还没有发现类似这样的机会。上述观点不代表我们要进行股市预测，事实上我们从来都不知道股市在近期或中期的走势是向上还是向下。

“然而有一点我们是明确知道的，那就是贪婪与恐惧这两种情绪将会在股市上不断出现，只是出现的时点很难预期，因为这种情绪干扰而造成的市场波动，其延续的时间与程度也同样难以捉摸。因此，我们从不去预测这两种情绪会何时出现以及何时消失。我们的目标较为简单：那就是当众人贪婪时恐惧；当众人恐惧时贪婪。”（1986年信）

辅读：1971年的仓位实证就代表着别人贪婪我恐惧；1978年的仓位实

证就代表着别人恐惧我贪婪。

操作策略：逆势而为

股票实证

“我们是趁着1990年银行股一片混乱之际买进富国银行的。这种失序的现象有一定的必然性：几个月来一些原本经营良好的银行，其愚蠢的贷款决策逐一被媒体揭露出来。随着一次次庞大的——原被管理层普遍看好的——坏账被公布出来，公众有充分的理由去质疑任何一间银行报表的可信度。趁着银行股价的快速下滑，我们逆势以2.9亿美元，5倍不到的市盈率（如果以税前利润计算，市盈率则不到3倍）买进富国银行10%的股份。”（1990年信）

辅读一：巴菲特买入富国银行时，正值公司股价处于持续的下跌中，不仅幅度大，而且还有不少人因卖空而大赚其钱。不过经过1990年的下跌、1991年的盘整后，公司股价在1993年底达到了137美元（巴菲特1990年10月的平均买入价为每股57.88美元）。

辅读二：尽管巴菲特逆势买入的股票不止富国银行一家（比较著名的还有美国运通、盖可保险和华盛顿邮报等），但还有很多股票，严格意义上说并不属于我们现在常说的“左侧交易”，比较知名的有可口可乐和大都会股票等。这些买入算不算逆向操作呢？答案也许存有争议，但重点则在于它们只要符合安全边际的准则就行了。要知道，所谓逆向，不一定非得是逆市而动，只要你的看法与市场不同即可。比如在巴菲特的眼里，当时的可口可乐就处于某种低估状态。而对大都会股票的买入，他也认为有着很高的安全边际。

忽略当下，志在长远

“事实上在伯克希尔，我们喜欢并购或投资那些在某一年不赚钱但以后有望获取20%股东权益报酬率的公司。不管怎样，由于市场害怕新英格兰地区的地震会在加州地区重演，导致Wells Fargo的股价在1990年的几个月内大跌了50%左右。虽然在股价下跌之前我们已买进了一些股份，但我们还是欢迎股价的进一步下跌，因为它让我们可以用更低的价格买到更多的股份。”

（1990 年信）

辅读：这段话对我们投资银行股是否有一些帮助？

思维模式

一个股票净买者的思维模式

“期望自己在一生中都做一个持续买家的投资人，对于股市波动应采取同样的态度。反之，有许多不合逻辑的投资人，他们在股市上涨时高兴，在股市下跌时沮丧。奇怪的是，他们对于食物价格的反应一点都不会搞错：由于清楚地知道自己每天都会买入食物，因此他们欢迎价格的下跌而反对价格的上涨（只有卖食物的人才会反对价格下跌）。同样，在水牛城新闻这里，我们期望的是印刷价格的降低——尽管这意味着我们印刷品的存货价值也会向下调整，因为我们知道，我们需要一直买进这些服务。”（1990 年信）

辅读：道理尽管并不复杂，但股市上能这样思考问题的人却不多。中国的一句古话放在这里也许可以形成某种相互呼应：“不谋万世者，不足以谋一时；不谋全局者，不足以谋一域。”

重要的是独立思考

“以上所述，并不代表选择那些不受欢迎或不受关注的生意或股票就是聪明的投资，反向操作有可能与‘追随大众’的策略一样愚蠢。真正需要的是独立思考而不是统计选票。不幸的是，Bertrand Russell 对于人性的观察同样也适用于金融投资：‘大多数人宁愿死，也不愿意去思考！’”（1990 年信）

辅读：逆向投资不是赌大小，巴菲特说过一句很重要的话（大意）：如果你不比“市场先生”更懂得你手中股票的价值，你就不宜与他玩这种游戏。

内部计分卡

“然而，获得别人的赞许并不是投资的目的。实际上，它的效果常常会适得其反，因为它会让你的大脑麻痹，从而让自己难以面对新的事实或者去重新审视过往的决定。当心那些获得掌声的投资行动，当某项投资改变得到公众的欢呼时，你需要做的也许只是打一个哈欠。”（2008 年信）

辅读：内部计分卡与独立思考，其实是一枚硬币的两面。

投资金句

“股价不振的大部分原因是源自悲观的情绪，有时是全面性的，有时则仅限于对某个产业或公司。我们很期望能在这种环境下做生意。不是我们喜欢悲观情绪，而是我们喜欢由悲观情绪所造成的价格下跌。乐观主义才是理性投资人的敌人。”（1990 年信）

“事实上，我们通常都是在人们对某个宏观事件的恐惧到达高峰时，才找到最佳的买入点。”（1994 年信）

“恐惧是趋势投资人（faddist）的敌人，但却是生意投资人（fundamentalist）的朋友。”（1994 年信）

“投资时，悲观情绪是你的朋友，乐观情绪是你的敌人。”（2008 年信）

“当天上掉金子的时候应该拿桶去接，而不是一个小小的顶针。”（2009 年信）

抓要点：巴菲特是一个逆向投资者。

关键词：两种情绪、独立思考。

第四节　笨钱不笨

迷雾　**听说巴菲特多次推荐大家买指数基金，是这样的吗？**

解析　**的确如此。**

指数基金 VS 共同基金

1975 年，查尔斯·艾利斯①为《金融分析师》杂志撰写了一篇有关积极管理的重要文章，名为《输家的游戏》。他展示了在已过去的 10 年里，85%的主动型基金经理人难以击败标准普尔 500 指数。

——摘自《主动型指数投资》

对于养老基金以及银行和保险公司联营的股票基金也有过类似的研究，结果别无二致。在 20 世纪 80 年代至 90 年代期间，将近三分之二的受到专业管理的证券组合都成为了标准普尔 500 指数的手下败将。而且，或多或少胜出任何一家指数基金的共同基金，其数目也是屈指可数。

——摘自《漫游华尔街》

表 2.2　1984—1999 年平均投资收益

	共同基金均值	威尔希尔 5000
权益收益	18.0%	17.7%
销售佣金	-0.5%	
现金滞纳	-0.6%	
基金收益	16.9%	17.7%

① 注：格林威治协会合伙人。

续表

	共同基金均值	威尔希尔 5000
交易成本	-0.7%	
支出比例	-1.2%	-0.2%
投资者收益	15.0%	17.5%
税收	-2.7%	-0.9%
税后投资者收益	12.3%	16.6%
权益收益减少值	-5.7%	-1.1%

资料来源：《伯格投资》

从上表可以看出，即使是相对于反映全市场表现的威尔希尔 5000 指数，在扣除了与基金投资相关的各项费用后，主动型基金的最后平均收益还是输了 4.3 个百分点。而导致结果反转的罪魁祸首，就是依附在主动型基金身上的各项费用。

表 2.3 和表 2.4 是本人在许多年前自行编制的，旨在分析为何主动型基金赢不了被动投资。尽管市面上的大量研究显示主动投资主要是输在较高的摩擦成本上，但这显然不是问题的全部。还有什么原因呢？

表 2.3　成熟市场主动投资表现不如指数的表面原因

	主动型基金	被动型基金	说明
管理费	1.5% 左右	0.3 ~ 0.5%	双重影响：净值/复利
交易成本	高	低	双重影响：净值/复利
现金储备	机制性要求	无机制性要求	双重影响：净值/复利
各项税负	高	低	暂不适用于 A 股
指数进出效应	无	有	入选股票价格上升
大型股票偏好	影响负面	影响正面	20 世纪 80 和 90 年代较为明显
成败平衡	影响负面/二八效应	影响正面（标普 500 偏好）	仅适用于做整体比较

表 2.4　成熟市场主动投资表现不如指数的其他原因

	主动型基金	被动型基金	说明
操作模式	频繁交易	低周转率	频繁交易在股票和价格选择上会加大出错概率
估值偏好	明显	不明显	估值偏好的整体效应偏负面
策略的稳定性	低	高	策略的不稳定导致回报的不稳定
行为偏好	做波段	买入并持有	实证研究不支持波段操作

续表

	主动型基金	被动型基金	说明
时机选择	强	弱	实证研究不支持时机选择
心理影响	强	弱	心理作用对回报的影响偏负面
风险	大	小	指数投资过滤了系统风险和投资者非理性风险

当然，这只是我个人许多年前的一些研究。下面转入正题，看看巴菲特曾经对指数基金说过什么。

股票投资的最好方式

“另外一种需要多元化投资的情况，是当投资人并不熟悉某个特定产业的运行但又对美国经济的整体有信心且希望能分享它的增长时，可以通过分散持有多家属于不同产业的公司而实现他的目标。例如，通过定期投资指数基金，一个什么都不懂的投资人通常能打败大部分的职业经理人。市场上有这样一个悖论：当‘笨钱’了解到自己的局限之后，它也就不会再笨下去了。”（1993 年信）

“对于各位的投资方式，让我提供一点心得给大家参考。大部分的投资人，不管机构还是散户，将会发现股票投资的最好方式是购买并持有手续费低廉的指数基金。那些遵循这一投资方法的人，将有望战胜（扣除管理费和其他支出后）市场上绝大部分的机构投资者。”（1996 年信）

“我一直认为，对于大多数想要投资股票的人来说，购买指数基金是最好的选择。”（2003 年信）

“我有一个好消息告诉这些非专业人士：一般投资者并不需要掌握那些技能。总体而言，美国公司长期以来都表现得很好并且还会继续如此（尽管会有未知的起起伏伏）。在 20 世纪的 100 年里，道琼斯指数从 66 点涨到了 11497 点，另外还有不断增加的分红。相信 21 世纪一样会有很好的回报。非专业投资者的目标不应是挑选出它们中的胜者，他和他的‘帮手’们[①]都做不到这一点。他们应当做的只是依照简单条件去构建一个跨行业的投资组合。整体而言，这个组合的投资回报一定会很不错。一个低费率的标普 500

① 注：指各种类型的投资中介与咨询机构。

指数基金就可以帮助你实现这个目标。”（2013 年信）

可以看出，巴菲特在历年的致股东信中至少有四次提到投资人应当选择持有指数基金。其中几个适用范围我们尤其不能忽略：“当投资人并不熟悉某个特定产业的运行但又对美国经济的整体有信心”“大部分的投资人，不管机构还是散户”“大多数想要投资股票的人”“非专业投资者”。同样可以看出的是，巴菲特的上述观点与我们前面给出的几个实证数据是相互呼应的。

抓要点：持有指数基金无论对业余投资人还是职业投资人都是一个很好的选择。

关键词：定期投资、笨钱不笨、低廉手续费、简单条件、跨行业、购买并持有。

第五节　市场先生

迷雾　巴菲特如何看待股票价格的波动?

解析　将“市场先生”的比喻铭记于心。

无论是巴菲特还是芒格，当说起格雷厄姆有关市场先生的比喻时，无不赞叹有加。即使是芒格这样的对格雷厄姆的某些思想并不认同的人，也曾高度评价《聪明的投资者》一书中有关市场先生的论述。可以这样说，在巴菲特的主体投资思想中，有关市场先生或如何正确对待股价波动的部分，一直占据着非常重要的位置。

持续较便宜的买入比寻求较贵的卖出更容易赚钱

“我们并不在乎市场是否会尽快调高这些被低估的股价。事实上，我们宁愿市场不要这样做，因为通常会有新的资金不断流入，从而让我们在大部分的年份里都是以一个股票净买者的身份出现。持续地以较便宜的价格买入，比趁短期价格上扬至较高价位时将股票脱手，最终将会为我们赚取更高的回报。”（1978 年信）

辅读：这里有一个前提：“会有新的资金不断流入”。但谁又不是呢？于伯克希尔是浮存金，于其他人或公司，则是各种类型的收入流。要知道，当巴菲特说这番话时，公司浮存金的规模还并不算大（大约 1 亿至 2 亿美元）。如果说他当时就能够预见到未来会有源源不断的浮存金流入，恐怕还欠一些说服力吧。

“市场先生”为我们提供了赚钱机会

“本杰明·格雷厄姆，我的朋友和老师，很久以前有一段关于市场价格波动的谈话，如果你想在投资上取得成功，我相信这将是对你最有帮助的一席话。他说投资者可以试着将股票市场的波动当作是你身边有一位和善可亲的人，他的名字叫‘市场先生’。他还是你的生意合伙人，每天从不缺席地出现在你的身边，不时会报出一个价格：要么是想买下你手中的生意权益，要么是想把他自己的权益卖给你。

“即使你们所共同拥有的生意具有稳定的经济特质，市场先生每天还是会固定地给出不同的报价。遗憾的是，这个可怜的家伙有一个毛病，那就是他的情绪很不稳定。当他高兴时，往往只会看到影响生意的那些好的因素。每当这时，他就会给出一个很高的报价，因为他害怕你会把他手中的权益买走而剥夺他即将到手的收入。当他沮丧时，在他的眼里——无论是生意还是整个世界——就会变得暗淡无光，看不到任何希望。这时他就会给出一个非常低的报价，因为他害怕你会把手中的权益出售给他。

“市场先生还有一个很可爱的特点：他不在乎被人冷落。如果今天他提出的报价不被接受，第二天他会重新上门给出一个新的报价。是否与市场先生进行交易，选择权完全在你的手中。基于此，我们可以说他的行为举止越是焦躁不安，对你就越是有利。”（1987 年信）

辅读：在巴菲特的生意伙伴查理·芒格的眼中，关于“市场先生”的比喻，是格雷厄姆投资思想中最为珍贵的一个部分。

盯住市场先生的皮夹子，而不是他的脑袋瓜子

“但是，就像灰姑娘参加化装舞会一样，你一定要注意事先的警告，否则一切将会变回南瓜与老鼠：市场先生只是你的侍从，绝不是你的引路人。你要利用的是他口袋里的皮夹子，而不是他的脑瓜子。你可以选择利用他或者不理他，但千万不要被他愚蠢的想法所吸引，否则你的下场会很惨。事实上，如果你不能比市场先生更了解所持生意的价值，你最好不要跟他玩这样的游戏。这就像打牌，如果你没有办法在 30 分钟内看出谁是傻瓜，那么那个傻瓜就是你自己！”（1987 年信）

辅读：让自己毅然决然地退出一场正在狂欢的盛宴，或让自己在一片哀鸿遍野中重新杀回股市，与其说比的是看谁更理性、更有魄力，不如说比的是看谁更了解股票的价值，更清楚市场运行的规律。

把“市场先生”的比喻牢记在心

“我个人认为，投资成功不是靠晦涩难解的公式、计算机编程或是股票行情板上价格的上下跳动。相反，投资人的成功靠的是优异的商业判断力，同时避免让自己的想法和行为受到市场情绪的干扰。以我个人的经验，要想免除市场的诱惑，最好的方法就是将格雷厄姆有关市场先生的比喻铭记在心。”（1987 年信）

辅读：与这句话相互呼应的另一段话是：“研读投资的学生只需要学好两门课程：（1）如何去评估一项生意的价值；（2）如何看待市场价格的波动。”（1996 年信）我本人认为，在巴菲特的投资思想中，这两段话占有非常重要的位置。

贝塔：精确的错误

“然而学术界却喜欢对投资风险给出不同的定义。他们宣称投资风险是指某只股票或某个投资组合相对于股市整体的波动幅度。运用数据资料与统计技巧，这些学者们精确地计算出一只股票的‘贝塔’值——即指这只股票在过去特定时间的相对波动性，然后围绕这项计算结果建立起一套神秘的投资与资金配置理论。在这种渴望能以单一的统计数据去衡量风险的过程中，他们忘了一条基本原则：模糊的正确要好于精确的错误。”（1993 年信）

“在评估风险时，贝塔至上主义者根本不屑于了解公司到底生产什么产品、其竞争对手正在做什么、他们借了多少钱来运营。他们甚至对公司的名字叫什么都懒得去了解。他们关注的只是公司的历史股价。相比较之下，我们则可以完全不理会这家公司的股价历史，只是希望能尽量多地去获取有关这家公司生意的任何资讯。在我们买进股票之后，即使股市关闭 1 至 2 年，我们也会一点都不在意。既然我们不需要通过知晓我们持有 100% 股权的喜诗糖果或布朗鞋业的股权报价来证明我们的投资是否成功，那么为什么我们需要知晓我们持有 7% 的可口可乐其每日的股票行情呢？”（1993 年信）

辅读：无论是贝塔还是标准差，关键的一点是：波动是否等于风险？关于这个问题，不同类型的投资者自然会有不同的答案。下面摘录一段格雷厄姆的话，它显示了在一个价值投资者眼中，股价波动究竟算不算风险。“风险的思想经常被扩充到用于一个证券价格的可能下跌，哪怕这个下跌可能仅仅是周期性的或暂时性的，并且持有者也没有被强迫在这个时候出售。……但我相信，这里所包含的东西不是真正的风险……与普通商业相联系的风险是用它损失金钱的可能性来衡量，而不是用如果拥有者被迫出售时将会发生什么来衡量。”（《聪明的投资者》）

一件物品卖 5 角时不会比它卖 1 元时更有风险

“对于一个企业所有者来说——我们认为这是所有公司股东都应该具有的思维模式——学术界对于风险的定义实在是有些不着边际，甚至有点可笑。举例来说，根据贝塔理论，如果一只股票的价格相对于大盘出现了更大的下跌幅度——就像我们在 1973 年买进华盛顿邮报时一样——那么其低价位上的投资风险比原来处于高价位时反而更大。依照这个逻辑，如果哪天有人愿意以极低的价格把整家公司卖给你时，你是否也认为其风险会比以较高价格卖给你时更大呢?”（1993 年信）

辅读：争论的关键还是刚才那个命题：波动是否等于风险。导致这场争议的不仅是投资者类型的不同，还有有关方在投资诉求上的不同。试想一想，在一个市场交易者与一个企业投资者之间，他们会有相同的投资诉求吗?

对商业风险可以大致有效判断

“我们认为投资人需要评估的真正风险，是他们从一项投资在预计持有的期间内所获得的税后收入（包含出售股票的收入），是否能够让他保持原有的购买力，然后加上投资人同期可以得到的一个合理利率。虽然这样的风险评估无法做到像工程计算般精确，但它至少可以帮助你做出有效判断。在评估风险时，投资人需要考虑的主要因素有：（1）公司具有长期经济特质的确定性；（2）公司管理层能够最大限度挖掘公司潜能及有效运用现金流的确定性；（3）公司管理层能够将企业获得的利润回馈给股东而非中饱私囊的确定性；（4）买进这家公司的价格；（5）需要从投资的总体回报中扣除的税率和通胀率。

“这些因素或许会让许多分析师感到困扰，因为他们无法从任何一个数据库中找到与此相关的信息。但是，很难精确定义并不代表它们就不重要或是问题就无法解决。就像 Stewart 法官，当他发现根本无法对何谓淫秽做出准确描述时，他还是会坚持说：‘只要我一看到，就知道是或不是。’同样，对于投资人来说——只要运用一个不太精确但却有用的方式——即使不依靠复杂的数学公式或考察公司股价的历史，仍然可以‘看出’潜藏在某些投资里的风险。”（1993 年信）

辅读：这还是人与鱼的对话，争来争去，不会有任何结果。记得巴菲特曾说过这样一番话（大意）：“你能向一条鱼解释在路上行走的感受吗？对鱼来说，让它在路上行走一天胜过向它解释一千年。”

有效判断是有前提的

“判定可口可乐与吉列的长期经营风险比任何一个计算机公司或零售商要小得多，这真的是一件很困难的事吗？全球市场范围内，可乐占软性饮料销售的44%，吉列占刮胡刀市场销售（按销售额）的 60%，除了口香糖市场——箭牌是该产业的领导者，我看不出还有哪个产业可以让其领军企业长期享有傲视全球的竞争力。”（1993 年信）

“当然，有许多产业，查理和我可能无法判断正在与我们做交易的到底是宠物石还是芭比娃娃。甚至在花了多年时间去认真研究这些产业之后，我们还是无法解决这个问题。有时，是因为我们在知识上的缺陷阻碍了对事情的了解；有时，则是因为产业本身属性的问题。例如，当一项生意总是要面对技术上的快速变迁时，它就无法提供价值评估所要求的在长期经济特质上的稳定性。我们在 30 年前能否预知电视机制造或计算机产业今天的变化？当然不能（大部分怀揣极大热情踏足这一领域的投资人或经理人也是一样）。那么为什么查理和我就需要具备能预知快速变迁产业前景的能力呢？我们宁愿关注一些简单一点的。一个视力平平的人，为什么非要去寻找一根埋藏在稻草堆里的针呢？”（1993 年信）

辅读：这里提出了进行有效判断的两个前提：（1）企业商业模式的层级越高，越容易做出有效判断。还记得巴菲特对商业模式层级的定义吗？从低到高分别为：一般商品事业、强势的一般商品事业、弱势的市场特许事业、市场特许事业。（2）坚守你的能力圈。

股市是一个对过客不利，对永久居民有利的市场

“当初靠着在 1970 年代与 1980 年代股价低迷时所做的一些投资，我们获取了巨大的利润。当时的股市是一个对过客不利，对永久居民有利的市场。近几年来，我们在那个年代所做的一些投资决策尽管已陆续获得了市场验证，不过现在我们却很难再找到类似的机会。身为一个公司‘收藏’者，伯克希尔一直致力于寻找资金的合理去处，不过以现在的市场状况，我们可能还需要一段较长的时间才能再找到真正能让我们兴奋起来的投资机会。”（1997 年信）

辅读：对于我国股市来说，这段话同样具有启发性。当熊市来临时（或当股价大幅下跌时），你不妨也问一问自己：我是一个过客，还是一个永久居民？当我本人处在 2003、2005、2008 年以及面对某些股票因无关紧要的原因而出现股价大幅滑落时，由于我问了自己这个问题，因此都能用手中的闲钱果断买入自己心仪的股票，并在今天取得了不错的回报。

抓要点：盯住市场先生的皮夹子，而不是他的脑袋瓜子。

关键词：市场先生、侍从、生意的价值、精确的错误、强迫出售、有效判断、公司收藏者。

第六节　特别协议

迷雾　巴菲特与所投资企业的CEO们有一个怎样的合作模式？

解析　可以表述为一种叫“关系投资”的合作模式。

一则小故事

到1973年晚春时节，巴菲特所持有的《华盛顿邮报》的股票已经超过了5%。因此，他给凯瑟琳·格雷厄姆写了一封信。……这封信这样开头：“这一购买活动对我来说代表着极大的责任和义务——坦诚地表达了我们的极大热爱，不仅仅是对《华盛顿邮报》公司，更是对您这位董事长。这里特别向您书面保证，我承认《华盛顿邮报》是由格雷厄姆控制并管理的，而这对我来说也是再合适不过了。”

看到这里，也许有读者会问：这样的信会有几分可信度呢？我们接着往下看：

午饭后，巴菲特同格雷厄姆谈了大概一个小时，然后他再次向她做出书面保证。我说：“凯瑟琳，我知道在这个世界上，控制权对你太重要了……在今天下午交易之前，我们（不妨）书面确定一些事情：如果没有你的同意，我不会再多买进一股。”我知道这是唯一可以使她安心的办法。当天下午，巴菲特用10627605美元购买了该公司12%的股份，同时和格雷厄姆签署了一份协议，保证没有经过她的同意不再购买《华盛顿邮报》的股票。

大股东与管理层

现在让我们一起进入巴菲特1985年致股东信，看看在那里我们又能发现一些什么。

“过了年不久，伯克希尔买进了大约300万股大都会/ABC股票，每股价格为172.5美元。我追踪该公司的管理已有多年，我认为他们的管理在所有上市公司中是最优秀的。汤姆·墨菲和丹·伯克不但是最优秀的管理者，也是那种你想把自己的女儿嫁给他们的人。能与他们一起合作实在是我的荣幸，合作过程也相当愉快。如果各位认识他们，相信一定也会有这种感觉。”

“为了展现我们的信心，我们与大都会管理层签订了一项特别协议：在特定的期间内，我们的投票权将交由公司CEO汤姆·墨菲（或是其继任者丹·伯克）管理。这项特别提案是由查理和我主动提出，而不是汤姆·墨菲本人有这样的要求。协议中我们还提出了一些限制我们以各种方式卖出股票的条款。这样做的目的，是为了确保我们的股份不会出售给未经现有管理层同意并有望成为公司大股东的人。十几年以前，我们与吉列以及华盛顿邮报也签订过类似的协议。”

读到这里，我们至少已经看到了两份协议：一份是限制买入的，一份是限制卖出的。而且它们都有一个共同点：认同并尊重原公司领导层的管理，甚至不惜签署书面协议将自己的投票权拱手让出。巴菲特为什么会做出如此的举动呢？这些在我们看来甚至有些匪夷所思的安排，其背后的目的究竟是什么呢？我们接着往下聊。

“由于巨额股票交易通常会以溢价方式进行，有些人由此会觉得主动提出这样的限制可能会损害伯克希尔股东的权益。不过我们的看法正好相反，作为公司的所有者，我们认为这样的安排反而会让企业的长期经济前景变得更加确定。在这一限制下，已经与我们结盟的优秀经理人将会更加专注地为公司服务，进而为公司股东创造出最大的价值。很显然，这样做比让公司经理人整天因为公司不停地更换老板而分心要好得多。（当然，有些经理人会把自己的利益放在公司或股东利益之上，我们在投资时会尽量避开这一类型的经营者。）”

读到这里，我们不禁要提一提20世纪美国资本市场公司治理的一些变化轨迹：从早期的家族资本主义，到中期的经理人资本主义，再到后期的投资人资本主义。尽管70和80年代美国还没有进入所谓的投资人资本主义，①

① 指以机构投资者为代表的股东开始占据公司较大的股份，并且开始由“用脚投票”改为“用手投票”。

但第一大股东如果较为强势的话，还是可以对经理人的管理形成一定的影响。

不难理解，如果二者合作的不是很愉快，恐怕谁都不会好受，而这样的情况在美国市场不乏其例。如果大股东维护的是公司股东的长远利益，这只伸向公司董事会的手无疑是有着积极意义的。但如果大股东是因为自己的短期利益（这在机构投资者身上不难想象）而对公司决策频频做出干预，这对维护和提高公司的内在价值就不见得是一件好事了。

当然，巴菲特并不是一个典型意义上的机构投资者，他也显然没有什么短期利益需要维护。因此，当他遇到让他相信并心仪的管理人时，就做出了如上的即使在美国市场也并不多见的制度性安排："今天，企业的不稳定是公司股权（或投票权）分散的必然结果。一家公司随时都会有一个新的大股东浮出水面，在花言巧语的背后，往往隐藏着险恶的用心。我们通过自我设置一些有关投票权或股权出售的限制条款，可以带来在其他公司那里所缺乏的生意稳定性。这种稳定性，加上优秀的管理层和企业出色的生意特质，为公司提供了持续获利的沃土。这正是我们做出一些特定安排的经济意义所在。"（1985 年信）

其实，巴菲特的这种有些特立独行的做法，不仅体现在对优秀上市公司的持股上，在伯克希尔进行私人企业收购时，贯彻的是同样的管理思想。下面的几段摘录来自《巴菲特的管理奥秘》一书。

巴菲特管理他的 CEO 们和管理股票买卖如出一辙。他仔细挑选他的 CEO 并且从不因为自己是老板而让他们做这做那。他忠于他的 CEO 们，CEO 们也以忠诚作为回报。在能够留住 CEO 这点上，其他的财富 500 强公司的老总们没有人能和巴菲特相比。

我还发现，巴菲特作为一个经理人同作为一个投资人一样优秀。伯克希尔购买的首先是人，其次才是公司。如果巴菲特对公司的 CEO 不信任的话，他就不会购买这个公司。他通过正确的投资实现正确的管理。巴菲特是以一个投资人闻名于世的，而实际上他作为管理者同样具有天分。

大部分 CEO 们都能自主地分配资金并拓展他们自己的业务，这种独特的管理结构已经带来了巨大的投资和管理上的成功，而且已被证明是巴菲特的最精妙的文化性和结构性战略。同时，这也是CEO们很少流失的根本所在。另外，尽管不是全部，多数伯克希尔的基础公司有着稳定和不断增长的雇员队伍。除了早期的纺织企业和现今受到来自海外激烈竞争的制鞋企业外，这些公司几乎没有过大幅度裁员的痛苦经历。

抓要点：充分放权给自己信任的管理人是赢取较佳投资回报的内在要求。

关键词：特别协议、专注、创造最大的价值。

第七节　卖出

迷雾　巴菲特从不高卖低买吗？

解析　做过几次，但代价惨重。

这一节，我们重点聊巴菲特历史上的5次重要卖出。这5个故事揭示出一个道理：不要轻易把手中的优秀上市公司给卖掉，即使你认为它的股价已经很高。这样做听起来有点不符合价值投资的逻辑，低价买入而高价卖出不正是价值投资的题中之意吗？话虽然可以这样说，但我们下面介绍的这5个卖出实例证明基于简单估值而卖出一家优秀公司的股票，即使像巴菲特这样的投资者也会时常出错。

五次错误的卖出

第一个卖出故事：盖可保险

“1952年我以15259美元的价格将GEICO股票全部出清，然后将所得资金买入西方保险证券公司。做出这次不够忠诚的举动，部分原因是因为西方保险证券当时的股价相当吸引人，市盈率只有1倍多一点。然而在往后的20年里，被我卖出的这部分GEICO股票，其总价值增长到130万美元。”（1995年信）

辅读：1952至1972年盖可保险股价年复合增长率“X”的算式：

$$15259\ (1+X)^{20}=1300000$$

$$X=24.89\%$$

第二个卖出故事：美国运通

“我个人在美国运通上的投资历史则包含了几段插曲：1960年代中期，趁着该公司的股票被其色拉油丑闻连续打击时，我们投入了巴菲特合伙企业40%的资金用于购买这只股票，这也是合伙企业有史以来最大的一笔投资。需要进一步提到是，我们总计花费了1300万美元，共获得该公司5%的股份。时至今日，我们在美国运通的持股已接近10%，投资成本为13.6亿美元。（美国运通1964年的利润为1250万美元，1994年的利润则增加至14亿美元。）”（1994年信）

辅读：1964年花费1300万美元占有公司5%的股份，1994年花费13.6亿美元占有公司10%的股份，美国运通投资成本的年复合增长率“X”为：

$$0.13\text{亿}\ (1+X)^{30}=6.8\text{亿}$$

$$X=14.10\%$$

第三个卖出故事：迪士尼

“再向大家透露一点历史：我第一次对迪士尼公司产生兴趣是在1966年，当时它的股票市值还不到9000万美元——尽管该公司在1965年的税前净利已达2100万美元，而且其拥有的现金多过负债。当时，由迪士尼斥资1700万美元兴建的加勒比海盗船正准备开幕。想象一下我当时的激动吧——这家公司的卖价只不过是这艘海盗船的5倍！激动之余，巴菲特合伙企业买进了一大笔迪士尼股票，按股票分割调整后的成本大约0.31美元一股。现在再来看当初的这一决定显然是太英明了，因为目前的股价大概是66美元一股。不过，你们的董事长却在1967年以每股0.48美元的价格把这批股票给卖出去了！”（1995年信）

辅读：迪士尼股价28年的年复合增长率“X”为：

$$0.48\ (1+X)^{28}=66$$

$$X=19.2\%$$

第四个卖出故事：1979年的大都会

“有人可能感到很奇怪，为何同样一家公司，你们的董事长在1978—1980年时突然以43美元的价格卖掉，而现在却又以172.5美元的高价买回。由于预计到你们会问这个问题，我在去年花了很长时间试图寻找出一个漂亮的答案。”（1985年信）

辅读：大都会股价的年复合增长率（我们从最早卖出的1978年算起）“X”为：

$$43\ (1+X)^{7}=172.5$$

$$X = 21.94\%$$

第五个卖出故事：1993 年的大都会

“我们在 1986 年以每股 172.5 美元的价格买入 300 万股大都会/ABC 公司的股票，去年我们以每股 630 美元的价格处置了其中的三分之一。在支付了 35% 的资本利得税后，我们实现了 2.97 亿美元的税后利润。比较起来，在我们持有这些股票的 8 年里，通过这些股份，我们应占大都会公司未分配盈余——在扣除 14% 的预估所得税之后——的部分只有 1.52 亿美元。换句话说，通过出售这些股份，即便在扣除了相对于按透视盈余法所交税率高得多的资本利得税之后，它所带来的收益比通过这些持股所占有的透视盈余还要高出许多。”（1993 年信）

“在 1993 年的晚些时候，我将 1000 万股的大都会股票以每股 63 美元① 的价格卖出。然而不幸的是，到了 1994 年底，该公司的股价已变成了 85.25 美元。（如果你心痛到不想亲自计算的话，那么我可以告诉你：这一价差的绝对额是 2.23 亿美元。）当我们在 1986 年以每股 17.25 美元买进该公司股份时，我就曾经向各位报告过，在更早以前——也就是 1978 至 1980 年间——我曾经以每股 4.3 美元卖掉了该公司股份。将这两次行为相加，我实在不知道该去如何解释我的行为。没想到的是，现在我又明知故犯。看来我需要找个监护人来好好监管一下了。”（1994 年信）

辅读：大都会股价的年增长率“X”为：

$$63\ (1 + X) = 85.25$$

$$X = 35.32\%\ \text{（折算为损失共计 2.23 亿美元）}$$

不轻易卖出一家优秀上市公司

只是单独看上面几个数字，也许引不起读者的注意，因此请大家务必注意这些数据背后的时间：盖可保险是 20 年，迪士尼是 28 年，美国运通是 30 年。也许读者会想，伯克希尔每股净值的年复合增长率不是 20% 上下吗？这些卖出好像也没有损失多少。不过我们在考虑这个问题时，需要把杠杆因素考虑进去。如果排除伯克希尔每股净值增长中的杠杆因素（浮存金），其实

① 注：股份调整后的价格。

际的增长率可能就没有那么高了。

另外值得注意的还有一个地方：1993 年对大都会股票的卖出。从巴菲特的表述中我们可以看出，当这次卖出“所带来的收益比通过这些持股所占有的透视盈余还要高出许多”时，站在当时的时间点上，巴菲特无疑觉得自己是卖对了。可没有想到的是，经过这样一番认真的“价值称重”（或曰估值）后的卖出，最终还是让公司损失了 2.23 亿美元（如果考虑到 1995 年的股价继续增长，损失还要再大一些）。

正是基于这些惨痛的历史教训，巴菲特才在 1995 年的致股东信中给自己提出了一条投资警讯：“绝不能轻易卖掉一家优秀（identifiably-wonderful）上市公司的股票。”

最后还有一点需要大家注意，尽管我们讲了几个巴菲特卖错股票的故事，但它不代表巴菲特历史上的所有卖出都错了。实际情况恰恰相反，即大多数的卖出现在看应当都是对的。不过需要特别注意的是，这些股票的卖出，与上面 5 家公司的卖出有着完全不同的理由。在 1981 的致股东信中，巴菲特对此有过清楚的表述：“我们已经犯了很多类似的错误——无论购买的公司我们有控制权还是无控制权。由于在企业价值评估上的失算，我们在无控制权公司上所犯的错误最为常见[①]。当然，很有必要去深挖我们的历史，以便能找出发生类似错误的投资案例——有时候它需要深挖到之前的 2 至 3 个月[②]。例如，去年你们的董事长就自告奋勇地发表了关于铝业有着乐观前景的专业看法。自我发表这些看法至今，仅需要做一些小小的修正——修正的角度大约是 180 度。”

这段话也在一定程度上回答了不少人一直以来所质疑的问题：为何伯克希尔的大部分股票其持有的时间并不算长？

抓要点：绝不能轻易卖掉一家优秀上市公司的股票。

关键词：优秀上市公司。

---

① 注：指购买上市公司股票。

② 注：巴菲特是在进行自我嘲讽。

第三章

多面手

第一节　固定收益证券

迷雾　巴菲特投资固定收益证券的情况似乎较少看见。

解析　评估债券是否值得投资，须把通胀因素考虑在内。

在巴菲特的投资工具中，固定收益产品不仅是一项重要的内容，而且可谓是种类繁多。投资固定收益产品，除了是基于经营保险业务的内在要求外，吸引巴菲特投身其中的，主要是因为固定收益金融产品也和股票一样，经常会出现错误定价，这就给巴菲特提供了进场的机会。不过基于通胀因素，在巴菲特的眼中，固定收益产品整体上看只是一个“平庸的投资工具”。

超长期债券

“超长期债券是目前通货膨胀肆虐下唯一还被人们继续使用的固定价格合约。合约的卖家（债券发行人）现在仍可以轻易地以一个不变价格获取1980到2020年的资金使用权。相较之下，其他诸如汽车保险、医疗服务、新闻信息、办公空间或是任何别的产品和服务，如果它们的买方要求在未来5年内支付一个固定价格，肯定会被别人嗤笑不已。在其他的商业领域，只要是签订长期协议，合约的双方通常都会要求适时调整合约价格，或是坚持每年必须重新审核一次价格。”（1979年信）

“最近几年，我们的保险公司已非普通长期债券[①]的净买者。即使有一些买进，也已被其他一些售出或到期债券给抵消掉了。在此前更早的一段时间，我们也从未投资过那些长达三四十年的债券，至多是购买一些较为短期

① 注：straight long-term bonds，指不含转换权或能提供其他获利可能性的债券。

且备有偿债基金的债券，或是那些因市场缺乏效率导致价格被低估的债券。”（1979 年信）

辅读：美国市场长债收益率如表 3.1 所示。

表 3.1　长债收益率（年复合）

年	1900—1920	1910—1930	1920—1940	1930—1950	1940—1960
收益率%	-2.2	1.0	7.0	2.4	-2.1
年	1950—1970	1960—1980	1970—1990	1980—2000	1950—2000
收益率%	-1.6	-1.4	2.6	6.7	1.6

资料来源：《投资收益百年史》

尽管 1920—1940 年以及 1980—2000 年的长期债券收益看起来还不错，但和股票比还是输了一截。1920—1940 年美国市场的股票实际收益率为 8.2%，1980—2000 年的股票实际收益率则为 12.6%，分别比长债高了 1.2 和 5.5 个百分点。

“当然，基于保险营运的需要，我们必须持有大量的债券或其他固定收益金融工具。最近几年，我们在固定收益方面的投资多限于具转换权的债券。我们相信，由于具有转换权，将使我们对这些债券的实际持有时间比其他需按票面到期日结算的债券要短很多。（即在一个我们认为合适的时间，依合约规定可以要求发行人将债券转换为股票。）”（1979 年信）

辅读：为了保障公司有足够的流动性，伯克希尔手中始终握有大量现金及现金等价物——政府债券。最近几年，这笔现金等价物的绝对数额被巴菲特要求不低于 200 亿美元。

通货膨胀与长期债券

“我们强烈怀疑，当美元的购买力几乎每天都在缩水时，以美元标价的长期固定利率债券是否为人们提供了一种公平的交易。美元，包括其他政府发行的纸币，当继续作为一项长期商业决策的计量单位时，已存在严重的问题。如果这个看法成立，长期定息债券就是一个需要被抛弃的金融工具，而那些购买了到期日为 2010 年或 2020 年的长债的保险公司，将会面临重大且持续不断的问题。同样地，我们自己也会因手中的 15 年期债券所必然带来的盈利能力下滑，而留下惨痛的记忆。”（1979 年信）

辅读：美国通货膨胀率如表 3.2 所示。

表 3.2　通货膨胀率（年复合）

年	1900—1930	1910—1940	1920—1950	1930—1960
通货膨胀率%	2.9	1.4	0.7	1.8
年	1940—1970	1950—1980	1960—1990	1970—2000
通货膨胀率%	3.4	4.0	5.0	5.1

资料来源：《投资收益百年史》

从表 3.2 可以看出，美国通胀自二战后开始逐步加重。

“此外，相对于一两年前，现今的利率已大体反映了人们对高通胀率的预期。这一利率水平使得那些新发行的债券对投资者提供了较为充分，甚至过于充分的保障，它甚至会使我们自己可能错过因债券价格的某次强劲反弹而获利的机会。然而，就像我们不愿意以一个固定的价格预先出售一磅 2010 年或 2020 年的喜诗糖果，或一尺伯克希尔所产的布料一样，我们也不愿意以一个固定的价格预先出售我们未来 40 年的资金使用权。我们倾向于莎士比亚笔下的 Polonius 的看法（稍经修改）：‘不要当一个短期的债务人，也不要当一个长期的债权人。’”（1979 年信）

辅读：表 3.3 为茅台出厂价统计。

表 3.3　茅台出厂价　　（单位：元）

年	2001 以前	2001	2003	2006	2007	2008	2010	2011	2012
出厂价	178	218	268	308	358	439	499	619	819

资料来源：公司公告

用茅台举例也许有点过于极端，不过换一个其他产品或服务，其出厂价走势估计也差不了多少。想一想你那些吃的、用的、穿的、玩的、住的，等等，其价格哪一个不是呈逐年上升状态？

两害相权取其轻

“尽管很难在股票和债券之间做出投资级别上的划分，但当通胀率介于 5% 和 10% 时，在谁更有通胀免疫力方面，两者就有着完全不同的故事。在这种环境下，尽管一个分散的股票组合会在实际价值上蒙受很大的损伤，但流通在外的债券可能会更加悲惨。所以我们认为，一个全债券组合尽管看起来风险不大，但风险的挥之不去却难以让人接受。也因此，只有在一些条件具备时，我们才会投资长期债券——例如当此项投资比其他投资有着明显和

确定性的优势时。不过这种机会不仅很少，而且看起来还很遥远。”（1984年信）

辅读：表3.4为美国资本市场各金融工具收益率统计。

表3.4 金融工具收益率（年复合）

年	1970—1980	1970—1990	1970—2000	1980—1990	1980—2000	1990—2000
股票	-0.7	5.0	8.0	11.0	12.6	14.2
长债	-1.7	2.6	3.8	7.2	6.7	6.3
短债	-0.9	1.5	1.7	3.0	3.0	2.0

资料来源：《投资收益百年史》

从表3.4中可以看出，通胀率相对较高的20世纪70、80和90年代，股票的实际回报都高于甚至是远高于债券的实际回报。为何当通胀肆虐时，股票回报会高于债券呢？也许埃德加·史密斯在其《用普通股进行长期投资》一书中的一段表述能部分回答我们这个问题：“人们忽视了债券的致命缺点（如果没有这一点，它就是完美的投资手段了）：一般都认为，债券最大的缺点是无法分享经济发展所带来的巨大收益，然而，事实上应该是，它们对于货币的贬值无计可施。”

“我们对长期债券的厌恶感依旧没有什么变化。唯有当我们对货币的长期购买力有信心时，才会对这类债券有兴趣。不过这种信心有点不着边际：不管是社会团体还是政府官员，他们有太多的优先事项与币值的稳定相冲突。”（1988年信）

辅读：表3.5为20世纪西方主要市场通胀率。

表3.5 20世纪各国的通货膨胀

国家	算术平均值（%）	几何平均值（%）	最大值（%）	最大值年份
澳大利亚	4.2	4.0	24.9	1951
加拿大	3.2	3.1	15.1	1917
丹麦	4.3	4.1	27.7	1940
法国	8.8	8.0	74.0	1946
德国	6.1	5.2	100bn	1923
意大利	11.8	9.2	344.4	1944
日本	11.1	7.7	317.1	1946
荷兰	3.1	3.0	18.7	1918

续表

国家	算术平均值（%）	几何平均值（%）	最大值（%）	最大值年份
瑞典	3.9	3.7	35.7	1918
瑞士	2.4	2.2	25.7	1918
美国	3.3	3.2	20.4	1918
英国	4.3	4.1	24.9	1975

注：德国未含1922和1923年。

资料来源：《投资收益百年史》

中期免税债券

“虽然有些勉强，我们还是会将中期免税债券视作短期政府债券的一个替代性工具。投资这类债券，如果在到期以前卖掉，我们可能会有巨额损失的风险。但是，首先，我们认为这种风险可以被其较高的税后收入所对冲；其次，这样处理，在总体上获得收益的可能性还是会高于损失的可能性。但是，我们这种对总体收入会有较高回报的期望，在考虑到所承担的风险以及所有的税负影响后，还是显得有些牵强甚至可能会出大错。然而，即便我们真的在出售时发生较大的损失，我们的税后收益可能还是比不断在短期国库券上来回打滚要好得多。”（1986年信）

辅读：中期债券一般是指期限短于10年但长于1年的债券。

债券也是一项“生意”

“我们把债券当作一种特殊企业——不论它有无特别的经济特质——去投资，或许会让你感到不解。但我们相信，如果一个债券投资人能以一个生意人的角度去看待债券投资的话，那么许多重大的错误就可以得到化解。例如在1946年，20年期AAA级免税债券的殖利率不到1%，那么买进这种债券的投资人，事实上等于是用1倍的市净率买入一家年资本回报不到1%的足以令人憎恶的企业权益。

“在审视这些商业条款时——这正是讨价还价的焦点所在——如果投资人有足够的商业头脑，面对这样的投资条件，他一定会大笑着摇头走开。当时，市场上有不少具有美好前景的公司正以资产净值或接近资产净值的价钱交易，它们每年可为投资者带来10%、12%甚至15%的税后资本回报。1946年，一家公司仅能赚取1%的资本回报但要以账面价值交易，恐怕是不可能的。但是在那一年，那些把债券投资已当作一种习惯的人们，却如饥似渴地以这样的条件进行着交易。与此相似的是，在往后的20年里，尽管情况已没有当初那么极端，但债券投资人仍以愉悦的心情签下长达20甚至30年的投资合约——尽管从生意的角度看，投资条件是多么不合理。（我个人认为，到目前为止，最佳的投资指引是由格雷厄姆所写的《聪明的投资者》，在其最后一章最后一个部分的开头，格雷厄姆这样告诉我们：以生意视角进行的投资才是最有智慧的投资。）”（1984年信）

辅读：（1）我个人认为，如果在所有巴菲特的投资思想中寻找出一句最重要的话，那非这句话莫属："以生意视角进行的投资是最有智慧的投资。"（2）格雷厄姆的这句话指的应不仅是股票，还包括债券。（3）将债券视为特殊的企业，将企业视为特殊的债券，这是格雷厄姆和巴菲特师徒二人带给我们的一个非常重要的投资思想。（4）"把债券当作一种特殊的企业"，尤其应当引起那些只偏好债券投资的朋友们的注意。

对此，也许有读者会提出质疑：债券和股票是两种具有完全不同风险的投资工具，债券收益的确定性要远远高于股票。因此，即便把债券视作一门"生意"，也与股票背后所代表的生意完全不同。这一质疑的关键点在于，股票的风险是否一定会高于债券？其实，只要我们把"风险"的定义从传统的"本金损伤"进一步延伸至"购买力损伤"和"货币的时间价值"上，同时加大考核的时间，也许就会有一个完全不同的答案。

债券：平庸的投资工具

"1986年，我们的保险公司总计购买了7亿美元的免税债券，到期日分别是8到12年。或许你会认为这样的投入表示我们对于债券情有独钟，但不幸的是事实并非如此。债券充其量不过是个平庸的投资工具，它们只是在我们选择投资品种时一个最低等级的替代品，现在仍是如此。"（1986年信）

抓要点：长期来看，债券是个平庸的投资工具。

关键词：通货膨胀、特殊企业、生意视角、最有智慧的投资。

第二节　可转换优先股

迷雾　对巴菲特投资可转换优先股的一些细节了解不多。

解析　本节将分三个部分介绍。

基本投资情况

所罗门

“迄今为止，我们1987年最大——也是最公开——的一笔投资是购买了7亿美元，利率为9%的所罗门公司优先股。这笔优先股在3年之后可以以每股38美元的价格转换为该公司的普通股。如果不进行转换，该笔优先股可以在1995年10月31日起的5年之内，由所罗门公司按比例赎回。”（1987年信）

其他三家公司

“我们将出售债券的所得，连同期初就在账上的多余现金，以及后来在经营中所赚取的利润，全部用于买进3笔可转换优先股。首先是在7月，我们买入了金额为6亿美元，利率为8.75%，10年内可强制赎回的吉列公司可转换优先股，换股价为每股50美元。之后，我们又购买了3.58亿美元，年利率9.25%，且同样是10年内可强制赎回的美国航空公司可转换优先股，转换价为每股60美元。最后，我们在年底又用3亿美元投资了年利率为9.25%，仍是10年可强制赎回的冠军国际可转换优先股，转换价为每股38美元。”（1989年信）

美国航空

“投资美国航空，你们的董事长展现出了敏锐的选时能力：我刚好是在航空业爆发严重问题之前跳入这个产业的。（没有人强迫我，在网球场上我的行为被称作‘非受迫性失误’。）美国航空的困境，源自航空产业本身的状况以及对 Piedmont 购并后产生的后遗症。对后者我早就应该预料到——几乎所有航空业购并的最后结果都是一团糟。”（1990 年信）①

为何投资

公司前景具有不确定性

“对于投行这个产业，我们还难以把握其未来的发展方向与盈利前景。就产业特质而言，投行业的可预测性比起我们几个主要投资部位的产业要低很多。这种生意上的不可预测性，正是我们选择用可转换优先股进入这个行业的基本原因。”（1988 年信）

“我们非常喜欢像吉列这样的生意。查理和我都认为我们了解这个产业，因此相信我们可以对这家公司的未来给出一个合理的预估。（如果还没有试过吉列新的感应式刀片，赶紧去买一个试试！）但是，我们就没办法去预测投资银行业（我们在 1987 年投资了所罗门证券公司的可转换优先股）、航空业或是造纸业的未来前景。这并不表示它们的未来就一定很差，我们只是不可知论者，而不是无神论者。由于我们对这些产业的前景缺乏足够的信心，因此与那些我们了解其生意特质并对其长期前景深具信心的公司相比，我们在构建投资组合时就需要采取一个不同的方式。”（1989 年信）

修补因素：可信赖的管理层

“不过我们也有一项优势，那就是我们对所罗门公司的首席执行官 John Gutfreund 的品德与才干有着非常不错的印象。查理和我都很喜欢、尊敬和信任他。我们是在 1976 年认识他的，当时他在协助 GEICO 免于踏入破产边缘的工作中起了关键作用。这以后，我们又看到他多次将自己的客户从一些他们很想参与其中但却十分愚蠢的交易中拉回来——尽管这些行动不产生任何费用，甚至如果他选择默许事情的发生反而会给公司带来巨额收入。这种服务至上的行为在华尔街可并不多见。”（1989 年信）

---

① 注：关于此次美国航空优先股的投资细节可参阅本书“非受迫性失误”一节。

"这些投资还有一个重要的不同点：我们只想与我们喜欢、欣赏和信任的人打交道。像所罗门的 John Gutfreund、吉列的 Colman Mockler 二世、美国航空的 Ed Colodny 以及 Champion 的 Andy Sigler 等，都绝对符合我们的标准。"（1989 年信）

机会问题

"作为一项投资组合，这些可转换优先股的总体回报，自然比不上那些具有美好经济前景但却还未得到市场认可之股票的投资回报，或许也比不上我们旗下那些私人企业的总体回报。但后面的这两种投资机会相当稀少，更不要说相关的投资项目还要与我们目前和未来的资金规模相匹配。"（1989 年信）

基本价值

固定收益特质

"我们相信，我们所拥有的转换权利在其有效期间内对我们一直都将具有重要的价值。只是这种优先股的基本价值主要还是体现在其所具有的固定收益特质上，而不是股权特质上。"（1988 年信）

"可转换优先股算是相对简单的投资工具。不过我还是要警告各位，如果过去的经验有参考价值，你们或许就会持续收到一些不准确或是有误导的信息。举例来说，去年就有几家媒体将我们持有的优先股价值与其可转换的普通股价格混为一谈。按照这一逻辑，由于所罗门优先股转换价格为 38 美元，当公司的普通股跌到 22. 8 美元时，可转换优先股的价值就只有其面值的 60%。但这样的推论有一个问题：人们必须假设可转换优先股的价值仅在于它的转换权，而非转换优先股的价值则等于零——不管它们附带怎样的息票补偿。特别要记住的一点是，可转换优先股的大部分价值源自其所具有的固定收益特性。这就意味着它们的价值不可能低于当它们不具转换权时的价值；如果它们同时还拥有可转换选择权，则只会使得它们具有更高的价值。"（1990 年信）

"这些优先股对于我们的价值主要在于它具有固定收益的特质，其内含的转股权只是一个附带的加分项而已。"（1995 年信）

同时也不能忽略你的机会成本

“在任何情况之下，我们预期这些可转换优先股都可以让我们收回本金并获取应得的股利。然而如果这就是我们能得到的全部，那么无疑会让我们很失望，因为我们为此牺牲了流动性，而这样做可能让我们在往后的 10 年内错失重大的投资机会。如果我们在一个特定时间内仅能获取一般性的优先股收益，这样的投资对我们其实并没有什么吸引力。唯一能让我们感到满意的投资结果，是所投资公司的普通股也能有优异的表现。”（1989 年信）

抓要点：可转换优先股的基本价值首先体现在它的固定收益特质上。

关键词：基本价值、固定收益、息票、加分项、流动性。

第三节　非常规性投资

迷雾　**巴菲特除了投资有价证券和收购公司外，还做其他业务吗？**

解析　**做，但不是主业。**

由詹姆斯·阿文图切尔所著 *Trade Like Warren Buffett* 一书的中译本《像巴菲特一样交易》（机械工业出版社）的封面上，我们会看到这样一段文字："在过去50年里，没有人比巴菲特更多样化地采用投资策略了：股票、商品投资、债券、套利交易、基金、格雷厄姆－多德式的方法……"

对于那些对巴菲特了解不是很多的人来说，尽管这段话容易引起一些误导——毕竟，巴菲特的投资主线只有三个：保险业、私人企业和股票——但多少还是说出了一些事实。本节将介绍和讨论巴菲特从事过的一些非常规性投资。不过这里介绍的仅仅是这些非常规性投资的其中一个部分，其余的如普通债券投资、套利以及衍生金融产品投资等，见本书的其他章节。

投资原因

开始讨论前，我们先简要了解一下巴菲特进行这类有点冒风险的投资的原因。"当我们暂时不能为资金找到一个理想去处——即买入管理优异、价格低廉并且有着较好经济特质的企业时，就会选择将资金投入到一些较短期限但品质优良的投资工具上。不过，有时我们也会选择进行一些有点冒险的投资。当然，这样做是因为我们相信获利的可能性远大于损伤的可能性。然而我们也同样明白，这样的做法可能无法提供我们在股票投资上所要求的确定性。从事股票投资时，我们知道一定会赚钱——唯一的问题是它会何时实现。在进行非常规性投资时，我们自然也认为自己一定能够赚到钱。不过我们也知道有时难免会出错——甚至是出大错。”（2003 年信）

自然，这一理由也可延伸至对其他类型金融产品的投资上（普通债券、套利和衍生性金融商品等）。总结起来，驱使巴菲特不断进行这类投资尝试的背后原因至少有三条：（1）源源不断的保险浮存金；（2）股票价格有时会长期处于高位；（3）相关投资品出现了错误定价。下面我们就借用巴菲特的笔，给大家做一个简要介绍。

投资标的

原油期货

“截至年底，我们总共有 3 项非常规性投资部位。首先是 1400 万桶的原油期货合约，这是我们在 1994—1995 年建立的 4570 万桶原油期货合约的剩余部位。其中 3170 万桶合约已在 1995—1997 年结清，并实现了 6190 万美元的税前利润。合约的剩余部分将在 1998—1999 年陆续到期。截至 1997 年底，我们未实现的获利共计 1160 万美元。会计准则要求所有的期货合约必须按市价在报表上列示，因此这些合约的未实现利润已记录在年度或季度财务报表上。当初我们之所以会建立这些投资部位，主要是觉得当时的石油期货价格有些低估。至于现在的市场状况，我们则认为已不具吸引力。”（1997 年信）

白银

“我们的第二项非常规性投资是白银，去年我们一共买进 1.112 亿盎司的白银。以 1997 年的市价计算，总共为我们提供了 9740 万美元的税前利润。从某个角度来说，它仿佛又让我回到了过去。30 年前，我因为预期美国政府会将白银非货币化而买入过白银。自那之后，我一直追踪这种贵金属的基本情况，只是没有进一步的买入动作。最近几年，银块存货出现大幅下滑。去年夏天，查理和我有一个共同结论，那就是白银的价格将会向上调整以保持它的供需平衡。需要注意的是，人们对通货膨胀的预期没有包含在我们对白银价值的估算中。”（1997 年信）

零息债券

“我们最后同时也是最大的一项非常规性投资，是 46 亿美元的美国政府长期零息债券。这些债券不支付任何利息，而是以折价发行的方式销售。因此，这种债券的市场价格会因市场利率的变动而出现快速波动。如果利率上升，零息债券的持有人就会损失惨重；而如果利率下跌，投资人就可能会大赚一笔。由于 1997 年利率出现了下跌，使得我们 1997 年在零息债券上的未实现利润为 5.98 亿美元。由于我们持有的证券全部是以市价记录，所以这些收益已全数反映在公司年底的资产净值中。

“投资零息债券而不是选择手持现金或其等价物，这种冒险似乎有些不太聪明。毕竟，基于宏观经济分析的投资谁都不敢保证会百分之百成功。然而，你们向查理和我支付工资，是想换取我们较强的判断与行动能力，而不是坐在那里什么也不做。因此，当我们觉得机会有利于我们时，也会不时地进行一些非常规性的投资活动。当然，如果我们的操作出现了失误，还请大家多多包涵。”（1997 年信）

外汇

“我们已经——未来仍然会如此——把伯克希尔的大部分资金投放在美国资产上。然而近年来，我国的贸易赤字导致全球许多国家持有了大量美国债权与权益。曾有一段时间，这种财富要求权与我们的国内供给很容易就达成了平衡。但是到了 2002 年，由于不停‘进食’，这种平衡开始被打破，其结果就是美元相对几个主要货币开始出现贬值。尽管如此，现行的汇率仍无法有效地解决贸易赤字问题。所以，不管外国投资人愿意与否，他们手上的美元仍在继续源源不断地增加。结局大家或许很容易猜到：它们将逐渐变得难以控制并最终超出市场的承受能力。

“截至 2003 年底，我们已签订的外汇合约总计达到了 120 亿美元，分布在 5 种外国货币之上。此外，当我们在 2002 年买入垃圾债券时，也尽量买入一些以欧元计价的债券。目前，这部分投资的金额大约有 10 亿美元。”（2003 年信）

三思而后行

先聊聊石油期货。当巴菲特说“我们也知道有时难免会出错——甚至是出大错”时，让我想起了一个失败的案例——一个信心满满做空石油的案例，一个利用复杂的回归模型把自认为合理的石油价格精确预测到“分”的做空案例，一个在“周详的风险收益测算”下才进行操作的案例。不过，最后的结果却是事与愿违。下面的案例摘自《对冲基金风云录》。

那些一度让我们感觉成竹在胸的市场变化只是暂时的。接下来发生的情况表明，没有任何信号、任何指标、任何社会学分析或任何数列是完美的。人算不如天算，9月份发生了史无前例的大飓风，让历史上所有的飓风季节都相形失色。是的，我们知道8月和9月是飓风频发期，我们知道强风暴可能会造成墨西哥湾的离岸石油设备停止运转，可确实已经有好多年没有发生过有真正破坏性的飓风了。可惜，老天不这么想。自8月中旬起，四次大飓风突然接连扫荡佛罗里达，横卷墨西哥湾。油价对每一次飓风都做出了反应。祸不单行，伊拉克石油管道被炸，俄罗斯政府继续查处石油巨头尤科斯及其主要股东，俄罗斯石油出口延缓，引发了市场的更大忧虑。所有这些因素导致油价在9月底上冲到一个新的高点——50美元。

当然，巴菲特最后赢了。但巴菲特能够做到的，别人不一定也能够做到。况且，巴菲特在石油问题上也是跌过大跟头的（请参阅本书“非受迫性失误”一节）。

我们再说说零息债券。看见巴菲特说“这种冒险似乎有些不太聪明。毕竟，基于宏观经济分析的投资谁都不敢保证会百分之百成功”这段话时，我不禁想起一个有趣的统计表格。

表3.6 《华尔街日报》对经济学家有关利率预测的调查

预测时间	预测利率（%）	实际利率（%）	预测走势（结果）
1983年6月	10.07	10.98	错
1983年12月	10.54	11.87	错
1984年6月	11.39	13.64	错
1984年12月	13.78	11.53	错
1985年6月	11.56	10.44	错
1985年12月	10.50	9.27	错
1986年6月	9.42	7.28	错
1987年6月	7.05	8.50	错
1987年12月	8.45	8.98	错

续表

预测时间	预测利率（%）	实际利率（%）	预测走势（结果）
1989 年 6 月	9.25	8.04	错
1989 年 12 月	8.12	7.97	错
1990 年 6 月	7.62	8.40	错
1991 年 6 月	7.65	8.41	错
1992 年 6 月	7.30	7.78	错
1993 年 6 月	7.44	6.67	错
1993 年 12 月	6.84	6.34	错
1994 年 6 月	6.26	7.61	错
1994 年 12 月	7.30	7.87	错
1995 年 6 月	7.94	6.62	错

资料来源：Wall street Journal Revised

提供这些资料只是想提醒大家：当使用这些“冒险”“难免会出错”“甚至是出大错”的投资工具时，还是小心为妙，三思而后行。

抓要点：在伯克希尔的主业之外，巴菲特也会从事一些非主流的投资。

关键词：不确定性、冒险的投资、难免会出错、出大错。

第四节　套利

迷雾　对巴菲特的套利投资不甚了了。

解析　间歇式进行，但以风控为先。

基本情况（1985—1992 年）

“或许你们已注意到，年底时我们持有一大笔 Beatrice 公司的股票。这是一笔短期套利型投资——事实上算是给闲置资金一个暂时的去处（由于交易有时会落空从而导致重大损失，因此套利活动并不十分安全）。我们只是在资金比主意多时会参与一些套利活动，且只会参与媒体已公布的购并或交易案。当然，如果能为这些闲置资金找到更可靠的长期去处，我们会更加高兴。但现阶段，我们暂时还找不到更合适的投资对象。”（1985 年信）

“我们会继续不定期地进行一些套利操作。不过，与其他那些每年都会进行十几次的套利操作不同，我们进行套利操作的频率会低很多。此外，我们只购买那些大额的且已公示的交易，不会对未能确定的事情下赌注。也因此，我们的套利总收入不会很高；但与此同时——如果运气好——我们失败的概率也不会很高。”（1986 年信）

“我们从事套利交易已有数十年的历史。到目前为止，成果还算不错。尽管我们从来没有确切地计算过，但我相信在投资套利上的税前年均回报率应该至少有 25%。我认为 1987 年的套利成绩甚至比以前还要好很多。但必须强调的是，只要有 1 ~2 次的惨败——就像许多交易者在 1987 年晚些时候所经历的那样——就可以让整体套利成果出现戏剧性的变化。”（1987 年信）

“在过去的报告中我曾经告诉各位，我们的保险子公司有时也会从事一些套利活动，以作为短期闲置资金的替代物。我们当然比较喜欢长期的投入，但可惜资金常常会多过好的主意。在这时，套利的回报有时不仅会远大于政府公债，同样重要的是，它还可以让我们避免因寻找长期资金去处的压力而放松我们的投资标准。（每次在我们讨论套利投资之后，查理总是会附上一句：这样也好，至少能让你暂时远离股票市场。）”（1988 年信）

“去年我曾向各位报告今年我们可能会停止套利方面的操作，结果也正是如此。套利仓位是短期资金的替代性去处，而在上一年的某些时候，我们手头上没有太多的现金。虽然后来我们手中有了大量的资金，但还是选择不参与套利。主要原因是这些套利活动对于我们来说缺少经济上的合理性，从事这样的套利就如同是在参与一场比谁更笨的游戏。（就像华尔街人士 Ray DeVoe 所说：天使回避而傻瓜趋之若鹜。）我们还会从事套利交易，有时参与的资金规模还会很大，但只有当我们觉得胜算很大时才会进场。”（1989 年信）

“我们很高兴能买到通用动力（General Dynamics）。我以前并未特别留意这家公司，直到去年夏天该公司宣布以竞价收购的方式买回公司 30% 流通在外的股票。看到有套利的机会，我开始为伯克希尔买进这家公司的股份，期望借公司回购股票的机会可以小赚一笔。在过去几年里，我们已经做了好几次类似的交易，以便让短期资金获取丰厚的回报。”（1992 年信）

辅读一：由巴菲特提供的上述基本情况至少透露出以下 12 条信息：

（1）套利只是为了“给闲置资金一个暂时的去处”；

（2）“套利活动并不十分安全”；

（3）“只有在资金比主意多时”才会参与；

（4）“只会参与媒体已公布”的项目；

（5）“套利操作的频率”较低；

（6）“从事套利交易已有数十年历史”；

（7）“税前平均利润率应该至少有 25%”；

（8）“只要 1～2 次的惨败……就可以让整体套利成果出现戏剧性的变化”；

（9）“资金常常多过好的主意”；

(10) 套利"可以让我们避免因寻找长期资金去处的压力而放松我们的投资标准";

(11)"当我们觉得胜算很大时才会进场";

(12) 当有公司进行股票回购时，也会出现套利机会。

辅读二：关于"只要1～2次的惨败……就可以让整体套利成果出现戏剧性的变化"，让我们一起看两个投资实例，摘自《选股战略》。

表3.7　策略A的投资回报（1980年12月12日—1983年10月4日）

（单位：美元）

	买入价	卖出价	涨幅（%）
伯利恒钢铁	25.125	23.125	-8.0
可口可乐	32.75	52.5	60.3
通用汽车	46.875	74.35	58.7
格瑞斯化学公司	53.875	48.75	-9.5
家乐氏谷类食品公司	18.35	29.875	62.6
汉诺瓦制造公司	33	39.125	18.5
莫克公司	50	98.125	22.7
欧文康宁	26.875	35.75	33.0
费波道奇	39.625	24.25	-38.8
雪郎博格	81.875	51.75	-36.8
总涨幅			30.4

表3.8　策略B的投资回报（1980年12月12日—1983年10月4日）

	买入价（美元）	卖出价	涨幅（%）
策略A全部 Stop & shop	6.0	60	900
总涨幅			110.6

由于标普500指数的同期涨幅为40.6%，因此一只股票改变了整个组合的命运。

概念简介

"取得这样的成绩，让我们有必要详细地讨论一下套利操作以及我们所使用的方法。所谓套利，曾经仅仅是指在两个不同的市场同时对相同的有价证券或是外汇进行买卖操作。套利的目的则是为了赚取两者之间价格差，例如荷兰皇家石油公司的股票在阿姆斯特丹（以荷兰盾）、英国（以英镑）或纽约（以美元）的股市上经常会有不同的报价。有些人将这一行为称为剃头皮，但行内的人通常习惯于使用法国人讲的一个词语——套利。

“自从第一次世界大战后，套利或者说风险套利——人们有时也会这样称呼——的定义，包括从已公布的公司出售、购并、资本重组、企业重组、公司清盘、管理层收购等事件中谋取利润。大部分情况下，套利者所期望的是不管股市如何变动，套利均能成功。他们面临的主要风险就是已宣布的事件没有如期发生或干脆没有发生。”（1988 年信）

套利近况

“近几年来，大部分的套利活动都与企业购并有关——无论是敌意或是非敌意购并均如此。伴随着企业购并的狂热、反托拉斯法的销声匿迹、投标竞价屡创天价，套利者可谓是大行其道。这一行当不需要太多的才能，唯一的技巧就是像 Peter Sellers 在电影中所表现的那样——你在，所以你成功。华尔街有一句经过修饰过的俗语是这样说的：给人一条鱼，可以养活他一天；教他如何套利，可以养活他一辈子。（当然，如果他选择到 Ivan Boesky 所开办的套利学校去学习，恐怕今后的生活就只能指望待在政府的监狱中等待救济了。）”（1988 年信）

辅读：Ivan Boesky 是 80 年代华尔街著名的非法套利者。

套利技巧

“在评估套利活动时，你需要回答 4 个问题：（1）承诺的事情果真会实现的概率是多少？（2）你的资金估计要被绑住多久？（3）出现更好结果——有更高竞价者出现——的概率是多少？（4）因为反托拉斯法或是财务上的意外导致购并案触礁后，会产生什么后果？”（1988 年信）

辅读：格雷厄姆套利公式（摘自《巴菲特原则》）：

年度报酬 = $[CG - L(100\% - C)]/YP$

其中：

G = 事件成功时可预期的收益；

L = 事件失败时可预期的损失；

C = 可预期的成功机会，以百分比表示；

Y = 该期握有股票的时间，以年为单位；

P = 该证券目前的价格。

抓要点：只有在资金闲置且“胜算较大”的情况下才会进行套利操作。

关键词：暂时去处、不十分安全、媒体已公布、胜算很大、4 个问题。

第五节　玩转衍生品

迷雾　巴菲特一边指责衍生性金融产品是大规模杀伤性武器，一边自己也投身其中，为什么？

解析　巴菲特投资衍生品的前提：错误定价以及无交易对手风险。

在2002年的致股东信中，巴菲特根据自己长期的观察而形象地指出"衍生性金融商品属于大规模杀伤性武器"。但在以后的几年里，他自己也主动投身其中，参与了一些不同类型的衍生性商品投资。这背后有着怎样的故事呢？

参与衍生品投资的前提

产品出现错误定价

"我们在外汇投资部位上实现的收益都来自于远期合约，这是一种衍生性金融商品，而我们也投资了一些其他种类的衍生品。这些举动看起来有些古怪，因为你们都清楚我们在通用再保险公司衍生性商品上的惨痛经历，也听我说过衍生性商品交易的迅猛增长将导致金融市场出现系统性的问题。你们也许会纳闷：为什么我们现在还要与这些有害物质厮守在一起呢？答案是衍生性金融商品与股票和债券一样，也常常会出现极为错误的定价。因此许多年来，我们有选择性地签署了一些——尽管数量不大但有时金额却很庞大的——衍生性商品合约。"（2006年信）

"考虑到衍生品的毁灭性，大家可能会质疑为什么伯克希尔还签署了251份衍生品合约（不同于中美能源公司那些仅仅用于交易目的的合约以及通用再保险剩余下来的那几个合约）。答案很简单：在每份合约签约的一开始我就认为它们已被错误定价，有些更是错得离谱。”（2008 年信）

“长期以来，我们仅投资那些查理和我认为已被错误定价的衍生品合约，正如我们努力投资那些被错误定价的股票和债券一样。”（2009 年信）

辅读：认为产品出现了错误定价，这是否多少带有一些主观性？想必每一个参与其中的人可能都会认为别人看错了，而自己看对了。至于巴菲特的这个“主观看法”靠不靠谱，只能请读者根据我们下面提供的有限资料进行判断了。

我们没有交易对手风险

“这些衍生品合约有两个方面非常重要：第一，在所有的合约中我们都持有现金，这意味着我们没有交易对手风险（counterparty risk）。”（2007 年信）

“我们的衍生品交易要求在合约签署时就要将资金支付给我们。伯克希尔因此永远是持有资金的一方，这样做使得我们没有真正意义上的交易对手风险。”（2008 年信）

辅读：关于这个问题，巴菲特曾经做过生动的比喻：“相比之下，衍生品合约背后的巨额隐形债权债务通常要在几年甚至几十年后才进行结算。‘纸上’资产和负债——通常难以被准确估量——成为财务报表中的重要部分，尽管它们在许多年内都不会得到确认。除此之外，在各大金融机构之间将会构建起一个令人恐惧的相互依存关系。数以十亿计的应收应付资金集中在这些大型交易商的手中，而他们又通常都倾向于使用巨大的杠杆。这些试图让自己与风险绝缘的参与者和那些试图避免让自己染上性病的人都面临一个相同的困境：问题不仅在于你要和谁睡，还在于他们要和谁睡。”（2008 年信）

全部由我本人亲自管理

“我们现在共有 62 个流通在外的衍生性商品合约，全部由我本人亲自管理，而且合约的另一方都没有信用风险。”（2006 年信）

“我不仅签署了这些合约，也一直亲自监督这些合约的进展情况。这样做是要与我以往的一个信念保持一致：任何大型金融机构的首席执行官也都必须是公司的首席风险官。如果我们在衍生品上有损失，那一定是我的错。”

（2008 年信）

“让伯克希尔远离这些风险，是我本人的职责所在。查理和我相信，控制风险是公司 CEO 的主要职责。认识到这一点非常重要。在伯克希尔，我不仅负责签署每一份衍生品合约，同时我也负责监督这些合约的具体执行情况——当然，那些由我们的分公司（如中美能源）签署的与其生意运营有关的衍生品合约，则排除在外。此外，我还要负责监督通用再保险公司对其衍生品合约实施了结或清算的执行情况。今后，如果伯克希尔遇到了麻烦，那一定是我的问题，而绝不会是风险控制委员会或者首席风险执行官的问题。”（2009 年信）

辅读：由巴菲特亲自管理是否就能大幅降低衍生品的投资风险，对于这点我们还无从得知，但有一点倒是值得关注的：谁才是一个公司的首席风险官？在我有限的视野里，CEO 公开声称自己是首席风险官的似乎并不多见。取而代之的则是由公司的某个执行董事、副总裁或某个高管来担当这个职位。以前由于工作关系，我曾经认识一些基金公司的 CEO，包括一些国外基金公司的董事长和总裁，他们下面都有 1 ~ 2 个专门负责风险控制的高管，但从未听到他们自己说：我对公司的风险管控负主要责任。

参与的产品种类

“去年我曾说过，我在伯克希尔一共管理着 62 份衍生品合约（在通用再保险的账簿里还有一些正在清算的合约）。我们目前一共还有 94 份衍生品合约，它们大致可以分成以下两类。

“第一类：我们一共签署了 54 份合约，它涉及某些高收益债券的违约风险，一旦有违约发生，我们则需要做出赔偿。合约的到期日从 2009 年到 2013 年不等。至去年底，我们从这些合约中一共获得了 32 亿美元的保费收入，同时也支付了 4.72 亿美元的赔付金。在最坏的情况下（这不太可能会发生），我们还需要另外赔偿 47 亿美元。

“第二类合约涉及我们卖出的与 4 种股票指数（标普 500 加上 3 种外国指数）关联的看跌期权。这些期权的原始期限分别为 15 年或 20 年，并最终依股票指数的具体点位进行结算。我们目前获取了 45 亿美元的保费收入，并有46亿美元的负债记录在案。合约中的期权只有在到期日才可被执行，时间分别是2019年和2027年。如果关联的股票指数低于合约中的点位，则伯克希尔需要支付相关的赔偿。再一次地，我相信这些合约在总体上是会盈利的。除此之外，在持有这些保费的15～20年里，我们还可以通过投资赚取大把的金钱。”（2007年信）

辅读一：巴菲特卖出的市场指数认沽期权分别是：（1）美国标普500指数；（2）英国富时100指数；（3）欧洲斯托克50指数；（4）日经225指数。

辅读二：不同时期股票风险收益变化如表3.9所示。

表3.9　不同时期指数的变化区间分布（美国股市：1950—1988年）

	1年	5年	10年	15年	20年
股指最小和最大回报（%）	-26.5/52.6	-2.4/23.9	1.2/16.4	6.5/12.1	7.9/10.3

资料来源：《漫游华尔街》

辅读三：美、英、日20世纪的股票（名义）回报（10年期）如表3.10所示。

表3.10　20世纪部分10年期的股指名义回报（%）

时间	1900—1910	1910—1920	1920—1930	1930—1940	1940—1950
美国	9.5	4.8	14.0	-0.1	9.4
英国	2.9	7.5	6.4	3.0	5.9
日本	-	19.3	-1.3	13.8	29.1
时间	1950—1960	1960—1970	1970—1980	1980—1990	1990—2000
美国	17.9	8.1	6.7	16.1	17.1
英国	17.8	10.2	11.7	22.3	14.7
日本	30.4	14.0	12.4	20.5	-4.2

资料来源：《投资收益百年史》

从表3.9和3.10提供的数据可以看出，当评估时间延伸至10年以上时，指数的回报风险会大幅降低。虽然我们给出的不是逐年的滚动期回报，但也能够说明一些问题了。况且，当考评时间进一步延长到15甚至20年时，就像《漫游华尔街》有关数据所显示的那样，指数的回报风险还会进一步大幅度降低。

辅读四：约翰·博格在其所著《伯格投资》一书中曾经指出：“不要忽

视风险，风险是投资坐标上的第二维度。股票在今天具有很高的短期风险。但是时间可以修正风险波动，这种修正也像是一个魔幻图，我们也把它称之为‘组合投资的修正图’。股票投资的风险（标准差）在一个特定的短时期内可以使资产缩水百分之六十，但是在第一个十年以后，百分之七十五的风险都将消失。”

回报与预期

“到目前为止，这些衍生性商品合约的效益还不错，为伯克希尔赚取了数亿美元的税前盈余（远远超过我们在远期外汇合约上的盈利）。尽管随时都有出现亏损的可能，但是整体上看，我们很有可能继续从这些错误定价的衍生品中获得可观的利润。”（2006 年信）

“去年讨论中曾经提到的几个观点现在需要重申一下：

“（1）尽管不能做出任何保证，但我预期我们的合约在总体上能在余下的时间里为我们带来利润，即使把由我们所收到巨额浮存金所创造的投资收入剔除在外。我们的衍生品浮存金——它们并不包括在之前提到的 620 亿美元保险浮存金中——到年终时大约有 63 亿美元。

“（2）只有少数几个合约要求我们无论如何都要交付抵押保证金。当去年的股市和债市价格处于低位时，抵押支付要求是 17 亿美元，仅占我们衍生品浮存金的一小部分。我需要提示一下的是，当我们支付了抵押保证金后，这些被抵押的证券仍然在为我们赚钱。

“（3）最后，这些合约的账面价值一定会有大的波动，它将在很大程度上影响我们的季度盈利数据，但是不会对我们的现金或投资组合有任何的影响。”（2009 年信）

辅读：（1）如同伯克希尔对保险业的经营一样，巴菲特认为即使不考虑项目的额外收入，只是项目本身就可以为公司带来正的回报；（2）退一步说，即使项目出现了亏损，但亏损额与保费收入（浮存金）的比例只要低于一般性的融资成本，还是有利可图的；（3）其他项目由于我们没有了解全貌，不好说什么，但四个指数的看跌期权，根据过往的历史数据以及股指增长的背后逻辑，其最终发生亏损的概率极小。

抓要点：错误定价是巴菲特参与衍生品投资的重要前提。

关键词：错误定价、交易对手风险、亲自管理、浮存金。

第四章

聊市场

第一节　视而不见

迷雾　巴菲特从不做也不相信股市预测，背后的原因是什么？

解析　持续成功地预测几乎没有可能，而且对自己来说也没有必要。

电梯：从 A 点到 Z 点

“相较于对短期营运的保守看法[①]，我们对于目前保险子公司所持有的那些重仓股票的长期前景却感到相当乐观。我们从来不会去尝试预测股票市场的短期走势，事实上我们也不认为包含我们自己在内的任何人能够持续成功地预测股市的短期波动。然而就长期而言，我们相信我们那些重点持股的市场价值最终会远远超过当初的投资成本，而这些投资收益将会大幅增加我们保险事业未来的经营回报。”（1978 年信）

辅读：香港海洋公园内有一个据说是世界最长的扶手电梯，可以把游客从山脚下平稳地运送到山上。现在想象在这部电梯的旁边也有一部可以把大家运至山顶的运输工具：过山车。尽管它同样可以让你到达目的地，但旅途却是忽上忽下、忽高忽低、忽慢忽快，充满了刺激与艰险。你会选择哪一部呢？进一步的问题是，你会因为过山车的上下起伏不定而认为所有的旅途都充满不测吗？现在让我们回到股市中来，过山车就好比某个股票指数，电梯就好比某个优秀上市公司。可是遗憾的是，绝大多数的人都是根据股指的变化轨迹来判断投资风险并据此行动。于是，市场预测也就这样风行了起来。久而久之，人们就渐渐忽略或忘记了过山车的旁边还有一部（其实是多部）

① 注：这里指保险公司。

平稳运行的电梯。很显然，这样做是不对的。

表 4.1　上证指数与云南白药年终收盘价（2005—2015 年）

年	2005	2006	2007	2008	2009	2010	2011	2012	2013	2014	2015
上证	1161	2675	5261	1821	3277	2808	2199	2269	2115	3234	3539
云南白药	95.3	232.5	324.0	322.4	585.6	735.0	647.1	829.6	1244	1162	1342

注：云南白药全部为后复权价。

如表4.1所示，通过对比可以看出，上证综指像一部飘忽不定的过山车，而相比之下，云南白药的股价变化则更像是一部手扶电梯，把它的乘客快速而平稳地直送山顶。期间尽管也有一些起伏，但总的看还是比较平稳的。最后我们要问的问题是：你觉得股指的风云变化对云南白药股价的长期走势会有多大影响呢？

航船：从此岸到彼岸

“对于只会导致投资人与商业人士神志不清并且代价昂贵的政经预测，我们继续保持视而不见的态度。30 年以前，没有人能够预测越战会持续扩大、工资与价格管制、两次石油危机、总统下野、苏联解体、道琼斯指数在一天之内大跌 508 点以及国库券利率在 2.8% 与 17.4% 之间波动。

“不过令人感到惊奇的是，这些重大的历史事件从未给本杰明·格雷厄姆的投资原则带来任何的打击，也没有让以合理的价格买入优秀企业这一策略看起来有任何的不妥。想象一下吧，如果我们因为这些莫名的恐惧而延迟或改变资金配置，将会付出多少代价？”（1994 年信）

辅读一：我以前经常谈到的一个观点是，当你准备乘船去远航时，你事先需要关注的是船的状况：它是一条大船还是一条小船，是一条好船还是一条破船，是一艘可以乘风破浪的巨轮，还是一只仅可以在冲浪时让你大显身手的舢板。旅途中，何时、何处会遭遇何种的风浪你事先并不知道，但只要船体足够坚固，船长值得信赖，你就有望冲破各种险阻，胜利到达彼岸。想一想，我国的 A 股市场从 1990 年开始运转直到今天，我们经历了多少急流险滩，但最后呢？即使是我们这也不满意，那也不满意，股指还是从最初的 100 点，增长至今天的 3014 点（2016 年 4 月 12 日中午收盘）。而且，这还只是股票指数的增长记录，如果你买对了公司，其回报还要更加可观。

辅读二：关于宏观经济和股市预测，我们下面再看看曾被誉为基金经理

第一人的彼得·林奇说过什么。（摘自《选股战略》）

每年我都和一千多家公司的负责人谈话，而我总是免不了会听到各种掘金人、利率论者、联邦储备观察者以及财务神秘主义者的论调。数以千计的专家研究超买指标、超卖指标、头肩曲线、看跌期权、提早赎回率、政府的货币政策、国外投资，甚至看星象、看树上飞蛾的痕迹等等。但他们还是无法有效地预测市场，就像罗马帝国身边的智士，绞尽脑汁也算不出敌人何时来袭。

我不相信预测市场这回事，我只相信买大公司——尤其是被低估的公司，以及被忽略的公司。不论道琼斯工业指数是一千或两千或三千点，你手上有莫克、玛丽欧特和麦当劳的股票，你就什么都不用担心。如果你在1925年就买了好公司的股票，并经历了大崩盘和大萧条而没有脱手（必须承认这并非易事），那么到了1936年，你会对结果感到满意的。

无数的例子显示，选对了指数走向却选错了股票，你还是会赔掉一大半的资产。如果你依赖市场来提升你的股票，那还不如搭巴士到大西洋城赌一把。如果你清晨起来，告诉自己：我要去买股票，因为我想股市今年会上涨，然后你最应该做的事是把电话线拔掉，并且离证券市场越远越好。

农场：从A年到Z年

“买入股票时，我们关注的是价格而非时间。在我们看来，因为忧虑短期经济形势的变化或是股市的短期波动（两者很难准确预测）而放弃买入一家有着确定长期经济前景的公司，是一件很愚蠢的事。为什么要让一件不确定的事情去否定一件确定的事情呢？

“在评估每次买入时，我们关注的是这些公司未来的商业前景，而不是道琼斯指数的走势、联储的动向或是宏观经济的变化。如果我们觉得这样的方式适用于买下整家公司，那么当我们通过股市买进一些优秀公司的部分股权时，为什么就要采取不一样的行动呢？”（1994年信）

辅读：当一只股票出现非理性下跌时（如股价仅仅是跟随市场大盘一起下滑，如市场对公司的某些临时性问题出现过度反应等），一个企业投资者和一个市场交易者会有完全不同的行为模式。企业投资者这时会想：哦，太便宜了吧。于是他会果断买入。市场交易者会想：宏观经济还不明朗，股市走势并不明确，还是等股价企稳后再采取行动吧。然后，他会采取等的操作策略。谁对谁错，我们暂不予置评，但至少巴菲特的投资策略无疑属于前者。

为何巴菲特能做到，你我做不到？关键的一点就是巴菲特把买入上市公司股票等同于买入一家私人企业。下面，我们不妨一起看一看巴菲特长期持有的一只股票——华盛顿邮报在其持有期间的市值变化情况。

表 4.2　华盛顿邮报：投资成本与市值变化　　（单位：千美元）

年	1977	1982	1987	1992	1997	2002	2007
投资成本	10,628	10,628	9,731	9,731	10,628	10,628	10,628
股票市值	33,401	103,240	323,092	396,954	846,000	1,275,000	1,367,000
期末/期初	3.14 倍	9.71 倍	30.40 倍	37.35 倍	79.60 倍	119.97 倍	128.62 倍

抓要点：两岸猿声啼不住，轻舟已过万重山。

关键词：股市的短期走势、公司的长期前景。

第二节 音乐厅

迷雾 巴菲特长期投资的一个重要前提是他随时可以炒掉一个不称职的 CEO。

解析 不能说完全不对，但可以说基本不对。

经常听到有人这样讲：巴菲特之所以选择长期投资和喜欢收购私人企业，是因为他能对这些公司施加个人的影响力，对不称职的经理人可以随时解聘。事实真的如此吗？巴菲特对那些自己投资的上市公司以及收购进来的私人企业都愿意并且能够施加足够的影响力吗？这一节，我们将围绕这个话题展开介绍和讨论。

最好的策略是坐在一旁

“当然，仅有少数股权，我们将无权去指导甚至影响 SAFECO 公司的决策。但我们为何要那样做呢？过去的记录显示，他们的管理工作比我们自己还要好。虽然闲坐一旁看别人表现，难免有些无趣，但我们认为这是当你面对一个优秀管理团队时必须要付出的代价。因为很清楚，就算有人获得了类似 SAFECO 这种公司的控制权，最好的策略还是坐在一旁，让现有管理层独立地去工作。”（1978 年信）

辅读：（1）巴菲特共计持有 SAFECO 公司 953750 股（比例不详）；（2）在 1978 年的致股东信中，巴菲特称这家公司为“大概是目前全美最优秀的大型产险公司”；（3）由于投资的是少数股权，因此购买价格“远低于公司账面价值”。

对方希望不受干扰

“费区－海默（Fechheimer）正是我们想要购买的公司类型。它有出色的经营历史，经理人德才兼备且热爱所从事的工作，海德曼及其家族也愿意继续持有少部分的公司股权。所以我们很快就决定以 4620 万美元的价格购买公司 84% 的股权（我们对公司的整体估值为 5500 万美元）。

"这次收购与我们当初买下内布拉斯加家具卖场的情况很类似：公司的大股东有资金上的需求；原有的家族成员愿意持有公司少部分的股权并继续负责公司的经营；家族的后代在经营中担当重要的角色并有望接手公司的管理；公司的所有者不仅希望购并方无论价格如何都不会把公司再次卖掉，而且也希望公司今后的经营状态能像过去一样不受任何干扰。这两家公司是我们想要投资的类型，而我们也是它们最好的归宿。"（1986 年信）

辅读：（1）费区－海默是一家专门制造与销售各类工作制服的老牌公司，成立于 1842 年，并在 1981 年被一家公司收购；（2）巴菲特在原股东手中买下该公司时，共花费 4600 万美元，共占有公司 84% 的股份（其余股份留给原家族成员）。

双向的行为模式

"说来你们可能都不会相信，无论是查理还是我本人都从未去过费区－海默位于辛辛那提（Cincinnati）的公司总部。（顺带一提的是，我们的这种行为模式是双向的：为我们打理喜诗糖果长达 15 年之久的查克也从未来过奥马哈伯克希尔的公司总部。）如果我们的成功是基于需要不断地到旗下企业进行调查，那么现在早就面临一大堆问题了。"（1986 年信）

辅读：在《巴菲特的管理奥秘》一书中，当作者采访喜诗糖果的总经理查克·哈金斯时，他说过这样一番话："我可以直接与沃伦进行沟通，也就是说如果我打电话，他只要在场就会接听。如果不在，我留言，最多一个小时电话就会响起，那肯定是沃伦。我总是能找到他，这一点真棒。感觉上，我不是他的雇员或是替他公司卖命的人，而是他的朋友和知己。从开始到现在，我都把他当成具有平等身份的伙伴。"

我们不需要告知 B 夫人如何卖家具

"有这些优秀的经理人负责公司的经营，查理·芒格和我实在是没有什么好做的。事实上，平心而论，如果我们管得太多，反而会把事情搞砸。在伯克希尔，我们没有公司会议，没有年度预算，也没有对过往年度的绩效考评。（当然，这不妨碍我们的一些经理人认为在他们所管辖的事业中，绩效考评是一个必要的管理内容。）总之，我们不需要去告知布鲁姆金家族如何去售卖家具，也不需要去指导海德曼家族如何去经营服装事业。”（1987 年信）

辅读：尽管中美两国的国情不同，经营环境与法律环境不同，企业的经商文化不同，但即使像美国这样发达的资本市场，“没有公司会议，没有年度预算，没有对过往年度的绩效考评”的公司总部，恐怕也是不多见的。正是因为有了这样一种管理思想，巴菲特才能从容地收购更多的私人企业，才能从容地在众多的上市公司中寻求对少数股权的投资。进一步的思考是，如果巴菲特对旗下的私人企业都能够放权去让他们自主经营，当持有上市公司的少数股权时，“施加个人影响力”怎么会成为其长期持股的基本前提呢？

提供一个高水准的音乐厅

“我们需要做的就是尽量提供一个高水准的音乐厅，让这些商界的天才艺术家们愿意来这里进行表演。”（1991 年信）

辅读：当我观察巴菲特在管理学上的一些独特建树时，我常常问自己，从他们身上是否可以构建出这样一种逻辑推导：由于伯克希尔把自己定位于上市公司和私人企业的净买者，而且一直强调多多益善，那么其必须遵循的一个投资标准就是：出色的生意 + 出色的经理人。否则，公司“净买者”的定位将无从谈起。而如果能做到旗下公司都属于“出色的生意 + 出色的经理人”，伯克希尔的管理边界就会变得无穷大，公司净买者的定位不仅会成为现实，而且还会同时给公司股东创造出极大的价值。

抓要点：施加个人影响力不是巴菲特选择长期投资的必要前提。

关键词：高水准的音乐厅。

第三节　两元换一元

迷雾　巴菲特是如何看待新股发行的？

解析　你付出的与你得到的一样重要。

在A股市场“混”的人，对于一件事情肯定不会陌生：增发新股。无论是项目融资、扩充企业资本金或者其他一些需要，企业都有可能选择用增发新股的方式筹集资金。其实，无论是处于发展阶段的我国股市，还是较为发达的美国股市，上市公司都会不时有增发新股的行为。那么，巴菲特对此发表过什么看法吗？他是如何看待上市公司股票增发这一行为的呢？本节将就这个话题展开讨论。尽管我们重点介绍和讨论的内容仅限于企业并购中的增发行为，但背后的道理都是相通的。

一个简单的原则

“我们的新股发行遵循一项简单的原则：我们不会轻易发行新股，除非我们得到的内在价值与我们付出的一样多。这一原则看起来似乎理所当然，你会问：哪有人会笨到用一块钱去交换五毛钱？不幸的是，许多企业经理人就一直喜欢做这样的事情。”（1982年信）

辅读：这句话看似逻辑简单，实际上却不容易做到。试问：在企业并购时，有多少企业会去估算自己公司以及对方公司的“内在价值”？估算内在价值本来就不是一件容易的事，如果收购方急于得到对方，事情就变得更加复杂。在A股市场，我们看过不少企业购并，有多少家公司会事先问自己：我付出的与我得到的一样多吗？

只要你一直观察

“在从事购并活动时，经理们对支付方式的首要选择是使用现金和举债。

但通常情况下，CEO 们的欲望会远远超出公司可得的资金与信贷额度（我个人也是如此）。同样经常发生的一个事实是，CEO 们的欲望涌动往往会出现在公司的内在价值被市场严重低估的时候……就像 Yogi Berra 曾经说过的：‘你只要一直观察，就会发现很多事情。’对于公司股东来说，他们届时就会发现公司的管理者们在乎的到底是企业版图的扩张，还是股东价值的维护。”（1982 年信）

辅读：让我们一起来设想两个购并案例，从中不难看出问题所在。

案例 A：假设你有一块 500 亩的农地，交由一位专业人士管理。若干年后，这位专业人士为了实现所谓的规模化经营，决定和另一位拥有 400 亩农地的人进行资产合并并答应对方各自占一半的权益。不用说，对方会欣然接受这个提案。合并完成后，那位专业人士的管理版图从 500 亩扩展到 900 亩（个人收入自然会水涨船高），但你却从此项合并中损失了 10% 的权益。

案例 B：假设公司 A 与公司 B 具有相同的 1000 美元内在价值，但因为多种原因，B 公司的股票市值为 1500 美元，而 A 公司的股票市值仅为 750 美元。这时，为了增加公司的整体实力，A 公司的 CEO 决定用自家公司的股份去等额置换 B 公司的股份。无须猜测，对方欣然接受了提案。合并后，A 公司占新公司 33.33% 的股份，B 公司则占新公司 66.67% 的股份。新公司的确比合并前大了很多，但 A 公司的股东却在此次合并中损失了 25% 的权益。

真的有这样的事？不管你信不信，反正我信。

愚蠢的交易：两元换一元

“一直往前冲的买方，其最后的结果就是用自己价值被低估的股票去换取卖方的资产。实际上，这等于是用两块钱去换取一块钱。在这种情况下，一项售价合理的出色交易将会由此变成一项糟糕的交易。”（1982 年信）

辅读：两元换一元，真有这样傻的人吗？我们上面设想的案例 B，提供了发生这种事情的可能性。其实不仅是可能性，过去十多年来，在我国 A 股市场上低价增发的例子并不少见。当然，有些增发并不是为了收购与兼并。但不管出于什么目的，只要是低价增发（配股除外），原股东利益就有可能受到损害。

后来在1992年的致股东信中，巴菲特就曾经为我们提供了一个这样的例子："我们曾经在一家银行拥有相当大的投资，但银行经理人对于企业扩张有着高度的偏好。（他们不都是如此吗？）当这家银行在试图收购另外一家较小规模的银行时，对方提出一项股票交换方案，方案中的交换价格把被购方的价值提升至收购方的两倍。由于我们这位经理人正处于高度的并购亢奋中，所以很快就答应了。对方很快又提出了另外一项附加条件：'在购并完成并且我们已经变成公司主要股东后，你不能再进行类似的愚蠢购并了。'"（1992年信）

长毛狗与伯纳德犬

"如果采用100%换股的方案会伤害到买方股东的利益，采用51%的换股方案同样也会伤害到他们。总之，一个人不会因为破坏其草坪的是一只长毛狗而不是伯纳德犬就会转怒为喜。此外，卖方的期望不应成为维护买方最佳利益的参考因素。想一想，如果卖方坚持以换掉买方的CEO作为购并的条件，那会发生什么情况？"

"管理层需要深入思考一个问题：他们会不会以出让部分股权的同等条件把100%的股权全部卖掉？如果答案是否定的，那么他们就要问一问自己，在同等条件下卖掉部分股权就合理吗？许多小的错误会慢慢累积成一项大的错误而非大的胜利。（拉斯维加斯就是在人们无伤大雅的所谓小赌怡情中，慢慢积累起自己巨大财富的。）"（1982年信）

辅读：不管你理解还是不理解，人世间到处充满了这种吊诡的事情：明明低价出让部分股权同样会损害股东利益，但却屡见不鲜；一个人买一件衣服可以逛遍城市里所有的商场，但买股票的决策却可以在5分钟内做出；一个成功的企业家熟知几乎所有的商业逻辑，但只要一进入股市便如同换了一个人；人们买一个农场，几年不赚钱都可以等待，但买一只股票，几天不赚钱就会悻悻地将其脱手……

如何避免愚蠢的交易

"当购并需要发行新股时，有3种方法可以避免原有股东的价值受到侵蚀。第一种方法是以公平合理的价格进行购并——就像伯克希尔与Blue Chip

合并一样。第二种方法出现在当买方公司的股票市价高于其内在价值时。在这种情况下，使用股票作为购并的支付工具反而会增加原有股东的利益。第三种方法是购并者按照原计划进行购并交易，然后接着从市场回购与新股发行数量相同的股票。如此一来，原本的换股交易就会转变为现金交易，而股票回购只是一种“修补损伤”的行动。”（1982 年信）

辅读：第一种方法对双方均较为公平；第二种方法虽然可以让收购公司的股东不遭受损伤，但对被收购公司而言，其股东利益则难免会受损；至于第三种方法则应是无奈之举，就像巴菲特在这段话的后面所说的那样，“我们更喜欢以股票回购的方式去直接提升原有股东的权益，而不只是用于修补之前的损害”。（1982 年信）

关于第二种方法会给购并双方带来什么不一样的结果，我们不妨一起看一个购并实例，引自《新巴菲特法则》一书。

1998 年，沃伦卖掉了他持有的可口可乐的部分股份，但是他并不是以当时市场给予的 62 倍市盈率出售的，而是以 167 倍的市盈率成功出售的，这几乎是市场价格的 3 倍。谁会花这么多的钱买呢？他就是通用再保险公司。

20 世纪 90 年代末股市价格越涨越高，有两件事促成了伯克希尔和通用再保险公司之间的交易。第一，伯克希尔投资组合中股票价值的惊人增长，有些价格出现空前的高价：可口可乐公司 62 倍 PE，《华盛顿邮报》24 倍 PE，美国通用 20 倍 PE，甘耐特 40 倍 PE，联邦家庭抵押贷款公司 21 倍 PE。第二，伯克希尔股票价格的增长速度令人难以置信。伯克希尔在 1998 年以每股 8.09 万美元的价格或 29743 美元每股账面价值的 2.7 倍价格卖出。换句话说，市场是以伯克希尔投资组合市场价值的 2.7 倍来评估它的股票持仓。如果你在 1998 年花 8.09 万美元购买了伯克希尔的一股股票，实际上你是以 167 倍的市盈率买入可口可乐，以 66 倍的市盈率买入《华盛顿邮报》，以 54 倍的市盈率买入美国通用，以 108 倍的市盈率买入甘耐特，以 57 倍的市盈率买入联邦家庭抵押贷款公司。问题是要以如此的高价实现投资组合的收益，巴菲特需要卖出伯克希尔的股票，但怎样才能让伯克希尔的股价不会因大量卖出而大幅下滑，同时又能倾销掉其数十亿美元的市场价值呢？

解决方案就是要找到一家愿意同伯克希尔交换股份且本身有债券的保险公司。为什么是债券？这是因为债券很容易兑换成一定价值的现金，既不会被高估，也不会被低估。通用再保险公司当时有价值190亿美元的债券，因此沃伦致电通用再保险公司的首席执行官，问他是否愿意用通用再保险公司100%的股份及其债券来交换伯克希尔价值220亿美元的股票。他们接受了巴菲特的建议。在此笔交易中，通用再保险公司的管理者只是看到了这宗交易的表面价值，也就说他们用每股220美元的股票交换伯克希尔相当于每股283美元的股票。

付给通用再保险公司价值220亿美元的伯克希尔股票中，其中178亿元是伯克希尔账本上所担负的通货膨胀债券（原文如此）。这些债券的市值过去一直高达66亿美元，实际成本13亿美元。作为交换，伯克希尔的股东接手通用再保险公司82.1%的业务，190亿美元的债券组合以及50亿美元的股票投资组合。即使只能实现其中一项，也是一笔非常划算的交易了。

付出的与得到的一样重要

“如果甲公司宣布发行新股去购并乙公司，这一过程通常会被解读成甲要取得乙，或乙要卖给甲。但如果我们使用一个听起来笨拙但却更加准确的词汇，事情的表述就会更清楚一些：甲要卖掉自己的部分股份以取得乙，或乙的所有者得到甲的部分股权以转让乙的全部财产。在购并交易中，你给对方的与对方给你的东西一样重要——即使要经过一段时间后你才知道给出了什么。”（1982年信）

辅读：别人如果想用手里的一块银币去换你手中的金币，想必你无论如何也不会换的。但如果换作是你想用手里的某样东西去换别人手里的某件物品，情形也许就会变得复杂起来，特别是当你急于想得到那件物品时，就更加如此。这时，人们的思维模式就会朝着某种方向偏离，比如：我终于得到了A，而不是我失去的B是否与A有同等甚至更高的价值。

会有这样的事吗？让我们来一起看看巴菲特在2009年的致股东信中曾经说过什么。“我曾参加过数十次董事会关于并购问题的讨论，其形式通常是找一个收费高昂的投行人士给董事会提供现场咨询。（还有其他模式吗？）

不可避免地，这些投行人士每次都会给听课的董事们详细评估被收购公司的价值，然后就会特别强调为何其内在价值远大于其市场价值。当了长达 50 年的董事会成员，我从没听到过有任何一位投行人士（或管理层）讨论过公司为收购而付出了多少内在价值。当购并交易需要认购方增发股票时，他们只是简单地用市场价值来评估收购的成本，甚至在被告知认购方股票被严重低估时，我也不曾见到有哪个董事会会把之前确定的购并价格拿出来予以重新审定。”

准则的适用范围

“只有当我们收到的生意价值与付出的一样多时，我们才会发行普通股。这项准则适用于各种情况下的新股发行——包括私人企业并购、购买公开市场股票、债权转股权、发行股票期权以及可转换证券等。我们绝不会在违背企业整体价值的情况下把公司的一部分给卖掉（这正是发行新股背后所代表的意义）。”（1983 年信）

辅读：当这条准则运用在我国股市时，其适用范围还应加上一条：扩充企业股本金以改善公司的资本结构。

双重伤害

“最后，我们对收购方股东因新股发行可能带来的双重损害表达点意见。在这种情况下，第一项打击来自于购并案本身对内在生意价值的损害；第二项打击是在购并案后市场对企业估值的向下修正——这也是在公司的股东价值被稀释后市场的一种合理反应。对现有与潜在股东来说，当他们同时面对一个喜欢不断发行新股从而导致股东价值不断被稀释的管理层，以及一个不仅具有商业天赋而且十分愿意维护股东利益的管理层时，显然他们更愿意为后者支付一个较高的价格。只要公司的管理层对维护股东利益这事儿不怎么放在心上，公司股东就会因股票市盈率的不断向下修正而长期深受其害——不论管理阶层会如何再三解释这种行为的偶然性。”（1992 年信）

辅读：下面摘录的这段话，提供了美国 20 世纪 70 和 80 年代（即巴菲特写下这段话的前 20 年）企业兼并的一个背景资料。

在这个时期，管理技艺被视为不局限于任何行业可以放之四海而皆准的真理，管理专家也变成了无所不能的天才少年（The Whiz Kids）。专家们不仅可以打赢军事战争，可以统治汽车工业集团，可以驾驭金融界，也可以管理政府。这种信念支配了一大批非产业资本家出身的管理者发动一系列的企业并购战争。他们更为关注行业的收购，甚至全然不考虑行业之间的商业相关程度。在1968年经济衰退之前，200个大公司事实上控制了60%的国民经济，比上一次收购提高10个百分点。旨在发展资本规模经济的多元并购成为第三次浪潮的特点。值得提及的是，“市盈率”成为这次浪潮的热门话题。单纯从资本增值看，拥有较高市盈率的上市公司仅仅是收购低市盈率公司这一行为本身，便可以带来账面利益的大幅增长。无论收购对象为何种行业、何种产品，只要是低市盈率，就可照单全收。这种数字游戏客观上大大刺激了多元化收购浪潮的强度与广泛性。只要收购行为不断进行下去，收购主体所获得的利润便会持续增加。但从经济总体上看，这一游戏如同击鼓传花一样，不可能无限地进行。泡沫式并购，在很大程度上导致了1968年的衰退。(《中国并购报告》)

对过往的检讨

“我以前曾多次提到过，在进行收购时本人更喜欢使用现金而非伯克希尔股票。有关的历史记录会告诉你原因何在：如果将我们过去利用股票实施并购的案例进行加总（不包括早期的多元零售与蓝筹印花），大家会发现，如果我们没有这样做，你们的所得反而还会好一些。虽然说这些不免让我们感到有些伤心，不过我还是得承认：每当我发行股票时，就等于是让公司的股东们亏钱。”（1997年信）

“主要的问题在于，我们旗下已经构成了一个绝佳的企业组合，这就意味着无论你拿它们去换什么新东西进来都是不合理的。每当我们因购并公司而发行新股时，就等于是减少了你们在可口可乐、吉列刀片、美国运通以及我们旗下其他优秀事业中的权益。一个与体育有关的例子也许能说明我们面对的情况：对于一支棒球队来说，获得一位打击率达三成五的选手肯定是一件令人高兴的事。但如果你是用一个打击率达三成八的球员去交换，那就要另当别论了。”（1997年信）

辅读：按照本人的理解，这段话与其说是在暗示后来的并购质素均不如以前的并购，不如说是当巴菲特去收购私人企业时，所并购企业的品质很难超越伯克希尔投资组合中那些优秀上市公司的品质。诸如可口可乐、吉列刀片、美国运通这样的“市场特许事业”，就商业模式而论，其他一般性私人企业（伯克希尔收购的大多是这样的公司，只是它们都有着出色的管理）是很难超越的。

综合绩效

“所谓的‘合并综效’，通常都不切实际，我们最多只是期望被购并的对象在被购并之后能像以前那样表现即可。加入伯克希尔，既不会增加你的营收，也不会降低你的成本。”（1997 年信）

辅读：合并能增加“综合绩效”，这是我们在观察许多收购与合并案时经常听到的一句话。然而事实究竟如何呢？企业间的并购真的能增加“综合绩效”吗？下面这段描述来自《漫游华尔街》一书：

20 世纪 60 年代中期，富有创造力的企业家们发现，原来增长可以用另外一个名词表现，这个名词就是“协同效应”。从数量上定义，“协同效应”即为 2+2=5。因此，两家各自拥有 200 万美元盈利能力的独立公司，合并之后完全有可能产生 500 万美元的盈利。这种神奇而又神秘，并且必能产生利润的新发明，就称作“集团企业”（conglomerate）……事实上，20 世纪 60 年代集团企业风潮的主要动力，乃是因为收购过程本身能够带来每股收益的增加。集团企业的管理者们，拥有的往往是金融专业知识，而非提高被收购企业盈利能力所需的经营才能。他们只需施展一点点简单的障眼法，便能把一群毫无基础潜力的企业整合在一起，制造出稳定增长的每股收益。

高 PE 情况下的收购

“如果是认购公司的股票被市场高估，就是另外一个故事了：把股票当作货币使用将对认购者有利。这就是为什么当股市到处存在泡沫的时候，将不可避免地带来一系列发行的原因所在。当认购者的股票被市场高估的时候，收购一方通常会承诺为目标公司支付更多的股票——这是因为其股票市值中藏有许多虚幻的部分。许多类似这种‘空手套白狼’式的收购，会周期性地出现在资本市场上。在 20 世纪 60 年代后期，这种收购陷阱几乎比比皆是。事实上，有些大公司就是通过这种方式而成长起来的。（当然，从来不会有人公开承认这些事实，但私底下偷着乐的事儿就太多了。）”（2009 年信）

辅读：其实，基于快速提升每股收益的兼并收购热潮，不仅发生在 20 世纪 60 年代，在 80 年代和 90 年代的企业兼并浪潮中，这样的动因也在起作用。在我国的 A 股市场（香港股市同样如此）上，也不乏这样的例子。毕竟，用高市盈率股票去兼并一个低市盈率股票可以迅速抬高企业每股收益的好处是显而易见的。下面这个例子同样引自《漫游华尔街》。

假定现在有两家公司：一家为电子企业爱博电路公司，一家为生产巧克力棒的贝克尔糖果公司，且每家都拥有已发行股票 20 万股。时间为 1965 年，两家公司的年利润率均为 100 万美元，即每股收益为 5 美元。并且假定无论合并与否，两家公司的业务均不会增长，收益仍然保持原有水平。

不过，两家公司的股价却存在差别。由于爱博电路公司是电子企业，电子行业的平均市盈率为 20 倍，与其每股收益 5 美元相乘，所以股价为每股 100 美元；而贝克尔糖果公司所属的行业不是那么富有魅力，市盈率只有 10 倍，与其每股收益 5 美元相乘，每股市价只有 50 美元。

爱博电路公司的管理层意欲成立集团公司，因而向贝克尔糖果公司的股东提出收购要约，条件是两股换三股。也就是说，贝克尔糖果的股东以价值为 150 美元的三股股票换取爱博电路价值为 200 美元的两股股票。显而易见，这是一个让人心动的收购方案，贝克尔公司的股东愉快地接受了要约，合并提案获准。

现在，我们建立了一个含苞待放的集团公司，新名称为“协同公司”，已发行股票为 333,333 股（爱博电路公司原有 20 万股，再加上根据合并条款换取贝克尔糖果 20 万股的 133,333 股），总收益为 200 万元，每股收益为 6 美元，即上升了 20%，并且这一增长证明了爱博电路公司原来 20 倍市盈率的合理性。于是，“协同公司”股票的价格由 100 美元上涨到 120 美元。

抓要点：发行新股的前提是股东价值不会因此而受到损伤。

关键词：两元换一元、长毛狗与伯纳德犬、修补损伤、各种情况、双重伤害。

第四节　5 分钟

迷雾　**听说巴菲特5分钟之内就会做出一项收购决策，是这样的吗？**

解析　**有夸大之嫌。**

常听到有人说：巴菲特判定某项投资是否可行的时间通常不超过 5 分钟。身边有不少朋友也经常问我这个问题。下面，我们将就这个话题展开介绍与讨论。为了便于大家的目光聚焦，本节的第三小部分将主要围绕巴菲特的其中一个收购案例展开，大家可以以点带面地将这一案例的背后逻辑扩展到其他收购案上。这个案例就是内布拉斯加家具大卖场。

一则小广告

“会有来自各界的读者看到这份报告，其中可能会有人对我们的购并计划提供帮助，特此通告我们的收购条件如下：（1）巨额交易（每年税后利润至少有 500 万美元）；（2）有持续稳定的赚钱能力（我们对具有远景或转机的公司缺乏兴趣）；（3）高股东权益报酬率且甚少举债；（4）具备管理人员（我们无法提供）；（5）简单的生意（如果涉及太多高科技，我们恐怕会搞不懂）；（6）提供报价（在出售价格还没有确定之前，我们不想浪费自己与对方太多的时间）。我们不会进行敌意并购。对交易细节我们承诺完全保密并尽快答复是否感兴趣（通常不超过 5 分钟）。”（1982 年信）

辅读：最后一句话的原文（英文）是这样的：We will not engage in unfriendly transactions. We can promise complete confidentiality and a very fast answer as to possible interest—customarily within five minutes. 无论从原来的英文还是其中文译本上，我们都不难看出，所谓 5 分钟做出收购决策的传言，实

有夸大之嫌。

出售公司比更新驾照容易

“2005年11月12日，华尔街日报上刊登了一篇有关伯克希尔与众不同的收购和管理实践的文章。在这篇文章中Pete写道：‘向巴菲特出售我的公司比更新我的驾照还容易。’”（2005年信）

辅读：是不是真的比更新驾照还容易，由于没有亲自参与其中，因此不好说。但在观察了巴菲特对诸多私人企业的收购案例后，我觉得它们与传统意义上兼并收购相比，是有很大不同的，而其中一个不同就是在程序与时间上的简单与快捷。那么，原因何在呢？这里先说几条吧，因为后面的内容还有涉及。首先是大部分的收购并非通过中介来完成（这代表着什么已不用我多讲）；其次是为数不少的收购（含投资）并不是一时心血来潮，而是已关注了很长时间（像盖可保险、华盛顿邮报、美国运通、可口可乐以及后面要讲的内布拉斯加家具卖场，都不是心血来潮的产物）；最后，巴菲特在做企业收购时，是既“看生意”又“看人”，“看人”甚至会显得更加重要一些。人看准了（重点看是否诚实），其他程序就会变得简单许多。

1.25页的收购意向书

“回想起1983年8月30日，那天刚好是我的生日，我拿着自己起草的1.25页的收购意向书去见B夫人。B夫人没有改动一个字就同意了，我们在没有投资银行家和律师在场的情况下（这就像在天堂里发生的故事）完成了这笔交易。虽然公司的财务报告没有经过审计，但我毫不担心。B夫人只是简单地介绍了一下情况，这些对我来说已经足够了。”（2013年信）

辅读一：关于这段回忆，我们先来看一段Adam Smith 1972年所著的*Supermoney*一书中的一段对白：

“看那间商店。”沃伦指着内布拉斯加的一个家具大卖场说，“那里的生意真好。”

“那你为什么不买下它？”我说。

“它是家私人企业。”沃伦说。

“哦。”我说。

“我一定会买下它的。”沃伦说，“总有一天。”

辅读二：我们再来看巴菲特在 1983 年收购家具卖场的当年曾经说过什么："B 太太聪明而且有智慧，基于对家族长远利益的考虑，去年决定把公司出售给我们。对这个家族及其事业我已欣赏了数十年，整个交易很快便敲定下来……"注意，他说："我已欣赏了数十年。"

辅读三：关于这一问题，《投资圣经》也有一段话："以 B 夫人著称的罗丝·布鲁姆金曾经说过：'巴菲特走进我的这家商店并说："今天我过生日，我想收购你的商店。你想开多高的价钱？"我告诉他：6000 万美元。他走开了，不久便带了一张支票回来。'"

辅读四：《巴菲特的管理奥秘》也有一段话："20 年前巴菲特购买公司的时候，埃文①已经担负起了销售和广告的责任。现在回头想想，他认为自己完全了解是什么吸引了巴菲特。他是这样说的：'他看到公司已经成为了这个地区的决定性力量，他还知道公司在做些什么，也看到了长期以来公司持续盈利。我们公司完全符合他的购买标准。'"

辅读五：最后，我们看一看《滚雪球》中的相关记载：

1982 年，《奥马哈先驱报》对她进行了一次采访。她说这么多年来好几次有人想收购她的公司，都被拒绝了。"谁能买得起这么大的一个商场呢？"她告诉路易斯，其中一次就是伯克希尔。巴菲特在几年前就同她谈过，但她却告诉他说："你得想法把它偷走才行。"

布鲁姆金家族从来没有查过账，而巴菲特也没有要求他们这样做。他没有盘点货物或者查看详细的账本。他们握了握手。"我给了 B 夫人一张 5500 万美元的支票，而她给了我她的保证。"他说，"她的保证几乎就和英格兰银行一样可靠。"

不久之后，伯克希尔的审计员做出了内布拉斯加家具城的第一本库存清单——商场价值 8500 万美元。B 夫人在以 6000 万美元的总价（包括她们仍然保留的股份）把商场卖出去之后，一直悔恨不已，但是在接受 *Regard's* 杂志采访时，她说："我不会反悔的，不过我很吃惊……他一分钟都没有考虑（在接受报价前），但他肯定研究过，我敢打赌他知道。"当然，巴菲特不能

① 注：B 夫人的孙子。

准确“知道”内布拉斯加家具商场值多少钱，但他的确知道这个价格有很大的安全边际。

最后我想说的是，尽管巴菲特曾在另一个场合说（大意）：几分钟的后面是几十年的积累。但有时候，你只要找对了几个关键指标，从它们的历史数据（最好10年以上）中，你仍可以解读出不少的信息。只要资料齐全，你其实很快（5分钟只是一个较为夸张的比喻）就可以有个基本的结论（即感不感兴趣）。有读者也许会问：财务数据能代表全部吗？当然不能，但财务数据呈现的也不全是量化的东西。下面，我们摘录两段格雷厄姆的观点（引自《证券分析》），作为本节讨论的结束。

分析家最应重视的质的因素就是稳定性。稳定性的概念是指抗变动性，或进一步说，是指过去结果的可靠性。稳定性如同趋势一样，可以用数量的形式表达，例如：通用银行1923—1932年间的收入从未低于1932年利息支出的10倍，或伍尔沃思公司1924—1933年间的营业利润一直在2.12至3.66美元之间浮动。但是我们的观点是：稳定性实际上应该是一种质的因素，因为决定稳定性的根源是企业的业务性质而不是其统计数据。一份比较稳定的记录可以显示该企业的业务具有内在的稳定性，但这个结论也会由于其他条件而发生变化。

在某些公司兴衰无常和缺乏稳定性的表象之下，一个依然存在的事实是，总的说来，良好的历史记录能够为公司的前景提供比不良记录更为充分的保证。……形成这一判断的基本理由是，未来收益不完全是由运气和有效的管理技能决定的，资本、经验、声誉、贸易合同以及其他所有的构成过去盈利能力的因素，必定会对企业的未来形成相当大的影响。

抓要点：几分钟的背后是几十年的积累。

关键词：持续赚钱的能力、高股东权益报酬率、具备管理人员、简单的生意。

第五节　酒吧间的喧哗（上）

迷雾　如何理解巴菲特笔下的股票期权计划？

解析　可以用一个形容词概括：酒吧间的喧哗。

在公司治理中，当涉及长期激励机制的建立时，无论是在美国发达的资本市场，还是在中国发展中的资本市场，都有为数不少的公司会向其管理人员发放股票期权。如何看待这一问题？在这些问题的背后又隐藏着怎样的故事？本节将就这个话题展开讨论。由于涉及的内容较多，讨论将分成上下两个部分。

如何评估经理人的业绩

“当资本回报率表现一般时，利润的叠罗汉式增长也就没有什么了不起，你坐在一把摇椅上也能轻松达到这样的成绩：只要把你存在银行户头里的钱增加 4 倍，也一样可以多赚取 4 倍的利息。本不应有人会对这样的成果报以掌声，但通常我们在某位资深主管的退休布告中，会赞扬他在任期间对公司盈余增长 4 倍所做出的贡献，却没有人去看看这也许只是公司保留了大部分利润而产生的复利效果。

“如果这家公司在此期间获得了超凡的资本回报，或在主管任职期间资本金只是增加了 1 倍的投入，那么他所得到的赞扬才名副其实。但如果资本回报表现平平，而利润增长均伴随着同等规模的新资本投入，那么就应该把掌声收回。一个利息不断再存入的储蓄账户，当利率为 8% 时，18 年后的账户净值也可增至原来的 4 倍。”（1985 年信）

辅读：我们一起重温一个并不陌生的公式：

EPS 增长 = ROE（1 - 分红率）

根据公式，在 ROE 保持不变的前提下，公司的现金分红率越小，EPS 的增速就会越高。反之亦然。尽管道理并不复杂，但巴菲特的上述表述显然是在暗示：当掌声响起时，一个简单的问题就这样被大家有意无意地给忽略掉了。

数字背后的其他故事

“这种简单的算术问题常常被一些公司忽略掉，从而损害股东的利益。当许多公司对经理人提供慷慨的薪酬计划以奖励他对公司的利润增长所做出的贡献时，真实的原因不过是经理人从股东那里截留了全部或大部分的利润，才导致了利润的增长。例如，在一项较为流行的 10 年期固定价格股票期权背后，这家公司的股息分配比率通常都低得可怜。”（1985 年信）

辅读：下面我们给出两个实例，尽管背后的故事与股票期权无关，但却与管理层的利益紧密关联，它就是管理层融资收购（MBO）。从实例中我们不难看出，当涉及管理层的切身利益时，公司的股息分配会出现某种微妙变化。

表 4.3　A 股两家公司再投资比率（2002—2012 年）

年	2002	2003	2004	2005	2006	2007	2008	2009	2010	2011	2012
双汇	26.47	23.91	16.67	42.53	10.11	26.60	55.55	45.05	77.17	40.86	56.68
张裕	53.49	79.59	0.00	9.09	4.76	9.09	29.41	44.19	49.27	58.01	55.65

单从再投资率数据的变化上看，我们得到的信息也许会稍复杂一些，毕竟不同资本支出模式和处于不同发展阶段的两个公司，会有完全不同的数据。给出这个表格，是因为两家公司有一个共同点：都经历过管理层（融资）收购，且时间大约都在 2003 和 2004 年前后。从有关数据的变化上看，你能说那几年在两家公司都大幅提高现金分红比率的背后，与管理层融资收购没有一点关系吗？

对那些不断推出股票期权计划的公司，请大家不妨关注一下他们的股息分配情况。

换个角度思考问题

“许多公司主管在股票期权问题上有双重标准。先将认股权证这种金融工具（它会使受让人立即得到来自于发行公司的报酬）放到一边不谈，我相信在商业世界里几乎没有任何公司会给一个局外人一笔基于10年期而且还是固定价格的股票期权，10个月恐怕已经是极限了。同样不可想象的是，这种期权还以公司资本金会不断地进行自然递增为基础。任何一个局外人如果想得到这样一笔期权，一定会被要求对额外增加的资本支付全额的对价。”(1985年信)

辅读：我们先来看一张表。

表4.4　滚动10年回报（年复合：1990—2015年）

年	2005—2015	2004—2014	2003—2013	2002—2012	2001—2011	2000—2010	1999—2009	1998—2008
上证综指	11.78	9.83	3.50	5.36	2.94	3.08	9.14	4.73
深圳成指	16.02	13.63	9.39	12.68	10.37	10.11	16.63	8.20
年	1997—2007	1996—2006	1995—2005	1994—2004	1993—2003	1992—2002	1991—2001	1990—2000
上证综指	15.97	11.30	7.65	6.93	6.02	5.69	18.84	32.15
深圳成指	15.51	7.53	11.23	9.19	4.57	1.79	13.18	18.34

20多年时间不够长？中国的股指数据失真？那么我们再来看一张表：

表4.5　滚动10年回报（恒生指数：1965—2010年）

年	1975	1976	1977	1978	1979	1980	1981	1982	1983
年复合	15.60	18.60	19.80	16.49	18.92	21.41	15.21	-0.73	7.27
年	1984	1985	1986	1987	1988	1989	1990	1991	1992
年复合	21.51	17.46	19.09	19.01	18.41	12.42	7.44	11.82	21.53
年	1993	1994	1995	1996	1997	1998	1999	2000	2001
年复合	29.81	21.16	19.11	18.01	16.63	14.09	19.58	17.43	10.24
年	2002	2003	2004	2005	2006	2007	2008	2009	2010
年复合	5.39	0.56	5.68	3.98	4.03	9.98	3.64	2.57	4.31

注：所有数据为截至标出年份前10年的回报。

给出这些数据是想说明：（1）100年前埃德加·史密斯的那个发现（利润再投资促进了股指的增长）今天仍然有效；（2）所谓系统风险只是时间的函数；（3）上述逻辑同样适用于某个特定公司。因此，10年期固定价格的股票期权确实没有看起来那样简单，那样合情合理。

酒吧间里的喧哗

“一个不肯对局外人做的事情，经理人对自己却是乐此不疲（对个人自由的强调导致了酒吧间的喧哗）。公司经理们定期收受10年期固定价格的股票期权，不仅忽略了留存利润对公司价值的贡献，也忽略了资本的成本属性。到最后，在一个不断能自我增值的储蓄账户上，账户管理人因持有股票期权而让自己赚取了大笔的收益。”（1985年信）

辅读：也许有读者会质疑：一个局外人怎么能和公司的经理人相提并论呢？两者之间确实不能进行简单对比，毕竟，公司的发展中包含着经理人的贡献。但在“按劳取酬”的框架下，所谓“劳”，还应当进一步分为个人贡献的“劳”和资本贡献的“劳”。如果只强调个人的贡献，而忽略资本的贡献，显然也是不公平的。

少数的例外

“当然，股票期权也常常会用到那些有着商业天赋、对公司价值真正有贡献的人身上。对于这些人，股票期权的发放有时候是比较合理的（事实上，对于一个有特殊才干的经理来说，其实际得到报酬往往远低于他应该得到的）。不过名副其实的报酬通常只是一个例外。这种选择权一旦给出，便容易完全无视个人的具体表现。由于它无法收回，实际的兑现也通常是无条件的（只要受让者一直待在公司里），因此即使是一个庸才，他从选择权上所赚取的收益也往往会和一个真正的管理明星所赚取的一样多。向这种温克尔式[①]的管理人员发放10年期的股票期权，他们还能期望什么呢？”（1985年信）

辅读：当巴菲特说“即使是一个庸才，他从选择权上所赚取的收益也往往会和一个真正的管理明星所赚取的一样多”时，我们不难看出，他本人一直有着非常浓厚的“资金成本”情结。当同时面对经理人的才华和资本金的贡献时，巴菲特往往首先强调的是后者。不是经理人的才华不重要，而是在他看来，实在是庸人太多，有才能的经理人太少。与此同时，公司截留大把的股东利润且得不到有效使用的现象几乎比比皆是。

---

① 注：指没有什么作为。

同坐一条船

“讽刺的是，股票期权常常被解释成是出于公司治理的需要，声称它可以让经理人与股东同坐一条船。而事实上，这是完全不同的两条船。没有任何股东可以让自己免除对资金成本的负担，而持有固定价格股票期权的人却什么也不必负担；公司股东必须在企业增长潜力与下行风险之间做出评估，而期权持有者则没有任何的下行风险。事实上，一个被授予股票期权的投资项目，往往是受让人自己不想参与投资的项目。（如果有人愿意免费送给我福利彩券，我一定欣然接受；但如果要我自己掏钱买，则想都不要想。）”（1985 年信）

辅读：请注意这段话中的几个要点：（1）没有任何股东可以让自己免除对资金成本的负担；（2）持有股票期权的人却什么也不必负担；（3）股东会承担经营下行的风险，而期权持有者不会；（4）一个被授予股票期权的投资项目，往往是期权受让人自己不想参与投资的项目。

在 1994 年的致股东信中，巴菲特再次提到了这个问题：“最近上市公司流行把各种类型的薪酬计划解释为将管理层的利益与公司股东的利益绑在了一起。不过在我们这里，所谓的绑定必须是双向的，而不是只有一个方向。许多公司的‘绑定’计划放弃了这个基本原则，而是艺术化地将其变成一种‘正面我赢，反面你输’的游戏。”

关于股票期权的三点强调

“虽然有那么多缺点，股票期权在某些条件下还是一个很好的管理工具。我的批评主要在于它们经常被无限制地滥用。关于这个问题，我有三点强调：（A）股票期权应当与公司的整体表现相关联。（B）期权计划应当小心设计。除非有特殊原因，否则应该把留存利润与资本成本等因素考虑在内。同样重要的是，期权价格也要合理地制定。（C）一些我非常欣赏且经营绩效远胜于我的经理人并不认同我在固定价格股票期权上的看法。他们已建立起一套行之有效的企业文化，而股票期权也是一项他们认为有用的工具。以他们个人的领导风格与示范作用，再加上有股票股权作为激励，他们已成功地引导其部属以股东的心态来处理问题。这样的企业文化并不多见。”

辅读：请关注第三点强调的最后一句话。巴菲特所指“远胜于我的经理人”中，应当有一个大家并不陌生的人：杰克·韦尔奇。下面我就提供一些有关通用电气如何进行股权激励的资料，供大家参考。几段摘录全部来自《杰克·韦尔奇自传》。

1982年9月，我来到董事会寻求对一项改革的支持。我们加大了期权奖励的幅度和频率。在1980年代前期，当股票市场一路上涨的时候，员工们看到，他们从整个公司经营业绩中的得益远远超过了他们从各自企业中得到的任何收入。这再次强化了公司500名高层管理人员的分享理念。

我本应当做得更多，更快。直到1989年我才把这项计划进一步扩大。那一年，公司里获得股票期权的不再是区区500人，而是我们的3,000名最优秀员工。今天，每年大约有15,000名员工得到股票期权——已经得到过股票期权的员工人数是这个数字的两倍。

这些期权计划的改革和不断上涨的股票行情推动了分享理念的发展。1981年，对所有在GE工作的人来说，所实现的股票期权收入只有600万美元。4年以后，这一数字上升到5200万美元。1997年，10,000名GE员工实现的期权收入为10亿美元。1999年，大约15,000名员工获得了21亿美元的期权收入。2000年，约有32,000名员工持有价值超过120亿美元的股票期权。

为员工留有股份和股票期权，使得GE员工成为这家公司最大的单个股东。

多么美好！每个周五我都会得到一份打印的名单，上面列着所有员工分得的股票期权和实现的收益。期权改变了他们的生活，帮助他们供养孩子上大学，照顾年迈的父母，或者购置第二套住房。

最高兴的莫过于在名单上看到我不认识的名字。受益的不只是公司的上层人物。无边界正在为每一个人带来好处。

现金还是股票？

“在伯克希尔，我们采用的激励计划是基于个人在其职权范围内对原定目标的实际完成情况而定。如果喜诗糖果表现得很好，其报酬就与我们旗下的新闻事业一点关系都没有。反之亦然。我们在签署支票时，也不会偷偷瞄一眼公司的股价究竟如何。我们认为，如果某个事业单位表现很好，那么不管伯克希尔的股票价格是涨、是跌、是平，都应该予以奖励。同样地，即使伯克希尔的股价飙涨，如果员工表现平平，也不应该获发任何奖金。此外，在评估业绩时，我们也会综合考虑其背后的产业经济状况。有些看起来表现不错的经理人，可能只是因为运气好而搭上产业的顺风车而已；有些则可能只是因为运气差而让自己屡屡遭遇逆境。”

辅读：由于股票期权都是有限定时间的，这样就产生了一个问题：经理人的努力，很有可能（时间限定的越短越是如此）在相对应的时间里并不能在股价上反映出来。虽说股价总是围绕公司价值波动，但那是指长期而言，短时间来看，股价甚至会出现背道而驰的走势。也就是说，在一个限定的时间内，公司股票的变动可能与公司经理人的努力一点关系也没有。

同乘一条船的另一种方式

“很显然，伯克希尔各事业体的经理人完全可以利用他们所领到的奖金（或其他资金，包括去借钱）在股票市场上买进本公司的股票。事实上已有许多人那样做了，其中有些人还持有很大的份额。任何人在买入本公司股票以后，也就同时承担了公司的经营风险和资本成本。因此，我们旗下的经理人的利益已经与公司股东的利益紧密绑在了一起。”（1985 年信）

辅读：一个是直接授予期权，一个是按贡献颁发奖金，然后由获奖人自行决定是否购买公司的股票。这两者应存有以下几点不同：（1）现金奖励相对容易计算一些；（2）由于股价可能会在较长的时间内都飘忽不定，因此奖金显得更实在一些；（3）用自己的钱（奖金发放后，就是获奖人自己的了）去买股票，更能体现，也更能实现与股东“同乘一条船”的初衷。

集团公司应有的奖励模式

“在伯克希尔，我们试着在处理薪酬问题时所采取的方法，能与在处理资金分配时所采取的方法一样合乎逻辑。举例来说，我们付给拉尔夫·斯西的薪酬是基于他在史考特飞兹上的经营成果，而与伯克希尔的经营成果无关。这样的方式恐怕再合理不过了，毕竟他只能对自己而不是其他什么人负责。如果将他的年度奖金和股票期权与伯克希尔的整体表现或不断上下跳动的资产净值联系在一起，对拉尔夫来说就显得很不公平，他也许会因为我和查理的错误而不断受到惩罚——不管他个人取得了怎样出色的成绩。相反，如果伯克希尔的其他事业大放异彩，而史考特飞兹却表现平平，那么拉尔夫又有什么理由跟其他人一样分享伯克希尔的奖金或股票期权呢?”（1994 年信）

辅读：当万科和华侨城这样的公司把股票期权授予某个地区的经理时，是否会产生类似的问题？经过这位经理人的努力，其所负责地区的楼盘也许销售一直都不错，但由于其他地区的楼盘销售受阻，公司股价也就可能因此而受阻（超低价授予期权是另一回事）。这样的奖励模式是否还有进一步完善的空间?

抓要点：固定价格的股票期权不仅有可能损害股东利益，也可能达不到所谓“同乘一条船”的效果。

关键词：资本回报、股息率、资本成本、两条船。

第六节　酒吧间的喧哗（下）

迷雾　**酒吧间的另一种“喧哗”是什么？**

解析　**是指股票期权是否计入成本的争论。**

这是一段历史往事，因为那次争论今天已经有了答案。最终，以巴菲特为代表的“计入成本”派获取了胜利。不过，追忆一下这一段还不算久远的往事也是有些意义的。

期权是否应计入成本

“说到公司行政主管与会计师们的鸵鸟心态，最极端的例子就是发行股票期权了。在伯克希尔1985年的年度报告中，我曾经就股票期权处理上的恰当或不恰当行为发表过个人看法。但即便是期权设计得当，在许多方面它还是显得没啥道理。这种逻辑上的缺憾绝不是偶然的：几十年来，企业界曾不断地向会计准则制定者发起攻击，试图将发行股票期权的成本排除在发行公司的损益表之外。”（1992年信）

辅读：请注意巴菲特的用词——“逻辑上的缺憾”。为什么会这样表述呢？看完本节的介绍与讨论，你也许会自行得出答案。

不应计入成本的理由

“企业主管们通常会辩称由于很难对股票期权的价值做出准确衡量，因此其成本可以被忽略掉。在另一些场合，这些经理人又会说如果认列期权的成本，将不利于小型新公司的发展。有时他们甚至还会义正词严地指出：‘价外’（out of the money）期权（指期权的行使价格等于或是高于当前股价）在发行时并没有价值。

“奇怪的是，机构投资者协会也参与了进来并对上述观点进行了一些修正。他们认为股票期权不应当被视作一种成本，因为发行公司不需要为此从口袋里掏出一毛钱。我认为这一观点等于是给所有美国企业提供了可立刻改善其报告利润的难得良机。例如，他们可以用股票期权去替代保险费的支出，从而就此剔除掉公司的保险成本。所以，如果你是一个公司的 CEO 并认同这种‘不付现金就没有成本’的会计理论，我一定会提出一个让你无法拒绝的条件：打个电话到伯克希尔，我们将很愿意以贵公司的一揽子股票期权为交换条件，来接受你们的保单申请。”（1992 年信）

辅读：统计了一下无须计入成本的四条理由：（1）很难评估期权的价值；（2）计入成本将不利于小公司的发展；（3）发行公司没有实际的现金支付；（4）当发行“价外期权”时，公司更不需要从口袋里支付一毛钱。不过这样的思路与现金流的计算有些类似：由于折旧与摊销在当期没有实际的现金支付，因此在计算公司当期的现金流量时会将在利润表中扣除的数据予以加回。然而，真的是“没有现金就没有成本”了吗？

应当计入成本的理由

“公司股东需要明白的是，当公司将某种有价值的东西交给别人时就已经产生了成本，而不是等到有现金支付时才算。还有一点，如果只是因为所付出的重要东西难以被准确计量，因此就可以不必认列成本，这种观点既愚蠢又可笑。就在当下，会计本身就充满着不确定性。毕竟，没有一个经理人或是审计师可以准确预估一架波音 747 客机的寿命有多久，这也就意味着他不需要核算这架飞机一年的折旧费用有多少。而产险公司对财产损失的估计更是出了名的不准确。”（1992 年信）

辅读：应计入成本的两条理由：（1）授予的东西只要有价值，就构成了成本；（2）难以计量的事情不代表没有发生。下面，我们再来看一段杰克·韦尔奇有关股票期权的一段表述，引自《杰克·韦尔奇自传》。

我们的报酬支付体系不鼓励分享。1980 年我被任命为董事长的那一天，我拥有了 17,000 股 GE 公司的股票期权，后来获得了不到 80,000 美元的收益——在得到期权奖励的 12 年之后。可以想象，其他管理人员的期权收入是多么的少。那个时候，如果某些 GE 员工的基本年薪是 20 万美元，而且他们的业务单位当年经营业绩很好，那么他们的股票分红收入将是基本年薪的25%，也就是50,000美元。个人的基本收入远远超过了股票期权的价值。而我希望，对于员工来说，整个公司的经营业绩和股票价格比他们各自企业的经营成果意味着更多。

想一想，如果一家公司的员工其来自期权的收入均大于基本年薪，那这笔收益是哪里来的呢？全部属于“市场收入”吗？

期权与折旧：谁更容易计算

“期权的价值也并非那么难以评估。必须承认，由于授予经理人股票期权时附设了许多限制性条款，从而会使评估的难度有所增加，而期权价值也多多少少会受到一些影响。但这些只能‘影响’而不能‘抹杀’期权的价值。事实上，只要我本人有兴趣，我也可以给任何一位旗下经理人提供有限制的股票期权。在发行的当日，尽管我们没有付出任何现金，但伯克希尔却已付出了在未来某个时段数额可能巨大的股票认购权，以便让他或她通过行使这项权利而得到相应的报酬。所以，如果你哪天遇到一位CEO跟你说他们最近发行的股票期权没有什么价值的话，不妨告诉他来找我们聊聊。事实上，在确定期权价格与那架企业专机每年的折旧费用之间，我们对前者反而更具信心。”

辅读：以伯克希尔为例，假定1985年伯克希尔的每股资产净值为100元，未来5年按15%的速率增长（巴菲特为自己定下的目标），那么5年后，公司的每股资产净值就是200美元左右。由于一直以来公司的股价一般都在每股净值附近，因此当公司需要计算股票期权的价值时，应当不是一件很困难的事。至于期权价值是否真的比折旧费用更加容易计算，我想这只是巴菲特的一个夸张比喻罢了。

期权三问

“对于我本人来说，股票期权的真实性可以被简要概括为以下几点：如果期权不算是一种报酬，那么它又算是什么？如果一种报酬不是一项费用，那么它又是什么？如果一项费用没有列入盈余计算，那么它又跑到哪里去了呢？”

辅读：也许有人会说：期权算不算报酬是一回事，这个报酬由谁支付则是另一回事。下面我们先一起看一下期权的定义：

股票期权指买方在交付了期权费后即取得在合约规定的到期日或到期日以前按协议价买入或卖出一定数量相关股票的权力，是对员工进行激励的众多方法之一，属于长期激励的范畴。股票期权是上市公司给予企业高级管理人员和技术骨干在一定期限内以一种事先约定的价格购买公司普通股的权力。股票期权是一种不同于职工股的崭新激励机制，它能有效地把企业高级人才与其自身利益很好地结合起来。股票期权的行使会增加公司的所有者权益。是由持有者向公司购买未发行在外的流通股，即是直接从公司购买而非从二级市场购买。①

如果这个定义准确，那么“直接从公司购买而非从二级市场购买”的股票期权，在期权有效期内实现的报酬（含价内与价外期权）全部都来自市场吗？

搞混了？

“不同意我对股票期权看法的读者这时可能会指出，我可能将发给公司雇员的股票期权与理论上可以对外公开发行和交易的股票期权给搞混了。是的，发给公司雇员的股票期权有时会被收回，从而会使股东权益受损的程度减小，而公开发行的股票期权就没有这项特质。此外，雇员在行使购买权力时，公司还可获得相应的税负抵扣，而公开发行的股票期权则没有这项好处。但是，雇员股票期权的转换价格常常会被（向下）修正，这一做法比起公开发行的股票期权来说会让股东付出更高的代价。”

辅读：关于这个问题，巴菲特 2001 年信中讲了一则幽默故事：“尽管安然公司已成为股东噩梦的一个标志性事件，但这样的事情在美国公司中绝不少见。我个人听到过的一个故事，就很好地诠释了公司经理人对待公司股东的一个普遍心态：在一个晚会上，一位光彩夺目的女士悄悄凑一位公司 CEO 跟前，然后用她性感的嘴唇喃喃道：我可以为你做‘任何’的事情。没有丝毫迟疑，这位 CEO 马上回答道：‘请为我的股票期权重新定价。’”

我们的行为偏好

“当我们计划投资一家有股票期权的公司时，我们会事先将这家公司的

---

① 百度百科。

报告利润向下调整，直接扣除掉因公开发行这些期权所产生的费用。同样地，当我们计划去购并一家公司时，我们也会将更换原有期权计划的成本考虑在内，等到合并案正式完成后，会立即把相关的费用在会计账上做出扣除。”（1998 年信）

辅读：巴菲特说到做到，他在 1998 年收购通用再保险公司时，购并的账务处理就是这样进行的。

抓要点：股票期权作为一种报酬应计入公司成本。

关键词：逻辑缺憾、报酬、价值、成本、转换价格、利润扣除。

第七节　合法丑闻

迷雾　巴菲特关于会计欺诈都有哪些论述？

解析　内容很多。

无论是投资上市公司股票还是收购私人企业，均离不开财务或会计问题。如果贪婪与罪孽让会计欺诈成为一个绕不开的话题（又怎能绕得开呢），那么巴菲特在其致股东的信中就一定会谈到这些。本小节涉及的话题只是其中一个部分而已。

话题的开始

“管理层在股票期权会计处理上所扮演的角色可谓是竭尽其能……我认为管理层在公司重组与合并会计处理上的行为更加过分。这时，他们会刻意篡改数据，欺骗投资人。所有这些，就像 Michael Kinsley 在批评华府时所说的：‘真正的丑闻不是那些违反法律的行为，而是那些看起来完全合法的行为。’”（1998 年信）

辅读：所谓“竭尽所能”，是指公司管理人员与专业人士相互勾结，向政府（包括国会）长时间不断施加压力，以达到将股票期权不计入公司成本的目的。

发端于 20 世纪 60 年代的不光彩工作

“以前透过财务报表，人们很容易就可以分辨出一家公司的好坏。但在 1960 年代后期，市场掀起一波被骗徒们称为‘大胆且极富想象力的会计’热潮（这种会计处理在当时受到华尔街人士的热烈欢迎，因为它从来都不会让人失望）。不过在当时，大家都知道究竟是谁才会玩这种游戏。那些一直

受到人们尊敬的美国大公司——基于他们对自身信誉的维护——基本上都不会参与到这种欺诈行动中来。”（1998 年信）

今天的“光彩”工作

“这些经理人一开始就认定（一种比较流行的观点）他们的工作职责之一就是要尽力将公司股价维持在一个最高的价位上（关于这点我们实在不敢苟同）。而为了撑高股价，他们光彩而努力地工作着，以便能给市场交出一份出色的答卷。但是当公司的业绩与市场预期不符时，这些 CEO 们就开始了不光彩的工作——运用不当的会计手法，或是直接制造出市场期待的利润数字，或是经不当的会计处理为未来的利润增长埋下伏笔。”（1998 年信）

辅读：与此不同的是，巴菲特认为自己的职责之一是努力把公司的股价维持在一个较为合理的位置上。这样做的初衷是：公司不仅要对老股东负责，也要对那些新买入公司股票的股东负责。与此形成鲜明对照的却是市场上的另一番情景：上市公司的“利润管理”无所不用其极，以达到符合市场“预期”并将股价维持在一个较高位置上为目的。

一个小把戏：重组费用

“有一个会计科目叫作‘重组费用’。科目虽然合规但却常常被当作操纵利润的工具。通过这个小把戏，本应分摊到多个年份的费用，公司会在某个季度做一次性扣除。这也是一种比较典型的注定会让投资人大失所望的骗术。有时候，公司这样做是为了清理一下过去积累下来的不实利润。有时候，则是为虚增未来的利润而铺路。不管出于哪一种目的，这些做法都是为了迎合华尔街一项可谓是玩世不恭的偏好：过去的一个季度每股少赚 5 元钱没有什么——只要它能让未来一个季度每股多赚 5 分钱。”（1998 年信）

辅读：是不是觉得很眼熟？还记得我们提供的“美林证券机构调查”吗？既然在股票市场上，每股收益或每股收益惊喜很受“投资者”青睐，某些上市公司也就乐此不疲地予以配合了。在当年的致股东信中，巴菲特还举了一个高尔夫球手的例子：在球童的配合下，将过往的记录进行一次“洗澡”，然后最近四场比赛的平均杆数就变成了令人羡慕的 80 杆。

专业人士的提点

“在购并领域，资产重组已被提升至艺术的层次：经理人经常会通过企业合并来巧妙地重建资产和负债的价值，由此或平滑或抬升公司未来的利润。事实上，在交易的时候，大型会计师事务所有时也会点出某种会计上的小伎俩（也有时是大伎俩）可能带来的大效果。经专业人士的提点之后，一流的人格往往就会屈服于三流的伎俩，而CEO们对这种可以增加未来利润的‘恩惠’，恐怕是很难去拒绝的。”（1998年信）

辅读：直到今天，这种来自“专业人士”的“提点”恐怕仍然存在。至于人格是否仍是“一流”，伎俩是否仍是“三流”，就不得而知了。

一个真实的故事

“这里有一个真实的故事，它能充分说明美国企业普遍存在的一种观点。有两家大型银行的CEO，其中一位主导了很多购并案。不久前，他参加了一个善意购并的讨论会（讨论没有促成任何交易）。正当这位经验丰富的购并老手侃侃而谈合并所带来的种种好处时，一位满怀质疑的CEO打断了他的演讲：‘购并不是要耗费很高的成本吗？我想可能不少于10亿美元吧！’这位老练银行家的回答倒是简明扼要：‘我们会把成本搞得再高一些——这正是我们要进行购并的原因所在。’”（1998年信）

辅读：重温对“重组费用”的讨论。

为面包而歌

“显然，如今许多经理人对于编制精准会计报表的藐视态度可以说是商界的一大耻辱。正如我们先前曾提到的，审计师在这方面也没有起什么好的作用。尽管理论上会计师应该把投资大众当作是他们的老板，但他们却宁可向那些有权决定审计师人选并支付给他们报酬的经理人叩首。（正所谓‘谁给我面包，我为谁歌唱’。）”（1998年信）

辅读：《沸腾的岁月》一书中有一段很好地解释了这一现状。

60年代，华尔街正在经历迅速的革命，这场革命将使华尔街成为世界历史上第一个真正的公众证券市场。在此过程中，股票交易中一个新的重要情况便是数百万新投资者对金融和会计的无知。无知导致人们对简单的追求，而简单，我们已经看到，通过只关注盈亏线就能获得。这种对企业业绩的简化认识很快导致会计师，包括一些最好的会计师，在不知不觉中偏离他们的公众基础，不时心甘情愿地沦为无情的企业管理者和毫无诚信的股票推销商的帮凶，简而言之，出卖他们的灵魂。

诚信正在死亡

“不过告诉各位一个好消息，在现任主席 Arthur Levitt 的带领下，证管会似乎已决定要好好地整顿一下美国企业上述的种种不当行为。在去年 9 月的一次历史性演说中，Levitt 呼吁大家停止‘利润管理’。他一针见血地指出：‘有太多的企业经理人、审计师、分析师参与到这种大家彼此心照不宣的游戏中来。’接着他又提出了一项很切中时弊的指控：‘管理似乎正在走向欺诈；诚信似乎正在走向死亡。’”（1998 年信）

辅读：把这段话的背景地改为我国股票市场是否也同样适用？如是，最后一句话去掉四个字也许会更加贴切：管理正在走向欺诈；诚信正在走向死亡。

抓要点：投资领域中的会计欺诈是一个至今无法绕开的话题。

关键词：丑闻、大胆且极富想象力的会计、“光彩”的工作、重组费用、利润管理。

第八节　Rainmaking[①]

迷雾　**对资本市场上一些中介服务机构巴菲特发表过什么看法？**

解析　**一群 Rainmaking 式的人物。**

巴菲特在历年致股东信中曾多次提到活跃在资本市场上的中介机构，如股票经纪、投资银行、管理顾问、投资顾问、薪酬顾问以及会计师事务所等。总体来看，负面的表述多过正面的表述。之所以如此，我想和行业的现状不无关联。以投资顾问为例，在我的印象中，能与各种投资顾问连接在一起的好像只有一个词语：高昂的摩擦成本。

不过，投资顾问们也不用生气，在巴菲特的笔下，其他一些中介服务机构也没有讨得什么好处。本节的讨论涉及四类服务机构，它们是投资银行、管理顾问公司、会计师事务所和薪酬顾问公司。

投资银行

“对于我们去年一口气竟然连续进行了 3 起并购案，大家或许会感到很奇怪，因为过去聊到这里时通常是质疑其他公司所从事的并购活动。不过大家请放心，查理和我本人并没有失去我们一贯保持的怀疑态度——即在我们看来，大部分的并购活动只会损害收购方股东的利益。……特别要指出的是，卖方公司及其推广人给出的财务数据，其娱乐性通常会大于教育性。在绘制美丽图画方面，华尔街是一点儿也不会输给美国政府的。

“让我感到困惑的是，为何有些交易中的买主会相信卖方提供的财务预

① 注：一本教导人们如何提升专业服务机构收入的著作与此同名。

测数据。查理和我恐怕连看都懒得看它们一眼。我们一直牢记着一个关于某人拥有一匹病马的故事。一天，他牵着这匹正在生病的马去看兽医：'可以帮帮我吗？不知为什么，这匹马走起路来有时很正常，有时却一瘸一拐的。'兽医的回答倒是正中要害：'没问题，在它表现正常的时候把它卖掉。'在并购的世界中，这样的跛脚马常常被一些人装扮成 Secretariat① 到处行骗。"(1995 年信)

辅读：尽管没有点名，但这里提到的"推广人"以及"兽医"暗指的应当就是投资银行。无论是美国还是中国的资本市场，很多并购都是通过中介机构（通常是投资银行）来完成的。尽管伯克希尔的收购有时也会寻求投资银行的帮助（如所罗门兄弟公司），但在巴菲特的笔下，这些投资银行的形象给人的感觉实在不是很好。

管理咨询公司

"为了将以上关于购并的话题做一个总结，我忍不住要重复去年一位企业经理人告诉我的一则小故事：他所在的公司一直是一家很好的公司，在其所属行业拥有长期的领导地位。然而，其主要产品似乎总让人感到有些乏味。所以在几十年前，这家公司聘请了一家管理顾问公司。很自然地，管理顾问建议他们应该要多元化经营——这在当时是一种很流行的企业经营模式（专注本业那时并不流行）。不久，在管理顾问进行了一番深入的且收费昂贵的购并调查基础上，公司陆续实施了多项收购。至于最后的结果，这位主管很难过地告诉我：'一开始，我们的利润百分之百来自于我们原来的主业。过了 10 年后，这个比例变成了百分之一百五十！'"(1995 年信)

辅读：管理咨询公司其实也不全是一团糟，记得许多年前我读过一本书叫《麦肯锡意识》，里面的很多内容至少对我有很多的启发。书中谈到一些麦肯锡的工作人员转入实业公司后（包括像 GE 这样的公司），利用他们在麦肯锡学到的知识，发现了所供职公司——即使是 GE 这样以管理优秀而著称的公司——存在的不少问题。当然，像麦肯锡这样的公司，其

---

① 注：美国电影中一匹冠军马的名字。

数目毕竟还是太少了，混个顾问费但却没有真才实学的咨询人员恐怕不在少数。

会计师事务所

“芝加哥论坛报去年9月刊载了一个有关安达信会计师事务所的系列报道，详细说明了会计标准与审计品质在近几年的腐化堕落。十几年前，安达信事务所出具的审计意见还是业内的一个金字招牌。该事务所内部有一个专业准则小组（PSG），不管客户施加多少压力，他们一直都能坚持审计报告的诚实性。正是基于诚实的原则，PSG在1992年提出了股票期权应被视为一项成本支出的立场。然而到了后来，PSG的立场在一些被称为‘rainmaking’式合伙人的推动下，发生了180度转变。这些合伙人相当清楚，客户心里最渴望的东西就是亮丽的盈余数字——不论实际的状况究竟如何。许多公司的CEO也开始极力反对将股票期权纳入费用开支，因为他们很清楚，如果如实记录股票期权的成本，那些大量而丑陋的股票期权发行将会马上遭到严厉谴责。”（2002年信）

辅读：安达信事件想必读者都已清楚了。2002年，伴随着安然公司会计欺诈丑闻的爆发，美国司法部以妨碍司法公正对安达信会计师事务所提起刑事诉讼，开创了美国历史上第一例大型会计师受到刑事调查的案例。同年6月，安达信被美国法院认定犯有阻碍政府调查安然破产案的罪行。安达信，一个百年老店就此宣告倒闭。

薪酬顾问公司

“为管理层的平平业绩支付巨额离职补偿、慷慨津贴和超标薪水的事情之所以经常发生，是因为公司薪酬委员会已成为统计数据的奴隶。如今搞定董事会的方法很简单：选择3～4名董事，当然不是随机选择，在董事会议召开前的几个小时，用一组CEO薪酬不断提升的统计数据对他们进行狂轰滥炸。除此之外，薪酬委员会也通常会被告知：其他公司经理人的薪酬又达到一个新的高点了。在这样一种情形下，各种奇异的‘甜品’会纷纷撒向CEO们，而原因只是我们儿时都会玩的一个小把戏：‘但是，妈妈，其他所有的小朋友都有一个。’当公司薪酬委员会让自己陷入这样一种‘逻辑’时，昨天的过高要求，可能就会变成今天的一道底线。”（2005年信）

辅读：本人因工作关系，曾经聆听过一些薪酬顾问公司所做的薪酬顾问报告。我想说的是，那些“其他所有的小朋友都有一个”的“小把戏”，不只是在美国才有。

抓要点：小心为面包而歌的中介机构。

关键词：rainmaking、小把戏。

第九节　旅鼠

迷雾　巴菲特对机构投资者似乎一直没有什么好感？

解析　的确如此。

按过去的口径（后来没有追踪），美国的机构投资者至少包括以下三个类型：共同基金；私人退休基金；公共退休基金。从上世纪中期开始，机构投资者逐渐成为股票市场的中坚力量。一晃数十年过去了，机构投资者的投资业绩究竟如何呢？与指数大盘相比，它们又有一个怎样的表现呢？表4.6给出了部分回答。

表4.6　简单的价值

投资时间	标普指数（%）	权益基金（%）	差额（%）	基金/指数（%）
50年	13.6	11.8	+1.8	87
40年	12.0	10.5	+1.5	87
30年	12.7	10.7	+2.0	84
20年	17.7	15.1	+2.6	85
10年	19.2	15.2	+4.0	79

注：所谓简单价值，是指指数基金基于简单投资而持续战胜了奉行不简单投资的主动型基金。
资料来源：《伯格投资》

关于机构投资者业绩不尽如人意的原因，市场已给出了很多讨论。下面我们就一起看一看巴菲特笔下机构投资者的形象。

旅鼠及背后的原因

“大部分的经理人没有什么动机去做一些看起来像白痴，但实际上却很有智慧的决策。他们个人的利弊得失太明显不过了：如果一个有点特立独行的行动成功了，上头可能会拍拍他的肩膀以示鼓励。但如果行动失败了，他可能就要卷铺盖走人。（循规蹈矩的失败看来是更可取的：旅鼠作为一个整体身负骂名；但没有任何一只旅鼠独自承担这种责难。）”（1984 年信）

辅读一：这段话不仅暗示机构投资者的行为模式如同一群旅鼠，而且还给出了背后原因：（1）基金经理只是一个打工者，必须在意个人的利弊得失；（2）因为是一个打工者，所以特立独行往往会得不偿失；（3）循规蹈矩的操作即使错了，也“法”不责众。

辅读二：在彼得·林奇所著《选股战略》一书中，也有类似的理论。

事实上，如果选择一家不为人知的公司，赌一赌赚大钱的机会，以及选择一家知名的公司，明知会小赔，两条路选一条，一般共同基金经理人、退休基金经理人，或者企业投资组合经理人，都会毫不迟疑地选择后者。成功是一回事，但更重要的是失败时不要看起来太难看。华尔街有一条不成文的规则：“在 IBM 赔钱，绝不会让你丢差事。”

运动过度

“基金经理人的表现更像是运动过度：他们的股票交易行为，让不断转动托钵的苦行僧看起来反而显得安静许多。事实上，‘机构投资者’这个称呼，现在听起来与‘超级小虾’‘女子摔跤手’‘廉价律师’等称号一样，正在变得越来越自我矛盾。”（1986 年信）

辅读：无论是美国股市，还是中国股市，在过往的数十年里，股票换手率要么经历一个从低到高的过程（美国），要么就是一直高居世界榜首，以百分之数百的比率傲视群雄（中国）。你要说这里面全是来自业余投资者的贡献，恐怕难以服众。事实上，有研究资料显示，美国机构投资者的股票换手率与几十年前相比已经快了很多。中国股市呢？政府大力发展机构投资者的初衷，是想让它们成为引导市场进行理性投资的中坚力量，但事实似乎不尽如人意。数年前我曾经接触过一个基金经理，他的季度换手率就已经高达百分之数百，真不知他的年度换手率会有多少。

选美比赛

“市场上有所谓的‘职业投资人’，他们掌管着数以 10 亿计的资金，就是这些人加剧了市场的动荡。本来应当聚焦于企业未来发展方向的一群人，反而专门去研究其他基金经理人的近期动向。对他们来说，股票不过是游戏中的筹码，就像是大富翁游戏中的棋子一样。”（1987 年信）

辅读：盯住他人，其背后原因要么是怕被自己的同行超越（指基金净值的短期变动），要么就是他高度认同凯恩斯的“选美比赛”理论。下面这段话摘自《漫游华尔街》：

凯恩斯在描述股市参与技巧时，运用了一个英国同胞易于理解的类比：在报纸举行的“选美竞赛”中，参赛者必须从 100 张照片中评选出 6 张最美丽的面孔，谁的选择与参赛整体的判断最为符合，谁就赢得奖金。聪明的投资者认识到，个人的审美标准在决定胜者的过程中无关紧要。若想取胜，一个较好的策略就是选择其他选手也可能喜欢的面孔。这种逻辑往往具有“滚雪球”效应，毕竟其他参赛选手也拥有敏锐的知觉。因此，最佳策略便成为预测大家互相估计的结果，而不是挑选个人认为最漂亮的面孔，也不是挑选其他参赛者可能喜欢的面孔。这就是英国“选美比赛”的技巧所在。

越跌越卖

“他们的做法中一个极端的表现，就是所谓的‘投资组合保险’。这是一种在 1986 到 1987 年间广为基金经理人所喜爱的策略。这种策略有点像小投机者手中的止损单，当投资组合净值或指数期货价格下跌时，原自动增加的股票组合或股指期货仓位须自动开始卖出操作。这一策略不需要给出其他任何限定条件，只要成交价下跌，就会自动涌现出巨额的卖单。Brady Report 显示：在 1987 年 10 月中旬，有高达 600 亿到 900 亿美元的股票曾经面临一触即发的险境。

“如果你认为投资顾问是被请来管理投资的，那么上面所说的策略就一定把你搞糊涂了。试想一下，一个理性的买主在买下一家农场后，会不会因为隔壁农场最近以较低的价格出售，就让其不动产经纪人开始寻求新的买主？或者，你会不会一大早起来就要把你的房子卖掉，因为 1 分钟前你听到隔壁的房子正在以比几天前更便宜的价格求售？

“以上所说正是投资组合保险这项策略指示退休基金——当他们持有福特或是通用电气部分股权时——应当采取的操作模式。操作的背后逻辑是，所持公司的价值越是被低估，就越应该尽快把它们给卖掉。按照这种逻辑，还应当要求投资机构在股价大幅反弹时再把它们给买回来。一想到有这么多的资金掌握在身处爱莉丝梦游仙境中的经理人手中，那么你对股票市场总会有如此不寻常的表现也就不足为奇了。”（1987 年信）

辅读：至今我还模糊记得当年在中国香港发生的一件事：美国 1987 年股灾时，香港股票交易所为了避免出现更大的恐慌，果断决定停市三天（大致）。但由于全球股市一路持续快速下跌（别忘了投资组合保险机制），等再次开市时，市场仍不见好转，香港投资者因此抱怨港交所让他们失去了减少损失的宝贵时间。看来投资组合保险的运行逻辑倒是很清晰：下跌带来恐慌，恐慌则进一步加剧了下跌，直至出现惨烈的“踩踏”事件。

大错特错的结论

“然而，许多评论家在观察最近发生的事时归纳出了一个不正确的结论，他们喜欢说的一句话是，当股票市场由这些行为轨迹飘忽不定的机构投资者所掌控时，小投资人根本一点机会也没有。这种结论实在是大错特错！只要能够坚持自己的投资理念，这样的市场对任何投资者都是有利的。事实上，当手握重金的基金经理人热衷于非理性的投机性操作时，反而让真正的投资人有更多的机会去进行有智慧的投资。在这样一个动荡不安的股市中，只要投资人不会因为财务或心理上的压力而被迫让自己在不当的时机把手中的股票给卖掉，他就不会受到伤害。”（1987 年信）

辅读：不可否认，机构投资者身上有许多业余投资人没有的专业优势。但我们也不能否认，特别是在今天看来，机构投资者身上也有许多一个业余投资人无须触碰的劣势（有兴趣的读者可去看《选股战略》一书的“华尔街时差”一节）。如果业余投资人再肯努力一些，去尽量修补身上的不足，不断提高自己的投资素养，则完全有望让自己的投资业绩不输给甚至战胜那些职业投资人。正如巴菲特在纽约证券分析师协会演讲时所言：“几乎任何一个行业的专业人士，总体上讲要比外行的业绩要好。但是基金管理这个领域是个例外。”

巴菲特 1987 年的“抄底”行动

“过去的几年，我们在股票市场没有发现有什么值得去做的。在 10 月股价暴跌时，有几只股票曾跌到我们感兴趣的价位，不过我们没有能够在它们反弹之前及时买入。到1987年底，除了几只永久持股与一些短期套利之外，我们并没有任何大的操作（指5000万美元以上的买卖）。不过你们可以放心，市场先生一定会给我们机会的。到时，我们一定会好好地把握住。”（1987年信）

最后一段摘录只是提供一个小插曲，与本节的讨论内容没有什么太直接的关联。不过那些认为巴菲特在1986年清仓，在1987年股灾中抄底的投资者，不妨把上面的这段话再复读一遍。

抓要点：机制偏差左右着机构投资者的行为模式。

关键词：旅鼠、运动过度、农场、非理性投机、有智慧的投资。

第十节 投票机与称重器

迷雾 长期投资，股价不反映业绩怎么办？

解析 股市短期是投票机，长期是称重器。

过去许多年来，市场一直流行着这样一种看法：公司股价与公司业绩很多时候并不同步。极端情况下，不仅不同步，甚至还会背道而驰。在巴菲特看来（思想来源于格雷厄姆），股市短期是投票机，长期是称重器。

盯住比赛

“追随格雷厄姆的教诲，查理和我是以企业的经营成果，而不是它们每天甚至是每年的股价变化来判断投资是否成功。市场或许会暂时忽略一家经营成功的企业，但这些企业终将会获得市场的肯定。就像格雷厄姆所说的：‘短期看，股票市场是一个投票机；长期看，它是一个称重器。’一家成功的企业是否能很快地被认可并不重要，重要的是这家企业的内在价值能否以令人满意的速度增长。事实上，迟到的市场认可有时是个优势，它能让我们有更多的机会以便宜的价格买进它的股份。”（1987 年信）

辅读一：在 1934 年版的《证券分析》中，格雷厄姆首次提出了“投票机”概念：“被我们称作分析要素的，它们对市场价格的影响是部分的和间接的。说它是部分的，是因为纯投机因素也经常从相反的方向影响市场价格；说它是间接的，是因为它要通过人们的感觉和决定才能产生作用。也就是说，市场不是一台根据证券的内在品质而精确地、客观地记录其价值的计量器，而是汇集无数人部分出于理性、部分出于感性选择的投票机。”

辅读二：在《聪明的投资者》一书中，格雷厄姆提到了“称重器”问题：

“让我再一次指出，投资成功与否应该用长期的收益或长期市场价格的增长来衡量，而非短时间内赚取的差价。成功的最好证明在于，股票价格在一个普通市场水平上，在连续的平衡点之间，所表现出的上升状态。在大多数情况下，这个合理的价格行为将与平均收益、红利和负债表状况很好地改进相伴随。”

辅读三：在《聪明的投资者》一书中，格雷厄姆也提到了“盯住比赛”的问题：“依我看，市场价格信号给投资者误导的次数不比有用的次数少。从根本上讲，价格波动对真正的投资者只有一个意义：当价格大幅下跌后，提供给投资者买入机会；当价格大幅上涨后，提供给投资者出手的机会。而其他时候，他如果忘记股票市场而把注意力放在股息收入和公司运作上，将会做得更好。”

辅读四：关于市场长期是不是称重器的问题，我们最早还可追溯到 1924 年出版的由埃德加·史密斯所著的《用普通股进行长期投资》一书：“我们发现作用于普通股的有一股力量，它总是倾向于增加自身的资本价值。这种力量源于公司利用未分配利润进行再投资的收益。我们还发现，我们经常极为不幸地在市场上升期的最高点买入，因为市场均价低于买入价的时期不会持续太久；然而即使我们在最高点买进了，也很有希望在一段时间后收回成本。所以说，就算是在最极端的例子里，我们面对的主要风险也只是时间而已。”

辅读五：我们下面再来看两张表，看看市场是不是一台称重器。

表 4.7 投资 1 美元的股票回报（1926—1990 年）

	18 家最优质企业	18 家对照公司	大盘指数基金
期末净值	6 536	955	415
年均回报（%）	14.66	11.32	9.87

资料来源：《基业长青》

表 4.8 黄金 10 年与暗淡 10 年的投资回报与总回报（%）

	20 世纪 70 年代	20 世纪 80 年代	70 年代 +80 年代
基础回报率	13.3	9.6	11.6
投机回报率	-7.6	7.8	-0.1
市场回报率	5.9	17.6	11.5
初始市盈率	15.9	7.3	15.9
期末市盈率	7.3	15.5	15.5

注：基础回报：来自于利润增长和现金股利的回报；投机回报：来自于市盈率变化的回报。
资料来源：《伯格投资》

相同的速率

"可口可乐与吉列可以说是当今世界上最好的两家公司，我们预期他们的利润在未来几年还会以惊人的速度增长。假以时日，我们所持有的股票市值也大致会以同等的速率增加。"（1991 年信）

辅读一：表 4.9 也许能为巴菲特的上述观点提供一些佐证。

表 4.9　股市 125 年历史考察：基础回报与市场回报的差距

滚动持有期	≥2%	≥5%	≥10%
1 年	94%	84%	68%
10 年	62%	27%	3%
25 年	23%	0%	0%

注：基础回报：企业利润增长率和股息率；市场回报：股票价格增长率。
资料来源：《伯格投资》

辅读二：其实大家都可以长期追踪一个数据：你所心仪股票的每股收益与每股价格的长期增长情况，看看它们是否能像巴菲特所说，"大致会以同等的速率增加"。

辅读三：巴菲特在 1993 年的致股东信中，提到了可口可乐的长期股价变动，为自己的上述观点提供了一个具有很高说服力的实证研究："让我为各位上一堂历史课：1919 年，可口可乐股票以每股 40 美元的价格公开上市。到了 1920 年末，由于市场看淡可口可乐的前景，公司股价从而下跌了 50% 至每股 19.5 美元。到了 1993 年底，如果投资人将收到的所有股利全部用于买回可乐股票，则股票的市场价值将会变成 210 万美元。"

两条线

"在去年的致股东信中我曾向大家报告，当伯克希尔的股价达到每股 36000 美元时，它代表着：（1）伯克希尔过去几年的股价表现已超越其内在价值的增长——尽管后者的增长幅度也相当令人满意；（2）这种情况绝无可能无限期地持续下去；（3）查理和我认为在这个价位上伯克希尔的价值没有被低估。

"自从我提出这些警告之后，伯克希尔的内在价值又大幅地增加了，主要原因在于 GEICO 的惊人表现（关于这点我在后面还会向大家详细报告）。而与此同时，伯克希尔的股价却基本维持不动。这当然就意味着 1996 年伯克希尔股价的提升低于其在生意上的表现。基于此，目前公司的价格与价值比，相较一年前又有了很大的不同，查理和我认为它们已处于比较合理的状态下。”（1996 年信）

辅读：从这段话里我们可以想象出这样一种情景，每家上市公司都有两条长期增长曲线：（1）每股收益增长曲线；（2）股票价格增长曲线。如果我们给它们一个相同的基期，那么就会清晰地看到两条曲线的长期变动情况。当每股收益线长期走在股票价格曲线的上方时（适度参考基期以前的数据），可能就预示着公司的股价已被市场低估；当每股收益曲线长期走在股票价格曲线的下方时，可能就预示着公司的股价已有被市场高估之嫌。

最后，我们用巴菲特在 1969 年致股东信里的一段话作为本节讨论的结束：“格雷厄姆说过：短期看，股票市场是投票机；长期看，股票市场是称重器。我一直认为，由基本原理决定的重量容易测出；由心理因素决定的投票很难评估。”

抓要点：股票市场短期看是投票机，长期看是称重器。

关键词：（长期的）经营成果、（短期的）股价变化、同等速率。

第十一节　平庸的回报

迷雾　**巴菲特是如何看待美国业余投资者的？**

解析　**投资回报要么很平庸，要么惨不忍睹。**

在历年的致股东信中，巴菲特很少聊他对业余投资者的看法（除了让大家投资指数的那几段话）。时间到了 2004 年，面对业余投资者不尽如人意的投资回报，他在当年的致股东信里谈了自己的看法。

“过去 35 年来，美国企业交出了一份很不错的成绩单。投资人只需以分散且低成本的方式构建一个投资组合——比如买入某些人从未接触过的股票指数基金——就可以获得基本相同的回报。然而实际情况却并非如此：大多数投资人的回报要么非常平庸，要么惨不忍睹。

“究其原因，我认为主要有三：首先是成本太高，比如投资人的交易过于频繁或者是花太多的钱在投资管理费上；其次，投资决策要么是基于小道消息，要么是基于市场热点的切换，而不是经过个人的深思熟虑或数量化的价值评估；最后，浅尝辄止的方法加上在错误的时点进入（如在股价已上涨多时的高点介入）和在错误的时点放弃（如在股价长期下跌后的盘整中割肉出场）。投资人应当明白，情绪上的波动与投资中的成本支出是其成功的大敌。如果大家一定要坚持选择进出股市的时机，就应尝试着让自己在别人贪婪时恐惧一些，在别人恐惧时贪婪一些。”（2004 年信）

尽管巴菲特自己说是 3 条原因，不过我倒是读出了 5 条：（1）高昂的成本（主要是指摩擦成本）；（2）喜欢耳语股票（巴菲特好像说过：破产的最快办法就是 100 万美元 + 耳语股票）；（3）追逐热点（读者可参阅《漫游华尔街》一书)；(4)时机选择(巴菲特说过，没有人可以持续看对股票市场的短期走势)；(5)投资策略多变(一项研究资料显示，在某种前提下，投资成功的一个基本要素就是要有稳定的策略)。

下面这张表给出了美国股市上个世纪后半叶几个时间段的(名义)回报。

表4.10 股票名义收益率(%)

时间	1950—1960	1960—1970	1970—1980	1980—1990	1990—2000	1950—2000
收益率	17.9	8.1	6.7	16.1	17.1	13.0

资料来源：《投资收益百年史》

根据巴菲特的论述，我们可以大胆猜测，绝大多数美国业余投资者(包括为数不少的职业投资者)的投资回报应远低于表中给出的数据。

关于一个业余投资者(其实机构投资者也是如此)应当如何去正确投资，过去数十年来已有许多经典的论述，下面我们就摘录几条，作为本节讨论的辅读资料。

因为股市上涨而买进，同时因为股市下跌而卖出。这种做法是与其他商业领域的合理经营原则背道而驰的，而且很难在华尔街取得长久的成功。根据我们自己长达50余年的市场经验和观察，我们从来没有发现过一个依据这种“追随市场”的方法而长期获利的投资者。我们可以大胆地认为，此种方法无疑是荒谬的，虽然它仍然十分流行。

——格雷厄姆《聪明的投资者》

人类的本性使他们成为非常精明的股市时机预测者，心不在焉的投资人不断经历着三种心态的转换：关切、自得与投降。投资人关切股市是否下跌，或者经济是否转坏。这些情况让他不肯趁低价买进好公司的股票。在他以较高的价钱买入股票后，他自得地看着股价继续上扬。此时，正是他应该查看一下股价基本面的时刻，但他没有行动。最后，当他的股票开始下跌，最后跌到买入价格以下，他投降了，心慌意乱地卖掉股票。

——彼得·林奇《选股战略》

那些能够预测未来的投资者，应该在市场即将启动时满仓，甚至是借钱买入，而在市场即将下跌时及时撤出。不幸的是，这些声称能够预测市场走向的投资者，常常显得口气大于力气(迄今为止，拥有预测能力的人我一个也没见过)。我们自认为无法预测证券价格的走势，我们接受劝告，从事价值投资，这是一种在所有投资环境下都是安全和成功的投资策略。

——塞斯·卡拉曼《安全边际》

在买股票的时候要切记：要投资于真正的价值。不要受市场走势或者经济前景的影响。一个聪明的投资者明白，股市事实上是一个“关于股票的市场”。虽然某一只股票有可能由于强劲牛市的出现而在短时间内被拉高，但最终，实际上是这一只股票决定了股市，而不是股市决定了这只股票。如果投资者只关注于市场走势或者是经济前景，他们可能是没有意识到个别股票能够在熊市的情况下上涨而在牛市的情况下下跌的含义。

——约翰·邓普顿《约翰·邓普顿先生的金砖》

抓要点：要认真总结前人的经验教训。

关键词：（摩擦）成本、交易频繁、小道消息、追逐热点、浅尝辄止、错误的时点。

第十二节 宴会打嗝

迷雾 **关于公司治理，巴菲特这个大股东兼CEO谈过什么看法吗？**

解析 **他的重点关注之一：董事会能否选出一个称职的管理团队。**

在中后期的致股东信中，巴菲特比较多地谈了公司治理问题。本节讨论的内容主要来自1988、1993和2002年的致股东信，话题则主要围绕两个内容展开：（1）什么样的股权结构会产生称职的董事会；（2）什么样的董事会能催生出一流的管理层。

管理层的铁饭碗

“以我们近距离的观察，他们[①]的表现与许多公司的CEO形成了鲜明对比——所幸我们一直能与后者保持安全的距离。尽管有时这些CEO们经常做出一些与其职位不相称的事情，但他们却总是能保住自己的饭碗。企业管理中最为讽刺的一件事就是：不胜任的CEO要比不胜任的部属更容易保住其职位。”（1988年信）

辅读：当巴菲特说“最”为讽刺时，我觉得这与他一贯的管理思想有关。董事会的职责之一（甚至有时可视为最重要的职责）就是选出一个称职的管理层并监督他们的工作。如果公司CEO不管表现如何都能“保住其职位”，这显然是不能接受的。

原因一：模糊的标准

“假设一位新入职的秘书被要求在一分钟内能够打80个字，如果发现她

① 注：指巴菲特3家永久持股公司的经理人。

一分钟只能打50个字，很快她就会被炒鱿鱼，因为有一个客观的标准放在那里，其工作表现如何很容易就被衡量出来；同样，一个新的销售人员如果在规定的时间内达不到规定的销售业绩，也会立刻被辞退。为了维持纪律，很难允许有例外情形发生。

“但是，如果一个CEO表现不好，却总是可以无限期地支撑下去。其中一个原因，就是没有一套可以衡量其工作表现的客观标准。就算是有，也大多写得很模糊，或者很容易被蒙混过关。即便是过失很严重并且多次发生，也同样是如此。有太多的公司先让CEO把箭射出去，然后再走到墙边把靶心画在箭的周围。”（1988年信）

辅读：当巴菲特说“即便是过失很严重并多次”时，想必有些读者对此会产生一些共鸣。的确，这种现象不仅美国有，在中国，在我们的身边，同样也不乏其例。原因之一就是董事会对CEO的考核标准不但制定得比较模糊，而且还很容易会因各种外部原因最终将这些标准搁置一边。就像巴菲特所说：“先让CEO把箭射出去，然后再走到墙边把靶心画在箭的周围。”这样做听起来好像不合逻辑，但真这样做时，董事会的说辞是很多的。

原因二：其他5条

“另外一个很重要但却很少被关注的情况，是CEO与低层员工之间的差别还在于前者没有一个可以独立评估其表现的监督者。销售部的经理如果雇用了不称职的员工，他会很快发现自己的日子过得很艰难。为了他个人的利益，他会很快纠正这个人事上的错误，否则他自己的地位就会很危险。同样，一个行政部经理如果请到一位无能的秘书，也会遵循相同的行事规则。

“但CEO的上司——也就是公司董事会——却很少检视自己的工作绩效并为企业的表现不佳负责。就算董事会选错了人而且这个错误已长期存在，又能怎样呢？即使因为这个错误导致公司被其他企业收购，通常情况下，也会确保被逐出的董事有一笔丰厚的利益（公司越大，这个甜头就会越多）。”（1988年信）

辅读：在这段话里，巴菲特一共给出了5条原因：（1）CEO缺乏一个独立和有效的监督者；（2）信息传导会逐级弱化；（3）董事会对CEO的考核标准难以量化；（4）董事会自身也缺乏有效的监督；（5）即便公司因管理不善而被其他公司收购，董事们也不会有太大的损失。

很久以前，我记得香港新世界发展集团董事局主席郑裕彤说过这样一番话（大意）：每当我感到工作很疲劳时，我就知道下面的管理层出问题了。问题在于，任何一个层级工作人员的无能，都会很快传导到他的上级身上，然而当这个传导到了 CEO 与公司董事会这个层级时，就会出现明显的弱化，这也正是董事会对 CEO 的表现并不那么“敏感”的原因所在。

原因三：董事会氛围

“最后，董事会与 CEO 之间的关系通常都是融洽的——正如它被期望的那样。在董事会议中，对 CEO 的批评就好像是在社交场合中打嗝一样显得不自然。但是当办公室主任对表现不佳的打字员提出批评时，一切似乎都是顺理成章的。”（1988 年信）

辅读：过去 20 多年来，我大大小小也参加不少次的董事会会议。依照我本人在国内的亲身经历，可以说巴菲特的上述看法在中国是存在的。每次开董事会，CEO（我们以前叫总经理）照例会把去年的工作总结一番，然后交由各位董事进行评估。几乎没有什么例外（除非董事之间有利益纠葛），大家的发言都不痛不痒。CEO 如果表现得很好，大家自然会交口称赞。CEO 如果表现一般，批评之声——如果有的话——一般也都是相当柔和的。

公司股权结构的三种形态

“无论如何，这样的问题让我有必要谈谈近年来一个相当热门的话题：公司治理。总体来看，我相信最近许多公司的董事们已开始挺直了他们的脊梁。现在的投资人比起不久以前，已逐渐地被公司当作真正的所有者来对待。但是评论家们很少对上市公司三种不同的‘经营者与所有者’形态做出区分。虽然在法律上董事们承担的责任是一样的，但在能让公司做出某些改变的能力上，各公司却不尽相同……在这里我们有必要把这三种形态都讨论一下。”

形态一

“第一类，也是目前最普遍的一类：在公司的董事会里并没有一个控股股东。在这种情况下，我认为董事们的行为应该像是公司存在一个缺席的公司所有者，而他们应当以各种有效的方式去确保这位股东的长期利益不会受到损害。然而不幸的是，所谓‘长期利益’反而给了董事们很大的操作空间。如果他们既缺乏诚信又在能力上有所不足，从而导致董事的独立性受损，股东利益就会受到很大的伤害——尽管他们嘴里一直在说他们代表着股东利益。假设董事会运作正常，而管理人员却很平庸甚至很差，那么董事们就必须负起责任将管理人员换掉——就像每一个明智的老板都会做的那样。如果公司管理人员能力尚可，只不过有些过于贪心，不时地会走过界，想从股东的口袋里捞钱，那么董事们就必须及时出手予以制止。

“在这种常见的案例中，当某个董事发觉有不合理的现象时，应该试着说服其他董事认同他的看法。如果他劝说成功，那么董事会就有能力让公司做出适时的改变。假设这位落寞的董事孤掌难鸣，无法获得其他董事的支持，那么他就应该让并不在场的股东知道他的看法。当然，很少有董事真的会这样做。很多董事的秉性与这种具有批判性的行为并不相融。但如果事态比较严重，我认为这样的行动就没有什么不妥。一般情况下，提出异议的董事往往会遭到那些不认同其看法董事的强烈反对，结果就是迫使这个持不同意见的董事最终止步，并被冠之以过于追逐细枝末节并有些非理性。”（1993年信）

辅读：由于股权大多较为分散，美国的上市公司也多多少少存在“所有者缺位”的问题。正是由于所有者的缺位，才有所谓“经理人资本主义”之说。尽管如此，美国公司的所有者缺位与我国的所有者缺位应有着本质的不同。至少，他们的所有者是真实存在的，而我们的所有者则是较为虚幻的。记得年轻时看过一本书（书名记不起来了），里面写到有一位苏联的母亲带着自己的儿子去动物园玩，当她们看到一只长颈鹿时，她问孩子：你知道这只鹿是谁的吗？面对小孩期待的目光，我记得这位母亲是这样说的：它是属于我们每一个人的……

形态二

“第二类形态正好出现在伯克希尔身上——具控制权的大股东担任公司经理人。在某些公司，通过将公司的股权分成具有不同投票权的两个类别，也会产生类似情况。在这种情况下，董事会明显不再处于公司股东与经理人之间的代理人地位，除非经由劝说成功，否则董事会很难发挥其应有的影响力。因此，如果大股东自身能力平平或情况更糟（也包括不适当的‘走过头’），董事们除了表示反对外别无他法。如果那些与大股东（也就是经理人）没有什么关系的董事们能联合起来提出反对意见，或许还管点用。但一般不会出现这种情况。”（1993 年信）

辅读：我不知道有着类似股权结构的其他美国公司其董事会在公司管理上能发挥多大的作用，但在伯克希尔公司，董事会的影响力应当高于其他的美国公司。原因有二：（1）巴菲特这个大股东兼 CEO 一直有着较强的小股东意识（或可称为“合伙人情结”）；（2）公司董事会成员中有不少人都持有大量的伯克希尔股票（即他们又是董事，又是股东）。

对比我国的情况，公司形态（二）表面上看好像比较契合我国国有企业的股权结构与公司治理结构，但实际上则似是而非。道理很简单，那些掌控公司控股权的大股东们并不是实际的股东，只是代表一个虚幻的股东在行使职权而已。因此，这种股权结构下的董事会，想指望他们能为股东（包括那些已买入公司股票的小股东们）利益的最大化而行事，几乎等于天方夜谭。

形态三

“第三种情况是公司拥有具控制权的大股东，但却不参与公司管理（股权结构形态三）。这种形态在现实社会中有 Hershey 食品与道琼斯公司等，具体做法就是让外部董事具有足够的影响力。如果这些董事对管理人员的能力或诚信不满意，他们可以直接向大股东反映（大股东可能是，也可能不是董事会的成员）。这种状况很适合外部董事发挥作用，因为他只需将自己的不满向一个或许有着直接利害关系的大股东报告，而当报告具有足够的说服力时，后者马上就会采取行动。尽管如此，对现状不满的董事也只能循此单一途径发挥作用。如果他对事情的处理结果不满意，除了选择辞职似乎别无他法。”

辅读：具体到我国的国有或国有控股企业，它们到底是属于巴菲特所说的第二种公司股权结构，还是第三种公司股权结构，我看还真不好说。要说它们有控股股东并在其位、谋其政，但股东其实是虚的；要说他们的大股东虽然存在但不参与公司管理，似乎也与事实不完全相符。巴菲特这里给我们描述的三种股权结构是否适用于我国，我暂时没有答案。

最佳公司治理形态猜想

“逻辑上，第三种形态最能够催生一流的管理层。在第二种形态下，公司老板不可能把自己给解雇掉；第一种形态下，董事们会常常发现他们其实很难去影响那些表现平庸或捞过界的经理人。除非那些有意见的董事能够获得董事会大多数人的支持（这是一件艰难的社交活动），否则——特别是当管理层的表现尽管可恨但又罪不至死的时候——他们的手脚通常都是被牢牢捆绑住的。实践中，被禁锢在这一状况中的董事通常会这样说服自己：留在董事会，或许还能做点力所能及的补救工作。与此同时，公司管理层则可以继续为所欲为。

“在第三种形态下，大股东不需要进行自我评估，也不必自我担心如何取得多数人的支持。与此同时，他还可以确保所有的外部董事都将受到仔细的筛选，董事会的总体素质也将由此得以提升。作为回报，这些被选中的董事也都清楚自己的正确建议应该讲给谁听，而不是被强硬的管理层仅当作耳边风。如果大股东本身有智慧且有足够的自信，他也可以自我筛选出一个有能力且能以股东利益为导向的管理层。而且更加重要的是，他能随时改正自己所犯的错误。”（1993 年信）

辅读：第一种形态属于“经理人资本主义”，因此难以产生一流[①]的管理层；第二种形态尽管属于“投资人资本主义”，但如果大股东才能有限，董事会也是无能为力的；第三种形态是否能催生一流的管理层，在美国也许行，在中国，这个猜想也许并不适用。我们不妨想一个问题：华侨城（央企）的任克雷与万科（股权分散）的王石，谁更优秀？

抓要点：美国的股权结构及其公司治理大致有三种模式。

关键词：模糊的标准、蒙混过关、独立评估、丰厚的利益、打嗝、三种形态。

---

① 注：所谓一流，按照巴菲特的一贯思想，最重要的是事事要以股东利益为先。

第十三节　独立董事

迷雾　**对基金的公司治理问题巴菲特有过什么看法吗?**

解析　**有，比如独立董事不独立。**

在聊公司治理的话题时，巴菲特不仅谈了一般性商业企业，也谈了很多基金公司的公司治理问题，如独立董事不独立的问题。下面，我们就将巴菲特的有关看法分成几个小专题分别介绍和讨论。

独立董事的素养

“目前外界正在大声疾呼的是‘独立董事’制度。公司确实需要在思想与言论上都能独立的董事，但他们同时也需要有丰富的商业素养、有较高的工作兴趣并且切实能够以股东利益为导向，而这些就是我1993年的那篇文章中所提出的关于一个独立董事本应具备的三项基本条件。”（2002年信）

辅读：1993年信中的原话是这样说的：“至于董事的聘请条件，他理应具备丰富的商业经验、对这项工作有兴趣、能以股东利益为导向。”尽管当时巴菲特提出这三项标准时，指的是所有董事，但显然包括了独立董事。

三缺一

“过去40多年来，我曾经担任过19家上市公司的董事（伯克希尔不算在内），至少与250位董事进行过互动交流。他们中的绝大多数都符合目前外界所订立的‘独立董事’标准，但对于我在前面提到的三项基本条件，他们至少缺乏其中的一项。”（2002年信）

辅读：所谓三缺一，重点指的应当是董事的第一或第三项标准。当董事酬金较高时（后面还会谈到），被邀请的董事在一般情况下都是会有“较高工作兴趣”的。然而这位董事是否具有“丰富的商业素养”，特别是是否处处“能够以股东利益为导向”，就是另外一回事了。按照巴菲特的语境，这个问题显然没有得到很好的解决。

选择沉默——包括我自己

“这样的结果，导致他们对于股东权益的保护与促进作用极其有限，有时甚至还会是相反的。这些人虽然称得上正派与睿智，但对于相关产业的了解却极其有限，也不会站在股东利益的立场上去质疑不当的购并或不合理的薪酬计划。至于我个人的表现，我必须坦率地承认往往做得也不够好。当公司管理层做出有违股东利益的提案时，通常我也会选择沉默。每当这时，就代表和谐感战胜了独立性。”（2002 年信）

辅读：如果巴菲特都选择沉默，其他所谓的独立董事会怎样做是可想而知的。这里提供一个与巴菲特有关的新闻事件，从中可以看出，当巴菲特说“我也会选择沉默”时，他并没有说假话。先来看 2014 年 5 月 3 日来自凤凰财经的报道：

北京时间 5 月 3 日晚间消息，巴菲特股东大会的第一个问题就是关于可口可乐高管薪酬的问题。此前可口可乐准备为高管发行新股和期权，这将稀释现有股东的权益。据《华尔街日报》报道，巴菲特私下曾对此表示不满，但作为可口可乐的大股东，股神麾下的伯克希尔没有对计划投反对票而是投出了弃权票。巴菲特解释道，即便认为此计划规模过大，存在稀释作用，但伯克希尔并不打算为此跟可口可乐“宣战”。

还记得我们之前有关管理层股票期权的讨论吗？尽管巴菲特不喜欢公司为管理层发放股票期权，但当可口可乐这样做时，作为股东兼董事的巴菲特竟然投了弃权票。不过此事后来又发生了逆转，请看 2014 年 5 月 1 日来自媒体的另一篇报道：

可口可乐可能会屈服于来自亿万富翁投资者沃伦·巴菲特的压力，在其高管薪酬计划明年生效之前对其进行修改。这一消息来得太突然，刚刚在上周，可口可乐股东们投票批准了可口可乐的高管薪酬计划，当时巴菲特拒绝投反对票。巴菲特持有可口可乐价值 159.8 亿美元股票，占该公司股份比例为9.1%。巴菲特先生在最近与可口可乐首席执行官穆泰康的三次谈话中都声称自己对该计划持保留意见。……巴菲特曾多次表示，他讨厌严重依赖股票期权的薪酬计划，称之为发给高管们的“彩票”，它们往往会产生规模巨大的奖励。……巴菲特表示，他从外部已经对可口可乐的管理非常清楚，所以他认为这一薪酬计划是过分的。巴菲特在接受《华尔街日报》的采访时表示：“我反对这个计划，他们知道这一点。”

后来的事情最终是怎样收尾的，我没有再追踪下去。不过我们从此事中多少可以解读出一些微妙的东西。

独立董事的两项重要职责及实际执行情况

“让我们进一步探讨董事独立性挫败的问题，并参考一项关于过去62年来包括数千家公司的调查研究。自1940年以来，联邦法令规定投资公司（其中绝大部分为共同基金）中必须有一定比例的独立董事。最早的要求是40%，目前则提高至50%。但不管怎样，共同基金的董事会构成中，独立董事占据大多数的现象还是比较普遍的。

“这些董事及董事会表面上肩负着许多责任，但实际上只有两项职责最为重要：一是努力找到最优秀的基金经理人；二是为投资人争取到最低的管理费。当一个人在为自己寻求投资帮助时，这两个条件应该是最要紧的。同样，承担投资人信托责任的董事们，也应该把实现这两个目标作为自己首要的工作职责。然而实证显示，这些独立董事在这方面的表现却乏善可陈。”（2002年信）

辅读：为何在“独立董事占据大多数”时，他们的表现仍然是“乏善可陈”呢？这不禁让我想到两个并不复杂的问题：（1）当独立董事的酬劳由所聘公司支付（特别是当这笔酬劳在他的整体收入中占比不低）时，所谓的“独立性”还剩多少？（2）当一个人的酬劳由某甲支付，他会有多大动力因为要维护某乙的利益而去和某甲据理力争？

目前，我国也在上市公司和公募基金中引入了独立董事制度，也都有人数及占比的限制，在某些委员会里更是有硬性的规定。但如果上述问题没有解决好，那么当美国那边“乏善可陈”时，你估计我们这里是否会风景这边独好？

执行力欠缺一：选人

“数以千计的投资公司董事会每年都要聚会一次，以行使他们的重要职责——为其背后所代表的数百万投资者选择一个适当的人选来管理他们的私人财富。年复一年，A 基金公司选择的都是经理人 A；B 基金公司也总是选择经理人 B……其工作程序就像是一群僵尸一样一成不变。偶尔也会有董事提出反对意见，但大部分时候，即使现任基金经理人的表现非常不尽如人意，他们也一样视而不见。我想，要等到这些可以独立行使职务的董事们提出更换基金经理的建议，恐怕连猴子都能够打印出莎士比亚戏剧了。当然，这些人在处理自己的资产时，肯定会及时解聘不称职的基金经理人。但他们在受托管理其他人的资产时，却通常不会这样做。”（2002 年信）

辅读：尽管基金与基金经理的评估都不是一个简单问题，但也并非不可为。例如，如果某个基金经理连续 4 ~ 5 年的业绩都很糟糕，这还是能够说明一些问题的。这时，关于是否需要更换这个基金经理的讨论就需要提到议事日程上来。但从巴菲特描绘的情况来看，此事进行的好像不尽如人意。至于我国的情况，似乎也没有那么简单。有些基金管理公司可能会比较严格，有些基金公司可能并不如此。特别是当衡量基金经理的能力与一场没完没了的短期净值比拼联系在一起时，对基金与基金经理的评估就会变得更加扑朔迷离，甚至有些荒诞的味道了。

执行力欠缺二：费用控制

“投资公司的董事们同样也没有能够为投资人争取到一个合理的管理费（就像很多美国企业的薪酬委员会未能将该公司 CEO 的薪酬限制在合理范围内一样）。如果换作是你和我得到授权，我可以向各位保证，通过与绝大多数基金经理人谈判，我们能很轻易地大幅降低其管理费。不过也请你相信，如果董事们被告知那些被他们节省下来的管理费，其中会有一部分归其所有，我保证基金管理费一定会大幅降低。然而在现有制度下，降低管理费对于董事们来说一点好处都没有，但对基金经理人来说则事关重大。所以，猜一猜谁会胜？”（2002 年信）

辅读：这段话告诉我们，如果谈判的一方换成是巴菲特，或者“节省下来的一部分管理费可以归独立董事所有”，那么基金公司的收费标准会大幅度降低。这就说明基金公司的收费存在很大的下降空间。那么这个下降空间究竟出在哪里呢？我本人猜想，可能来自于对基金公司相对回报的评审中。我们都知道，过去数十年来，美国80%左右的基金公司回报不如标普500指数。与此同时，绝大多数的基金公司却照样收取同样的基金管理费。这也许就是巴菲特所说需要大幅调低收费标准的原因吧。

弱执行力的原因

“现实的情况是，不论是按过去几十年来用于约束投资公司董事的旧规则，还是按旨在建立美国企业行为规范的新规则，都无法保证能选出真正具有独立性的董事。按照上述两种规则，当一个董事的收入百分之百来源于董事酬劳——并且他会试图通过担任更多的董事去提升自己的收入水平——时，这个董事才被视为独立的。这是完全没有道理的。按照这个逻辑，担任伯克希尔董事的Ron Olson律师反而是不独立的，因为他每年从伯克希尔收取的费用仅占其个人总收入的3%，而且这3%的费用还是来自于他为公司提供的法律顾问服务，而不是董事酬金。但我们可以确定的是，不论这3%的收入来源于何处，都不会妨碍到Ron律师的独立性。然而，如果一个人的董事酬劳占其个人总收入的20%、30%或50%，那么这必将会影响到他的独立性，特别是当他的收入总水平不是很高时尤其会如此。事实上，我觉得这正是美国共同基金目前面临的状况。”（2003年信）

辅读：作为这段话的一个背景是：过去十几年来，美国不断提高了独立董事的酬金，本意是想让他们愿意并认真执行自己的职责。但在巴菲特看来，这样做的结果适得其反。据我知道的情况，我国的基金公司在过去的几年来也在不断提升独立董事的酬劳，少则每月一万，多则可能数万甚至更高。但我们面临同样的逻辑问题：董事酬金的提升是否会让独立董事发挥更好的作用？就以巴菲特上面提到的两种不同情况为例，谁会更“独立”一些呢？

最后的猜想

“薪酬发放上的过量与不合理，无法通过信息披露或是聘请‘独立’董事担任薪酬委员会的委员而进行有效的纠正。实际上，我之所以会被许多薪酬委员会拒之门外，最可能的理由就是因为在这些人眼里，我这个董事实在是过于‘独立’了。薪酬体系的改革只有在大型机构投资者（数目不必多）要求对整个薪酬制度不时进行重新审核时才有可能出现。目前，薪酬顾问这种将‘同业’水平当作薪酬设计基准的做法，恐怕还会持续一段很长的时间。”（2006 年信）

辅读：看来巴菲特还是把希望寄托在“投资人资本主义”上面了，独立董事在他的眼里早已失去本应具有的光芒。至于投资人资本主义的话题，我们等会儿就会聊到。

抓要点：独立董事并不独立。

关键词：三项基本条件、和谐感、独立性乏善可陈。

第十四节 橡皮图章

迷雾 **关于信息披露是否真实的问题，巴菲特发表过什么意见吗？**

解析 **有，比如如何对外部审计师进行管理。**

财务造假、会计欺诈、使用各种财会技巧让企业的信息披露变得云山雾罩，并不是我国特有的情况，美国的上市公司同样如此。如何才能有效治理这个问题？在巴菲特看来，除了其他一些必要的手段外，对公司的外部审计师进行有效的管理，也会有助于问题的解决。

审计委员会需担起重任

“正如我们先前讨论过的，近年来有太多的经理人在公司的财务数据上造假。他们要么使用会计上的，要么使用经营上的技巧来虚构数据。这些手法尽管表面上看起来都合法，但却严重误导了投资者。通常情况下会计师都十分了解这些欺诈的手法，但他们往往会选择保持沉默。所以，审计委员会最主要的职责就是让这些外部的审计师能如实报告他们所知道的事实。”(2002 年信)

辅读：以我国的情况为例（相信美国也差不多），每一家上市公司或基金管理公司的董事会内部通常会下设若干个专业委员会，其中有两个委员会应当必不可少：提名与薪酬管理委员会；审计委员会。所谓审计委员会，它并不直接负责对公司的财务报表进行审计，而是受托对公司的外部审计师进行管理。可以这样说，审计委员会是董事会里一个很重要的委员会。那么，他们对自己的职责履行得究竟如何呢？

不应有的暧昧关系

“要做到这一点，委员会必须能够让这些审计师充分认识到：误导审计委员会的后果，要比得罪管理层更加严重。近几年来，会计师的想法似乎刚好相反。他们往往把公司的 CEO 而不是公司的股东或董事当作自己的客户，这是他们每天都要和管理层一起工作的一个自然结果。他们很清楚，不管审计报告如何写，支付给他们酬劳以及决定他们能否继续为公司服务的是公司的 CEO 和 CFO。近年来，修正的法令依然无法改变这个基本现实。要真正打破双方这种暧昧的关系，唯有让审计委员会十分明确地告知这些审计师：如果不将他们所发现或怀疑的事情和盘托出，将承担巨额的罚金。”（2002 年信）

辅读：为何会出现这种情况，管理外部审计师的不是审计委员会吗？话虽如此，但实际情况则要略显复杂一些。尽管审计委员会对公司的外部审计工作负有监督责任，但每天和这些外部审计师一起工作的却是公司的行政管理人员，“支付给他们酬劳以及决定他们能否继续为公司服务”的，在这些人看来，是公司的 CEO 或 CFO，而不是什么审计委员会。还记得我们以前讨论过的“为面包而歌”的问题吗？如果这些外部审计师认为手中的面包是公司 CEO 给的，那么，一个“聪明”的审计师自然就会对 CEO 唯命是从。

审计委员会的四个问题

“我个人认为，审计委员会可以通过向外部审计师询问以下 4 个问题来实现这个目标（委员会应当将他们的回复全部记录下来并及时报告给公司股东）。这四个问题是：（1）如果是由贵审计师单独负责本公司财务报表的编制，那么你的做法会不会与现有管理人员准备的这份报表有所不同？如是，那么是有重大差异还是非重大差异？如果审计师的做法有任何的不同，那么就需要将管理人员的争辩和审计师的回复同时予以公布，然后由审计委员会来进行评估。（2）如果贵审计师是一个投资人，那么你是否认为已经收到了——用通俗易懂的语言——足以让你清晰了解这家公司在报告期内财务状况所需要的所有信息？（3）如果贵审计师是本公司的 CEO，那么你认为本公司的财务报告是否已经严格遵循了所有你认为必要的编制程序？如果不是，都有哪些差异？原因是什么？（4）贵审计师是否知晓公司管理人员有任何——通过财务或经营上的举措——将公司的收入或费用在不同报告期内进行腾挪的行为？

“如果审计委员会能认真询问以上 4 个问题，那么其组织架构（这是大部分改革的焦点）如何就一点也不重要了。此外，这一做法还可以大大节省时间与成本。一旦审计师能够面对这样的询问，他们就会乖乖地负起自己的职责。否则，嗯，结果想必大家已经知道了。”（2002 年信）

辅读：我们现在所看到的外部审计师报告，给出结论的核心内容大多都是上市公司是否“真实”地记录了当期营运的情况。但如何界定“真实”呢？这里面应当还有很大的腾挪空间，否则，也就没有什么所谓的会计技巧之说了。巴菲特的四个问题，对细化和深化审计委员会的工作职责显然会有一些帮助。如能认真执行，对外部审计师也应能起到一些震慑作用。不过，有哪家公司的审计委员会会真的这样做呢？还记得我们对所谓“董事会氛围”问题的讨论吗？在一片和和气气、欢声笑语中，又有多少审计委员会会对公司 CEO 或 CFO 的工作提出挑战呢？

橡皮图章

“我们列举的这些问题，应当在财务报表正式对外公布的前一周就提出来。这样的时间安排，可以让审计委员会有充足的时间去了解审计师与公司管理人之间存在的差异并将问题予以解决。如果时间定得太紧——比如在审计委员会与外部审计师正在沟通时，公司需要马上公布它的利润数据——这将会使审计委员会在时间压力下变成一个橡皮图章。‘仓促’是‘精确’的敌人。我个人认为，证管会最近缩短公司财报公布时间的做法，将严重影响股东接收到的财务信息的品质。查理和我认为，这样的规定根本就是个错误，应该立即予以撤回。”（2002 年信）

辅读：美国证监会对不同类型和不同规模的公司有不同披露时间上的要求，有些公司需要快一些，有些公司则可以慢一些。不过我倒是觉得“橡皮图章”早已深深嵌入我们讨论过的“董事会氛围”里了，至于信息披露的快与慢会对审计委员会的工作带来什么影响，这只是一个次生的问题。这里我们想要问的一个问题是：从 2002 年巴菲特提出这些呼吁至今，不知有多少上市公司的审计委员会采纳了这些建议？

他们代表的究竟是谁？

“我现在站在自己的肥皂箱上发表演讲，只是因为那些露骨的错误行为不断发生且践踏了数百万投资人的信任。许多业内人士相当清楚事件发生的真相，但没有人敢公开站出来说一句公道话，这最终促成 Eliot Spitzer 检察官以及协助他办案的执法同人开始着手进行一次大清扫。我们敦促那些基金董事们能够将这项工作延续下去。就像全美其他公司的董事们一样，这些受托人士现在需要做出决定：他们代表的究竟是投资人还是公司经理人。”（2003年信）

辅读：巴菲特的这段小结式表述指责的不仅是审计委员会，还有公司董事会以及董事会下设的其他所有专业委员会。作为本节讨论的结束，我想说的是：公司治理问题已经困扰了我们很多年——美国差不多是 100 年，我们则至少也有半个世纪了，但问题仍未解决。就以独立董事为例，无论是美国还是中国的上市公司（包括基金公司），折腾来折腾去，各种政策不知变了多少回，但独立董事难以独立的问题今天依然存在。

抓要点：“四个问题”可有效提高审计委员会的工作成效。

关键词：保持沉默、暧昧关系、四个问题、橡皮图章。

第十五节　所有者资本主义

迷雾　**关于公司治理，巴菲特还发表过什么独特看法吗？**

解析　**所有者资本主义。**

关于什么是“所有者资本主义”（也可被称为“投资人资本主义”），在前作《奥马哈之雾》中有一段描述：

美国的公司治理模式过去100年来经历了三个阶段：家族主导阶段（1930年以前）——人们称之为家族资本主义；经理人主导阶段（20世纪30—90年代）——人们称之为经理人资本主义；机构投资人主导阶段（从20世纪90年代开始）——人们称之为投资人资本主义。至于机构投资者为何从20世纪90年代开始舍弃用脚投票而改为用手投票，主要是因为其资金规模的日益扩充使之已不能像早期那样在股票买卖上可以随意进出，来去自由。

那么，巴菲特所说的“所有者资本主义”，指的是一种什么情况呢？

所有者资本主义的理想状态

理想状态一：同乘一条船

“真正的独立，代表的是当一个处于强势的CEO犯下错误或是干出愚蠢的事情时，董事要有敢于挑战其权威的勇气——这也是公司董事所应具备的最重要的特质之一。可惜，这种特质目前极为少见。只有在下列人群中，我们才有望找到真正具备这一特质的人：品格高尚且其个人利益与公司股东的利益基本一致——最好是高度一致。”（2003年信）

辅读：品德高尚这事儿有点可遇不可求，因此我们先放在一边。接下来的前提条件则是很清晰的：公司的董事必须“与股东利益基本一致——最好是高度一致”。没有这个前提条件，所谓董事的独立性（与其说独立性，不如说他们能为股东利益保驾护航）就得不到保障。那么什么才叫基本一致或高度一致呢？我们接着往下看。

理想状态二：资深乘客

“在伯克希尔，我们已经找到了这样的人。公司现在一共有 11 位董事，其中每一位——包含其家族成员在内——都持有价值超过 400 万美元的伯克希尔股票。此外，他们持股的时间都已延续了很多年。11 位董事中有 6 位董事及其家族，其持有伯克希尔股票的市值已达数亿美元，持股时间更是长达 30 年之久。所有 11 位董事持有的股票与其他股东一样，都是从公开市场用自己的钱买来的。我们从来没有发放过股票期权或有限制权的股票。查理和我喜欢这种较为纯粹的持股方式。毕竟，没有人喜欢去冲洗一辆租回来的轿车。”（2003 年信）

辅读：所谓基本一致或高度一致，说白了就是你和其他股东一样，真金白银投资在公司身上。当公司被比喻成一条船时，什么才叫资深乘客？一来你是一个老乘客，二来你的屁股底下必须压着一大笔钱。在巴菲特看来，只有这样的资深乘客，才衬得起董事这个头衔。

理想状态三：第一落水者

“我们对董事的要求底线是，如果股东赢，他们赢得更多；如果股东输，他们输得更惨。我们的方式或许可以被称之为所有者资本主义。我们不知道还有什么更好的方法可以对独立性做出保障。（不过这样的安排也无法保证一定会有完美的行动——我在许多伯克希尔拥有巨大利益的公司担任董事，但是当一些有问题的决议被橡皮图章一样的董事会表决通过时，我通常会保持沉默。）”（2003 年信）

辅读：在这段话里，巴菲特指出了“所有者资本主义”的前提条件：“股东赢，他们赢得更多；股东输，他们输得更惨”。这里需要强调一下：所谓输赢，是指公司内在价值的长期前景，而不是下一个季度或下一个年度的股价。为何当机构投资者以投资人的面孔出现时，反而引起了一场关于“机构投资者与公司经理人谁更在乎企业的长期前景”的话题之争（相关内容可参阅《罢黜董事长》一书）？原因就在于，有时机构投资者反而比公司经理人更在乎公司的短期表现。

当股东赢，董事赢得更多；当股东输，董事输得更惨时，我们就可以说：如果船翻了，董事们是第一批的落水者。而只有这样我们才能够说：公司进入了“所有者资本主义”状态。

理想状态四：有较高的商业素养

“除了要保持独立性，作为一名董事，还必须具有商业头脑、以股东利益为导向、在其担任职务的公司中拥有真正的个人利益。在这三项条件中，第一项尤为难得，如果缺乏这一项，其他两项的作用也就不大了。社会上有许多头脑聪明、口齿伶俐且受人尊敬的人物，但他们对生意缺乏足够的了解。这并不是他们的错，他们在别的领域或许都可以大放光芒，但并不适合董事一职。同样，如果让我担任一家医学或科技公司的董事，也将不会有任何作为（尽管我有可能是一些喜欢独断专行的董事局主席所欢迎的对象）。我个人的名声或许可以给一份董事名单增添一些光彩，但我可能无法对一项生意决定做出精确的评估。除此之外，为了要掩饰个人的无知，我可能会选择沉默（你可以想象那将是一种什么样的境况）。事实上，如果我的位置由一个盆景来取代，可能也不会带来任何的损失。”（2003 年信）

辅读：如果美国如此，那中国呢？当经济学家、大学教授、社会贤达以及退休的政府官员逐一被高调地聘入公司董事会时，他们是否都符合巴菲特所说的三项标准？

理想状态五：真正独立

“在为公司挑选新董事时，我们沿用一套多年的标准：以股东利益为导向；较好的生意悟性；利益相关；真正独立。我之所以说要‘真正’独立，是因为现在许多被监管当局和市场观察家们看作是独立的董事，其实一点都不独立，因为他们的日常生活在很大程度上依靠的是他们的董事费用。这类以不同形式支付的款项，通常每年在 15 万至 25 万美元左右。这样的收入，与这些‘独立’董事的其他收入已经相差无几，甚至还略有超过。而且——令人惊讶地——董事酬劳在近年来更是出现了暴涨。”（2006 年信）

辅读：跟随美国的脚步，最近几年我国上市公司以及基金管理公司的董事酬金也先后得到了较大幅度的提升。如果按年度算的话，少则十几万，多则几十万的都有。虽然不敢说这些酬金已多到让公司董事的“日常生活在很大程度上”要依靠它们，但数目已多到足以让人不能轻易忽视的地步。在这一前提下，如果董事会氛围再融入一些不健康的因素，所谓董事的独立性就可想而知了。

以上我们介绍了巴菲特笔下关于如何实现“所有者资本主义”的五种理想状态以及伯克希尔公司为此所做的一些努力。那么美国的其他公司做得又如何呢？在巴菲特的眼里，那又是一种什么样的状态呢？

令人心痛的现状

现状一：挪亚方舟上的物品

“芒格和我相信，我们提出的这 4 项标准，是公司董事能够充分履行其职责——即依法忠实地代表股东利益——的基本条件。但现实中，这些标准通常都被大家忽略。取而代之的是，正如那些正在为董事会寻觅董事人选的顾问们以及公司 CEO 们常常所说的：我们要找的是‘一名女性’‘一位西班牙裔’‘一个来自海外的人士’等。他们的工作，听起来好像是在为挪亚方舟存放不同的物体。许多年来，我曾多次被询问有关董事标准的问题，但从来没有人问过我：‘他能否像一个很有智慧的股东那样提出问题？’”（2006 年信）

辅读：这段话如果放在我国国内，是否也同样适用呢？

现状二：伤寒玛丽

“我在去年的股东信中曾提到，尽管我担任了 19 家公司（不含伯克希尔及其控股公司）的董事，但几乎所有这些公司的薪酬委员会都把我视同‘伤寒玛丽’（Typhoid Mary）而避之唯恐不及。只有一家公司邀请我担任了薪酬委员会的委员，但在大多数的关键问题上，我的意见都会立刻遭到多数人的否决。在如何处理公司 CEO 的薪酬问题上面，我的经验可谓丰富，受到如此广泛的排斥，着实有些古怪。不管怎样，我本人是伯克希尔薪酬委员会的唯一成员，为公司旗下近 40 个重要营运事业的 CEO 拍板他们的薪酬和奖励

计划。”（2006年信）

辅读：关于伤寒玛丽，有一则真实的故事：伤寒玛丽本名叫玛丽·梅伦（Mary Mallon），虽然身体一直健康，却携带伤寒杆菌。后来相继传染多人，因此被描述为 Typhoid Mary，最终被隔离在纽约附近一个名为北兄弟岛（North Brother Island）的传染病房。因此，伤寒玛丽也常被人拿来指代那些社会恶习的扩散者，人们总是对其避之唯恐不及。

现状三：客户的游艇

“一家公司提供给 CEO 的薪酬与奖励，很快就会被其他公司复制。‘别家小孩都这样’的想法，对于公司董事会来说也许是过于幼稚了，根本不能构成效仿的理由。然而那些薪酬顾问们可不这样想，当他们向薪酬委员会提出薪酬调整的建议时，正是以此为依据——当然，他们会采用一些更优雅的词语。”

辅读：《客户的游艇在哪里》是小弗雷德于上世纪40年代写的一本书，在书的扉页写着这样一段话：“很久很久以前，在那个可爱的萧条时期，一位外乡人正在参观纽约金融区的景象。当他们到达巴特利时，一位向导指着数条停泊在港口的豪华船只说道：瞧，那些就是银行家和经纪人的游艇。天真的游客于是问：那客户的游艇在哪里呢？”

现状四：他们毫发无伤地离去

“把几家全国最大金融机构业务搞砸的，不是公司股东。然而却由他们承担了最后的结果：在大多数的案例中损失了自己90%甚至更多的私人财富。总计下来，在过去两年4个最大的金融惨败中，这些公司的股东已经损失了5000多亿美元。现在如果说这些股东已被‘解救’（bailed-out）了，那么就是对‘解救’这个词的最大嘲讽。

“然而，把这些金融机构搞砸的 CEO 和董事们，一个个地却都几乎是毫发无伤地离开了。的确，在这场因他们的工作失职而带来的灾难中，他们的私人财富也有一些减损，但总体上，他们豪华的生活水准并没有因此而降低。这些 CEO 和董事们的生活状态应当改变一下了！如果因为他们的工作失误而让公司和国家受到了伤害，他们就应当付出更高的代价，而不是由已被他们伤害的公司或者保险机构来埋单。长期以来，这些公司主管和董事们

已经享受了太多的胡萝卜，是时候在他们的职业生涯中加入一些大棒了。”（2009 年信）

辅读：惭愧，竟一时不知道该说些什么……

抓要点：在公司治理领域，实现所有者资本主义还有很长的路要走。

关键词：高度一致、纯粹的持股、所有者资本主义、商业头脑、真正的独立、大棒。

第十六节　资本利得税

迷雾　**巴菲特是因为美国有较高的资本利得税才进行长期投资的，是这样的吗？**

解析　**当然不是。**

美国股市与中国股市目前有一个很大的不同，那就是美国股市有资本利得税——因卖出股票而获利的部分需交纳所得税——而我国则暂时还没有征收。基于此，我常常听到有人说巴菲特之所以会长期投资，就是因为美国有较高的资本利得税。根据这句话的逻辑可以推论，由于我国没有资本利得税，因此大可不必进行长期投资。事实究竟如何呢？巴菲特选择长期投资只是因为避税吗？本节将围绕这个话题展开讨论。

温克尔式投资

“基于税法运作的方式，我们更偏爱温克尔式的投资（*Rip Van Winkle*），因为与快速进出的方法相比，它有一个很重要的数学优势。下面让我们用一个极端的例子来说明。假设伯克希尔只有 1 美元可用于投资股票，每年都有 100% 的回报，然后我们把股票售出，将售出后的税后所得再用同样的方法重复操作 19 次。那么 20 年后，依照 34% 的资本利得税，我们贡献给国库的总金额为 13000 美元，而我们自己则可以拿到余下的 25250 美元。嗯，看起来还不错。然而如果我们把上述操作转变成一项单次操作，即一次性投资 20 年，最后的股票净值就会变成 1048576 美元。在扣除 34%——即 356500 美元——的所得税之后，可实得 692000 美元。”（1989 年信）

辅读：温克尔式投资的背后是一部著名的短篇小说。

《瑞普·凡·温克尔》（*Rip Van Winkle*）的作者是美国作家华盛顿·欧文。书的背景是荷兰殖民地时期的美国乡村。书中的主人公瑞普为人热心，靠耕种一小块贫瘠的土地养家糊口。有一天，他为了躲避唠叨凶悍的妻子，独自到附近的赫德森河畔兹吉尔山上去打猎。他遇到当年发现这条河的赫德森船长及其伙伴，在喝了他们的仙酒后，就睡了一觉。醒后下山回家，才发现时间已过了整整二十年，人世沧桑，一切都已十分陌生。……他已由英王的臣民变为合众国的一个自由的公民。

这个故事与投资有什么关联呢？其实故事的重点就在于：温克尔在睡了一个长达20年的觉以后，一切都已发生了改变，而巴菲特是借用这个故事中的人物来形容他的长期投资就好比是“睡了一觉”，醒来后一切都已不同。

所得税的支付时点

“之所以会有如此大的差异，原因就在于支付所得税的时点不同。有趣的是，政府从第二种方法所得到的税收是第一种方法的27倍（356500美元/13000美元）——只是他们需要等到最后才能拿到这笔税金。”（1989年信）

辅读：关于“时点不同”，懂现金流折现的读者应当能理解其中的含义。资金是有时间价值的，支付（或收到）某笔资金的时点不同，自然就会有不同的结果。而政府是否会因为一家公司的“避税”而普遍受益，则是另一个故事。公司如果选择温克尔式的投资，等于是把政府的资本利得税给“截留”了下来，而这笔被截留资金的使用效果，自然就决定了政府会否因为资金被截留而受惠。由于伯克希尔每股净值的年复合增长高达20%上下，因此政府不仅没有因资金被截留而受损（仅就投资回报而言），反而最终是增加了收益。

那么巴菲特是否只是因为可以延迟缴纳资本利得税才采用长期投资策略的呢？当然不是，在同一年的致股东信中，他这样写道：“需要指出的是，我们不是简单基于这种算数上的优势而选择长期投资的策略。事实上，经常性地买卖股票反而有可能使我们的税后利润显得更高一些。许多年以前，查理和我就是这样操作的。”

辅读：所谓“经常性地买卖股票反而有可能使我们的税后利润显得更高”，是指当巴菲特选择把“浮盈”的股票进行获利了结时，交完资本利得税后，余下的钱可以计入伯克希尔的当期利润。而如果他选择一直不卖股票，那么投资收益（股票价格的提升）就只能反映在公司的每股净值上，而不是当期利润上。

抓要点：温克尔式投资可以因“避税”而提高回报，但不构成长期投资的基本前提。

关键词：温克尔式投资、数学优势、资本利得税、支付时点。

第十七节　价值投资

迷雾　人们称巴菲特的投资方法为价值投资，他自己又是怎样看待这个问题的呢？

解析　只要是投资，都应当是价值投资。

1996年左右，我当时在香港工作。一位在外资投行工作的朋友（哥伦比亚大学毕业，听过巴菲特的课）来到我的办公室，手中拿着一份资料。翻开资料后，他一边看一边向我说明：巴菲特的投资模式是“价值投资”，而不是我们惯常理解的“价值型投资”。从那以后，我第一次了解到了原来价值投资不同于我们所知晓的价值型投资。巴菲特自己是如何看待这个问题的呢？下面我们就从1992年致股东信中寻找答案。

看法一：总标尺

“我们在股权投资上的操作策略与15年前相比并无什么变化。1977年的年报中曾经指出：‘我们在股票投资时所采用的评估方式与买断一家公司的全部股权没什么两样。我们希望投资对象：（1）能够被我们所了解；（2）具有良好的长远经济远景；（3）由才德兼具的人所经营；（4）有非常吸引人的价格。’考虑到目前两个市场[①]的条件和我们现有的资金规模，我们现在决定将‘非常吸引人的价格’改成‘吸引人的价格’。”

辅读：前文已经讨论过这个问题，这里重新介绍只是想强调：你做到了这四条，就等于是在做价值投资了。不过需要强调的是：以价值为导向的投

① 注：私人股权与证券市场。

资，操作策略其实并不完全一致，有基于企业资产负债表的价值投资，也有基于企业现金流量表的价值投资；有短期的价值投资，也有长期的价值投资。如果你想遵循巴菲特式的价值投资，光符合四条标准还不够，还需要做到知其然，也知其所以然。巴菲特之所以手中有四把尺，是因为他是在以一个企业所有者的视角进行投资。

看法二：关于成长与价值

“或许你会问，如何确定价格够不够‘吸引’呢？在回答这个问题时，大部分的分析师通常都会在两种看起来对立的方法中做选择：‘价值’与‘成长’。事实上，在许多投资专业人士眼里，任何试图将这两种概念予以混合的做法，都像是一个人身着异性服装一样奇怪。

“我们觉得这种观念有些似是而非（我必须承认几年前我也曾受到这一观念的束缚）。在我们看来，这两种方法本为一体。在计算一家公司的价值时，成长是一个不可或缺的变量，这个变量的作用可大可小，其影响可能是正面的，也可能是负面的。”

辅读：这里面的逻辑关系并不复杂：因为是价值导向的投资，所以你要看现金流；要看现金流，就必须计算不同时点上的数据；要计算这些数据，你必须给出它们的成长率。因此，当你想要进行“价值”投资时，根本就绕不开“成长”率这一环节。所谓价值和成长，它们本为一体。

看法三：多余的称呼

“此外，我们认为‘价值投资’这一特别的提法也是多余的。如果所投入的资金不是为了追求相对应的价值的话，那还是投资吗？明明知道所支付的价格已高出其所对应的价值，只是寄望在短期之内可以用更高的价格卖出，这是投机行为。尽管投机行为既不违反法律，也不违背道德，但就我们的观点来看，它也不会让你的财富有所增加（financially fattening）。”

辅读：说起股票的投资风格，我们知道有个成长型投资，还有个价值型投资。前者是为了追求企业的快速成长而甘愿牺牲近期的回报（即高市盈率），后者则因为不看好企业的前景而要求必须有较高的近期回报（低市盈率）。按照旧有的解释，这些都不算是价值投资。所谓价值投资，正像我开头讲的那个故事一样，是基于企业价值的投资。当这个价值表现为不同的形式时，就产生了不同风格或不同含义的价值投资。说到价值投资的风格，我们可以举出格雷厄姆式的，迈克尔·布莱斯式的，约翰·邓普顿式的，彼得·林奇式的以及巴菲特式的，等等。但不论是哪种投资风格，都是基于企业的“价值”进行投资。因此，如果这个称呼只是为了与价值型投资进行区别，则情有可原；如果这个称呼只是想与投机进行区别，则巴菲特的观点是有一些道理的。

看法四：错误的信号

“不管恰当与否，‘价值投资’这个提法已被广泛使用。一般而言，它代表投资人以较低的市净率、市盈率或高股息收益率买入股票。但不幸的是，就算是具备以上所有条件，投资人还是很难确定所买入的东西是否物有所值，从而确保他的投资是以获取价值的原则在进行。相对地，以较高的市净率、市盈率或低股息率买入股票，也不一定就不是一项有‘价值’的投资。”

辅读：我们一起来看两张经简单假设和计算后的表格。

表 4.11　A 公司的股价增长（PE：25；EPS 年均增长率 15%）

	当年	5 年后	10 年后	15 年后	20 年后
每股收益（元）	1	2	4	8	16
市盈率（倍）	25	25	25	25	25
每股价格（元）	25	50	100	200	400
期末股价/期初股价		200%	400%	800%	1600%

表 4.12　B 公司的股价增长（PE：15；EPS 年均增长率 7%）

	当年	5 年后	10 年后	15 年后	20 年后
每股收益（元）	1	1.40	1.97	2.76	3.87
市盈率（倍）	15	15	15	15	15
每股价格（元）	15	21.0	29.5	41.4	58.1
期末股价/期初股价		140%	197%	276%	387%

哪家公司更像价值投资：是高市盈率的 A 公司，还是低市盈率的 B 公司呢？

看法五：成长陷阱

“只有将资金投入到可以带来更多回报的项目上时，投资人才有可能因成长而获益。或者说只有当企业每投入的一块钱可以在未来创造超过一块钱的市场价值时，成长才有意义。那些只能获取低回报却需要不断投入新资金的项目，成长反而会伤害到投资人的利益。”

辅读：我们还是用两组假想的数据来做一个说明（数据不一定严谨）。

表 4.13　A 公司每股收益的变化（每股净值按 10%递增）

	第一年	第二年	第三年	第四年	第五年	第六年
净资产收益率	15%	15%	15%	15%	15%	15%
每股净值（元）	1	1.1	1.21	1.33	1.46	1.61
每股收益（元）	0.15	0.165	0.18	0.20	0.22	0.24

表 4.14　B 公司每股收益的变化（每股净值按 10%递增）

	第一年	第二年	第三年	第四年	第五年	第六年
净资产收益率	15%	14%	13%	12%	11%	10%
每股净值（元）	1	1.1	1.21	1.33	1.46	1.61
每股收益（元）	0.15	0.15	0.15	0.16	0.16	0.16

数据显示，如果是 A 公司，当每股净值逐年递增时，每股收益也会随之增长；如果是 B 公司，尽管每股净值每年仍按 10% 递增，但每股收益却因为净资产收益率的下降而逐年递减。B 公司的业务以及资本需求也许一直在成长，但这种成长，(有可能）“反而会伤害到投资人的利益”。

看法六：价值公式

“John Burr Williams 在其 50 年前所写的《投资价值理论》(*The Theory of Investment Value*）中，便已提出计算价值的公式，我把它浓缩如下：任何股票、债券或企业的价值，都将取决于将资产剩余年限的现金流入与流出以一个适当的利率加以折现后所得到的数值。”

辅读：尽管在某一年的股东会上芒格调侃巴菲特，说自己从未见过他计算一家公司的现金流折现值，但遍览巴菲特历年的致股东信后，你会发现巴菲特并没有说谎——他的确是有计算的，不过计算的方式是否真的每次都列出一个现金流量表（比如像《胜券在握》一书的附表那样），我觉得倒也未必。

看法七：债券是特殊的企业

“请特别注意，尽管这个公式对股票和债券投资同样适用，但两者之间却存在着一个重要且很难处理的差异：债券因为有息票与到期日，因此可以清楚地界定出未来的现金流。但对于股票，投资分析师必须自己去评估未来的息票。此外，管理层的质素对于债券息票的影响相当有限，最多也就是延迟利息的发放。但是对于股票来说，管理层质素的高低将会对‘票息’产生巨大的影响。

“经过现金流折现后，投资人应选择的是价格相对于价值最便宜的投资标的——不论其生意是否增长、利润是否稳定、市盈率或市净率是高还是低。此外，虽然大部分的价值评估显示股票的投资价值高于债券，但这种情况并不绝对。如果计算出来的债券价值高于股票，投资人就应当买入债券。”

辅读：既然债券也有现金流，那么它的内在价值计算也应当等同于股票。尽管整体上讲股票的内在价值应当高于债券，但当债券出现严重的错误定价时，它的投资价值就会显现出来，这也是巴菲特不时会投资债券的其中一个原因。债券是特殊的企业，股票是特殊的债券，这些都是巴菲特带给我们的非常珍贵的投资思想。

看法八：两项准则

“虽然用于评估股权投资的数学计算并不难，但即使是一个经验丰富、智慧过人的分析师，在估计未来‘息票’时也容易出错。在伯克希尔，我们试图用两种方法来解决这个问题。第一，我们试着坚守在我们自认为了解的生意上，这表示它们必须简单易懂且具有稳定的特质。如果生意比较复杂且经常变来变去，那么我们实在没有足够的智慧去预测其未来的现金流。附带说一句：这一点不足不会让我们有丝毫的困扰。就投资而言，人们应该注意的不是他到底知道多少，而是能够清晰地界定出哪些是自己不知道的。投资人不需要做太多对的事情——只要他能尽量避免去犯重大的错误。第二点一样很重要，那就是我们在买股票时，必须要坚守安全边际。如果我们计算出来的价值只比其价格高一点点，我们就不会考虑买进。我们相信，格雷厄姆十分强调的安全边际原则，是投资人走向成功的基石所在。”

辅读：第一条是讲能力圈问题，第二条是讲安全边际问题，由于在相关章节中我们都有讨论，这里就不赘言了。

抓要点：投资自然应当以价值为导向。

关键词：本为一体、多余、价值公式、同样适用、两种方法。

第十八节　白天与黑夜

迷雾　巴菲特是如何看待有效市场理论的呢？

解析　市场“常常”有效与市场“永远”有效的区别如同白天与黑夜。

市场真的有效吗？这个问题差不多已经争论了近半个世纪，直到今天，似乎也没有一个让所有人都信服的结论（再过50年可能也不会有）。因观察的视角不同，争论的各方都有自己的“证据”，且对那些相反观点嗤之以鼻。究竟谁是谁非，这个问题恐怕还要继续争论下去，读者只能在本次的讨论中做出自己的判断。

有效市场争论

关于华盛顿邮报

“1973年中期，我们以不到当时每股内在价值四分之一的价格买进华盛顿邮报的股票。计算价格与价值间的比率并不需要非凡的眼光，大部分的证券分析师、媒体经纪人和经营者跟我们一样，对该公司内在价值的评估大约在4亿至5亿美元之间。但是，市场给出的估值却仅为1亿美元左右。我们的优势在于对此事的态度：我们从格雷厄姆那里学到的是，成功投资的关键是当有着出色生意的公司其内在价值被市场严重低估时，买进他们的股票……

“美好的结局现在你们已经知道了。凯瑟琳·格雷厄姆——华盛顿邮报的CEO——运用其无比的智慧与勇气，一方面通过其极佳的管理才能将公司的内在价值进一步提升，一方面大手笔地以便宜的价格大量买回公司的股票。在此同时，投资人也开始认识到公司具有特殊的经济特质，股价逐步回升到与其内在价值相匹配的位置。在这一过程中，我们获得了三重收益：公司内在价值的提升；股票回购进一步增加了每股价值；随着折价幅度的缩小，股票市值的提升速率快于内在价值的提升速率。除了 1985 年依照持股比例卖回给公司的那些股份外，我们一直持有我们在 1973 年买入的所有股份。至去年年底，持股市值加上已卖出股份的所得合计为 2.21 亿美元。”（1985 年信）

辅读一：从 1973 年的 1000 万美元（当时伯克希尔的持股市值）到 1985 年的 2.21 亿美元，期末净值是期初的 22.1 倍，年复合回报为 29.4%。

辅读二：1974 年，也就是巴菲特买入的一年后，该公司的股价又下降了 25%。我们如果再以期初的 800 万美元计算，1985 年的期末净值就是 1974 年净值的 27.6 倍，年复合回报为 35.2%。哪个定价错了？是 800 万美元那次，还是后来的 2.21 亿美元那次？

辅读三：同期指数又增长了多少呢？即使我们以 1974 年 12 月 6 日的低点 577.6 为期初点数，以 1987 年 1 月 8 日首次道指突破的 2000 点为期末点位，这十几年股票指数的年复合回报也就是 10% 左右。

有效市场的来源

“然而在 1970 年代的早期时，大部分的机构投资人却认为股票的投资价值与他们买进卖出的价格并无太大关联。现在看这个观点实在是有点儿令人难以置信，当时的市场受到了某个知名商学院所提出的一项新理论的影响。该理论认为股票市场具有很高的效率，计算企业价值对于投资没有什么帮助。（我们真是欠这些学者太多了——不管是打桥牌、下国际象棋还是举行选股比赛，当对手被告知任何思考都是浪费时间时，还有什么能比这个对我们更有利？）”（1985 年信）

辅读：我们来看一个第三方眼中的有效市场理论。哈佛大学教授、克拉克奖获得者安德瑞·史莱佛所著《并非有效的市场》一书中有如下论述。

EMH 理论①奠基于三个逐渐放松的假定之上。首先，投资者被认为是理

① 注：即有效市场假说。

性的，所以他们能对证券做出合理的价值评估；其次，在某种程度上某些投资者并非理性，但由于他们之间的证券交易是随机进行的，所以他们的非理性会相互抵消，所以证券价格不会受到影响；最后，在某些情况下，非理性的投资者会犯同样的错误，但是他们在市场中会遇到理性的套利者，后者会消除前者对价格的影响。

套利会让市场变得“有效”吗？如是，格雷厄姆与巴菲特师徒二人连续60多年的套利成功又如何解释？

掷飞镖

“前面提到的套利活动，让我们有必要简要讨论一下有效市场理论。这一理论现在已变得非常流行，尤其在1970年代的学术圈，它几乎被奉为神明。这一理论认为：股票分析是没有用的，因为所有公开的信息均已恰当地反映在股价上。换句话说就是，股票市场是无所不知的。作为一项推论，传授这一理论的教授们做了一个比喻：一个人用掷飞镖的方法随机射出的股票组合，可以媲美由最聪明、最努力的证券分析师所筛选出的股票组合。”（1988年信）

辅读：不要以为这是巴菲特在主观臆想，《漫游华尔街》一书对其也进行了论述。

随机漫步是指人们无法根据过去的行动预测未来的步骤或方向。这一词语运用到股票市场，是指股价的短期变动不可预测，各种投资咨询服务、收益预测和复杂的图形都毫无用处。在华尔街，随机行动是一个令人生厌的词语，是一个由学术界杜撰出来的，对专业预言者有冒犯的名词。从极端的逻辑意义上讲，它意味着一个被蒙住双眼的人胡乱投镖于报纸的金融专栏，挑选出一种证券，其收益可与由专家精心挑选的证券相媲美。

人们究竟应当如何看待有效市场理论呢？

巴菲特的批判

观点一：白天与黑夜

“令人惊讶的是，有效市场理论不但为学术界所欢迎，也被许多职业投资人与公司经理人所接受。在正确的观察下，我们可以说股票市场‘常常’

是有效的。但学者们却给出了一个错误结论：股票市场‘永远’是有效的。这两者之间的差异，如同白天与黑夜。”（1988 年信）

辅读：我们不妨以中国股市为例，上证综指从 25 年前的 100 点一路上涨至 2015 年底的 3539 点，也许它是有效的（年复合增长 15% 左右）。至少，它与同期的 GDP 增速差不多。但当它在 2005 年 7 月 11 日的 1011 点、2006 年 7 月 11 日的 1745 点、2007 年 11 月 1 日的 5914 点、2008 年 11 月 1 日的 1729 点上时，是不是也是有效的呢？

观点二：愚蠢的理论

“以我个人在格雷厄姆－纽曼公司、巴菲特合伙企业以及伯克希尔公司连续 63 年在套利操作上的所见、所闻与所做，已足以说明有效市场理论有多么愚蠢（当然证据远不止这些）。当初在格雷厄姆－纽曼公司上班时，我将该公司 1926—1956 年全部的套利成果做了一番研究，发现每年平均有 20% 的投资回报。从 1956 年开始，运用格雷厄姆的原则，我先是在巴菲特合伙，后来又在伯克希尔公司进行了套利活动，1956 年到 1988 年间的投资回报率——虽然未经认真仔细计算——估计也应超过了 20%。（当然，后来的投资环境比起格雷厄姆当时的年代要好很多，他经历了 1929 至 1932 年的大萧条。）

“用来公平测试投资组合表现的所有条件均已具备：首先，3 家公司在 63 年里买卖了上百种的不同证券；其次，最终的结果并没有被某几个特别好的个案所扭曲；再次，我们不需要去深挖项目背后的内幕，也不需要对项目及其管理有独到的眼光，我们只是依照已公开的信息行事；最后，我们所有的套利成果可以很容易被追查到，它们并不是事后被特地挑选出来的。”（1988 年信）

辅读：有效市场理论的假设之一是：“最后，在某些情况下，非理性的投资者会犯同样的错误，但是他们在市场中会遇到理性的套利者，后者会消除前者对价格的影响。”格雷厄姆无疑是理性的投资者，巴菲特当然也是一个理性的投资者（市场上肯定还有不少）。如果这些“理性的投资者会消除对（错误）价格的影响”，那么为何在长达 63 年的时间里，这个错误还是没有纠正过来呢？

如果套利还不能说明问题，那么巴菲特长达60年的股票投资实践是否也能说明点儿问题呢？在同期标普指数年复合增长10%左右时，伯克希尔的每股净值（其中一大块由股票市价组成）则获得了20%左右的年复合增长。如果市场“永远”是有效的，“永远”是恰当定价的，我们又如何解释巴菲特的成功呢？

“信奉这一理论的人们从不会关注理论与现实之间为何会有如此多的差异。的确，与过去相比，他们已经较少说话了。但据我所知，仍然没有一个人愿意承认错误——尽管他们已经误导了成千上万的学生。除此之外，市场有效理论继续是各大商学院的主要投资课程。显然，不愿收回自己的主张并因此解开祭司的神秘面纱，不是只有神学家才做得出来。”（1988年信）

辅读：巴菲特等一众价值投资者（早期的芒格、施洛斯、罗纳、辛普森、邓普顿、林奇、布莱斯等）的成功，在信奉有效市场理论的学者眼中，不过是正态分布曲线中右粗尾线上几个例外者而已。他们几个真的只是幸运而已吗？关于这个争论，我本人支持巴菲特在1984年哥伦比亚大学演讲中给出的逻辑：如果100个幸运儿中有40个猴子来自同一个动物园，则事情就会显得有些不寻常。

从我本人十多年的价值投资实践看，如果说市场永远或总是能够恰当定价，我是坚决不信的。

抓要点：市场“常常”有效与市场“永远”有效的区别对投资者来说如同白天与黑夜。

关键词：难以置信、奉为神明、掷飞镖、愚蠢、误导。

第十九节 股票回购：其他公司

迷雾 巴菲特是如何看待股票回购的？

解析 看重并推崇企业的股票回购行为。

在 1980、1984 和 1999 年的致股东信中，巴菲特比较多地谈了他对股票回购的看法。这一节我们介绍与讨论的重点，是巴菲特关于股票回购的一般性看法，即在他的眼里，公众公司应当如何看待股票回购。至于伯克希尔自身的股票回购问题，我们放在本书的第五部分讨论。

总体来看，巴菲特是非常看重并极力推崇公司进行股票回购的。不过尽管股票回购有这样或那样的好处，但也不是任何情况下的股票回购都有利于股东价值的提升。本节的讨论将围绕这个话题展开。

股票回购的好处

好处一：可确定地提升股东价值

“如果我们所投资的公司将其所赚取的利润用于买回自家公司的股票，我们通常会报以热烈的掌声。理由很简单：当一家优秀公司的股票价格远低于其内在价值时，还有什么投资会比买回自家公司的股票能更加确定且大幅度地增加股东利益呢？企业购并市场的相互竞价，通常会使得购并整家公司的价格等于——在多数情况下会高于——它的内在价值。”（1980 年信）

辅读：由于信息不对称的问题，任何一家公司的 CEO 对自己公司（内在价值）的了解必将多于对其他公司的了解。这样，当出现股票回购的机会时（具体条件后面会谈到），买回自家公司的股票，与收购其他公司的股票相比，在提升（留守）股东的价值方面无疑具有更高的确定性。除此之外，由于收购别人公司的动力远大于让自己被别人收购，因此卖方报价通常是很高的。从这个意义上说，回购比收购更容易提升股东的价值。

好处二：有望大幅度提升股东价值

“我们几个投资部位较大的公司，在其价格与价值之间出现较大差异时都会大量买回自家公司的股份。作为公司的股东，我们发现这样做有两点好处。第一点好处很明显——仅仅基于简单的数学计算——通过买回价值被低估的股票，会立即大幅度提升公司的每股内在价值。在这一过程中，企业会发现他们很容易做到只需花费一元钱的代价便能够获得两元钱的价值。而在购并交易中，特别是那些大额的购并，就连一元换一元的事儿都很难做到。

“第二点好处尽管难以被准确计算，但长期来看非常重要。当股价低估时回购公司的股票，表明企业管理人员很重视股东价值的提升而不是管理版图的扩充，而后者对股东没有任何好处（甚至还会有损害）。看到有回购行动，原有股东或潜在股东对公司的未来将更加具有信心。信心的提升，将导致公司的股价进一步贴近其内在价值，而这时的股价才算是完美的。当一个企业的经营者处处都能以股东利益为导向时，投资者理应给予更高的估值。”（1984 年信）

辅读一：我们先来做一个“简单的数学计算”：假设 A 公司有 1000 股发行在外的股份，每股内在价值假设为 1 元，每股市价假设从 1 元跌至 0.5 元。这时公司决定用自己的闲置资金在股票市场上公开回购 10% 的公司股票，回购完成后，每股内在价值就等于用原来的 1000 元内在价值除以回购后的 900 股，每股的含金量自然会因回购而得到提升。而与此同时，公司等于用 50 元购买了一件价值 100 元的资产（只是粗算，不是很严谨）。

辅读二：管理溢价并非是空谈。上市公司有管理才干的 CEO 也许并不少见，但能以提升股东价值为首要己任的则恐怕不多。因此，当公司股票一旦出现低价管理层就会回购自己的股票时，这就给出了一个明确信号（后面还会谈一些例外情况）：公司管理层是以提升股东利益而不是扩充自己的管理版图为先。当市场普遍认识到这一点后，管理溢价就有望出现。

好处三：试金石

“当回购行动有利于股东利益而公司经理人却一直不去做时，就足以揭示他们的动机所在。不管他们如何频繁并极富蛊惑力地使用一些来自公共关系学科的专业词语向公众解释自己的行为是为了股东利益的最大化，市场在聆听时都会打一个很大的折扣。如果他们说一套做一套，市场终究会给出正确的反应。”（1984年信）

辅读：这段话讲的内容其实是上段话的一个延续，只是言辞更直接了一些。那么市场上究竟有没有“当回购行动有利于股东利益而公司经理人却一直不去做”的实例？美国情况不是很了解，不便多说（不过我还是相信有），我就举个中国上市公司的例子吧。大约数年前，我到一家国内的大型钢铁公司提供财务咨询服务。当时公司的股价因多种原因被市场压得很低很低，公司对此也一直感到很失望。某一天，当我与公司的副总兼董秘聊天时就问他：既然如此，为何不回购自己的股票呢（当时公司有大量的闲置资金放在银行里）？他是这样回答的：我们好不容易把规模做得这么大，怎么会反其道而行之?!

伯克希尔受惠实例

“就像其他股东一样，我们从盖可保险、华盛顿邮报和通用食品（我们的三大持股）的大量股票回购中取得了可观的收益（艾克森石油公司，我们的第四大持股，也进行了明智和积极的股票回购，只是我们刚刚才完成了建仓）。由于上述公司实施了低价位的股票回购，使得其股东在出色生意上所占有的权益得到了进一步提高。在这些同时有着良好经济前景和强烈股东意识经理人的公司里拥有权益，我们感到十分欣慰。”（1984年信）

辅读：因自己所投资的公司实施股票回购而受惠，这点我们在前文已进行过“简单计算”了，这里我想告诉大家的是一个关于股票回购的小插曲。这个小插曲告诉我们，巴菲特也会主动去促成股票回购，对此《滚雪球》中有一段表述。

那时正是报纸迅速发展的高潮时期。“凯瑟琳真的想买进一些报纸，但是首先，她不想让其他人抢在她前面。”巴菲特说。“告诉我怎么做。”她请求道。……他帮她认识到，对自己想要的东西付钱太多是错误的，焦躁是最大的敌人。在很长一段时间里，《华盛顿邮报》几乎没有任何大的商业运作，增长的速度也很慢。巴菲特使凯瑟琳明白在股价较低时间回购公司股票，从而减少其公开发行量的价值，这种做法能增加每一份蛋糕的分量。同时《华盛顿邮报》也避免了一些代价高昂的错误，这样一来，它也就成为了盈利最大的公司。

回购的前提条件

“只有在几个条件同时具备时，公司买回自家的股份才有意义。首先，公司必须有多余的（指短期内一定不会使用）资金（现金加上合理的举债能力）；其次，以保守的评估，公司股价低于其内在价值。此外，我们恐怕还要加上一个旨在防止误解的说明：公司股东必须已获得足以对公司股价进行评估的所有信息。否则的话，某些内部人士就有可能利用不对称信息占不知情股东的便宜。”（1999 年信）

辅读一：第三个条件带有一定的巴菲特个人色彩。按说卖股票是自己的事，你卖我买，天经地义。但在巴菲特看来，这种事有时并不如此简单。当股价出现非理性的巨幅下跌时，当公司因股价下跌而准备大举回购自己公司的股票时，尽管此举会提升留守股东的价值，但对那些选择卖出股票的股东来说，如果他们只是因为受到错误信息的引导而卖出，则多少会显得有些不公平。

辅读二：巴菲特提出的三个条件（主要是前两个）是较为保守和稳健的。其实还有一种稍显进取的操作策略也同时可提升股东价值，那就是融资回购。当然，这也是有前提条件的。我们可以假设一种情况：比如当公司的 ROE 长期为 15% ~20%，而公司的股价从 2PB 跌至 1PB 甚至更低时，如果当时的利率不高而公司的负债率也很低，融资回购股票也有望能大幅提升股东价值。要知道，一般情况下（好公司尤其如此），股本的成本是远高于债务成本的，只是对国内的上市公司来说，这一条很多时候似乎没有什么意义。至于背后的原因，这里就不讨论了。

明日黄花？

“事实上，在 1970 年代（以及在后来的好多年里），我们到处寻找那些大量买回自家股份的公司。因为这一举动充分显示出这既是一家公司价值被低估的公司，同时又有一个注重股东权益的管理层。

“不过这种情况已成明日黄花。现在，买回自家股份的公司几乎比比皆是，但在大部分回购行为的背后都隐藏着一个不可告人的卑鄙动机：拉抬或支撑公司的股价。这样做当然有利于那些本来就有意愿在短期内出售公司股份的股东，因为他们能够借此以一个较高的价格将股票脱手——不管他来自于哪里以及出售的动机是什么。但对那些选择留下来的股东来说，这样做却会因为公司以高于股票内在价值的价格买回股份而蒙受其害。以 1.1 美元的价格买进一张 1 块钱美钞，无论如何都是不划算的。”（1999 年信）

辅读：股票市场因为人类不断进化的聪明才智，已变得越来越复杂。原来股票主要是权益凭证，现在则主要是交易凭证；原来买股票主要是看公司好坏，现在则还要看贝塔值和标准差；原来衍生工具是为了避险，现在则主要是为了牟利；原来股票回购是为了提升股东价值，现在股票回购其背后的动机竟开始变得扑朔迷离……

投资者，慎重吧。

抓要点：当前提条件具备时，股票回购可以提升股东价值。

关键词：确定、两点好处、股东意识、几个条件、卑鄙动机。

第二十节　华尔街好人

迷雾　**巴菲特好像聊过几次沃尔特·施洛斯？**

解析　**是的，且充满了赞许、尊敬和推崇。**

沃尔特·施洛斯是巴菲特20世纪50年代初在格雷厄姆－纽曼公司打工时的同事，后来自己出来开了一家投资合伙公司，一干就是几十年。在2006年的致股东信中，巴菲特谈到了他的这位早期同事，文中充满了尊敬、赞许和推崇。

一个好人

“下面让我介绍一位华尔街的好人，也是我一直以来的一个好朋友：沃尔特·施洛斯（Walter Schloss），去年他刚满90岁。1956年至2002年，沃尔特掌管着一个十分成功的投资合伙人企业。对这个投资合伙人企业，他的一个行为准则就是：除非投资人有钱赚，否则他不会拿一分钱的管理费。需要说明的是，我对他的尊崇并不是事后诸葛亮。早在50年前，一个位于圣路易的家族让我给他们介绍一个既诚实、又能干的投资经理人，沃尔特就是我当时唯一的推荐者。”

辅读：关于沃尔特·施洛斯离开格雷厄姆－纽曼公司的原因，《滚雪球》里有一段记载。

还不到18个月，本杰明·格雷厄姆和杰瑞·纽曼都开始把沃伦当作一个潜在的合伙人对待，那意味着会有一些家庭聚会……沃尔特·施洛斯没有被邀请参加这样的场合，他已经被归为熟练雇员这一类，永远不可能升为合伙人。一向对人不那么友好的杰瑞·纽曼更加怠慢轻视施洛斯，于是，已婚且育有两个年幼孩子的施洛斯决定自己干。1955 年底，他自己的投资合伙人公司正式开张。

共同的智力结构

“沃尔特并没有上过商业学校或学院。1956 年时，他的办公室只有 1 个档案柜。到了 2002 年时，数目已增加为 4 个。沃尔特在工作中从来没有请过秘书、职员或会计，他唯一的工作伙伴就是他的儿子——毕业于北加州艺术学校的埃德温。投资时，父子俩不会去寻找所谓的内幕消息。事实上，他们只是简单地遵循他们在为格雷厄姆工作时学到的统计方法，小心谨慎地利用一些公开的信息挑选股票。当父子俩在 1989 年接受《杰出投资者文摘》采访并被要求‘简单描述一下你们的投资方法’时，埃德温的回答是，‘我们只是努力地去买便宜的股票’。寥寥几句，让现代投资组合理论、技术与图表分析理论、宏观经济理论以及诸多复杂的股票投资模型着实显得有些多余了。”

辅读：1984 年，为庆祝格雷厄姆和多德所著《证券分析》一书发表 50 周年，巴菲特到哥伦比亚大学做了一次题为《格雷厄姆与多德镇的超级投资者》的演讲，其中有一部分介绍了这位华尔街的好人。

沃尔特·施洛斯从来没有念过大学，但他在纽约金融学会参加了格雷厄姆的夜间课程。沃尔特在 1955 年离开格雷厄姆－纽曼公司，28 年来的投资绩效可参见表一①。亚当·史密斯在我和他谈论过有关沃尔特的事迹之后，在 1972 年的《超级金钱》中对他做了如下描述：“他从来不使用或接触那些看似有用的信息。实际上在华尔街几乎没有人认识他，所以也没有人为他灌输一些有关如何投资的理念。他只关注一些投资手册中的数据或是向上市公司索取年报，这就是事情的全部。当沃伦介绍我们认识时，我记得他是这样说的：他从来没有忘记自己是在管理别人的财富，这进一步强化了他对于投资风险的厌恶。”沃尔特的投资组合非常分散，常常持有 100 只以上的股票。他知道如何去寻找那些价格远低于其价值的股票，而这就是他所做的一切。他不担心目前是不是一月份，不在乎今天是否是星期一，也不关心今年是否

① 注：见本节表 4.15。

为大选年，他的想法很单纯：如果一家公司值 1 美元，而我能以 40 美分买入，我迟早会获利。他就是这样操作的，年复一年。他持有的股票数目远多于我，也不像我一样密切关注股票背后的生意特质。依我看，他的操作理念也从未受到过我的影响。这正是他的一个强项：没有人可以影响到他。

辉煌的业绩

“遵循避免实质风险——指本金的永久性损伤——的投资策略，沃尔特在他 47 年的投资生涯中戏剧化地战胜了标普 500 指数。需要特别注意的是，他是通过购买大约 1000 只股票（大部分为冷门股）而创造这一纪录的。如果只是在数只股票上取得成功，也许说明不了他的出色业绩。保守地说，市场上有数以万计的投资经理循以下路径进行着股票交易：（1）股票选择是相互独立的；（2）购买的数量与沃尔特有可比性；（3）在他们卖出股票的同时，沃尔特也在出售股票。然而，即使是他们当中最幸运的经理人，其投资业绩也无法与沃尔特相比较。沃尔特的成功绝不是能用随机或幸运就可以解释的。”

辅读：巴菲特在 1984 年的一次演讲中提到了 1956—1984 年沃尔特·施洛斯的投资业绩数据，如下表所示。

表 4.15　沃尔特·施洛斯的投资回报（%）

年	标普指数（含息）	沃尔特有限公司	沃尔特合伙
1956	7.5	5.1	6.8
1957	-10.5	-4.7	-4.7
1958	42.1	42.1	54.6
1959	12.7	17.5	23.3
1960	-1.6	7.0	9.3
1961	26.4	21.6	28.8
1962	-10.2	8.3	11.1
1963	23.3	15.1	20.1
1964	16.5	17.1	22.8
1965	13.1	26.8	35.7
1966	-10.4	0.5	0.7
1967	26.8	25.8	34.4
1968	10.6	26.6	35.5

续表

年	标普指数（含息）	沃尔特有限公司	沃尔特合伙
1969	-7.5	-9.0	-9.0
1970	2.4	-8.2	-8.2
1971	14.9	25.5	28.3
1972	19.8	11.6	15.5
1973	-14.8	-8.0	-8.0
1974	-26.6	-6.2	-6.2
1975	36.9	42.7	52.2
1976	22.4	29.4	39.2
1977	-8.6	25.8	34.4
1978	7.0	36.6	48.8
1979	17.6	29.8	39.7
1980	32.1	23.3	31.1
1981	-6.7	17.4	24.5
1982	20.2	24.1	32.1
1983	22.8	38.4	51.2
1984 年一季度	-2.3	0.8	1.1

注：标普 28 年加一个季度的总回报为 887.2%，而沃尔特有限和沃尔特合伙则分别为 6678.8% 和 23104.7%。

标普同期的年复合回报为 8.4%，而沃尔特有限和沃尔特合伙则分别为 16.1% 和 21.3%。

在整个合伙经营期，沃尔特曾拥有过超过 800 只的股票；在大部分的时间里，其持有的股票数目超过 100 只；管理的资产总值为 4500 万美元。

又一个“右粗尾”上的猴子？

“我第一次公开谈论沃尔特是在 1984 年。那时，有效市场理论还是美国大多数商学院投资教程里的核心内容。这一理论，就如同当时被广泛传播的，认为任何股票的价格在任何时点上都不会被错误定价，这意味着没有投资者可以依靠公开信息获取高于市场平均水平的回报（尽管还是会有一些幸运儿）。当我在 23 年前谈到沃尔特时，他当时的投资业绩有力地反驳了这一信条。当看到沃尔特的投资业绩时，这些学院里的学者们又有何反应呢？不幸的是，他们的反应与一般常人的反应是一样的：不是敞开自己的心扉去接受新的东西，而是选择闭上眼睛。据我所知，没有任何教导市场有效理论的商学院试图去研究一下沃尔特的表现以及这一投资记录对于他们所珍爱的投资信条到底意味着什么？取而代之的，是这些学者们在教授有效市场理论时，其态度犹如讲述圣经一样坚定。可以这样说，由一位金融系讲师去质疑有效市场理论，其概率比伽利略成为教宗主要候选人的可能性还要低。”

辅读：对此也有很多不同的声音，下面的这段对话摘自 *Investment Gurus*。

彼得·泰纳斯：那么咱们谈谈这些幸运的人。你如何解释一小部分经理长期一直地胜过市场？我不是指在一两年内业绩非常好的人。

辛格菲尔德：答案就在你的问题里。那些仅有一两年好运气的人不是我们这里要讨论的，我们只关注那些业绩长期非常出色的情形。我们把这些人从分布曲线的右端挑出来，这是一些最成功的经理人。如何解释他们？那我问你又怎么解释位于曲线左端的 3 个人，可惜我不知道他们的名字。他们在赌博中被淘汰出局了，赌注已早早地从他们面前拿走。事实上，也许这部分人比位于曲线右端的人还要多。因此，当我们考察这些非常成功的投资者时，我们出现了事后选择偏差的大问题。我们知道距今 20 年或 30 年后，还会有 3 个、4 个或 5 个具有这种出众业绩的其他人，但是现在我们无从知道这些人是谁。如果我们能够事先辨认出这些人，那才真正有帮助。有一些科学研究试图寻找一些证据，证明人们可以根据以前的业绩识别成功的投资经理。但这些研究并不成功。实际上不存在可靠的证据，证明职业经理人的业绩一直出众。

谁是谁非？还是请读者自己判断吧。

地球是平的

“数以万计的学生就这样被送入了社会，他们深信股票在每一天的定价都是‘正确’的（或说得更加准确一点：是没有确切错误的），任何给一项生意进行估值的企图都是没有意义的。与此同时，沃尔特继续着他的辉煌，他的工作因为那些走进社会的学生被统统灌输了错误的思想而变得更加容易。总体来看，如果你经营一项海上运输生意，那么当你周围的竞争者被告知地球是平的时候，这对你的生意是帮助很大的。沃尔特没有走进任何一家商学院读书，对于他的投资者而言，这无疑是幸运的一件事。”

辅读：有时候我也经常想一个类似的问题：如果巴菲特当时就读的不是哥伦比亚大学，那么是否就没有今天的伯克希尔了？

抓要点：买便宜的股票就是沃尔特操作策略的全部。

关键词：诚实、公开信息、便宜的股票、本金的永久损伤、错误的思想。

第二十一节　风雨过后是彩虹

迷雾　**巴菲特可以成功是因为他生长在美国?**

解析　**不完全对。**

经常听到有人说，巴菲特长期投资之所以能够成功，是因为他生长在美国。下面我们的话题围绕一个内容展开：如果你恰好也一直生长在美国，你是否会像巴菲特那样去做长期投资呢?

从后视镜里看什么都是很清晰的，但当你回到100年前的美国时，你的思维与行为模式是否还会与今天一样，是需要打一个大大问号的。其实，也不用回到100年前，如今的美国照样还是有很多人对未来充满了恐惧，巴菲特那样的操作模式仍远不能构成市场的主流——尽管他已取得了至少50年的成功。

在最近几年的致股东信里，巴菲特谈了如何面对所谓“巨大不确定性”的问题。在他看来，过去充满了不确定性，未来照样充满了不确定性，但只要你相信美国的明天会更好，就没有理由不看好美国股市的长期前景。

明天永远是不确定的

“去年，当悲观情绪充斥整个资本市场时，伯克希尔继续展现出它在资本支出方面的热情：我们在地产和设备方面共计投资了60亿美元。这60亿美元中，大约有90%即54亿美元投在了美国本土。我们未来的海外业务肯定会进一步扩张，但投资中的绝大部分还是会放在美国。2011年，我们的资本开支将再创新高，达到80亿美元，但其中新增的20亿美元将全部投资于美国本土。

“金钱永远都会流向机会之地，而美国就拥有大量的机会。如今的评论员总喜欢谈‘巨大的不确定性’，但回想一下 1941 年的 12 月 6 日，1987 年的 10 月 18 日，2001 年的 9 月 10 日，这些时点告诉我们：不管今天有多么平静，明天永远是不确定的。”（2010 年信）

辅读一：2008 年末，标普 500 指数比上一年下跌了 37.0%，创 1977 年（伯克希尔网站股东信列表的最早年份）以来的最大跌幅。尽管到 2009 年末标普 500 指数上涨了 26.5 个百分点，但伯克希尔的投资行动则是在“悲观情绪充斥整个资本市场”时完成的。

辅读二：表 4.16 标出的几个点位都是阶段性的最低价位，也可以说是市场悲观情绪到达最高点（按收盘价计算）时所形成的点位。但当时间拉长时，我们发现了两个小“秘密”：（1）如果把几个最低点位连成一条线，则是一个不断向上的曲线；（2）如果首尾两端的点位（398.95 和 2836.57）当作期初和期末，则这个时段上证综指的年复合回报为 8.80%。

表 4.16　上证综指阶段性最低价

时间	1992－11－19	1994－08－09	2005－07－19	2008－11－04	2012－12－04	2013－06－27	2016－02－16
上证综指	398.95	821.58	1014.35	1706.70	1975.14	1950.01	2836.57

好日子还在前头

“不要让现实吓坏了你。在我的一生中，政客和各个领域的专家们一直都在哀叹美国总是面临着各种各样的可怕问题。然而，与我出生时相比，人们现在的生活水准已经提升了 6 倍。那些可以预测命运的先知们忽略了一个重要且确定的事情：人类的潜力还远没有被开发完毕，而美国的社会体制——它已成功运行了两个世纪，尽管经常遭遇经济危机甚至是‘内战’[①] 的袭扰——在释放人类这些潜能上面依然充满着活力和效率。

“我们生来就不比我们建国时更加聪明，工作也不比那时更加努力。但是环顾四周，你会看到一个超越了任何殖民地居民梦想的世界。现在来看，与 1776 年、1861 年、1932 年和 1941 年一样，美国最好的日子还在前头。”

① 注：Civil War：美国的一首反战歌曲，指责所有的战争都是内战。

（2010年信）

辅读：改革开放后（1978至2015年），中国国内GDP提升至原来的185倍，年复合增长率为15.2%。想一想，这段时间我国发生了多少政经大事？这其中自然有好有坏，但风风雨雨数十载后，最后的结果又如何呢？

表4.17　中国国内生产总值与增长率　　（单位：亿元）

年	1978	1979	1980	1981	1982	1983	1984	1985	1986	1987
国内生产总值	3650	4068	4552	4898	5333	5976	7226	9040	10309	12102
增长率%	11.6	7.6	11.9	7.6	8.88	12.05	20.91	25.1	14.03	17.39
年	1988	1989	1990	1991	1992	1993	1994	1995	1996	1997
国内生产总值	15101	17090	18774	21896	27068	35524	48460	61130	71572	79429
增长率%	24.78	13.17	9.85	16.63	23.77	32.24	36.41	26.14	17.08	10.72
年	1998	1999	2000	2001	2002	2003	2004	2005	2006	2007
国内生产总值	84884	90188	99776	110270	121002	136565	160714	185896	217657	268019
增长率%	6.86	6.25	10.63	10.52	9.73	12.86	17.68	15.67	17.08	23.14
年	2008	2009	2010	2011	2012	2013	2014	2015	2016E	2017E
国内生产总值	316752	345629	408903	484124	534123	588019	635910	676708	720694	767539
增长率%	18.18	9.1	18.30	18.39	10.33	10.09	8.14	6.41	6.50	6.50

风雨过后是彩虹

“去年我们应不难看到，在公司CEO中弥漫着一种绝望情绪，当他们进行资本配置时，口中喊出来的话大多都是‘不确定性’（尽管其中有许多公司的当年利润和现金流都创出了历史新高）。在伯克希尔，我们则没有他们那样的恐惧。2012年，我们在工厂和设备上的投资又一次达到创纪录的98亿美元，其中88%都用在了美国境内。要知道2011年我们已创出了投资金额的最高历史纪录，而我们在2012年的投资规模比2011年还要高出19%。查理和我都喜欢在一些值得投入的项目上投入巨额的资金，从不理会专家们在说什么。与此相反，我们认同歌手Gary Allan在一首新乡村民谣中所唱到的，‘风雨过后是彩虹’。”（2012年信）

辅读：在这方面，彼得·林奇与巴菲特可谓是心有灵犀一点通。林奇在《选股战略》一书中是这样表达的。

人们总是到处寻找在华尔街获胜的秘诀，长久以来真正的秘诀就是一条：买进有持续盈利能力的企业的股票，在没有极好的理由时不要抛掉。

或许还会有大的股灾，但是，既然我们没有掌握预测股灾的武器，那么，试图提前保护自己又有什么意义呢？当代的40次股灾中，如果我每次卖出了股票，我每次都会后悔。即使发生了最大的灾难，股票的价格总会涨回来。

两岸猿声啼不住

“长期来看，美国的企业将会有良好的表现，股市也一定会向好的方向发展，这是因为市场的命运最终将取决于企业的命运。是的，阶段性的反复会时有发生，但投资者和经理人参加的是一场已预先设定好只对他们有利的游戏。（20世纪，道琼斯指数从66点增至11497点，增幅达到令人难以置信的17320%，这期间还伴随着4次代价惨重的战争、一次大萧条和多次的经济衰退。不要忘记，除了指数增长之外，在这一个世纪里，股东们还收到了丰厚的股息。）”（2012年信）

辅读：市场的命运取决于企业的命运，企业的命运则取决于国家的命运，即使经历无数个风风雨雨，但只要国运总体向上的趋势不改，企业创造财富的脚步就不会停止，跌下去的市场也最终会随着企业的发展而涨回来。这一规律不仅美国如此，其他国运不是太差的国家也同样如此。下面给出的一组数据可以充分证明这一点。

表4.18　百年股市回报（年复合：1900—2000年）

国家	瑞典	澳大利亚	美国	加拿大	荷兰	英国
年复合回报	12.2	11.9	10.3	9.7	9.1	10.2
国家	丹麦	瑞士	德国	日本	法国	意大利
年复合回报	10.4	7.6	9.9	13.1	12.3	12.1

资料来源：《投资收益百年史》

门内与门外

“既然博弈的整体格局如此有利，查理和我相信，根据塔罗牌的转换、‘专家’的预测以及商业活动的起伏而频繁进出，将会犯很大的错误。停留在这场游戏大门之外的风险，要远大于参与其中的风险。”（2012年信）

辅读：我们下面摘录两段话，作为理解巴菲特本段表述的一个背景资料。

典型的投资人已经习惯于听信经济预测，可能开始过分信任这些预测的可靠性。果真如此，我建议他们去找一找二次世界大战结束后任一年的《商业金融年鉴》过期刊物档案。不管选看哪一年，他会找到很多文章，里面有知名经济和金融权威人士对未来展望的看法。由于这份刊物的编辑似乎刻意平衡内容，让乐观和悲观的意见并陈，所以在过期刊物中找到相反的预测不足为奇。叫人稀奇的是这些专家看法分歧的程度。更令人惊讶的是，这些论点强而有力、条理清晰、叫人折服，但后来证明是错的。

——菲利普·A. 费舍《怎样选择成长股》

研究表明：各年度基金所表现出的市场时机把握能力有一定的差别。在1999年有10只样本基金都表现为正向市场时机把握能力，其中5只显著；在2000年的22只样本基金中，表现为正向市场时机把握的基金达到18只，但只有1只显著；在2001年33只样本基金中，表现为正向市场时机把握能力的基金只有1只，但却有22只基金表现为负向市场时机把握能力；在2002年的50只样本基金中，表现为正向市场时机把握的基金有7只，且只有1只显著，另有9只基金表现为显著的负向市场把握能力。总体情况比2001年略好。另外，在检验过程中发现，各年度市场时机把握系数为正及正显著的基金在不断变化，也就是说，几乎没有基金具有持续的市场时机把握能力。

——华安基金《基金能够把握市场时机吗?》

抓要点：道路曲折而前途光明。

关键词：人类潜力、社会体制、企业命运、有利的游戏、大门之外。

第五章

说公司

第一节　双性恋

迷雾　巴菲特为何既做私人企业收购又进行股票投资？

解析　有多重的原因。

巴菲特的资金配置有两个主要方向：一是对上市公司部分股权的投资，二是对私人企业控股权的收购。巴菲特为何选择这种两条线同时作战的经营策略呢？本节将围绕这个话题展开介绍与讨论。

股票投资的原因

“我们的经验显示，拥有一项出色生意的部分所有权，其价格要比协议买下整家公司便宜很多。因此，想要拥有一项出色的生意又不想价格太高，采取直接购并的方式往往不可行，不如通过买入股票而间接拥有其部分股权。当价格合适时，我们很愿意持有大量的仓位，这样做不是为了要取得公司的控制权，也不是为了将来再转卖出去或是进行购并，而是期望企业本身能有好的表现，进而可以转化为企业较高的市场价值及丰厚的股利收入——不论我们是握有少数股权或是多数股权皆如此。”（1977 年信）

辅读：这段话透露出两个信息：（1）之所以在收购私人企业的同时还进行股票投资，主要原因是后者可以让人有很多机会以很便宜的价格买入自己心仪的企业，前者则往往做不到这一点。在后来的 1987 年致股东信中，巴菲特曾经举了两个例子来进一步说明这个问题：“我们在 1973 年以每股 5.63 美元买入华盛顿邮报的股票，而该公司 1987 年的每股收益已升至 10.3 元。另一个例子，是我们分别在 1976、1979 与 1980 年以每股平均 6.67 美元的价格买入盖可保险的部分股权，而到了去年，其每股税后盈余已提高到 9.01

元。从以上情况来看，市场先生实在是一位不可多得的好朋友。”（2）同进行私人企业收购的目的一样，投资上市公司股票也是为了获取长期回报，因此只要价格便宜，自然多多益善，这与尽力去谋求对公司的影响力无关。

“以更为划算的价格获得公司部分所有权（其中少了一些激情与刺激），与通过谈判获取公司全部所有权或控股权（其中多了不少激情与刺激），两种操作形成了鲜明对比。但我们很清楚，一方面很多公司正在透过协议谈判以较高的叫价买下整家公司，从而犯了明显的错误；另一方面，由于我们使用了大笔的资金通过股票市场以一个较大的价格折扣买下类似优秀公司的部分股权，从而最终会让我们获取很高的投资回报。”（1978 年信）

辅读：与买卖股票的简单操作对比，企业收购显然更能满足人们的某种欲望。正是基于此，我们才看到了两种完全不同的行为模式：一边是受这种欲望的驱使，不断“透过协议谈判以较高的叫价买下整家公司”，一边则是基于某种少有的理性，在公开交易的股票市场上“以一个较大的价格折扣买下类似优秀公司的部分股权”。

更爱私人企业收购

“虽然我们对于买入少数股权的投资方法感到满意，但真正会让我们感到雀跃的还是能够以合理价格买入一家优秀公司的全部股权。我们已经完成了一些出色的收购（也希望能够再次做到），但这也是一件十分困难的工作——比起以理想的价格买入公司少数股权的工作要困难许多。”（1982 年信）

辅读：注意这段话里透露出的信息：当条件具备时，能让巴菲特“感到雀跃”的是私人企业收购。这也就是说，尽管是在两条线上同时作战，尽管在很长的时间里伯克希尔的资产净值大多由股票组成，但就巴菲特来讲，他其实更喜欢收购企业。为何如此，我们接下来就会聊到。

“需要说明的是，控股一家公司有两个重要优势：首先，当我们控股一家公司时，我们便有了分配资金的权力。如果是部分持股，我们就完全没有说话的余地。这个优势很重要，因为大部分的公司经营者并不擅长做资金分配。这其实很好理解，大部分公司经理人能够在事业上取得成功是靠着他们在行销、生产、工程或行政管理方面的出色能力。

“控股一家公司的第二个优点与税负有关。当我们只是部分持有一家上市公司股权时，伯克希尔会承担比控股一家私人企业高得多的税负成本。这个问题不仅已陪伴了我们很长一段时间，而且按照新的税法，在过去几年里我们的成本还进一步加重了。同样一笔生意，如果由我们持有 80% 以上股权的公司来做——相对于我们仅持有部分股权的公司——其效益要高出 50% 以上。”（1987 年信）

辅读：尽管这里谈了两个原因而且它们都很重要，但我觉得远不足以构成巴菲特喜欢收购私人企业的全部原因。关于这一看法的依据，我们后面会谈到。关于第二个优点：“税负有关”，主要是指当伯克希尔旗下的私人企业向总部交股利时，伯克希尔无须为此缴纳所得税。而如果投资的是上市公司股票，当伯克希尔有分红收入时，需缴纳大约 14% 的红利税。除此之外，还有资本利得税的减免：当伯克希尔卖出手中的股票时，需要缴纳 35% 左右的资本利得税。而如果是将旗下企业出售，由于扣除项较多，因此资本利得税会少很多。

双管齐下的原因

“查理·芒格——伯克希尔的副主席同时也是我的合伙人——和我本人一直想建立这样一个企业组合：它们不仅有着杰出的经济特质，而且全部由出色的经理人所打理。我们最喜欢的投资模式是通过协商，以合理价格买入一个优秀企业的全部股权。但是如果我们有机会能在股票市场上以低于购并成本很多的价格取得一家优秀上市公司部分股权，我们也会一样高兴。这种双管齐下的投资方法——即协商买下整家企业和购买上市公司股票——使我们在资金配置上比起那些只坚持某一做法的人来说拥有很大的优势。伍迪·艾伦曾解释过这种偏好的优越性：‘双性恋者最大的好处就是在周末时比一般人有多出一倍的约会机会。’”

辅读：这段话给出了巴菲特选择在两条线上同时作战的另一个重要原因：资金配置便利。请读者千万不要轻视巴菲特眼中的这一项“便利”。正如我们前面谈过的，投资股票，对于巴菲特的意义要远大于对一般公司 CEO

的意义。一是因为在巴菲特的眼里，投资股票就是投资企业。二是因为这两种资金配置都不是小打小闹的游戏，都是具有基于企业健康而快速发展的战略性意义。如果读者经常读巴菲特的信，相信你会深深地感受到这一点。

“许多人以为股票是伯克希尔做资金配置时的第一选择，不过这并不是事实。自从 1983 年我们开始披露公司的经营准则后，我们就一再公开表示我们的最爱是私人企业收购而不是股票投资。其中一个原因是私人性质的，那就是本人喜欢与我们旗下的经理人共事。这是一群具有高水平、有才干同时有着较高忠诚度的伙伴。还有一点需要坦言的是，他们的行为远较许多上市公司的经理人理性，且更能以公司股东的利益为重。”

辅读：还记得我刚才谈到的一个观点吗？我觉得这段话也许透露出了巴菲特更喜欢私人企业收购的另一个重要原因，而且具有某种“私人性质”。我记得巴菲特曾经说过这样一句话（大意）：人生最大的追求就是能一直与自己喜欢的人做自己喜欢的事。从这个意义上说，巴菲特更喜欢收购企业，除了那些冷冰冰的财务因素外，还有一种温情或个人的追求在其中。

“尽管商界整体上景气低迷，但伯克希尔旗下非保险事业的表现却都十分优异。10 年前，我们非保险事业的税前利润总计为 2. 72 亿美元。时至今日，在公司持续扩张至零售、制造、服务以及金融业领域之后，这个数字只是我们一个月的利润数据。”（2002 年信）

辅读：从 90 年代中期开始，巴菲特的资金配置重点已逐渐偏向私人企业收购，这点请读者务必予以注意。

“我以前曾经提到过，从商的经历让我成为了一个好的投资者，而在投资上的经历又让我成为了一个好的经营者。两者中的任何一项工作经历，都可以达到相互补充与相互促进的效果。而许多的真知灼见，只有在你经历了以后才能够真正学到。（在小弗雷德那本著名的著作《客户的游艇在哪里》中，有一幅由 Peter Arno 绘制的插画。漫画中，一脸困惑的亚当正在望着对面饥渴的夏娃。漫画上有一行字是这样说的：‘对于一个处女来说，有些事是不能用文字和图画说清楚的。’如果你还没有读过小弗雷德的这本书，那么在我们的年会上买一本吧。书中包含的智慧和幽默是很值得一读的。）”

辅读：这里又出现了一条投资金句：“从商的经历让我成为了一个好的

投资者，而在投资上的经历又让我成为了一个好的经营者。”重要的话需要复读三遍。

抓要点：“双性恋”是巴菲特经营伯克希尔的一项战略性安排。

关键词：便宜、大量仓位、明显的错误、很高的回报、税负有关、很大的优势、私人性质。

第二节　透视盈余

迷雾　**经常听到巴菲特讲透视盈余，什么是透视盈余？**

解析　**透视盈余是指看得见的盈余加上看不见的盈余。**

早在20世纪70年代后期的致股东信中，巴菲特就经常提起与“透视盈余”有关的话题，只是当时还没有明确提出这个概念。直到1989年的致股东信，巴菲特才首次（也可能本人会记错）有了透视盈余的提法。那么什么是透视盈余呢？为何在一般性的财务概念中没有这个提法呢？如何从透视盈余的提法中去了解巴菲特的投资理念呢？本节的讨论将围绕这个话题展开。

第三类投资

“近年来，由于我们旗下保险事业的蓬勃发展，同时也由于股票市场出现了特别有吸引力的投资机会，从而使得我们的第三类投资①大幅增加。股票投资（大多为第三类投资）的大量增加，再加上这些公司本身获利能力的增长，使得我们的实际成果相当可观。以去年为例，光是保留在这些公司账上的属于我们但未分配给伯克希尔的利润就比伯克希尔整年度的报告利润还要高。因此，传统的会计准则等于只允许我们把少于一半的利润记录在公司账面上。这种情况在其他企业那里则很少见，但在我们这里今后还会不断出现。”（1980年信）

辅读一：熟悉会计准则的读者都应当清楚，当投资一家公司而持股比例

---

①　注：第一类：持股占比大于50%；第二类：持股占比大于20%但小于50%；第三类：持股比例小于20%。

小于20%时，公司的年度利润表只能计入已获取的股利部分。由于巴菲特投资的上市公司股票占其总股本的比例大多都在10%以下，因此当公司产生盈利时，伯克希尔只能把已分配的股利计入当期利润，而被所投资公司留存的但实际属于伯克希尔的利润是不能反映在公司损益表上的。

辅读二：表5.1记录了伯克希尔1982年的股票持仓情况，从中我们可以看出当时的投资规模究竟有多大。

表5.1　股票持仓明细（1982年）

持股数量(股)	公司名称(市值大于1,000万美元)	成本价(千美元)	市场价(千美元)
460,650	联合出版	3,516	16,929
908,800	克朗佛斯特公司	47,144	48,962
2,101,244	通用食品	66,277	83,680
7,200,000	盖可保险	47,138	309,600
2,379,200	哈迪哈默	27,318	46,692
711,180	联众集团	4,531	34,314
282,500	大众媒体公司	4,545	12,289
391,400	奥美国际	3,709	17,319
3,107,675	雷诺烟草	142,343	158,715
1,531,391	时代公司	45,273	79,824
1,868,600	华盛顿邮报	10,628	103,240
合计		402,422	911,564
其他持仓		21,611	34,058
总持仓		424,033	945,622

注：这些公司留存的但属于伯克希尔的利润总额已大于伯克希尔的报告利润。

资料来源：巴菲特1982年致股东信。

森林里的一棵树

“对伯克希尔而言，留存在其他公司里的利润，其价值的大小不取决于我们拥有的是100%、50%、20%还是1%，而是取决于当它们被用于再投资时所能产生的效益；而且，与该笔资金是否由我们自己或是我们旗下的经理人在使用也无关（行动的效果如何重于由谁来行动）；也与我们的账上是否认列了这笔收入无关。如果我们拥有森林中的一棵树，即使它的成长没有记录在我们的财务报表上，我们仍然拥有这棵树。”（1980年信）

辅读：如何看待“森林中的一棵树”呢？这段话提出了3个准则：（1）如何使用比持有比例更重要；（2）如何使用比谁来使用更重要；（3）如何使用比是否认列更重要。从这3个准则里，我们可以解读出巴菲特在这件事上的严谨与理性。

失效的指标

“就在几年前，我曾经说过‘营业利润/股东权益’是衡量企业单一年度经营绩效的最佳指标。尽管我们相信这一指标仍然适用于绝大部分的企业，但就伯克希尔来说，它的适用性已大大降低。或许你会质疑这样的说法：当盈余数据好看时，很少有人会舍弃原有的衡量指标；但是当结果变得不尽如人意时，绝大部分经理人会主张更换评价指标，而不是把他们自己给更换掉……但基于之前描述的情况[①]，我们相信放弃原有的‘营业利润/股东权益’指标，是有着充分理由的。”（1982年信）

辅读：在巴菲特眼里，净资产收益率一直是考察企业经营绩效的一个最重要的指标，对伯克希尔自然也不能例外。然而，由于伯克希尔买了大量上市公司股票，而这些所投资企业的年度分红占其当年利润的比例通常又比较低，从而就导致了净资产收益率分子项的失真。如果分子失真，指标本身自然也会失真。因此当巴菲特说“它的适用性已大大降低”时，这是符合实际情况的。

会计上的精神分裂症

“会计准则规定我们只能将股利计入公司的当年损益，但股利收入——相对于按我们持股比例应分得的利润——通常要小得多。以这3家公司为例，如果按我们的持股比例计算，1987年属于我们的利润应为1亿美元。另一方面，会计准则又规定：这3家公司的股份如果是由我们的保险公司持有，则公司报表上的资产净值需要按最新的市场价展示。这样做的结果就变成：公认会计准则一方面要求我们在报表上列出持股公司最新的市场价值，一方面却不准我们在损益表上列示它们实际的利润数据。在我们具有控制权的公司那里，情况却刚好相反。我们需要在损益表上充分列示其盈利情况，但却不允许在报表上变更其资产价值数据——尽管这些公司在我们买下之后其资产价值已经增加了很多。

“我们对待这种似乎患了精神分裂症的记账方式，是不去理会这些按一

① 注：指公司的非分配利润。

般公认会计准则列示的数据，而是专注于我们具控制权或不具控制权公司未来的获利能力。通过这种方法，我们自行建立起一套企业价值的评价模式，它既有别于具控制权公司的账列资产净值，也有别于我们不具控制权公司因股市的非理性波动所造成的较为离谱的市场价值。”

辅读：对会计准则是否患了精神分裂症，我们就不评判了。对巴菲特讲的“自行建立起一套企业价值的评价模式”，我们将在后面的“三条线”一节再进行深入讨论。

首次提出概念

“以我们的观点，伯克希尔的获利能力可以用‘透视盈余’法来衡量，也就是把被投资公司留存的利润加回到我们的报告利润中，同时扣除我们已实现的资本利得。如果我们希望公司的内在价值每年平均以15%的速度成长，我们的透视盈余也需要以同等的速率增加。为了实现这个目标，我们不仅需要现有被投资公司的大力支持，同时也需要不断增加一些新的成员进来。”（1989年信）

辅读：巴菲特在这段话里首次提到了透视盈余的概念，至于具体的计算公式，后面会谈到。

透视盈余的计算公式

“我相信，评估我们真实盈利状况的一个最好方式是使用‘透视盈余’这个概念，具体计算方法如下：先计入2.5亿美元——这是我们在被投资公司那里按持股比例应占的利润；然后减去0.3亿美元——这是我们一旦收到上述2.5亿美元以后必须交的股利所得税；最后再将剩余的2.2亿美元加上我们的报告利润3.71亿美元，从而可得出我们1990年的‘透视盈余’为5.91亿美元。”（1990年信）

辅读：计算方法比较简单，巴菲特只是提醒在将未分配利润加回时，需要扣除应缴的税项，余下的金额才是真正的透视盈余。这种提醒很有必要，因为当人们把属于自己但被投资企业留存的利润给加回时，由于没有实际的税项支出，这一笔税款很容易被忽略掉。

关注比赛

“我们相信投资人也可以通过关注自身的透视盈余而受益。在计算过程中，他们需要确定各投资公司中按其投资股权应归属于他们自己的所有利润，然后再把它们加总。所有投资人的目标，应该是能创建一项投资组合（事实上，应当叫作一项‘公司组合’）：其透视盈余在未来的10年内能够达到极大化。

“这样一种投资方法，将会促使投资人去思考企业的长期经济远景而不是短期的股价表现，并借此改善自己的投资绩效。无可否认，就长期而言，投资决策的好与坏最终要看股价的长期表现如何，但决定股价长期走势的则是公司未来的获利情况。投资就像是打棒球：想要让记分牌上的数据不断翻转，你需要全神贯注于比赛，而不是记分牌。”（1991年信）

辅读：这段话尽管还是在说透视盈余，但其透露出来的信息已远不止于此。在这段话里，巴菲特是在告诉我们：（1）所投资公司透视盈余（或企业利润）在未来10年的最大化，是“所有投资人的目标”；（2）你关注企业的经营状况，市场自然会关注好企业的股价；（3）投资就像打棒球，要想获取成功，你必须关注比赛而不是不断翻动的记分牌（最后一句话请复读三遍）。

抓要点：了解伯克希尔，必须了解什么是透视盈余。

关键词：第三类投资、再投资效益、指标失真、透视盈余、关注比赛。

第三节　特色餐厅

迷雾　伯克希尔公司是个怎样的大家庭?

解析　一家具有鲜明个性的“特色餐厅”。

在巴菲特的带领下，伯克希尔的业务经营不仅颇具特色，公司的信息披露与股东管理也同样具有鲜明的个性。下面我们先给出全部的摘录，以便读者对这个特色餐厅有个整体了解，然后再就几个比较重要的话题展开讨论。

巴菲特笔下的特色餐厅

我们的股东

“在某种程度上说，我们的股东是相当特别的一群人，这影响着我每年撰写年报的内容。举例来说，当每年结束时，大约有98%流通在外的公司股份会继续被那些在年初就持有我们股票的投资者所持有。因此我们每年向股东报告的内容都会以之前的报告内容为基础，不需要大量重复以前的内容。这样，大家就可以不断获取更多的信息，我们自己也会乐此不疲。

“此外，或许有90%的股东，他（她）们最大的持股就是伯克希尔，其中应有许多人长期都是如此。因此这些股东愿意花相当多的时间来研读我们每年的年度报告，而我们也会努力尝试以换位思考的视角向他们提供如果我们自己是股东时所需要了解的所有信息。”（1979年信）

店长亲自发布经营信息

“当各位从我们这里收到某些信息时，它们一定来自于你们付钱让其打理这项生意的那个家伙。你们的董事长——也就是我本人——有一个坚定的信念，那就是公司股东有权直接从公司的 CEO 那里听到有关公司运营的情况以及他本人对当下与未来公司价值的看法。人们在一家私人企业所要求获得的信息，在一家上市公司那里应当同样能够得到。来自公司管家的一年一度的运营报告，不应当简单地交由一位公司特定人员或公关顾问来撰写——因为他们达不到公司 CEO 那样的视角和高度。”（1979 年信）

特色餐厅

“很多情况下，公司吸引什么样的股东往往取决于公司自己。如果公司向市场传递的信息是他们比较注重短期的经营成果或是股价的短期波动，则具有同样偏好的投资人便会自动找上门来。如果公司对其股东一直采取不理不睬、无足轻重的态度，则投资者最终也会以相同的态度回敬之。

“菲利普·费雪，一位令人尊敬的投资人与作家，曾将一家公司吸引股东的方式比喻成餐厅如何招揽潜在的客户。一个具有特色口味的餐厅，比如便利快餐、优雅美食或东方口味等，可轻易吸引到喜欢这些特色菜肴的顾客。加上餐厅服务良好、品质上佳、价钱公道，相信还会吸引大把的回头客。但餐厅不能时常变换其固有的特色，如今天是法国大餐、明天又改成外卖炸鸡等。这样做的结果，必将导致顾客会不停地变化并最终都将带着困惑与不满而离去。”（1979 年信）

固定座位

“我们对于一些公司总是希望自家公司的股票能够保持一个较高的周转率而感到疑惑不解。实际上，这些公司好像在那里不停地告诉人们：我们希望能不断地有老股东抛弃我们，以便让公司能另结新欢——正所谓旧的不去，新的不来。

“相反，我们特别希望公司的股东能一直喜欢我们的服务和我们的菜单以及年年都来光顾我们的餐厅。我们实在很难再找到比那些老股东更好的新股东来抢占他们的‘座位’。因此，我们期待公司的股票能一直保持一个极低的周转率，这表示我们的股东了解公司的运营、认同我们的经营决策、愿意与我们一起分享公司的未来。我们自己也希望能与股东一起去实现这些未来。”（1979 年信）

三个重要问题

“不管是按一般公认、非一般公认或是一般公认外加补充的会计准则，报告内容都应当能够帮助到有一定财会基础的报表使用者了解以下 3 个问题：(1) 这家公司大约值多少钱？(2) 实现公司未来目标的可能性有多大？(3) 在现有条件下，经理人的工作表现如何？

“大部分情况下，按照公认会计准则提供的框架，并不能清晰解答以上某个或更多的问题。复杂的商业世界很难用一套简单的规则对所有企业的经济实质做出有效的解释，像伯克希尔这种由各种不同事业组成的公司就更是如此。”(1988 年信)

告诉我坏消息

“在伯克希尔，我们相信查理的格言：‘只管告诉我坏消息，因为好消息会不胫而走。’这正是我们希望旗下各经理人向我们报告时所采取的态度。也因此，身为伯克希尔大股东的我，也有义务向大家通报去年我们有三项事业的营运出现了问题：经营利润较以往出现了下滑——尽管他们的资本回报率继续保持原有的记录（甚至更好）。当然，每个事业所面临的问题互有不同。”(1995 年信)

信息披露的准则与时间

“对我们来说，公平的信息披露代表着我们 30 万的‘合伙人’可以同时得到相同的信息——至少可以尽可能地做到这一点。因此，我们会选择在周五闭市到第二天早上的这段时间，把我们的年报与季报刊载在互联网上。如此一来，公司股东们与所有关心伯克希尔的投资人都可以及时得到这些重要的信息，同时在星期一股市开盘之前，有足够的时间吸收和消化这些信息。”(2000 年信)

堕落的行为

“对于证监会主席 Arthur Levitt 近几年来着力打击企业如癌症般扩散的选择性信息披露，我们表示极力支持。确实，近年来由大企业‘引导’分析师或主要投资者去进行盈利预期，以便让这一预期正好符合或接近公司期望值的做法已变成一项标准行动。通过上市公司对选择性对象进行各种提示、暗示甚至是挤眉弄眼等手段，那些以投机为导向的机构投资者可以获取比以投资为导向的个人投资者更多的资讯。这实在是一种堕落的行为。不幸的是，这样的行为却在华尔街与美国企业间广受欢迎。”（2000 年信）

肥皂箱上的演讲

“站在我个人的肥皂箱上①再发表一点看法：查理和我都认为公司 CEO 对企业未来的增长率做出预判，这一行为既不靠谱，也很危险。当然，他们通常是在证券分析师和投资者关系部门的要求下才这样做的。但我认为他们应该抵制这种要求，因为这样做通常会带来许多的麻烦。

“我们之所以这样说，原因就在于只有极少数的大型企业才有可能达到如此的增速。下面我们就做一个简单的测试：找出那些从 1970 年或 1980 年以来最能赚钱的 200 家公司，看看到底有多少公司切实达到了年均 15% 的增长速率。你会发现，只有少数公司能够达到这个指标。我可以跟你打赌，在 2000 年获利最高的 200 家公司中，能够在接下来的 20 年里其利润的年均增速达到 15% 的公司，一定不会超过 10 家。”（2000 年信）

扭曲的行为

“过高的增速预估，不但会带来盲目的乐观，更大的问题在于它会扭曲 CEO 的行为。许多年来，查理和我已经看过太多关于 CEO 运用一些非经济性伎俩以达成他们之前所做的利润预估的案例。更加糟糕的是，在用尽营运上的各种手段之后，公司经理人有时还会运用一些会计方法去‘制造数据’。这种会计骗术会产生滚雪球效应：一旦今天你挪用了本来属于明天的利润，由于数据存在亏空，明天你就会变本加厉地挪用未来的利润。最终，这种数据的腾挪就会演变成一场会计欺诈（毕竟用笔去偷钱比用枪去抢钱要来得容易得多）。”（2000 年信）

需要讨论的五个问题

店长是否应为首席信息披露官？

从 1956 年组建首家有限合伙人公司，到 1969 年接手伯克希尔的经营管理，在过去的近 60 年里，无论是作为普通合伙人还是公司的董事长兼 CEO，

① 注：巴菲特借此暗讽自己正在进行街头演讲。

巴菲特都一直保持着一个习惯：每一年都要给公司合伙人或股东写一封内容翔实的信件，将过去一年的经营情况认真细致地汇报给他们。反观其他上市公司的董事长或 CEO（中美皆是如此），没有几个能这样去做，更不要说一干就是一个甲子。

在思考有没有这个必要之前，我们不妨进行一下换位思考：如果你全资拥有一家公司并委托一个经营团队去打理，每年结束时，你最希望由谁来向你报告过去一年的经营情况？相信你很快就会有答案。那么当你只是部分拥有一家上市公司的股份时，是否就需要有不同的处理模式呢？可惜的是，这正是绝大部分上市公司的情况：公司的董事长或 CEO 在过去的一年里都想了什么、做了什么，股东们是无从知晓的。

披露什么?

近几年来，投资者关系问题开始跃上公司管理者的桌面。不过在本人看来，如下两个问题正是投资者关系中的两个重要内容：（1）由谁来进行一年一度的信息披露；（2）披露些什么。关于第一点，我们上面已经说过了，现实的情况是不尽如人意。关于第二点，上市公司又做得如何呢？是的，他们大多都已按照既定的法规与规则进行信息披露了，但这样做是否已足够？

在 1988 年的致股东信中，巴菲特提出了信息披露中理应包含的 3 个问题，并指出在“大多数情况下，按照公认会计准则提供的框架，并不能清晰解答以上某个或更多的问题”。根据本人的观察，这一判断也符合我国的实际。我们就讲一条吧，作为一家上市公司的股东，当我们考虑是增持还是减持手中的股票时，我们自然想知道公司的内在价值究竟是多少。这个答案，想必只有公司的 CEO 最清楚（假设他是一个称职的 CEO）。然而实际情况却是，很少有公司的 CEO 会在年报中谈到这个问题。或者我们退一步，说价值被低估的也许时有发生，说高估的则一定没有。

坏消息

记得在某次与学生的对话上，当有学生问巴菲特都犯过什么错误时，巴菲特的回答是：那要看你有多少时间。在中后期的致股东信中，巴菲特也不止一次地向股东检讨自己在过去曾犯下的错误。这种做法与他对旗下经理人的其中一项要求表现出了高度的一致性，这个要求就是一定要坦诚。正所谓

“己所不欲，勿施于人”。要求别人做到的，自己也要身体力行。

在我有限的视野里，似乎不记得有哪家上市公司曾在自己的年报中检讨过去曾犯过的错误，更不要说多次检讨。当然，你会说巴菲特既是 CEO，又是大股东，因此他不怕被炒鱿鱼。不过这个问题我们也可以反过来想：他也不必如此频繁地检讨自己的错误吧？这种在股东面前的坦诚，仅仅是因为他不怕自己被炒鱿鱼吗？与此对照的是，在上市公司的年报中，我们看得比较多的都是一些歌舞升平。即使当年业绩表现不佳时，曝光的问题也极为有限。至于责任追究，更多的也是归于外部的原因。

股东周转率

问大家一个问题：如果你是公司的董事长兼 CEO，你是喜欢公司的股票交易保持一个较高周转率，还是相反呢？一直以来，不管是美国还是中国，市场给予的回答似乎都很清楚：越高越好。君不见，无论是在哪个国家或地区的股市，如果听到有谁说某家公司的股票交易很活跃，那一定是在褒奖他们，而绝不是在贬低这家公司。现在问题来了，正如巴菲特所说，这是否在等于告诉人们：我们公司希望能不断地有老股东抛弃我们，以便让公司另结新欢。听起来是不是有点诡异？

前不久，中央电视台播出了一个名为《传奇大掌柜》的电视剧，说的是民国和抗战时期北京丰泽园饭庄的故事。既然我们这里聊的是特色餐厅，那不妨把刚才的问题换一个说法：如果你是丰泽园的投资人或大掌柜，你是希望有一大群老客户不断上门来品尝你家的丰美菜肴呢，还是信奉另一套迎客之道：叫作旧的不去，新的不来？

业绩预测

当巴菲特发出警告“过高的利润增速预估，不但会带来盲目的乐观，更大的问题在于它可能会扭曲 CEO 的行为”时，我们知道这显然不是在无中生有，也不是在杞人忧天。在“管理利润”和“管理预期”不乏存在的美国股市，因为要符合大众的预期而对利润表做出“管理”的事其实并不少见。铁的事实是：能够达到乐观预期的公司数目可谓是少之又少，因此管理利润的事自然也就多之又多了。

在我国股市，最近我们常常听到一个词语就是“再造一个什么什么”。

也许有些公司真的能做到，也确实有公司实际上做到了。但正像历史统计的那样，这样的公司数目不会很多。因此，当投资者听到你投资的公司又在豪言壮语什么“高速”“再造”“翻番”时，还是小心为妙。

抓要点：伯克希尔是一家具有鲜明个性的特色餐厅。

关键词：CEO 视角、特色餐厅、座位、三个问题、坏消息、用笔偷钱。

第四节 靶心

迷雾 **巴菲特是如何定位伯克希尔的公司特质、增长目标与比较基准的?**

解析 **稳定的合伙模式;纠结的比较方法。**

这一节的标题虽然是“靶心”,但涉及的问题并不单一。这里面有巴菲特对伯克希尔公司属性的定位、有公司的增长目标、有比较基准的设定以及在选择何种数据与基准进行比较上的犹豫不定等。通过本节的介绍与讨论,相信读者会对相关问题有一个大致了解。下面我们继续按时间的先后,分标题做出介绍和讨论。

执行合伙人

“尽管我们的组织登记为有限公司,但我们一直是以合伙人的态度来经营。查理跟我视伯克希尔股东为‘老板合伙人’,而我们两个人则为‘执行合伙人’(考虑到公司股东规模庞大,我们也可以视自己为具控制权的合伙人)。我们并不把公司视为企业资产的最终拥有人,而是仅仅把公司当作股东拥有资产的一个管道而已。”(1983 年信)

辅读:本来是有限公司,却将自己定位于有限合伙;本来是一群股东加两个管理人,却定位于一群老板合伙人和两个执行合伙人。先不说这种定位在其他公司那里少之又少,重点是巴菲特能说到做到并且一干就是数十年。不要以为这只是一些虚幻的忽悠,想一想,有哪家上市公司 CEO 的年薪不动辄数十万乃至数百万美元,有哪家上市公司 CEO 的薪酬中不含限制性股票、期权、选择权或其他一些权益性收入?又有哪家上市公司的 CEO 会把自己90%的身家都绑定在自己打理的公司上？

我们做的饭，我们自己也吃

“与前述公司以股东利益为导向相一致的是，我们的所有董事都是伯克希尔的大股东。5个董事中有4个董事家族资产净值的一半以上为伯克希尔持股。换言之：我们做的饭，我们自己也吃。”（1983年信）

辅读：这样的董事会美国有多少？中国有多少？全球又有多少？尽管我没有具体的数据，但我相信数目极其有限。

每股内在价值的极大化

“我们长远的经济目标（附带后面所述的几个标准），是将公司每股内在价值的成长极大化。我们不会用伯克希尔的企业规模去衡量公司的重要性及业绩表现，我们看重的是每股内在价值的长期表现。”（1983年信）

辅读：企业的经营目标大致可分为资产规模的最大化、营业收入的最大化、经营利润的最大化、每股经营利润的最大化以及生命周期内企业现金流的最大化。哪一个目标最符合股东价值的最大化呢？显然是最后一个。

15%

“大家要记得，我们的目标是让公司的内在价值每年能以15%的速度增长。在计算增长的速率时，公司账面价值是一个略显保守但却相当有用的替代性指标。不过，这一目标恐怕很难以平稳的态势达成，因为按照公认会计准则的规定，我们旗下保险事业所持有的并且在伯克希尔资产净值中占有很大比例的股票组合必须以市价列示。自从1979年以来，公认会计原则一直要求它们以市价的方式而非原来的成本与市价孰低法列示在公司账上（需扣除未实现资本利得届时应交的税）。股票价格的上下起伏不定，必将使我们每年的资产净值也会上下起伏不定，尤其是在与一般工业公司进行比较时会更为明显。”（1992年信）

辅读：每股内在价值以15%的速度增长，意味着每股收益也需按15%的速率增长，在不分红的前提下，净资产收益率（ROE）也需要保持在15%左右，这正是巴菲特对ROE的期望比率。此外，按照72法则，15%的增长速率就意味着公司利润每5年可以翻一番。尽管在不少人看来这个目标算不上宏伟，但与宏伟目标比起来，一步一个脚印地去走也许更加重要。

基准展示

“为了便于说明我们资产净值变化的程度以及股票市场的短期波动对于资产净值的影响，从今年起我们决定在年报的首页展示公司每股净值的年度变化情况以及它们与S&P 500指数（含现金股利）之间的比较。”（1992年信）

辅读：尽管这一做法显示出巴菲特的坦诚与理性，但这种做法也许仅适用于伯克希尔（指非资产管理类公司），而其他公司是否需要仿效则值得探讨。毕竟在伯克希尔的早期和中期发展阶段，其资产净值的主要构成还是上市公司的股票市值，而这一点，即使不是绝无仅有，恐怕数目也是少之又少。

三点注意事项

“大家在比较这些数据时至少要注意三点。首先，我们旗下众多事业体每年的经营业绩并不会受到股市波动的影响……第二项需要注意的因素——也是严重影响我们相对表现的因素——是投资证券所产生的收入以及资本利得必须要缴纳很重的税，而S&P 500指数却是以免税基础计算的……第三个要注意的因素包含了两项预测：（1）查理·芒格——伯克希尔的副主席兼主要合伙人——和我确信未来10年S&P 500指数的表现将远低于其过去10年的表现；（2）我们同样相信由于伯克希尔的资本规模越滚越大，这会大大拖累我们一直以来所表现出的优异的相对业绩。”（1992年信）

辅读：一个免税，一个税后，净值对比时自然不利。但站在伯克希尔一边的也并非全是不利因素。正如巴菲特所讲，其资产净值的构成还包括旗下非上市公司上交的利润，而相对于波动频繁乃至波幅巨大的股市而言，这部分上交的利润变化则要小得多。随着后者在资产净值中占比的不断加大，这个有利因素也在不断增强。

生命共同体

“就像我们曾经承诺过的——除了盈利无法再做到像以前那样好之外——你们在伯克希尔的任何财富变化将会与查理和我完全一致。如果你们遭受了损伤，我们也会遭受同样的损伤；如果我们扩充了财富，你们的财富也一样随之增长。我们绝对不会借用那些让我们个人在公司向好时能多占有一些成果，而在公司遭遇困境时则毫发无伤的薪酬计划，去打破这种平衡。

“我们进一步的承诺是，我们个人绝大部分的家产都将继续附着在伯克希尔身上。我们不会在邀请各位投身于我们的同时，却把自己的钱摆放在别的地方。除此之外，我们的家族成员以及查理和我在1960年代经营合伙企业时的一些老朋友，他们的大部分家产也都投在了伯克希尔身上。在这方面，我们差不多已经做到了极致。”（1994年信）

辅读：没什么要说的了，能做这家公司的股东，实乃人生之幸。

新目标

“尽管我们去年的表现不尽如人意，不过公司的主要合伙人查理·芒格与我本人仍然预期伯克希尔在未来的10年里其内在价值的增速可以略微超越S&P 500指数同期的表现……请注意，我说的是‘略微’（modestly）超越S&P 500指数。对伯克希尔来说，大幅超越S&P 500指数的境况已经成为历史。当初我们之所以能够有那样的成绩，主要是因为那时不管是收购私人企业或是投资公开交易的股票，其价格都相当低廉，而我们的资本规模也相对较小，使得那时的我们比现在有更多的投资机会。”（1999年信）

辅读：在前一年（1998）的致股东信中巴菲特还把自己的目标定位于15%的增长速率，一年后就做出了如此修正。一个明显的理由也许是：标普500指数当时的增长速率已远不同往日。表5.2给出了几个不同时期标普指数的增长情况。

表5.2　股市年复合回报（%）

时间	1960—1970	1970—1980	1980—1990	1990—2000
标普500指数	8.1	6.7	16.1	17.1

20世纪80和90年代如此的增长速率，即使是巴菲特，恐怕也要给出足够的敬畏之心了。

相对回报

“有些人并不认同我们聚焦相对业绩的做法，他们的依据是‘相对绩效并不保证绝对业绩为正’。但如果你的看法与查理和我本人相同——即如果你投资S&P 500指数，其长期绩效应该相当不错——的话，那么对于一个长期投资者而言，只要他的投资回报每年都能比指数好一点，最终的结果一定会颇为可观。这就好像你拥有喜诗糖果，虽然它一年四季的营收数据波动很

大（每年夏天我们都会亏很多的钱），但一年总的结算下来，其经营业绩还是很不错的。”（2001 年信）

辅读：当时间积累到一定程度时，相对回报差不多就会变成绝对回报。至于背后的原因，一是公司的业绩增长必然推动股价的增长；二是我们之前探讨过，所谓系统风险其实就是时间的函数，时间越长，系统风险就会越小。下面我们就以 A 股为例，看看上面的观点是否成立。

表 5.3　上证综指滚动 10 年回报（年复合：1990—2015 年）

时间	2005—2015	2004—2014	2003—2013	2002—2012	2001—2011	2000—2010	1999—2009	1998—2008
上证综指	11.78%	9.83	3.50	5.36	2.94	3.08	9.14	4.73
时间	1997—2007	1996—2006	1995—2005	1994—2004	1993—2003	1992—2002	1991—2001	1990—2000
上证综指	15.97	11.30	7.65	6.93	6.02	5.69	18.84	32.15

不承诺回报

“我在 1956 年就制定的一条基本原则，现在看来还继续适用。那就是‘我不会向合伙人承诺回报’。不过查理和我可以向各位保证，你们在持有伯克希尔股票期间所获得的利益，一定与我们自己获得的利益完全一致。我们不会有任何现金补偿、限制性股票或股票期权。你们如果得到的是一分钱，我们得到的一定不会大于一分钱。”（2003 年信）

辅读：期望回报是一回事，实际回报则是另一回事；目标回报是一回事，承诺回报也是另一回事。尽管巴菲特不断给出了自己的目标回报（也可以说是期望回报），但目标不等于承诺——尽管他有这个能力做出一些承诺。股市风云变幻莫测，在长达 17 年的时间里，指数可以颗粒无收，但也可以在另一个 17 年里翻上十几倍。尽管一个精选的公司组合回报也许不同于指数回报，但承诺一旦给出，就容易背上一个沉重的包袱（承诺一般都不会太低），进而会影响到投资的心态。投资心态不稳，则无疑是投资的大敌。

114%与 50%

“虽然有缺憾，但在伯克希尔，追踪账面价值的变化仍不失为衡量公司内在价值长期增长率一个有效——尽管不时会出现低估——的指标。不过，如今单一年度的净值变化与 S&P500 指数的比较，其意义已不如以往那样大了。我们的股票投资部位——包含可转换优先股在内——占资产净值的比重已大幅下降。1980 年代时，这个比重为 114%，而从 2000 年开始，这个比重已下降至 50%。因此相较以前，股票市场在一年中的波动对于我们资产净值的影响程度已经大幅减少。”（2003 年信）

辅读：伯克希尔的资产净值构成除了所投资股票的市值外，还有所投资私企上交的利润。相关话题我们前面已经讨论过。如果净值中的利润占比过大，则和指数对比业绩似乎意义已不大。表 5.4 给出了一些可以参考的数据。

表 5.4　1964—2003 年伯克希尔营业利润　（单位：百万美元）

年	1968	1976	1978	1983	1988	1993	1998	2003
利润	2.7	11.9	30.0	48.6	313.4	477.8	1277.0	5422.0

资料来源：巴菲特 2003 年致股东信

新基准思考

“我们应该注意到，如果改用‘股价’作为我们的业绩衡量标准，伯克希尔的表现看起来会更好一些：自 1965 财年以来的年复合增长率达到 22%。令人惊讶的是，这一并不算大的年复合增长率差额，使我们 45 年以来的总增长率达到了 801516%，而账面价值的增长率则仅为 434057%。我们的市值增长率更高，是因为在 1965 年，伯克希尔的股票是以账面价值的折扣价出售，它代表着当时的资产净值背后是获利不佳的纺织品生意。而如今伯克希尔的股票通常是以高于资产净值的价格出售，它代表着如今资产净值的背后是一些获利甚佳的生意。”（2009 年信）

辅读：我们先来看 2009 年伯克希尔每股净值与标普 500 指数的增长对比：前者比上一年增长了 19.8%，后者则增长了 26.5%，两者相比，伯克希尔低了 6.7 个百分点。这里我们只是提供一个背景资料，至于巴菲特为何会提出想更换业绩比较的数据，原因则要复杂得多。简单来说，对于伯克希尔股东，他们持有这只股票的回报，应主要表现为股价的增长加上分得的股息。而股价的增长则源于每股收益的增长，而不是每股净值的增长。特别是当伯克希尔后期的经营重点逐渐偏向私人企业收购时，就更加如此。因此巴菲特做出以上思考，是可以理解的。

5 年比较期

“为了让你能以一个长期眼光审视我们的业绩，我们在下一页会提供一个表格，将第 2 页上的年度比较改为每 5 年为一个比较期。总体看，我们一共得到了 42 个比较期，它们会给你展示了一个很有趣的故事。”（2010 年信）

辅读：5 年比较期比 1 年比较期更科学已不用多讲。在 42 个比较期中全部战胜了指数，这一业绩无疑是令人称道的。特别是，当这 42 个比较期积累在一起时，则会产生令人瞠目结舌的回报差异。

不变的基准

“迄今为止，我们从来没有在 5 年时段的对比中输给大盘，在总共 43 个统计期中，我们的表现均超越了标普 500 指数。然而标普 500 指数在过去 4 年里每年都在上涨，并且都超越了我们。如果市场在 2013 年继续保持上涨态势，我们 5 年业绩全部跑赢标普 500 指数的纪录将会终结。

“有一件事情你们可以放心：无论伯克希尔的业绩如何，查理和我都不会改变我们的绩效标准。我们的工作就是以超过标普 500 指数增长的速度来提升公司的内在价值——对于后者，我们用账面价值这一保守得多的数据作为跟踪指标。如果我们做到了，尽管年度间的表现难以预期，伯克希尔的股价将最终会随着时间的推移跑赢标普 500 指数。如果我们没有做到，我们的管理工作就没有给公司股东带来任何价值，他们可以自己购买低成本的指数基金来获得与标普 500 指数相同的回报。”（2012 年信）

辅读：比较的基准一直没有变，相信今后也不会变，但用什么数据去比较这个基准，巴菲特最近则出现了纠结：是继续用每股资产净值，还是改用每股收益，抑或是每股股价？每股净值已经用了数十年，一直没有啥大的问题。但随着伯克希尔经营重心逐渐偏向公司收购和商业运营，原有的比较方法似乎已变得越来越不合时宜。

纠结的数据

“今天，我们的经营重心已经发生了重大变化，从股票投资逐步转向了商业资产收购和运营。其中不少企业的真实价值已远远超过基于成本价计算的账面价值。但是，无论这些企业的真实价值增加了多少，其账面价值却从未向上修正过。最后的结果就是，伯克希尔内在价值与账面价值之间的差距已经越拉越大。

“考虑到这一点，我们在首页增设了一组新数据——伯克希尔股票价格的历史记录。我要强调的是，市场价格在短期内是有局限性的，月度或年度的股价波动通常是飘忽不定的，根本无法反映公司内在价值的真实变化。但如果将时间拉长，股票价格的变化就能大致反映出其内在价值的变化。伯克希尔副主席、我的合伙人查理·芒格和我都相信，伯克希尔过去50年的每股内在价值增长幅度基本上等同于公司股票价格在同时期的增长，即1826163%。”（2014年信）

辅读：新的比较数据已出炉，不知是否会一直这样用下去？

抓要点：伯克希尔的增长目标已从过去的15%修订为“略微超越”标普500指数。

关键词：老板合伙人、执行合伙人、每股内在价值极大化、完全一致。

第五节　股票分割

迷雾　巴菲特为何不分割伯克希尔股票？

解析　这样做的效果只会是弊远大于利。

2016 年，伯克希尔 A 股股价已经高达 22 万美元一股，对于这一高股价，《投资圣经》中有一则小故事。

当伯克希尔的股票第一次被列入《华尔街日报》的时候，巴菲特接到一个电话，对方问他最近是否有什么股票分拆计划，如果真的有这个计划，希望他能第一时间告知《华尔街日报》。很明显，为了编排这只股票，这家报纸的场外交易版面需要重新设计，以应付这个价格为 5 位数的股票。巴菲特保证这只股票不会分拆，并且建议《华尔街日报》重新编排股票价格栏。

巴菲特为何不分割股票？

在 1983 年致股东信中，巴菲特较为深入地谈了这个问题。由于相关表述已形成一个完整的逻辑链，本人也决定不再“分割”它们，而是在摘录的后面给出本人对这个逻辑链的解读。

“有人常问我们：为何伯克希尔不分割它的股票？这个问题的后面通常会假设这样做会对股东有利。我们并不认同这一点。让我告诉你为什么。

“我们有一个目标是希望伯克希尔的股价能与其内在价值相关。（注意，是相关而非完全一致。如果市场上优秀公司的股价都远低于其内在价值，伯克希尔也很难免除在外。）一个公司要维持合理的股价，其实与其背后的股东（现存的和未来的）有很大的关系。

“如果公司现有或未来的股东都是基于非理性或情绪化而买入公司的股票，

那么公司股票便会不时地到达一个很愚蠢的价位。焦躁的性格必然会导致焦躁的价格波动。这种情绪上的失常对于我们买卖其他公司的股票也许有所帮助，但为了你我的共同利益，我们应尽量避免这种情况跟伯克希尔的股票扯上关系。

“让自己仅仅去吸纳高品质的股东是很难做到的。没有任何企业可依照智慧的高低、情绪的稳定与否、道德感的强弱或衣着的品位来筛选股东。因此，股东优生学基本上是一项不可能完成的任务。（对选择什么样的股东，我们可以做的并不多。）

“不过大体上讲，我们觉得通过不断地与股东交流公司的生意进展与经营哲学——其中没有融入可以让人混淆的信息——然后再经过一个自我筛选过程，就可以达到吸引并维持优质股东群体的目的。例如一场标榜为歌剧的音乐会与另一场以摇滚乐为号召的演唱会，一定会吸引不同的听众，尽管人们可以自由地买票进入任何一个音乐会场。

“通过不断的政策宣传与信息沟通——即我们自己的音乐会广告——我们希望能够借此吸引到了解并认同我们的经营理念、工作态度以及未来展望的股东（同样重要的是劝离那些不认同我们的人）。我们想吸引那些能够把公司当成自己的事业一样看待并愿意长期投资的股东；我们想要吸引的还包括那些能让自己始终聚焦于公司营运而不是股票价格的股东。

“具有上述这些特质的投资人属于少数群体，但我们却拥有不少。我相信有超过 90%（甚至是 95%）的股东已投资伯克希尔或 Blue Chips 达 5 年以上。另外我猜测超过 95% 的公司股权掌握在这些股东手中——而且他们所持有的伯克希尔股票价值比起其第二大持股要大 2 倍以上。在股东人数多达数千、市值超过 10 亿美元的公司中，我几乎可以肯定伯克希尔的股东是最具有所有者思维的一群人，我们很难再将股东素质做进一步提升了。

“如果我们将公司的股票分割，或采取其他一些注重公司股价而非生意价值的行动，我们吸引到的新股东其素质可能会比离开的那些老股东差得多。当伯克希尔的股价为每股 1300 美元时，很少有人负担不起一股的支出成本。如果我们把一股分拆为一百股，那么对于买得起一股公司股票的潜在投资者来说，会有任何有益的影响吗？那些抱有如此想法且真的只是因为我们进行了股票分割（或预期会分割）而买进的人，肯定会将我们现有的股东水准往下拉。(难到我们通过牺牲那些有着清晰思维的股东而换来一群认为拥有 9 张十元钞票要比拥有 1 张百元钞票更富有的人，真得能够提升整个股东团队的素质吗?) 人们如果并非基于公司价值而买进股票，早晚也会基于相同的原因抛弃它。他们的加入恐怕只会使公司的股价更加偏离其背后的价值而出现不合理的波动。

“我们会尽量避免那些会招来短期投机客的举动，转而采取的是一些会吸引长期价值投资者的政策。如果你是在一个布满这种类型投资者的股票市场上买进伯克希尔的股票，你也会期望可以在相同的市场上将它们卖出（你们会有卖出吗?)。我们将努力保持这种状态的长期存在。

“股票市场上具有讽刺意味的一点是太过于重视股票的周转率。股票经纪商们使用诸如“可交易性”和“流动性”等词汇，对那些具有高股票周转率的公司大加赞扬（这是一群无法用财富塞满你的口袋，却一定会用鼓噪塞满你耳朵的人)。但投资人必须要明白一个道理，那就是凡事对庄家有利的一定对赌客不利。一个过热的股市就如同赌场一样，会不断地从公司与股东手里窃取钱财。

“在过去每天大约交易 1 亿股（含柜台交易）的年代（以今日的水准看算是相当低了)，对投资者来说绝对是祸不是福，因为那代表大家要付出两倍于当每天交易 5000 万股时的成本。如果这种交易额持续一年并假设每买卖 1 股的交易成本为 15 分钱，则 1 年累积下来投资者大约要花费 75 亿美元。这相当于《财富》500 强中最大的 4 家企业：埃克森石油、通用动力、通用汽车与德士古石油的年度利润总和。

“按照我们的上述假设，投资人只因为手痒而将手中股票换来换去的代价，等于是耗去这些大企业一年里所有的资本回报。如果再加上约 20 亿美元投资管理费——只为一些交换座椅的建议——则更相当于全美前 5 大金融机构（花旗银行、美国银行、大通银行、汉华银行与摩根银行）年度利润的总和。这一昂贵的游戏只是用来决定谁能吃到这块饼，而不是让饼变得更大。

“伯克希尔股票的实际周转率（扣除内部交易、送礼与亲属赠予等）每年大约 3%。这也就是说，伯克希尔股东每年为交易便利所付出的成本约占伯克希尔股票市值的万分之六。按此粗略计算，成本总计 90 万美元（尽管这笔金额已不算少，但已远低于市场平均值)。股票分割只会增加交易成本、降低股东整体素质以及鼓励公司股价与其内在价值长久性地背离。除此之外，我们看不到它有任何一点好处。”

辅读：这十几段话形成了一个完整的逻辑链：分割不会对股东有利——股东影响股价——焦躁的股东只会带来焦躁的股价——股东优生学不可为——但可以做出一些努力，比如音乐会广告——我们已经取得了一些成功——股票分割如同给出公司重交易而轻价值的“音乐会广告”——我们不会这样做——提升周转率只会对庄家有利——令人瞠目结舌的摩擦成本——伯克希尔的股票周转率。

股票分割真的会拉低伯克希尔股东的素质吗？《投资圣经》里有两则小故事可以很好地说明。

我是不会推荐它的

康尼恩获得了哈佛商学院的 MBA 学位，并成为华尔街一家大型证券公司的一名高级管理人员。他对伯克希尔公司非常了解，也见过巴菲特。“我不买那只股票是因为价钱……我意识到其价格背后的东西，但我认为没有比赚钱更值得考虑的事情。”康尼恩说，他曾关注过这只股票，当时，它的股价超过了每股 1000 美元。许多股票经纪人说：“我是不会推荐它的。”

温菲尔德的回答

那些踏入伯克希尔股票这片领域的投资者很显然不能驾驭其股价。有一次，伯明翰市的伯克希尔股东乔安妮向一位住在卡罗莱纳州的朋友玛莎·温菲尔德博士提出建议，希望她购买一股伯克希尔股票，并告诉她这样一来就可以参加在奥马哈举行的伯克希尔股东年会了。温菲尔德回答道：“我认为花 7000 美元去奥马哈度一个周末，对我来说似乎贵了一些。你说呢？”

至于巴菲特关于“凡事对庄家有利的一定对赌客不利”以及后面有关摩擦成本的表述，请读者最好将小弗雷德的《客户的游艇在哪里》一书买来一读。

在 1983 年讨论了股票分割问题后，巴菲特在 1992 年的致股东信中再次提到了这个问题：“我们仍然坚持我们在 1983 年的年报中曾提出的关于对股票分割的看法。总的说来，我们相信我们以股东利益为导向的政策——包含不分割股票在内——让我们汇集了一个全美上市公司中最优秀的股东群体。我们的股东不论是在想法上或是行动上，都是理性的长期投资人。在如何看待一桩生意上，与查理和我也都有着几乎一样的看法。正因为如此，伯克希尔的股价才能一直在一个与公司内在价值相关的区间内波动。”

抓要点：焦躁的股东只会带来焦躁的股价。

关键词：股东优生学、音乐会广告、所有者思维、庄家与赌客、昂贵的游戏。

第六节　三条线

迷雾　如何评估伯克希尔的内在价值及其增长率？

解析　看三条线。

第一条线已众所周知，即伯克希尔每股资产净值及其年度变化。尽管资产净值与内在价值不是可以等同的概念，但由于（仅适用于伯克希尔公司）两者的增长速率差别不大，再加上内在价值计算的不方便与不统一，因此一直以来巴菲特都是用每股资产净值的变化来记录公司内在价值的增减情况。随着伯克希尔公司规模的不断扩大，只是记录公司每股净值的变化已不能很好地反映公司实际的经营情况及其内在价值的变化。因此从 1996 年开始，巴菲特在其致股东信里增加了两组可以让股东追踪的数据：每股投资和每股税前利润。

下面，我们先摘录几段巴菲特在不同年份致股东信里的有关表述，然后在之后的辅读中给出几组数据和一些必要的提示，供大家参考。

两个重要指标

“从去年开始，我们提供给各位一张查理和我本人认为可以帮助大家估算伯克希尔内在价值的表格。在下面这张会不断进行资料更新的表格中，我们设计了两个重要的用于追踪公司价值的指标。第一栏列示的是我们的每股投资金额（包含现金及等价物），第二栏列示的是每股税前营业利润（扣除利息与营业费用，但未扣除购买法会计调整）。营业利润未包括股利收入、利息收入与资本利得，这些都已记录在第一栏的每股投资名下。事实上，如果把伯克希尔拆成两个独立的部门，这两栏数字将分别代表这两个部门各自的经营情况。”（1996 年信）

8.88 亿税前利润

“对于那些无视我们 38000 名员工对公司所做出的重要贡献，只是简单地将伯克希尔当作是一家投资公司的人，应该认真研究一下第二栏中的数据。从 1967 年我们进行的第一次商业并购开始，公司的税前利润已经从当年的 100 万美元成长到现在的 8.88 亿美元。此外，正如注释中所说，这一数据还是在吸收了伯克希尔全部的开销——包括 660 万美元的营运费用、6690 万美元的利息支出以及 1540 万美元的股东指定捐赠后的结果，虽然这其中有一部分是与投资活动有关的支出。”（1998 年信）

两组重要数据

“芒格和我用来衡量伯克希尔表现以及评估其内在价值的方法有很多种，其中没有任何一个标准能独自完成这项工作。有时，即使是使用大量的统计数据，也难以对一些关键要素做出准确描述。比如，伯克希尔迫切需要比我年轻得多且能够超越我的经理人就是一例。我们从未在这方面有所改观，但我却没有办法单纯用数字来证明这一点。

“然而，有两组统计数据还是非常重要的。第一组是我们的每股投资金额（包括现金与现金等价物）。在记录这一组数据时，我们排除了财务部门所持有的投资部位，因为其大量的融资性负债会抵消掉大部分的投资价值。”（2006 年信）

经营重心转移

“我们早期的做法，是将大部分的留存利润及保险浮存金投资于已上市交易的有价证券。由于比较专注于此一类别的投资，加上所买入的证券一直都有不错的表现，所以在一段较长的时期内我们的每股投资有着较高的增长率。

“然而近年来，我们开始逐渐把经营的重心转向对私人企业控股权的收购。这一工作重心的转移，一方面降低了我们每股投资的增长速度，一方面则加速了我们（非保险事业）每股收益——也就是衡量我们表现的第二个标尺——的增长速度。”（2006 年信）

我们的首要目标

“自 1970 年以来，我们每股投资的年复合增长率为 19%，每股经营性收益的年复合增长率则为 20.6%。可以想象，我们的股价在过去的 44 年里能有类似的增速，这绝不是一件偶然的事情。尽管查理和我都喜欢看到两组数据能同时增长，但我们的首要目标还是每股收益的长期增长。”（2014 年信）

辅读一：我们从巴菲特一些相关年度的致股东信里摘录了几个记录公司每股投资和每股税前利润变化的表格，作为本次讨论的背景资料。

表 5.5　每股投资（1965—2005 年）　（单位：美元）

年	每股投资
1965	4
1975	159
1985	2,407
1995	21,817
2005	74,129
1965—2005（年复合增长率）	28.0%
1995—2005（年复合增长率）	13.0%

注：过去 40、30、20、10 年的平均增速分别为：28.0%、22.7%、18.5%、13.0%。

表 5.6　每股税前利润（1965—2005 年）　（单位：美元）

年	每股税前利润
1965	4
1975	4
1985	52
1995	175
2005	2,441
1965—2005（年复合增长率）	17.2%
1995—2005（年复合增长率）	30.2%

注：过去 40、30、20、10 年的平均增速分别为：17.2%、23.8%、21.2%、30.2%。

表 5.7　年末金额　（单位：美元）

年	1970	1980	1990	2000	2010
每股投资	66	754	7 798	50 229	94 730
每股税前利润	2.87	19.01	102.58	918.66	5 926.04

数据来源：巴菲特致股东信

表 5.8　年复合增长率

时间	1970—1980	1980—1990	1990—2000	2000—2010	1970—2010
每股投资	27.5%	26.3%	20.5%	6.6%	19.93%
每股税前利润	20.8%	18.4%	24.5%	20.5%	21.02%

辅读二：几点提示：（1）数据只给到2010年，以后年度的致股东信似乎没有再提供相关的表格。（2）解读伯克希尔业绩与投资回报时我们现在有了三组数据（或三条曲线）：每股资产净值；每股投资；每股税前利润。（3）伯克希尔经营重心的转移大致应从20世纪90年代中期开始，背后的原因可能有多种，但至少应包括这一条：按照新的规定，巴菲特必须及时披露他的股票持仓情况。（4）随着浮存金规模越来越大，每股投资增长速率开始逐渐减速，每股收益则在过去的数十年里保持了大体稳定。

抓要点：应透过三组数据综合看伯克希尔内在价值的长期变化。

关键词：每股证券投资、每股税前利润、经营重心、首要目标。

第七节　烟蒂

迷雾　**巴菲特后来投资策略的改变是否只是因为资金规模变大了？**

解析　**不完全是。**

现在市场上有一个看法似乎很流行：巴菲特买大型优秀企业并进行长期投资，是因为他的资金规模已变得越来越大，不得已而为之。对于一个小散户而言，由于资金规模并不大，船小好掉头，因此应当学习巴菲特早期的投资方法——毕竟，他那时的投资回报要好于后来的表现。

实际情况如何呢？下面，我们先集中摘录几段巴菲特关于早期投资策略的一些表述，然后我们再进行有针对性的讨论。请大家务必逐字逐句地认真看一看巴菲特都说了些什么，然后再对后面的讨论给出自己的评判（以下摘录全部来自 1989 年信）。

初期的烟蒂投资法与后期的转变

“如果你以一个足够低的价格买进一家公司的股票，那么你总会有机会在未来以一个还算不错的价格出售了结——尽管这家公司的长期经营结果可能很糟糕。我将这种投资方法称为‘烟蒂’投资法：你在街上看到了一只烟蒂，拿起来还能吸上一口。尽管‘烟蒂’不能让你过足烟瘾，但在‘廉价买入’下，却有望让你赚取一些利润。

“除非你是一个清算专家，否则买下这类公司实属不智。首先，原来看起来划算的价格到最后可能并没有给你带来任何收益。在经营艰难的企业中，通常一个问题刚被解决，另一个问题就又浮出水面——厨房里的蟑螂绝不会只有你看到的那一只。其次，先前的低价优势可能很快就被企业不佳的经营绩效侵蚀。例如你用800万美元买入一家公司，然后能够尽快以1000万美元的价格将其出售或清算，你的投资回报可能还算不俗。但如果卖掉这家公司需要花上你10年的时间，而在这之前你只能拿回一点可怜的股利，那么这项投资就会令人十分失望。时间是优秀公司的朋友，却是平庸公司的敌人。

“或许你认为这样的道理再明显不过了，不过我却是在经历了数次失败之后才真正搞懂这一点。在买下伯克希尔不久后，我又通过一家名为多元零售的公司（后来与伯克希尔合并）买下了巴尔的摩百货公司和Hochschild Kohn百货公司。我是以很大的净资产折扣价买下这些公司的，其经营人员非常优秀，整个交易甚至还有额外的收益——未实现的不动产增值与后进先出法下的存货价值缓冲。我还能漏掉什么呢？不过还好，3年之后，我幸运地以成本价左右的价格脱身。在跟Hochschild Kohn百货公司结束关系之后，我的记忆就像是一位丈夫在一首乡村歌曲中所吟唱的：‘我的太太跟我最好的朋友跑了，我是多么怀念我的朋友！’

“在这里我们又学到了一课：好骑师要搭配好马才有好成绩。要知道，伯克希尔与Hochschild Kohn都有非常能干且品格优秀的人在管理。同样一拨人，如果他们所在的行业有着良好的经营环境，相信他们一定会经营得有声有色。但很不幸，他们所面临的却是流沙般的困境，个人再怎么努力也是白搭。我曾说过很多次，当一个声誉显赫的经理人遇到一家深陷困境的企业时，通常都是后者维持现状。但愿我再也没有那么多的精力去创造新的案例。我的行为就像是Mae West所说：‘曾经我是白雪公主，如今我却四处漂流。’

“我们学到的另外一课是：只做简单的事情。在经历了25年对不同企业的投资与观察后，查理和我还是没有学会如何去解决生意中的难题，我们学会的只是如何去避开它们。对于后者，我们做得倒是很成功。我们只是让自己专注于如何去识别那些可以轻松跨越的一尺栏杆，而不是让自己学会如何去奋力跳过七尺高的栏杆。

“在犯下其他几个错误之后，我试着只与我们所喜爱、信任和钦佩的人来往。正如我在前面曾提到的，这一政策不会保证你成功，因为二流的纺织工厂或是百货公司不会因为管理人员是那种你会把女儿嫁给他的人就一定走向成功。尽管如此，一个公司所有者——或是投资人——如果能学会让自己与出色的生意和出色的管理人为伍，就一定会获益良多。”

如何解读转变

烟蒂 VS 一根整烟

一截烟蒂和一根整烟放在那里，谁更有投资价值，也许这并不是一个容易回答的问题。巴菲特早期的投资方法是选择捡起那截烟蒂而不是一根整烟，那是因为他的老师告诉他：投资烟蒂的安全边际是看得到的，而判断一根烟是否便宜则要困难得多。也正是因为如此，格雷厄姆认为投资一根整烟的风险要远大于投资烟蒂的风险。

现在我们要思考的是（毕竟这已不是 1934 年），如果判断一根整烟的价值其难度不再像以前那么大，我们又如何面对这个问题呢？如果一根有着双数 PE 值的烟其价值远高于一截有着单数 PE 值的烟蒂，那么我们应当选择投资谁呢？在费雪、芒格以及喜诗们的影响下，巴菲特后来给出了不一样的回答。这时，我们是否能简单地说：哦，那是因为他的资金规模太大了？

由厨房里的蟑螂引发的问题

由于信息不对称，一个局外人（即巴菲特所说的“非企业清算人”）是不可能掌握一家问题企业的全部经营信息的。当企业陷入大麻烦时，就尤其如此。因此，人们只能看到正在厨房地板上爬行的蟑螂，而看不到隐藏在厨房深处的蟑螂。而当这些蟑螂逐一呈现在人们面前时，就会引发出投资中的三个问题：（1）原来的物超所值，可能就会变得一文不值；（2）原本较低的价格由于蟑螂的不断涌现可能会一直趴在那里，让你等到花儿也谢了；（3）货币是有时间价值的，当你在长期等待时，隔壁王大妈的股票可能早已一飞冲天。

伯克希尔部分股票的高周转率问题

下面让我们重温一段巴菲特在 1981 年致股东信里写过的话：“我们已经犯了很多类似错误——无论购买的公司我们有控制权还是无控制权。由于在企业价值评估上的失算，第 2 种类型的错误是最为常见的。”现在我们看到了几个有趣的用语，说到私人企业收购时，巴菲特用的是“数次失败”；说到股票投资时，巴菲特用的是“最为常见”（指价值评估上的失算）。关于后者，我们以前讨论过这个话题：巴菲特在部分股票买卖上的高周转率，不是基于所谓的获利回吐，而是因为——看错了。

“数次失败”以及“最为常见”也许有资金规模上的问题，比如资金多就会买得多，而买得多就容易造成错得多。但是，这就是问题的全部吗？资金多了自然会加大投资的难度。但这就是巴菲特舍弃烟蒂股票而拥抱优秀公司，舍弃分散投资而拥抱长期投资背后所有的故事吗？老实说，关于这个问题巴菲特似乎讲的并不多，因此，我们也只能在这里猜想了。

芒格的一段讲话

芒格在《穷查理宝典》中讲道：“我们起初是格雷厄姆的信徒，也取得了不错的成绩，但慢慢地，我们培养起了更好的眼光。我们发现，有些股票虽然价格是其账面价值的2~3倍，但由于该公司的市场地位隐含着成长惯性、它的管理人员可能非常优秀以及整个管理体系可能非常出色，它仍然是便宜的。一旦我们突破了格雷厄姆的局限性，用那些可能吓坏格雷厄姆的定量方法来寻找便宜的股票，我们就开始考虑那些更为优质的企业。伯克希尔数千亿美元资产的大部分来自于这些更为优质的企业。”

不少读者也许都知道，安全边际是格雷厄姆投资理念中的一个重要思想，我们甚至可以讲它就是格式投资思想的基石所在。而从芒格的话里我们看到了一个重要“修正”：“有些股票虽然价格是其账面价值的2~3倍，但由于公司的市场地位隐含着成长惯性、它的管理人员可能非常优秀以及整个管理体系可能非常出色，它仍然是便宜的。”也就是说，当巴菲特将投资方法转变为对优秀上市公司的长期持有时，他遵循的其实还是老师的重要思想，只是做了老师不敢做的事情。这，仅仅是因为资金规模变大了吗？

抓要点：厨房里的蟑螂是巴菲特从“烟蒂”企业转向优秀企业的重要原因。

关键词：烟蒂、厨房里的蟑螂、数次失败、好马、一尺栏杆、出色生意。

第八节　非受迫性失误

迷雾　巴菲特好像很少谈他所犯过的错误?

解析　完全不是这么回事。

在一个财经论坛上，我曾看到有一个网友说：巴菲特好像只是谈自己的投资业绩，而从来不谈他曾经犯过什么错误。然而实际情况并不如此。如果那位网友能够认真阅读巴菲特历年（特别是中后期）的致股东信，他也许就会得出一个完全相反的结论。

公开的失误

失误一：伯克希尔公司

“7 月，我们决定关闭纺织事业营运。到年底之前，这项令人不太愉快的工作终于告一段落。回顾纺织产业的历史，将深具启发性。当巴菲特有限合伙企业（我本人担任普通合伙人）在 21 年前买下伯克希尔纺织公司的控股权时，公司的账面净值约为 2200 万美元，全部集中在纺织事业上。然而，由于公司当时所赚取的利润水平与其账面净值极不相称，因此其内在价值远远低于其账面净值。事实上，在此之前的 9 年（即伯克希尔与哈撒韦合并以后的经营期间），其合计的营业收入为 5 亿多美元，却最终出现了约 1000 万美元的亏损。公司虽然时有获利，但却总是进一步、退两步……

“在 1978 年的致股东信中，我曾经提到过继续留在纺织业中的原因（后来也曾陆续提及）：(1) 该公司是当地一个非常重要的雇主；(2) 公司管理人员坦诚面对困境并努力解决问题；(3) 劳工团体不仅体谅我们所面临的问题，而且在行动上给予积极配合；（4）相对于已投入的资金，公司尚能产生稳定的现金流。我后来还说过，只要这些条件不变——我们也预期它们不会变——我们仍会将纺织事业坚持下去，即使有更好的投资机会也在所不惜。

“后来的事实证明，我的第4点判断完全是错误的。虽然1979年公司的盈利状况还算不错，但之后的营运却耗用了大部分的现金。到1985年中期，情况已变得再明显不过，甚至连我本人也这样认为，而且可以判定的是，这种艰难的处境还会继续下去。当然，如果我们能够找到合适的买主，他也愿意将纺织业继续进行下去，我们肯定会选择将公司出售而不是把它予以清算。只是当我们看清楚这一点时，表示别人也同样能看清楚，因此没有人会对接手这样的公司感兴趣……

“国内纺织从事的是一般商品制造业，面对的是全球产能过剩下同类产品竞争。我们大部分的困境——直接或间接地——源自国外低劳动力成本的竞争，这些国家仅向工人支付相当于美国最低工资中一个很小部分的薪酬。这样说，并不意味着我们关闭工厂是本国劳工的错。事实上，比起美国其他产业的劳工，我们的工人——就像其他纺织业的员工一样——薪资水准低得可怜。在签订劳资协议时，工会组织的成员也能充分体谅整个产业所面临的困境，从未提出不合理的调薪要求或不利于产业发展的诉求。相反，大家都努力地工作以维持我们的竞争力。即使到了公司最后清算的时刻，他们仍能积极予以配合。讽刺的是，要是工会表现能过分一点，使我们早一点认识到这个行业已不具前景从而能在几年前就关闭工厂，我们的损失反而可能会少一点。”（1985年信）

失误二：Dexter 公司

“Dexter 一共有77家零售商店，主要集中在西北地区。该公司同时也是高尔夫球鞋的主要制造商，全美市场占有率大约为15%。不过它的主要业务还是为传统渠道商制造传统的鞋类，这也是它最擅长的领域。就在去年，Dexter 获得了由 Nordstrom 与 JC Penny 所颁发的年度供货商特别奖。”（1993年信）

“去年，我们的制造、零售与服务业的表现至少还算合情合理。唯一的例外是制鞋业，尤其是 Dexter。为了让大部分的生产尽量留在美国的工厂内，我们为此付出了极大的代价。即便我们对生意模式做了一些较大的调整，但2001年仍将是辛苦的一年。

“现在看来，我在1993年斥资买下Dexter明显是个错误。更糟糕的是，这家公司还是我用伯克希尔的股份换来的。去年，为了承认这一项错误，我们已将账上与Dexter有关的商誉进行了一次性冲销。也许在不久的将来我们还有机会在Dexter上找回一些经济商誉，但就目前而言，它不值一毛。”（2000年信）

“我在Dexter身上犯了3个错误，从而让大家损失惨重：（1）买下它；（2）用伯克希尔股票交换；（3）在明显需要对经营做出改变的时候却犹豫不决。我很想把这些过错推到芒格身上（或者其他任何一个人），但这确实是我自己的错。Dexter在我们买下它的前后几年的确有过一段美好的光景——尽管它一直面临海外低成本产品的竞争。我当时认为Dexter应该有能力克服这些问题，不过事实证明我错了。”（2001年信）

失误三：美国航空

“当Richard Branson——维珍亚特兰大航空公司非常富有的老板——被问到如何才能变成一个百万富翁时，他很快答道：‘其实也没有什么，只需先成为一个亿万富翁，然后再去买一家航空公司即可。’由于各位的董事长——也就是我本人不信这个邪，所以就在1989年做出一个决定：用3.58亿美元投资了美国航空年利率为9.25%的优先股。

“那时的我，很喜欢并崇敬美国航空当时的CEO——Ed Colodny，到现在仍然如此。不过我对美国航空业的研究就实在是过于肤浅且错误百出了。我当时同时受到了两件事的诱惑——该公司长时期的获利历史以及高等级证券可能给予我的保护——以至于忽略了关键的一点：公司的利润会日渐加重地受到产业内毫无节制且十分惨烈的价格竞争影响，与此同时，公司的成本结构却仍旧停留在以前公司利润能得到产业保护的年代。这样的成本结构如果得不到改善，将会导致灾难性的后果，不管航空业曾经拥有多么辉煌的历史。（如果历史可以给出所有答案，那么福布斯400大富翁就将全部由图书管理员组成。）……

“1990年至1994年，美国航空累计亏损了24亿美元，从而使得其股东权益几乎耗损殆尽。在这段时间，美国航空基本上还可以继续向我们支付优先股的股息，但到了1994年，公司就停止了股息的支付。不久后，由于公司境况变得更加不乐观，我们将该项投资的权益值下调了75%至8950万美元。随后在1995年的大部分时间里，我以面额50%的折价开始挂牌出售这批股票。

“在另外一个场合，有一位朋友曾经问我：你很富有，但为何不够聪明？在回顾了本人在投资美国航空上的表现之后，你会觉得他说得很有道理。”（1996年信）

失误四：康菲石油

“我在这份报告的前面部分曾经告诉过你们，去年我犯了一个很大的错误（可能更多，但这个比较突出）。在没有受到查理或其他人的怂恿下，我在石油和天然气价格接近历史最高位的时候，买了康菲石油公司的大量股票。我没能预料到能源价格会在下半年出现大幅度下降。我依旧相信，未来油价会在远高于当前40至50美元的水平上出售。但到目前为止，我完全错了。即使价格未来可能会上升，但由于我在投资时间上的错误，已经给公司造成了数十亿美元的损失。”（2008年信）

失误五：爱尔兰银行

“去年我还犯了其他一些已被证实的错误。虽然它们看起来相对较小，但不幸的是，实际上也不是那么小。在2008年，我花了2.44亿美元买入了两家爱尔兰银行的股票，当时他们看起来很便宜。年末我把这些股票给低价卖出了：0.27亿美元，损失了89%。之后，这两只股票的价格还在进一步下跌。打网球的人把这个错误称为‘非受迫性失误’。”（2008年信）

失误六：Energy Future Holdings

“几年前，我用20亿美元购买了Energy Future Holdings发行的多种债券，这是一家为德克萨斯州的部分地区提供电力服务的公司。这次购买是一个错误——一个巨大的错误。从大的方面看，这家公司的前景与天然气的价格密切相关，后者在我们购买后上升了一阵子然后就开始大幅下跌并一直在低价位上徘徊。尽管自从我们购买后已收到大约1.02亿美元的利息，但除非天然气价格大幅上升，否则这家公司的支付能力将很快被耗尽。我们在2010年对这笔投资进行了10亿美元的减计，去年又减计了3.9亿美元。

“年底，我们将这笔债券的账面价值按其8.78亿美元的市值予以计入。如果天然气价格持续维持在目前的水平上，我们很可能会面临更多的损失，损失的金额甚至最终能够将目前的账面价值全部抹平。相反，如果天然气价格大幅回升，我们将有望找回一些损失，甚至全部的已减记金额。但无论结果如何，我在购买这些债券的时候都算错了损益概率。在网球术语中，你们的主席所犯下错误被称为‘非常重大之非受迫性失误’。”（2011 年信）

失误七：Tesco

“细心的读者已注意到，Tesco 在去年还是我们的主要持股之一，现在则已不复存在。我还要很惭愧地说：如果是一个同样细心的投资者，他也许早就把这只股票给卖掉了，而我却由于行动拖沓，终于在 Tesco 身上犯了一个大错误。

“到 2012 年末，我们共持有 4.15 亿股的 Tesco。无论是在当时还是现在，Tesco 都是英国最大的食品零售商，在其他国家它也都是一个重要的竞争者。我们当时的投资成本为 23 亿美元，与其市值相近。

“2013 年，我察觉到公司管理层卖掉了他们所持有的 1.14 亿股公司股票并赚了 4300 万美元，这点让我感到有些不快。不过，由于我接下来的售出行动有点像闲庭信步，从而让我们付出了惨痛代价。查理称这种步调为‘吮手指’。（考虑到我所造成的损失，这种比喻实在是过于仁慈了。）

“2014 年，Tesco 的问题加速恶化。公司的市场份额开始下滑、边际利润率大幅缩减，各类财务问题也随之浮出水面。在商业世界里，坏消息总是会连环出现。你在厨房里看到了一只蟑螂，随着时间流逝，你会不断看到这只蟑螂的亲戚。

“我们去年利用一年的时间卖出 Tesco 的股票，目前已清仓完毕（说明一下，公司已聘请新的管理层，希望他们能一路走好）。这次投资让我们一共损失了 4.44 亿美元，约占伯克希尔资产净值的 0.2%。”（2014 年信）

失误八：甲乙丙丁

“还有一些更大的错误我没有公开讲，比如有些公司，我熟悉它们的优势所在，但却没有买进。错失一些能力圈之外的大好机会没有错，但是我错过的却是一些自动送到我的面前，而我也有能力识别出优劣的好生意。对于伯克希尔的股东来说，包括我自己在内，这种损失是十分巨大的。”（1989 年信）

辅助阅读

辅读一：失误八里所讲的那些“没有买进”的公司具体都有谁我们不得

而知，但让巴菲特和芒格后悔没有买进的公司中肯定有沃尔玛超市（芒格曾经提到过这一点）。在彼得·林奇所著《选股战略》一书的附表中（附录四），我们可以看到1976—1988年沃尔玛超市的股价图，从图中的数据隐约可以看见公司的股价从1976年的大约0.5美元一路涨到1988年的34美元，翻了68倍，年复合增长率为42.13%。图的旁边是彼得·林奇手写的注释："看看这条陡升的线条！这家公司不断扩张，盈余和股价也大幅上涨。"

辅读二：在巴菲特的"非受迫性失误"中，理应还包括那些被他过早卖出的优秀公司股票（如我们前面讨论过的迪士尼、盖可保险以及大都会等）。当然，对这个问题市场的意见并不统一，反对的意见主要是说不能总是从后视镜里看问题。不过在巴菲特后来的"忏悔"中，他也意识到了这个问题，他最后给出的结论是这样的（大意）：对于那些有着"可识别竞争优势"的上市公司，最好的投资策略就是不要轻易将其脱手。

辅读三：在巴菲特谈及的诸多投资"失误"中，有一个公司没有被我们录入，那就是美国联邦抵押贷款协会（Fannie Mae）。所谓"失误"是讲公司股价在巴菲特首笔买入后不久即开始上涨，后来巴菲特不仅停止了对这家公司的继续买入，而且还把已买入的股份（700万股）全部给卖了，最后导致损失惨重。没有录入这家公司，一是在于这并不是一个"买错了"的投资失误，只是在买的过程中犯了一个"不具任何专业水准"（巴菲特语）的错误。二是这家公司后来随着次贷危机爆发而出了大问题，被美国联邦住房金融局接管并从纽约证交所退市。

辅读四：对美国航空优先股的投资尽管被列入"非受迫性失误"，但最后的结果还不算太差。不过整个过程也算是惊心动魄，因为巴菲特曾一度想把手中的优先股以半价折扣给卖掉，后来幸亏没有成功。随着公司业绩的改善，这部分优先股的市场价值后来又回到了一个不错的位置上，再加上期间伯克希尔收到的优先股股息（包括双方事先约定的惩罚性股息），这笔投资总算没有让巴菲特太丢面子。

辅读五：巴菲特在可口可乐股票的处理上，不知算不算是一个"失误"。在这个问题上，巴菲特给我们的印象是很纠结。有时他会说在股价高涨时没有卖出可乐是一个错误。有时他又会说这种事后诸葛亮的态度并不可取。除此之外，他也提醒大家，自己对可口可乐的巨量持股使得卖出并不容易。不管怎样，因为多种原因，可口可乐后来的股价表现并不尽如人意，这让人们不禁会想（包括巴菲特本人）：为何不在68倍PE时（1998年）把可口可乐给卖掉呢?

抓要点：巴菲特在其投资生涯中出现过不少"非受迫性失误"，有些还是重大的失误。

关键词：低劳动成本竞争、毫无节制的价格竞争、非受迫性失误、损益概率、吮手指。

第九节　别处没有的管理故事

迷雾　**巴菲特买了那么多私人企业，他管得过来吗？**

解析　**他遵循的是一种与众不同的经营与管理哲学。**

我们知道，巴菲特既投资上市公司股票（取得公司的部分股权），又进行私人企业收购（取得公司全部或控股股权）。而随着时间的推移以及公司资金规模的不断扩充，收购的企业数目也就越来越多。当这些被收购的企业到达一定的数目时就会产生一个管理学上的问题：他管得过来吗？

今天我们在这里回望历史，已知事情的大致结局：他不仅管得过来，而且还管得很好。这样就产生出了另外 3 个问题：（1）他当初为何会这样做？（2）这样做都产生了哪些具体的效果？（3）其他公司是否也可以这样做？本节的介绍与讨论将围绕这 3 个问题展开。

为何这样做

做减法，也做加法

“本公司的某些财务决策权属于公司最高管理人员，而对于具体的经营决策，我们旗下的经理人则有着非常高的自主权……这样的管理方式，难免有时会让我们的经营出现一些大的错误。而如果在一个严密的管控下，这样的失误可能就不会发生，或至少可以减小到最低的限度。但这样做也会减少管理的层级，使工作进程与决策速度得以大幅度提升。由于每个人都有很多事情去做，很多事情就可以很快被完成。最重要的是，这样做能让我们吸引到最优秀的人才——通常情况下这些人是很难请到的——来为我们工作。在伯克希尔，他们

觉得自己的工作就像是在经营自己的事业一样。”（1986 年信）

辅读：减法，即减少公司管理的层级；加法，即吸引更多的优秀人才为公司服务。这两个工作内容都非常重要，一个是防止公司出现大企业病，这是巴菲特一直努力的目标；一个是不忘初衷，让伯克希尔变成一个优秀企业的集合体。

无须教尼克劳斯挥杆

“查理·芒格，我们的副主席，和我平时只有两项工作：一个是吸引并维系优秀的经理人来打理我们旗下的各种不同事业。这项工作并不太难。在我们买下一家公司时，其经理人通常会跟着一起过来，他们早在认识我们之前便已展现出了在各种经济环境下的管理才干，我们所要做的只是不要妨碍到他们即可。这是一个基本的处事方法：如果我的工作是组织一支职业高尔夫球队，而杰克·尼克劳斯或阿诺·帕玛愿意为我效力，我是不必费心教导他们去如何挥杆的……

“查理和我必须要做的第二项工作是资金分配。相对于其他公司，这项工作在伯克希尔尤其重要，主要原因有三：一是因为我们赚钱比别人多；二是我们通常会将所赚的钱全部留存下来；三是因为我们旗下的大部分事业不需要太多的资金便能维持其竞争力以及持续地成长。”（1986 年信）

辅读：巴菲特提到的两个人都是高尔夫界的前辈人物，也都是大师级的人物，曾多次获得四大赛冠军。

共同的想法

“查理和我与这些经理人互动的模式，与我们和伯克希尔股东互动的模式一致，那就是试着尽量站在对方的立场考虑问题。‘工作’对于我本人也早就没有了任何财务上的意义，我选择继续工作是基于以下几个简单的原因：它们会不断地给我带来成就感、可以让我自由地去做我认为应该做的事、可以让我有机会与我喜欢和信赖的人共事。如果我是这样考虑问题的，那么我们旗下的那些经理人——一群在各自的领域像艺术大师一样工作的人们——为何就一定要有不同的想法呢?”（1999 年信）

遵循里根的生命哲学

“公平点儿说，还是有许多大企业表现得很不错，其中有些企业还十分出色。也有许多大师级的经理人我推崇备至：如美国运通的 Ken Chenault、通用电气的 Jeff Immelt、富国银行的 Dick Kovacevich 等。不过我认为他们的许多工作我本人是不能胜任的，而且我也不认为自己能欣然接受那些与工作职位相对应的各项义务——如应接不暇的会议、演说、出国旅行、慈善路演以及政府公关等。我很认同美国前总统里根说过的话：‘繁重的工作也许压不死人，但何苦要冒这个险呢？’”（2006 年信）

辅读：巴菲特称自己的工作就是每天跳着踢踏舞步去西斯廷教堂绘画，这多少反映出他与众不同的生活与工作模式。有何不同？观察一下那些有着数十万员工的公司 CEO 是一个怎样的工作状态，再对比一下巴菲特的工作模式，你也许就清楚了。

管理的效果

效果一：侏儒与巨人

“我们认同奥美广告创办人大卫·奥美的哲学，他曾这样说：‘如果我们只雇用比我们矮小的人，那么我们就会变成一群侏儒；如果我们只雇用比我们高大的人，那么我们也会变成巨人。’”（1986 年信）

效果二：易于扩张事业的版图

“遵循这种管理风格，使得查理和我可以很容易地去扩展伯克希尔的事业版图。我们看过许多管理学文章，精确指出了一个主管只能管辖多少人员。只是这类指引对我们来说一点意义都没有。当你手下有一群正直、能干并且乐在其中的人员在帮你打理旗下事业时，你大可以同时管理一打乃至更多的人，而且还有空闲时间让你在某个下午的时光去打个盹儿。相反，如果他们存心想要欺骗你或是能力不够抑或缺少必要的工作热情，那么只要一个人就够你操心的了。因此，只要我们能继续找到如同我们旗下这些经理人一样的杰出人才，查理和我还可以管理比现在再多一倍的经理人。”（1986 年信）

辅读：1986 时，伯克希尔旗下的私人企业数目可以被称为“七圣徒”。到了 2016 年，伯克希尔旗下的私人企业数目，也许我们可以称之为“七十圣徒”了。想一想，如果不是像巴菲特这样去管理（到处搜集出色的生意和出色的经理人，然后充分放权），有哪个公司的 CEO 可以同时接受 70 个经理人的报告？

而且这还只是一部分工作，因为与此同时，他还要打理上千亿美元市值的股票以及监控多家保险公司的运营。

效果三：尽享愉快的时光

“我们将继续遵循这种只与我们喜爱与崇敬的人合作的处事准则。这一准则不但可以最大限度地加大我们走向成功的机会，还可以让我们能够享受愉快的时光。如果仅仅为了多赚一点点钱而成天与一些会令你反胃的人为伍，就如同你是为了钱而结婚一样，这在任何情况下都是一个坏主意。而当你本来就很有钱时还会这样做，那么你一定是疯了。”（1986 年信）

辅读：在《奥马哈之雾》一书中，我们曾经讨论过关系投资问题，提出巴菲特所奉行的关系投资不仅早于那些机构投资者，更与他们的所谓关系投资有所不同。纵观巴菲特的整个投资生涯，无论是投资上市公司还是私人企业，他的一个重要标准就是管理人必须才德兼具。如果经理人光有才而没有德，他是绝对不会投资这家公司的。巴菲特为何如此看重一个公司管家的综合品质？因为他将与他们长期相处在一起，就像一对恋人要走进婚姻的殿堂。基于此，寻找企业的过程实际上就是一次寻找结婚伴侣的行动。

效果四：创造超额价值

“我们公司之所以拥有如此多的超额价值，完全归功于旗下各事业体的经理人。查理和我可以很自豪地夸耀这支团队，因为他们所拥有的这些才干与我们一点关系都没有，这些超级经理人一直都是如此。我们的工作只不过是去发现这些出色的经理人，同时提供一个环境，让他们可以好好地发挥他们的才干。如果我们做到了这些，他们就会将现金源源不断地送回总部，然后就是我们自己需要去完成的唯一工作——有效地运用这些资金。”（1990 年信）

辅读：所谓“超额价值”，指的是超出公司账面资产净值的价值部分。巴菲特一直视公司旗下的那些出色经理人为伯克希尔的宝贵资产。在他看来，正是有了这些人，才使得公司的内在价值远高于账面价值；正是有了这些人，才使得公司的一些普通生意变成了出色生意；也正是因为有了这些人的不断加入，才使得伯克希尔的明天充满阳光。

效果五：同心圆

“我们有许多经理人并不是为了生活而工作，他们之所以这样做，其原因与那些已经很富有的高尔夫球手在打巡回赛时的说法一样：他们喜欢高尔夫并希望把它打得更好。说他们是在工作也许并不恰当，他们只不过是更喜欢把大部分的时间花在他们所擅长的经营活动而非休闲活动上而已。我们的工作只是创造一个让他们一直能有这样一种感觉的环境，而截至目前，我们做得算是相当成功。回顾1965年到1995年这30年间，伯克希尔没有任何一位经理人选择主动离开去投入其他公司的怀抱。”（1995年信）

辅读：想一想，有哪家公司（中国或美国）在过去的30年里，其旗下的经理人没有一个选择主动离开公司去投入其他公司的怀抱？

其他公司是否也可以效仿？

前提条件一：自在的股东才有自在的经营

“很少有上市公司的经理人可以像我们这样如此自在地经营公司，这主要是因为这些公司背后的股东往往只着重短期利益和报告利润。相比之下，伯克希尔的股东则有着——相信未来数十年里仍会如此——其他公司股东少见的长期眼光。事实上，这些股东中的大部分会一直持有伯克希尔的股票，即使他们去世后仍然会如此。因此，我们对旗下的经理人的要求是公司长期价值的最大化，而不是下一季的利润有多少。我们不是不关心公司短期的经营成果——很多时候它们非常重要，但我们不希望因为要谋求公司的短期经营成果而牺牲公司长远的竞争优势。”（1998年信）

辅读：伯克希尔的经营状态不仅显得有些特立独行，而且它的股东结构在美国也是不多见的。这些自然与巴菲特年复一年与股东充分沟通有关。正是由于有着一群与众不同的股东，才使得公司上下都能聚焦于企业的长远发展，而不是短期的业绩表现。

前提条件二：自觉抗拒大企业病

“我的搭档，也是伯克希尔副董事长的查理·芒格，和我现在共同经营的伯克希尔，目前已经是一个庞大的事业体，它拥有217000位员工，年营业收入接近1000亿美元。当然，所有这些并非出自我们原先的规划，芒格一开始是一个律师，而我则将自己视同证券分析师。站在当时的立场上看，对于任何形态的大型组织能否运作良好，我们都抱着怀疑的态度。过于庞大的组织可能会造成思想僵化、抗拒改变和自以为是。丘吉尔说过：‘我们先塑造房子，然后房子塑造我们。’一个已知的事实是：1965 年按市值排名位于前 10 的非石油类公司，如通用汽车（General Motors）、西尔斯（Sears）、杜邦（DuPont）、柯达（Eastman Kodak）等，在 2006 年的名单中就只剩下一家了。”（2006 年信）

抓要点：伯克希尔有许多别处读不到的管理故事。

关键词：管理层级、艺术大师、侏儒、巨人、愉快时光、超额价值。

第十节　市值管理

迷雾　**上市公司应当做市值管理吗？巴菲特是怎样看待这个问题的？**

解析　**巴菲特认为上市公司应当做市值管理。**

股市运行中有一个问题始终挥之不去：上市公司是否需要做市值管理？如何对待这个问题，市场至少可分成三个阵营：(1) 消极派：认为公司对股价无能为力，自己的职责只是打理好公司业务即可；(2) 积极派：认为在市值管理上，公司可以做的事情有很多；(3) 纠结派：一方面认为公司对股价的高低表现无能为力，一方面又时常抱怨股价不合理，没有充分反映公司在业务上所做出的各种努力。

巴菲特是如何看待这个问题的呢？他实际又是怎样做的呢？如果说他做了一些努力，效果又如何呢？本节的介绍与讨论就围绕上述这些话题而展开。

总括：为何以及如何进行市值管理

“公司管理人员是无法决定股价的，他们能做的只是通过比较充分的信息披露和一些相关政策，促使市场参与者的行为能变得更加理性一点。就我个人偏好而言（可能你们已经猜到了），是期望公司股价的变化能够始终与公司的价值接近。只有在这种情况下，公司股东在其持有股票的期间内才能与公司共同成长。股价的剧幅波动无法改变股东的最终收益，到最后，所有股东的收益总和与公司的经营所得会基本一致。但是如果公司的股价长时间偏离内在价值（高估或低估），将使得企业的经营成果会很不公平地在各新老股东之间进行分配，并导致投资的最终结果完全取决于每个特定股东的个

人操作是聪明还是愚笨，是有幸还是不幸。”（1985 年信）

辅读一：将市值管理的初衷定位于让公司的新老股东都能得到公平对待，这样的董事长或 CEO 思维应当并不多见。

辅读二：公司管理人员无法“决定”股价，但却可以“影响”股价。这样说并不是完全没有道理。公司股价的高低是由公司所有现存和潜在的股东通过共同的投票来决定的，因此公司管理人员完全可以通过影响股东的思维与行为模式去改善股价的运行轨迹。公司可以做的事情包括：（1）稳定公司业绩；（2）合法合规进行信息披露；（3）与市场进行充分沟通（绝大部分的上市公司这方面做得都不够好）；（4）公司制定一些让市场觉得自己重视长期股东的政策，比如关于分红的政策、拆股的政策以及在业务上重长期价值轻短期业绩的政策等。

独特的股东结构影响了公司独特的股价表现

“长久以来，伯克希尔的市场价值与其内在价值一直存在着一种稳定的关系，在我熟悉的上市公司中，这是很少见的。这些都要归功于所有伯克希尔的股东。正是由于大家都很理性、专注、以投资为导向，才导致伯克希尔的股价一直都保持在较为合理的水平上。这一并不寻常的结果，源于我们拥有一个并不寻常的股东结构：我们所有的股东都是个人投资者而非机构投资者。在这一点上，没有一家上市公司能做到像我们一样。”（1985 年信）

辅读：最后的提示不仅有趣，也让人陷入深思。先说我们的股东“都很理性、专注、以投资为导向”，然后再提示“我们所有的股东都是个人投资者而非机构投资者”，巴菲特是想告诉我们什么？

两点不同

“我们与其他挂牌公司有两点不同：第一，我们不希望伯克希尔的股价过高，只希望它能够在靠近公司内在价值的一个狭小范围内进行交易。（我们希望内在价值能以合理的速度增加，能够以不合理的速率增加快一些则更好。）……第二，我们希望公司的股票交易量越少越好。如果我们经营的是一家只有几位合伙人的私人企业，我们不会希望合伙人经常性地换来换去。经营一家上市公司也是同样的道理。我们的目标是能够吸引长期投资人，他们买进股票是想无限期地与我们同在，而不是手中持有一份标有卖出价格的

时间表。”（1988 年信）

辅读：这两点不同自然应得到人们的认同与称赞，但也有一个问题可以提出来供大家思考：正如大家已经知道的，伯克希尔有两项投资业务，购买上市公司股票和私人企业收购。在进行私人企业收购时，应对方的要求，伯克希尔有时会接纳以换股的方式完成并购。这样，如果公司的股价处于一种被市场高估的状态下，那么换股并购无疑会提升公司的股东价值。我们就以1998 年伯克希尔收购通用再保险为例，当时的公司股价是其每股资产净值的2.7 倍，与通用再保险换股时，就等于是用 167 倍的可口可乐、65 倍的华盛顿邮报、54 倍的美国运通、57 倍的联邦家庭抵押贷款公司去交换通用保险的股份。这样做无疑是大大提升了伯克希尔股东的价值。应如何看待这个问题呢？我一时没有找到答案。

一个奇妙现象

“我们不能理解为何有公司的 CEO 希望自己公司的股票交易量越多越好，这代表公司的股东构成会不停地变来变去。在其他社会组织中，如学校、俱乐部、教堂等，没有负责人会希望自己的成员离开的。（然而市场上偏偏就有这样一群人是靠说服人们离开所在组织来维生的，你是否听过有人这样劝你：反正最近基督教也没啥搞头，不如下礼拜大家改信佛教试试?）”（1988 年信）

辅读：尽管比喻中的行为听起来有些匪夷所思，但与生活的常识进行对比时，股市的奇妙现象可远不止这一件事。比如当一个公司 CEO 进入股市买卖股票时，他的思维与行为模式有可能与他的经营模式完全不同；比如当一个投资者决定买一只股票时，他的决策过程会比他买一件衣裳要简单得多；比如（这是巴菲特说过的话）其他任何领域的专业人士做得都比非专业人士好，而股市却有可能恰好相反；再比如，只有在股市，一个坐劳斯莱斯的人才会向一个坐地铁的人请教如何理财，等等。

股东优生计划

“当然，会有一些伯克希尔的股东出于某种需要或意愿想要把手中的股票给卖掉，我们只是希望他们能够找到适当的人以适当的价格来接手。基于此，我们会试着透过我们的管理政策、经营表现与信息沟通，去吸引真正了解我们的营运、认同我们的理念并能用同样的方式来对待我们的新股东。如果我们能够持续地达到这一目标，同时——这也很重要——又能让那些较为短视的投资人远离我们，相信伯克希尔的股票一定能够长久地以合理的价格在市场上进行交易。”（1988 年信）

辅读：“管理政策”至少包括从不分红以及从不进行股票分割等；“经营表现”自不必多讲，伯克希尔的每股净值不仅增长迅速，而且波动也不是很大，算是比较平稳；“信息沟通”更无须多言，巴菲特作为公司的执行合伙人或上市公司董事长，一直保持着与股东进行充分的沟通，而且一做就是 60 年。

合伙人思维

“虽然我们的首要目标是让伯克希尔股东经由公司股权所获取的利益最大化，但与此同时，我们也期望那些以牺牲其他股东利益为代价的投资收益最小化。当我们经营一家私人合伙企业时，我们自然会树立起这样一个目标；那么当我们经营一家上市公司时，同样也应如此。对合伙企业来说，合伙人权益的平等体现在当他们加入或退出时其权益能得到公正的评估。对于上市公司来说，则唯有让公司的股价与其内在价值经常性地保持一致，股东的公平性才能得以维持。”（1996 年信）

用时间换空间

“股东持有股票的时间越长，伯克希尔的经营成果就越能体现在他的投资回报上。届时，当他买进或卖出股票时，其价格相较于内在价值的高或低，对他的影响也就变得越加不重要。这也是为什么我们总是希望能够吸引具有长期眼光的投资者加入我们的原因。总体来说，我相信我们做得相当成功——伯克希尔或许是所有美国大企业中拥有最多具备长期眼光股东的公司。”（1996 年信）

辅读：格雷厄姆说：股市短期是投票机，长期是称重器。这句话同样可运用在伯克希尔身上。如果你从 1965 年或 1969 年买入伯克希尔的股票并一直拿到今天，那么它的每股资产净值、每股收益以及每股价格都经历了大约 20% 左右的增长。期间不乏一些大幅（如 30%）甚至巨幅（拦腰砍断）的股价下跌，但投资者如果能坚持下来，最终的结果不仅会满心欢喜，而且会喜出望外。而发生在这家公司上的股价奇迹，如果没有其出色的业绩支撑，根本是不可能做到的。

竭尽所能

“总体来看，伯克希尔的股价最终是由公司的经营状况来决定，而在大多数情况下，其价位也都能在一个合理的区间内变动。对于定期会将伯克希尔卖出的基金会而言，价格处于一个合理区间是重要的，而对于伯克希尔的新进股东来说，不让他们付出过高的成本也同样是重要的（关于这一点，请参见我们股东手册的第 14 条）。通过我们的经营方针以及与股东的充分沟通，查理和我将竭尽所能，力促公司股价与其内在价值之间既不会出现大幅的折价，也不会出现大幅的溢价。”（2006 年信）

辅读：相对于那些动辄就喜欢说“我不管股价”的 CEO 们，巴菲特与芒格的关于我们“将竭尽所能，力促公司股价与其内在价值之间既不会出现大幅的折价，也不会出现大幅的溢价”的选择，是否更值得我们的尊重？

抓要点：上市公司在市值管理上有很多事情可以做。

关键词：充分的信息披露、管理政策、两点不同、具有长期眼光的股东、短视的投资人、竭尽所能。

第十一节　夜夜安眠

迷雾　巴菲特对借债是什么态度?

解析　非常保守。

很少有公司不借债，但借多借少则差异很大。有些公司有很高的债务使用率，有些公司则崇尚保守的财务。不同的公司有不同的情况，我们很难用债务比率的高低去简单判断哪家公司的财务更健康和更稳健。尽管如此，深入了解一个公司 CEO 的债务观，对了解他的公司究竟会有一个怎样的运营风格乃至前景，也是有益处的。

作为一家公司的 CEO，巴菲特又有着怎样的债务观呢？本节的介绍与讨论将围绕这个话题展开。我们先对巴菲特的举债策略给出一个大概轮廓，然后再介绍这些观点的背后有一个怎样的思考，最后我们将就几个比较重要的话题展开讨论。

举债策略

策略一：很少举债

“我们达到这样成果的同时却很少运用财务杠杆（无论是资本/负债比率，还是资本/保费比率，都维持在一个较高的数值上）。我们也很少发行新股或回购公司股票。基本上，我们一直是在运用事业刚开始时候的资金。在原有纺织业的基础上，我们和蓝筹印花以及 Wesco 公司在私人股权市场上先后用现金收购了 13 家公司，还另外组建了 6 家公司。（值得一提的是，把公司卖给我们的那些人，无论是在出售当时还是生意完成以后，几乎无一例外

地对我们相当的坦诚与公正。)”(1979 年信)

策略二：未雨绸缪

“与大部分的公司不同，伯克希尔不会为了一些特定的短期资金需求而去融资。我们借钱，是因为我们认为在远短于借款期的时间内，会有许多好的投资机会出现。最佳的投资机会往往出现在市场银根最紧、资金价格最高的时候。而在那个时候，我们希望自己能够拥有庞大的资金火力。”(1980 年信)

策略三：保守的资本结构

“无论在任何环境下，我们都会让公司保持充足的流动性、适度的负债规模、恰当的债务结构以及非常强大的资本实力。虽然这种保守的态度会相应降低资本回报，但这是一种唯一能让我们感到安心的经营方式。”(1980 年信)

策略四：长期加定息

“我们很少大幅举债，而当我们真得如此做时，则倾向于有一个长期固定的利率成本。如果负债带来会计报表的过度杠杆化，我们宁愿放弃一些吸引人的投资机会。如此保守的做法尽管会使我们的经营绩效打上一些折扣，但考虑到保单持有人、存款人、借款人以及公司股东已将大量的私人财产托付给我们，这是唯一令我们能感到安心的做法。”(1983 年信)

背后的逻辑

思考一：以最坏的经济环境为背景

“尽管我们对于通货膨胀一直保持悲观的看法，但对于举债的兴趣还是相当有限。可以确定的是，即使伯克希尔通过大量举债来增加权益报酬率，我们的负债比例还是会相当保守。可以更加确定的是，就算我们这样做了，我们仍然有足够的财力应对比 1930 年经济大萧条更坏的经济环境。但我们还是不喜欢这种似乎没有问题的做法，我们要的是确定性。因此我们会坚持一项政策：不管是举债或是做任何其他事情，都希望即使在最坏的经济环境下也能得到一个令人可以接受的长期回报，而不是在一个正常的经济环境下，去争取一个很好的回报。”(1987 年信)

思考二：不忘信托责任

“不依赖财务杠杆，一项好的生意或一个好的投资决策也能产生令人满意的结果。因此在我们看来，为了一点并不重要的超额收益而将非常重要的东西（包括那些无辜局外人——比如我们的投保客户与公司员工——的福祉）暴露在不必要的风险之下，是相当愚蠢和错误的。这样想不是因为我们年龄大了或是已足够富裕了，而是我们一贯的观点。”（1987 年信）

思考三：享受过程而不是速度

“我们一贯保守的财务政策可能也是一种错误。但我个人对此有不同看法。回想起来，我们只要能够再多用一点财务杠杆（较之他人还是显得很保守），就可以得到远比现在年均 23.8% 还要高的股东权益报酬率。即使是在 1965 年，我们也可以 99% 地确定高一点的财务杠杆只有好处而没有坏处。但相应地，可能也会有 1% 的机会，当出现一些——不管是从内部或是外部——令人意想不到的不利因素时，使得我们原本保守的负债率会一时冲高到介乎‘暂时困境’与‘债务违约’之间。

“我们从不想要那种 99 比 1 的可能性，以后也不会。在我们看来，小概率挫败的可能性没有办法用大概率地大赚一笔来弥补。如果我们的行为合理，就一定能够得到好的回报。在大部分的状况下，融资杠杆顶多只会让你移动得更快而已。查理和我从来都不会让自己在一件事面前变得急不可耐。我们享受过程更甚于速度——尽管我们已经学会去接受后者。”（1989 年信）

思考四：100%的安全

“许许多多的投资者，将他们私人财富中的很大一块投资到伯克希尔股票上面（应该强调其中包括我们大部分的董事会成员和主要经理人），公司的一个重大灾难很有可能就会演变成这些投资者个人的重大灾难。不仅如此，对于那些我们已经向其收取了 50 年甚至更长时间保费的人们，也会造成可能永远无法弥补的伤害。对于上述这些人以及其他可能会加入我们的人，我们已经承诺无论发生什么情况——如金融恐慌，股市关闭（例如 1914 年的股市关闭就曾延续了很长时间），美国遭受核武器、化学武器或生物武器的袭击等，他们的投资都将是安全的。”（2005 年信）

思考五：零乘以任何数都得零

“多年以来，一些非常聪明的投资人经过痛苦的经历后已经懂得一个道理，那就是一长串让人动心的数字乘上零，结果只能是零。我永远都不想亲身去体验这个等式，我更加不想因为我个人的缘故而将这一惩罚强加于他人身上。”（2005 年信）

思考六：夜夜安眠

“我已经对你们、评级机构及自己保证过，要以足够多的现金储备来运行伯克希尔公司。我们从来不想靠陌生人的仁慈来履行未来的债务清偿。当需要被迫进行选择时，我不会放弃一晚的睡眠去换取可能的额外利润。”（2008 年信）

五个问题

伯克希尔的财务杠杆问题

尽管在举债问题上巴菲特有着非常保守和理性的态度，但这并不代表伯克希尔公司就有一个很低的财务杠杆比率，这里说的财务杠杆不是指一般性的银行或市场举债，而是指保险浮存金。关于保险浮存金问题我们后面有专门的一节进行讨论，这里只是给出一张表（摘自巴菲特 2015 年致股东信），以便读者对公司的浮存金变化过程以及现有规模有一个大致了解。

表 5.9　伯克希尔浮存金　（单位：百万美元）

年	1970	1980	1990	2000	2010	2015
浮存金	39	237	1,632	27,871	65,832	87,722

注：伯克希尔 2015 年股票持仓的总市值为 1,123 亿元。

为何要做最坏的打算？

巴菲特在 2010 年致股东信里说过一番话：“回想一下 1941 年的 12 月 6 日，1987 年的 10 月 18 日，2001 年的 9 月 10 日，这些时点告诉我们：不管今天有多么平静，明天永远是不确定的。”我认为这就是巴菲特为何总是做最坏准备的缘由所在。明天永远是不确定的，这样的看法并不代表他不看好美国的未来，可一旦有大事发生时，公司必须能够挺过去。怎样才能够做到这一点呢？这就需要牺牲一些眼前的利益，如更少的负债、更多的流动性（包括保有大量的现金与现金等价物）以及更稳健的经营等。

关于信托责任

风险管控自然也是一种信托责任。公司 CEO 不仅要为利益相关方努力地工作，同时也要保障他们的利益在任何情况下都不会受到损伤。做到第一点的也许不少，做到第二点的恐怕就不多了。背后的原因除了一些观念上的差异外，很重要的一点就是两者之间存在着一些矛盾，当后者影响了前者时，大多数人的选择都是偏向前者而忽略后者。不久前相继发生的亚洲金融风暴、次贷危机以及金融海啸等，为人们上了很好的一课。

关于99∶1

如果一把左轮手枪有一颗实弹，你敢不敢玩俄罗斯轮盘赌？相信你不敢。如果中枪的比率减少到99∶1甚至999∶1呢？相信答案就会变得复杂起来。你也许会说那要看如果赢了我会得到什么。对这个游戏，巴菲特的回答很干脆：不管我能得到什么，我都不会玩这个游戏。这是因为我得到的并不是我生活中必需要得到的东西，而一旦我输了，失去的将是生命。俄罗斯轮盘赌如此，做生意也同样是如此。为了多赚几个钱而借入很多的债务，这其实就是一种变相的轮盘赌，只是它的风险看起来没有那么高而已。

关于夜夜安眠

伯克希尔的夜夜安眠不仅在于它有很低的债务，还在于它始终保持很高的流动性，其中一个表现就是公司手中始终握有不低于200亿美元的现金（含现金等价物）。在很多人看来，这样做也许是过于谨慎了。但是当你了解到巴菲特把每一个明天都视为可能是历史上最坏的一天时，你也许也就多少有些认同了。不过认同归认同，真正也会这样去做的，恐怕是凤毛麟角。

抓要点：债务的风险管控应以最坏的经济状况为准星。

关键词：充足的流动性、适度的负债规模、恰当的债务结构、强大的资本实力。

第十二节　发动机

迷雾　浮存金于伯克希尔意味着什么？

解析　公司业务不断发展的引擎所在。

如果对伯克希尔做一个业务切割的话，可被切分成主要的三块：（1）保险事业经营；（2）证券投资；（3）私人企业收购。如何定位三者之间的关系呢？本人认为，如果把两项投资业务比喻成两门大炮的话，那么保险事业负责的就是不断地为这两门大炮输送炮弹。

伯克希尔的每股净值或每股收益之所以能在数十年里取得惊人的增长，除了公司几乎从不分红外（当然还有一直不错的资本回报），一个重要的贡献来自于公司保险事业为公司的两项投资业务输送了源源不断且数额巨大的弹药。

基础知识

综合比率

“综合比率代表保险的总成本（理赔损失加上各项费用）占保费收入的比例。比率在100以上，代表有承保损失；比率在100以下代表有承保收益。比率越高，说明当年的保险经营情况越差。如果把承保人利用其持有的保费收入（浮存金）而赚取的投资收益考虑在内，综合比率达到损益两平的范围大概是在107～111之间。当然，由股东权益创造的投资收入应剔除在外。”（1990年信）

浮存金

“前面我曾提到过‘浮存金’，指保险业者在从事保险业务时暂时持有的属于投保人的资金。由于这些资金可被用来进行投资，所以承保财产意外险的公司即使承保损失与费用达到保费收入的107%～111%时，仍能自我消化掉这些损失并达到损益两平。再次强调：这需要扣除基于公司资产净值——即股东自有资金——上的投资回报。”（1990年信）

例外情况

“然而，7%至11%这个超额数据会有许多例外情况，例如当保险业者承保谷物的冰雹伤害损失时，就几乎没有浮存金。保险业者通常是在冰雹即将来临之前才能收到保费收入，而只要有任何一位农夫发生损失就要立刻支付赔偿金。因此，即使谷物冰雹保险的综合比率达到了100%，保险业者也不会赚取一毛钱的利润。

“另外一个极端的例子是执业过失险——一种专门提供给医生、律师以及会计师的用于分散其潜在责任风险的险种。较之每年收到的保费收入，这一险种的浮存金会高出很多。这一类的保险浮存金，源自理赔诉讼通常是在业务过失发生很长一段时间之后才会提出来，而实际的理赔也要等到冗长的法律诉讼程序结束后才予以执行。保险业界将这种执业过失险及其他一些类似的险种统称为‘长尾’业务，意思是说保险业者在将理赔金支付给权益申请人和他的律师（也可能是保险公司的律师）之前，可以持有这些巨额资金相当长的时间。”（1990年信）

承保损失与浮存金的比率

“到底该如何衡量一家保险公司的获利能力呢？分析师与保险公司经理人通常会去看综合比率——在评估一家保险公司盈利潜力时，它的确是一个很好的指标。但我们认为还有一个更好的衡量标准：承保损失与浮存金的比率。

“这个‘承保损失/浮存金’比率，与人们常用的旨在衡量保险经营绩效的其他统计指标一样，是不适宜用于短期业绩考察的。一个季度乃至一年的承保数据，会因为估计的成分太过浓厚而无参考价值。但是当时间拉长至数年以上时，这个比率就可以大致告诉我们保险浮存金成本的高低。资金成本低，就代表这是一桩好生意；如相反，就是一桩坏生意。”（1990年信）

评估标准

“只有将保险业的承保结果与保险浮存金可以获得的无风险收益做比较，

才可以正确地评估一家财产意外险公司真实的经营状况。当然，一家保险公司利用其浮存金与股东资金所能创造的投资收益也很重要，这也是投资人在评估保险公司的经营表现时一个重要的参考指标，但就我们现在讨论的内容来说，这些是需要另做分析的。保险浮存金的价值——实际上应当说是把它们从保险运营转移至投资运营时的价格——可以简单地以长期无风险的利率作为评估标准。”（1993 年信）

资金成本

过去 24 年

“1990 年我们手中大概握有 16 亿美元的浮存金，这些钱最终都会流入其他人的手中。由于当年的承保损失仅为 2600 万美元，因此我们从保险营运所获得资金的成本约为 1.6%。如同上面表格所示，有些年度我们有承保利润，导致我们的资金成本低于零。但也有些年度——比如 1984 年——我们则必须为浮存金支付相当高的成本。在我们从事保险业的 24 年里，其中有 19 个年度我们所负担的资金成本低于美国政府债券。”（1990 年信）

GEICO

“到目前为止，伯克希尔处于资金成本非常低的阵营。我们拥有 48% 股权的 GEICO 其表现尤为出色，几乎每年都有承保利润。通过自身的不断成长，GEICO 自我生成了越来越多的浮存金以供其投资，而它的资金成本更是远低于零。这等于是 GEICO 的保单持有人不仅向公司提供了保险浮存金，而且还要为这些浮存金再额外付息（干得好才是真正的好，GEICO 非凡的获利能力源自公司的高效营运和对风险的严格管控，如此还能让投保人享受到最低价格的保单）。”（1990 年信）

过去 26 年

“就像最近几年我多次向各位提到过的：对于我们的保险事业来说，真正重要的是我们从保险业中所取得的资金成本，套句专业术语就是‘浮存金成本’。……我们去年保险营运所产生的浮存金成本继续低于美国政府当年新发行的长期公债利率。这也就意味着在过去 26 年的保险业营运中，我们有 21 年的浮存金成本低于政府公债利率，而且两者相差的幅度通常都相当

可观。(哪天要是浮存金的平均成本高于政府公债利率的话，我们就没有理由继续留在保险业里面了。)”（1992 年信）

与股本相比

“由于多年来我们的保险浮存金没有让我们增加任何成本，所以它们实际上可视同于股本。当然，它又不同于真正的股本，因为这些资金并不属于我们。然而，现在让我们假设 1994 年我们持有的不是 34 亿美元的浮存金，而是 34 亿美元的股本。在这种情况下，不仅我们在 1995 年所拥有的资产一点都不会增加，我们的盈利却还有可能下降，这是因为我们去年的浮存金成本是负的。也就是说，我们的浮存金还为我们提供了盈利。此外，如果我们用资本金去取代浮存金，它意味着伯克希尔还需要发行大量的新股。由此我们将面临这样一个结果：更多的股本、相同的资产、更少的盈利。显然，它无疑会大幅降低我们股票的内在价值。至此大家应该明白，为什么浮存金对于一家保险公司来说是如此的重要——尤其是当它们有一个很低的成本结构时。”（1995 年信）

240 亿美元

“我们的承保盈利在过去的 12 年里已累计达到 240 亿美元，其中 2014 年赚取了 27 亿美元。所有的这些成果全部始于我们在 1967 年以 860 万美元的价格购入国民产险公司（National Indemnity）公司。”（2014 年信）

功能定位

事业的重心

“我们的汇报先从保险业开始，因为这是我们旗下事业的重心所在。”（2003 年信）

核心业务

“自从伯克希尔在 1967 年买下国民产险公司（NICO）以后，承保财产险便成为我们的核心业务之一，更是促进我们不断成长的动力来源。保险事业为我们提供了源源不断的资金去进行股票投资与企业收购，让伯克希尔以从未有过的规模与方式为股东带来源源不断的利润。”（2004 年信）

发电站

“我们的保险运营——伯克希尔公司的核心业务，是经济上的发电站。”

(2008 年信)

发动机

“我们的财产险业务一直是公司发展壮大的发动机，它已为我们创造了很多奇迹。”(2009 年信)

引擎

“让我们先来看看保险业——伯克希尔的核心业务，过去几年推动我们业务发展的引擎所在。”(2011 年信)

异样的负债

“这些浮存金是如何影响内在价值的估算呢？我们的浮存金作为一笔负债，需要从伯克希尔的资产净值中全额扣除，这样的会计处理就好像我们明天就要偿还这笔钱而且还无法再补充似的。如此去看待浮存金是不对的。正确的看法应该是把它当作一笔可循环往复的周转金。接下来，如果浮存金既是无成本的，又是可长期持有的，这项负债的真实含义将远低于会计意义上的负债。”(2011 年信)

价值支撑

“查理和我相信，我们保险事业商誉的经济价值——我们以此作为购买相同质量浮存金的依据——要远远超过其账面价值。为什么我们总是说伯克希尔的内在价值大大超过我们的账面价值？我们所拥有的浮存金价值就是其中的一个原因，一个大大的原因。”(2011 年信)

神奇的蛋糕

“我们的保险业务去年继续取得骄人的成绩。在为伯克希尔贡献了 730 亿美元的免费投资资金之外，还贡献了 16 亿美元的承保利润——这是我们连续第 10 年实现承保利润。这真是一块你吃掉了它却还继续存在的蛋糕。”(2012 年信)

背后功臣

杰出的经理人

“我们的成绩之所以这么出色，背后的原因只有一个：我们拥有真正杰出的经理人。保险公司出售的保单都不是专卖品，产品易被复制，没有固定的客户群、关键专利、核心不动产以及任何独特的自然资源来保护其竞争地位。通常情况下，品牌的重要性也不那么明显。因此，关键因素在于管理者的头脑、纪律以及品格。我们旗下的经理人具备所有这些特性。”（2003 年信）

非比寻常的贡献

“让我再一次强调，免费使用浮存金并不是整个财产险行业的普遍现象。在大部分时间里，保险费并不足以支付客户的索赔及公司运营费用。结果是整个产业的有形资产回报，在数十年里都远低于标普 500 指数的平均回报。伯克希尔之所以能取得出色的成绩，完全是因为我们拥有众多出色的经理人，他们为我们做出了非比寻常的贡献。我们的保险 CEO 们值得所有人去说一声谢谢，他们使伯克希尔的公司价值增加了数十亿美元。下面，让我很荣幸地向大家介绍这些超级明星们。”（2009 年信）

成长速度

1967—1977 年

“我们的保险事业在 1977 年持续大幅成长。1967 年，我们以 860 万美元收购了国民产险公司和国家海上火险公司（两者为姐妹公司），从而进入保险行业。当年，两家公司的保费收入大约为 2200 万美元。1977 年，我们的保费收入已达 1. 51 亿美元。在此期间，伯克希尔没有发行过任何新股用以支撑上述的成长。”（1977 年信）

1967—1996 年

“自从 1967 年我们进军保险业以来，浮存金平均以 22. 3% 复合成长率增加。有很多年份，我们的资金成本都在零以下。这些‘免费’资金，有力促进了伯克希尔的经营业绩。还有，在完成对 GEICO 的并购之后，我们取得‘免费’资金的速度又加快了许多。”（1996 年信）

保险浮存金的好处

表 5. 10 为 1967—2015 年伯克希尔拥有的浮存金概况。

表 5.10　浮存金概况（1967—2015 年）　（单位：百万美元）

年份	浮存金
1967	20
1970	39
1980	237
1990	1,632
2000	27,871
2010	65,832
2011	70,751
2012	73,125
2013	77,240
2014	83,921
2015	87,722

下面我们简要讨论一下浮存金给巴菲特以及伯克希尔股东带来的五大好处。

大大提升了每股净值的增速

1965—2015 年，伯克希尔每股净值的年复合增长率大约为 19.2%，也就是说，如果你在 1965 年交给伯克希尔 1 万美元，到了 2015 年末，这 1 万美元就变成了 6513 万美元。这样的投资回报，在全球范围内可能也是极为少见的（高回报有不少，延续 50 年的恐怕不多）。伯克希尔之所以能创造出这样的奇迹，除了巴菲特本人的贡献外，还有一个重要因素不得不提，那就是公司保险浮存金的不断增长。在前作《奥马哈之雾》一书中，笔者曾指出了浮存金给每股净值增长带来的杠杆作用，有兴趣的读者可以读一读。

比常规类债务的成本更低

纵观伯克希尔近 50 年的浮存金滚动和积累，其成本一直控制在较低的水平上。有不少年度，其成本不仅远低于无风险收益率，甚至干脆就是零成本或负成本。这样的成本结构，任何一种常规性的负债恐怕都难以达到。除此之外，它还是一笔不仅可以长期使用而且数额也在年年递增的资金。就像公共汽车，尽管乘客上上下下忙个不停，但车上总会保有一定数目的人，而随着公司保险事业的不断扩大，汽车上的人数也越来越多。

比股本更具财富效率

这个不难理解，既然是债务，就都有这个功能。由于浮存金是一笔优质的债务，自然就更具这一功能。

为公司提供了又一个利润源

保险业的功能定位是为伯克希尔的两项投资业务创造源源不断的而且是低成本的现金流，除了这个重要作用外，如果保险业自身还能够创造利润，则无疑是锦上添花，这就好比是在一个铺满各种水果的蛋糕上又浇上一层厚厚的奶油。随着公司保险实力的不断增强以及管理水平的不断提升，保险业不仅继续为公司的投资业务提供越来越多的浮存金，而且在最近的十几年里连续获得了承保盈利。盈利数字在2014年末已累计达到了240亿美元。

搭建了一个优秀的投资平台

经过本人的长期观察，我觉得目前市场上流行的涉及资金管理的运行平台，大多与价值投资（或者说巴菲特式的价值投资）有着天然的且难以调和的矛盾。我们可以想象，如果巴菲特后来不是构建了伯克希尔这个投资平台，而是继续运行早期的有限合伙公司，或者组建一个私募或公募基金，那么还会取得今天这样的成就吗？我可以大胆猜测：不能。现在我们完全可以这样说：不仅是巴菲特成就了伯克希尔，也是伯克希尔成就了今天的巴菲特。

抓要点：低成本的浮存金是伯克希尔业务不断得以发展的引擎所在。

关键词：浮存金成本、评估标准、承保盈利、发电站、杰出经理人。

第十三节　世界总部

迷雾　**伯克希尔总部有多少人？**

解析　**25人，截至2014年末。**

从1965年投资伯克希尔，到1969年接手公司管理，再到2015年末，在50年的历程中，伯克希尔在巴菲特的带领下已发展成为世界瞩目的集团公司。在这个不断发展壮大的公司中，其集团总部是什么样子呢？有多少人？占地多大？每年的花费又是多少？本节的介绍与讨论将围绕这个话题展开。

我们先来看一段来自《投资圣经》里的描述：

伯克希尔总部坐落于美国的一个中等城市奥马哈，巴菲特给这个小小的总部起了一个雅号，叫作“世界总部”。总部租借的办公室面积只有10000平方英尺。把它设想成挪亚方舟吧，然而挪亚方舟的面积要大很多，足有一个橄榄球场那么大。《圣经》上说，挪亚方舟长450英尺，宽75英尺，高45英尺。上帝可以在挪亚方舟放上两个伯克希尔总部还绰绰有余……诺亚应该有自己的想法，但巴菲特似乎没有：“我们不仅没有战略部门，也没有什么具体的战略。伯克希尔从未雇用过经济学家，即使我们收购一家雇用了经济学家的企业，他们也会离开。”（2014年巴菲特对乔治敦MBA学生的演讲）这个世界总部似乎没有什么具体的使命，如果有的话，可能就是公司的一个股东所描述的：“赚取利润；收购一家伟大的企业。然后重复，永不停息。”

在1979—2014年的致股东信中，巴菲特多次提到他的这个世界总部，下面我们就分别介绍。在每个介绍的后面，我们照例给出一些必要提示和背景资料。

“我们的公司总部占地1500平方尺，总共只有12人，刚好可以组建一

只篮球队。”（1979 年信）

辅读：1979 年，伯克希尔共持有至少 13 家上市公司的股票，截至年末的总市值为 3.36 亿美元。按 3% 的通胀调整，那时的 3.3 亿美元相当于今天的 10 亿美元，或 60 多亿人民币。

“我们的税后日常开支占报告利润的比率不到 1%，占公司年度透视盈余的比率更是低于 0.5%。在伯克希尔，我们没有法律、人事、公关、投资者关系或战略策划等部门。这也代表着我们不需要警卫、司机和跑腿的人。最后，除了 Vernre 以外，我们也没有雇佣任何的公司顾问。帕金森教授一定会喜欢我们的营运模式——虽然我必须说查理还是觉得我们的公司总部过于庞杂。

“在某些公司，总部费用会占到营业利润的 10% 以上。这种向企业总部缴纳的‘什一税’，不但对经营利润有不利影响，而且对企业价值也有很大的伤害。比起一家总部费用仅占其盈余 1% 的公司，一家赚取同样利润，但总部费用占比高达 10% 的公司，其投资人会因总部的额外开销而遭受 9% 的价值损伤。查理和我这么多年观察到的一个情况是，高运营成本与公司良好的绩效之间没有任何关系。事实上，我们发现那些组织越是简单、成本越是低廉的公司，其运作起来反而会比那些拥有庞大官僚组织的同行更有效率。”（1992 年信）

辅读一：巴菲特在文中提到的帕金森教授是一位研究“大企业病”的专家，并提出了帕金森定律。

帕金森定律是官僚主义或官僚主义现象的一种别称，源于英国著名历史学家诺斯古德·帕金森 1958 年出版的《帕金森定律》一书的标题。帕金森在书中阐述了机构人员膨胀的原因及后果，并得出结论：在行政管理中，行政机构会像金字塔一样不断增多，行政人员会不断膨胀，每个人都很忙，但组织效率却越来越低下。

辅读二：受巴菲特的邀请，彼得·林奇曾于 1989 年造访伯克希尔位于奥马哈的总部。在为《胜券在握》一书作序时，他给出了这样一段描述。

大约在六个月后，我依他的嘱咐前去拜访他。沃伦·巴菲特让我参观他办公室的每一个地方，那不需要花很长的时间，因为他所有的工作所需就塞在小于半个网球场的地方里。

“去年对伯克希尔来说还有许多好消息：我们总共谈成了三个渴望已久

的公司收购。其中两家——黑尔斯博格（Helzberg）钻石店与威利（R. C. Willey）家具店——的财务数据将会列入伯克希尔 1995 年的财报，另外一项更大的交易案——买入 GEICO 剩余的全部股权，则是过了年后没有多久就正式敲定。

“这些新加入的公司将会使我们的营收增加一倍。尽管如此，已完成的收购案并没有让我们流通在外的股份和债务增加多少。另外，尽管这三家公司共雇用了 11000 个员工，但我们企业总部的人员却仅增加了 1 个人，即由原来的 11 人增加为 12 人（放心，我们还没有到走火入魔的地步）。”（1995 年信）

辅读：截至 1995 年末，伯克希尔旗下已有数十家商业运营公司，数家保险公司以及继续持有大量上市公司的股票。以税前利润计，公司总利润已达 10 亿美元，股票总市值已达 220 亿美元。1975—1995 年，公司每股投资和每股收益均以近 30%（每股收益还要高）的速率增长，然而公司总部的人数则继续维持在 1979 年的水平上。

“认认真真地讲，控制费用开支非常重要。举例来说，很多共同基金每年的营业费用——大部分都给了基金经理——平均在 100 个基点上下，这等于是长期向投资者的回报征收 10% 的税。关于我们的表现，查理和我不敢向各位保证什么。然而我们却可以保证：伯克希尔所赚的每一分钱都会落入股东的口袋。我们坐在这个位置上是帮各位赚钱的，而不是相反。”（1996 年信）

辅读：我记得巴菲特的年薪当时应当是 10 万美元（大约），而公司的利润则已超过 10 亿美元，与此同时他还管理着 200 多亿美元市值的股票。对比一下，一个同等规模的基金经理或管理公司的正副总裁每年拿多少钱？美国的我不知道，中国基金公司的经理们恐怕动辄就会数百万甚至上千万吧？除此之外，基金公司差不多均设有投资部、研发部、合规部、法律部、行政部、电脑部等职能部门，这些都需要有庞大的人员和办公费用支出。对比之下，伯克希尔算得上是一个“怪胎”了。

“随着财务实力的增长，我们雇佣的员工人数也在同步增加。我们现在已拥有 47566 位员工，其中包括 1998 年购并通用再保险后新加入的 7074 人以及内部增聘的 2500 人。为了服务新增加的 9500 个员工，我们的总部人员也从原来的 12 人扩编为 12.8 人（0.8 指的不是查理或我本人，而是我们新聘请的一位会计，一个星期工作4天）。尽管这是一个组织开始臃肿的警讯，但总部去年的税后开支只有350万美元，仅占我们资产总额的大约一个基本点（低于万分之一）。”（1998年信）

辅读：像伯克希尔这样的比率，即公司员工总数与总部人员数相比以及总部费用与公司资产相比，不知地球上是否还有第二家？

“截至2012年末，伯克希尔的雇员总人数已达到创纪录的288462人，较前一年增加了17604人。然而我们公司总部的人数没有任何的变化——还是24个。”（2012年信）

“截至2013年底，伯克希尔的雇员总数——算上亨氏——再创纪录，达到了330745人，比上一年又增加了42283人。我得承认，在这些增加的人里包括一名在奥马哈总部上班的人。（不要慌，目前公司总部的办公室还足够让我们这帮家伙坐的，而且一点都不挤。）”（2013年信）

“截至去年底，伯克希尔的雇员总数（包括亨氏）达到创纪录的340499人，较前一年增加了9754人。我要自豪地说，在这增加的数字里并没有任何总部的人（目前我们只有25人在总部工作）。我们并没有为此而抓狂。”（2014年信）

辅读：我们用一张表来作为本部分表述的辅读以及这一节讨论的结束。

表5.11 总部人数与几个数据比较（伯克希尔：1979—2014年）

	总部人员	持仓总市值（亿）	利润（亿）	浮存金（亿）
1979年	12	1.85	0.47	2.37
2014年	25	1174.7	147.26	839.21
期末/期初（倍）	2.08倍	635	313	354
年复合增长（%）	0.21	20.16	17.84	18.84

注：（1）浮存金的期初数是1980年的；（2）1979年的利润数是税前数据。

抓要点：伯克希尔总部的人员数目及办公费用与其生意规模严重不成比例。

关键词：世界总部、帕金森定律、总部人员占比、总部费用占比、什一税。

第十四节　600 个伯克希尔

迷雾　**通过各种办法巴菲特让伯克希尔少交了很多税，是这样的吗？**

解析　**你先要看他们交了多少税。**

伯克希尔是一个在美国注册的公司，过去 50 年来，在巴菲特的领导下其盈利能力不断提升，利润规模也不断扩大。任何人或任何公司，只要参与商业活动，都不可避免地会与政府的税务部门打交道，巴菲特也自然不能例外。从 1956 年独自开办公司开始，巴菲特就开始了他长达一个甲子的向联邦政府或州政府缴税的事宜，从未间断。

下面，我们先借用巴菲特的笔，看看过去这么多年来他和他的公司到底交了多少税以及他本人对向政府交税这事的态度和想法，然后再就一些涉及避税的敏感话题展开讨论。

超高的纳税额

7.9 亿美元，1.5%

“伯克希尔可以说是联邦政府的纳税大户。1993 这一年，我们总共需要缴纳 3.9 亿美元的联邦所得税，其中 2 亿美元为利润所得税，1.9 亿美元为资本利得税。此外，由我们持股公司向美国和外国政府缴纳的属于我们持股部分的所得税还有 4 亿美元，这些都是你在本公司的财务报表上无法看到，但又确确实实存在的。1993 年，由伯克希尔直接和间接缴纳的联邦所得税占去年所有美国企业纳税总额的 1.5%。”（1993 年信）

8.6 亿美元，2000 个纳税人

“1961 年，肯尼迪总统曾经说过一句话：不应该问国家能为你做些什么，应该问你能为国家做些什么。去年我们决定试一试他给出的建议。谁说如果只是询问将永远不会伤害到你？我们得到的答案是：总共要向美国国库交 8.6 亿美元的所得税。

“让我们解释一下这个数字到底有多大：如果全美有 2000 名与伯克希尔一样的纳税人，则美国国库不需要再有任何的税收进项——包括所得税、社会安全税以及其他所有种类的税收——即可在 1996 年做出财政上的平衡预算。伯克希尔的股东可以大声地说：‘我已为国家做了一些什么。’”（1996 年信）

27 亿美元，625 个纳税人

“我们规模扩大后的一个直接受惠者就是美国国库。今年，伯克希尔与通用再保险已经支付或即将支付的联邦所得税为 27 亿美元。它意味着仅我们一家就已经扛起了美国政府半天以上的费用开销。

“这也就是说，全美国只要有 625 个像伯克希尔及通用再保险这样的纳税人，其他所有的美国公司或 2.7 亿美国公民都可以不必再支付任何的联邦所得税或其他任何形式的联邦税（包含社会保险及房产税）。伯克希尔的股东可以说是功在国家。”（1998 年信）

44 亿美元，600 个纳税人

“按照伯克希尔 2006 年的利润，我们需要向美国联邦政府交付 44 亿美元的所得税。美国政府上一年度的支出共计 2.6 万亿美元，即每天花费大约 70 亿美元。换句话说，伯克希尔可以支付联邦政府半天以上的所有开支——范围涵盖从社会福利、医疗开支到国防预算的所有账单。如果美国有 600 个像伯克希尔这样的纳税人，那么所有的美国人就无须再交任何的联邦所得税。”（2006 年信）

纳税的态度

不曾有任何怨言

“对于这个比例，查理和我本人不曾有一点怨言。我们知道我们生活在一个市场经济国家，我们的努力所得到的回报，比一些对这个社会有着同样甚至更多贡献的人只多不少。通过税负的调节，虽然可以多多少少地减少这

种不合理性，但总体说来，我们还是觉得自己受到了特别优厚的对待。”（1993 年信）

并无任何不妥

“查理和我本人相信，伯克希尔支付如此高额的税负并无任何不妥。我们对于整个社会的贡献最多也只是等于社会对我们所做的贡献。伯克希尔是在美国才得以繁荣与发展，而不是在世界其他别的什么地方。”（1996 年信）

不会感到困扰

“对查理和我来说，签发后面有一长串‘零’的支票一点都不会感到困扰。伯克希尔身为一家美国企业，我们身为美国公民，已经在这里积累起巨大的财富，这是在其他国家不可能达到的。事实上，如果我们生活在其他任何一个地方，就算我们有能力逃避所有的税负，我们也不可能像现在这么富有（包括人生的其他领域）。总之，我们感到幸运的是能够在一生中用我们的双手给政府签发支票，而不是因为身体残障或者失业，由政府为我们签发支票。”（1998 年信）

巴菲特是避税大户吗？

关注巴菲特的人应当清楚，近年来巴菲特就税收的问题谈了一些自己的看法，其中有一些观点涉及如何多交税的问题。比如他一直认为自己的税率与秘书相比就显得有点低，鼓励美国其他像自己一样的富人应当向美国政府贡献更多的税负。从上面的介绍中我们可以看到，仅仅从交税这个层面上说，伯克希尔确实是“功在国家”。

但也有一些不同的声音。

在美国，指责巴菲特通过各种方法向美国政府少交税的也不乏其人。这些人中，包括被要求多交税的美国富人、政府负责税收的官员以及一些媒体等。这些指责也不都是空谈，不仅有所指而且言辞极为犀利，甚至不乏嘲讽之语。对此，巴菲特也都及时做出了回应。按照媒体的报道，巴菲特并没有回避自己曾设法少交一些税的问题，但表示只是限于“利用我们可得的税收优惠来合理避税”。

我们先来看一个合理避税的案例：20 世纪 70 年代初，巴菲特用大约 1

千万美元投资了华盛顿邮报，而且一拿就是40年。2013年，亚马逊的贝索斯以2.5亿美元收购了华盛顿邮报，仅留下一个从事教育的事业体继续由凯瑟琳·格雷厄姆的儿子打理。由于此次出售，巴菲特继续持有华盛顿邮报的理由已经不复存在，因此需要将手中的股票卖出。然而经过40年后，这部分持股的价值已从原来的1千万美元变成了12亿美元，如果将股票出售，巴菲特需要交大约4.5亿美元的税。因此，巴菲特与有关方做了一个特别的资产重组，通过重组，相当于使伯克希尔的交税税率从原来的38%降至9%。

我们再聊聊巴菲特的“两条船”或“双性恋”。通过前面的介绍，我们已知巴菲特除了投资股票外，还有一块重要的业务就是私人企业收购。而巴菲特自己也讲过，后者的其中一个好处就是可以少交税（投资股票需要交付红利税和资本利得税）。仅凭这句话，人们就可以对巴菲特的避税行为做出抨击。但对巴菲特有一些了解的人应当清楚，巴菲特之所以选择甚至偏好私人企业收购，背后还有其他诸多原因（这里就不逐一重复了）。如果把这些原因简单化为避税，无论对巴菲特本人还是对伯克希尔公司都是欠缺一些公平的。

最后，我们再谈一下长期投资问题。在不少人看来，巴菲特之所以选择长期投资，除了受到资金规模的制约以外，还有一个重要原因就是逃避资本利得税的“惩罚”。不过相关话题我们在前面已经讨论过了。尽管美国有很高的资本利得税，如果不停地买卖股票，自然需要交很重的税负，但巴菲特选择进行长期股票投资的最主要原因其实与税无关，正如巴菲特自己说过的，即使没有资本利得税，我们照样会选择进行长期投资（请重读有关章节）。

指责别人之前，需要先看自己做了什么。那些喜欢嘲讽巴菲特是避税大户的人，不知自己或自己的公司向美国政府交了多少税呢？

抓要点：巴菲特合法避了不少税，也合法交了不少税。

关键词：1.5%、2000个纳税人、625个纳税人、600个纳税人。

第十五节　B股

迷雾　伯克希尔为何要发行B股？

解析　抵制别有用心的机构炒作。

1995年，伯克希尔股东会议上提交了一份资本重组提案，根据这份提案，伯克希尔的股本将被拆分为两种类型：A股和B股。随后股东大会表决通过了这项提案，并与1996年完成了此项资本重组计划。从此，伯克希尔的股东也分成了两个阵营：A股股东和B股股东。

伯克希尔为何要在20年前进行这次资本重组呢？B股发行的细节和背后原因又是什么呢？本节将围绕这个话题展开介绍与讨论。

B股发行的过程

有关事宜

“今年的股东大会将会有一项资本重组提案提交各位进行投票表决。该项提案一旦获得通过，伯克希尔发行在外的普通股将会被分解为两种类型：A股和B股。B股仅拥有A股三十分之一的权利，但以下两点除外：（1）B股的投票权只有A股的二百分之一（而不是三十分之一）；（2）B股不能参加伯克希尔股东指定捐赠计划。此次资本重组完成后，A股将具有一项可转换权，即如果股票持有人愿意，一股A股可以在任何时间转换成30股B股。这种转换是不可逆的，也就是说B股持有人无权将B股转换成A股。”（1995年信）

发行规模

“我们期望B股与A股一样，也能在纽约证券交易所挂牌交易，届时它们会在 A 股的旁边进行报价。为了给上市交易提供一个必要和足够的股东数量基础以维持挂牌后的股票流通性，伯克希尔预计将会发行至少价值 1 亿美元的 B 股。所有 B 股都将公开募集。”（1995 年信）

套利机会与流动性

“B 股的价格最终会由市场决定，不过大概应在 A 股三十分之一左右的价位进行交易。持有 A 股的股东如果有股票赠予计划，可以很容易地将 1 到 2 股 A 股转换为 B 股。如果由此而导致 B 股需求强烈，有可能会推高 B 股股价，从而在 A 股与 B 股之间出现套利机会。

“然而，由于 A 股享有完整的投票权以及可参与伯克希尔股东指定捐赠计划，所以总体来看，持有 A 股还是比持有 B 股有更多的好处。我们预期大部分的股东——如同巴菲特与芒格家族一样（我们自己只在有股票赠予计划时，才会考虑将少量的 A 股转换成 B 股）——会选择继续持有 A 股。由于我们预期大部分的 A 股股东会继续持有 A 股，所以 A 股的流通性也应该会比 B 股更好。”（1995 年信）

发行利弊

“这次的资本重组对伯克希尔来说有利有弊。原因倒不在于发行新股会带来大量现金，因为我们一定可以为它们找到合理的用途。也不在于发行 B 股的价格，就在我撰写本份年报的时刻，伯克希尔的股价大约为每股 36000 美元，查理和我本人都不认为这样的价位处于某种低估状态。因此，发行 B 股不会使公司的每股内在价值受到稀释。关于公司价值不妨让我们讲得再坦率一点：以目前的价位，查理和我不会考虑买进伯克希尔的股票。

“B 股发行给伯克希尔带来的真正问题是营运成本的增加，其中包括因为我们需要管理数量庞大的股东所带来的服务增量。不过换个角度看，对于那些有股票赠予计划的股东来说，如今会变得方便许多。而对于那些喜欢股票分割的投资人来说，也由此得到了一个可以‘自己做’（DIY）的方法。”（1995 年信）

事出有因

“其实，我们之所以进行资本重组是基于另外一个原因——应对目前市场上出现的一种声称可以用低价位且容易转手的方法克隆伯克希尔的信托基金。这样的所谓克隆并不是首次出现。近几年来，一直有人向我表达想要设立一种能复制伯克希尔的投资基金并以较低的价位对外发行。由于我始终都没有表示同意，这些人也就再没有进一步的行动。

"……所谓伯克希尔信托基金，最近就是打着这种诱人的旗号①粉墨登场。可以想象，他们一般都会通过经纪人以高额的佣金进行销售、一般都会给投资人带来高昂的运营成本、一般都会以一些涉世不深的投资人作为销售的对象。在推销中，他们会利用伯克希尔过去的业绩以及查理与我本人近年来获取的知名度作为他们到处招摇撞骗的工具。最后的结局可想而知：投资人一定会大失所望。通过 B 股——一种较低面额但肯定远优于'复制伯克希尔信托基金'——的发行，我们希望可以让那些克隆产品无法再在市场上生存。"（1995 年信）

必要提示

"不过，不论是现有的还是未来的股东都需要特别注意的是，虽然过去 5 年伯克希尔的每股内在价值以相当快的速度成长，然而公司股价的提升速度更快。换句话说就是：在这段时间内，股票的表现远胜于公司经营的表现。

"……显然，伯克希尔的股价不可能以这样理想的方式运行。但如果现有与未来的公司股东在其做投资决策时，能与我们进行充分沟通、能以公司的生意为导向且不会受到高佣金推销员的引诱和欺骗，我们就有可能接近甚至达到这样的目标。也正是为了这一目的，我们才试图去挫败市场上那些所谓克隆伯克希尔信托基金的不良行为——这正是我们决定推出 B 股的原因所在。"（1996 年信）

进一步的思考

"我相信，这些试图模仿伯克希尔的基金很容易就能募集到数十亿美元的资金。我也相信，这些基金的成功会促使更多的同类基金在市场上发行。（在证券行业，没有什么东西是卖不掉的。）这些基金一定会将所募集的资金不管青红皂白，全部倾注到数量固定且十分有限的伯克希尔股票上。最后的

① 注：指股价较低且可以迅速升值。

结果将导致伯克希尔股票价格的暴涨进而出现投机性泡沫。用不了多久，股价的上涨又会吸引更多天真而敏感的投资人买入更多的信托基金并导致市场对伯克希尔股票的更多买入。”（1996 年信）

两项举措

“B 股的发行不仅可以抑制这些仿伯克希尔基金的销售，同时也提供给投资人一个投资伯克希尔的低成本管道——如果在他们听到我们之前所发出的警告后仍执意要投资的话。为了抑制大多数的股票经纪人在新股发行上的热情（因为它有利可图），我们刻意将承销佣金降到 1.5%，这是我们观察到的所有新股发行中最低的佣金比率。此外，我们对发行新股的数量不设上限，以避免一些热衷于新股抢购的投机客利用新股发行数量上的稀少而炒作，从而导致股价在短期内的大幅飙升。”（1996 年信）

我们的期望

“总之，我们希望买入 B 股的人都是一些准备长期持有的投资者。事实证明我们的做法相当成功：公开发行后的 B 股交易量与发行量的比率（一个测量股票周转率的大致指标）远低于一般初次上市的股票。发行结束后，我们总计新增了 40000 名股东。我相信他们中的大部分人都了解他们拥有的是什么，并愿意与我们共同成长。”（1996 年信）

三点看法

发行时机

尽管 B 股与 A 股有诸多不同，但毕竟也属于新股发行，这样就自然引申出一个问题：老股东的权益是否因为此次发行而受到伤害？打击坑蒙拐骗没有错，但如果因此而让伯克希尔老股东的利益受损，显然也是不应该的。无论是美国市场还是中国市场，因为各种冠冕堂皇的理由而低价增发公司股票的事情实在是太多了，而这样的发行每进行一次，老股东的利益就会被伤害一次。然而伯克希尔的此次 B 股发行，其老股东应当没有这个疑虑。一是巴菲特一直以来就是一个股东利益的强力维护者，二是经过一段时间的股价高涨后，当时市场对伯克希尔的估值——按照巴菲特的说法——一点也不低。我相信，如果当时的股价处于比较低估的状态，巴菲特是不会发行 B 股的。

其他动机

此次发行 B 股，除了巴菲特提到的那些缘由外，还有没有其他动机呢？我本人认为是有的，那就是让更多小投资者有机会买入伯克希尔的股票。由于伯克希尔一直没有拆股，1995—1996 年间的每股股价大约在 3 万 ~4 万美元之间，对于一个小投资者来说，这个股价实在是有点高了。尽管我们在前面讨论过，这样的股价就是要吓跑那些投机者，但伯克希尔的业绩毕竟是太优秀了，只要股价合适，相信会有不少的投资者愿意长期持股伯克希尔。1965—1995 年，伯克希尔每股净值的年复合增长率为 23.6%，按照七二法则，这意味着投资本金差不多 3 年就会翻一番……

发行安排

在此次 B 股发行前，巴菲特做了两件事，一是告知市场公司的股价没有被低估，二是为防止炒作，将发行中介的服务费降到市场最低。试问，有哪家上市公司的新股发行会在发行前做这样两件事？巴菲特之所以这样做，与他过往的理念相一致：无论做什么事情，公司的 CEO 既要注意维护老股东的利益，也要尽可能地照顾新股东的利益。一家公司有这样的董事长兼 CEO，真乃股东之幸也。

抓要点：B 股的发行再次显示伯克希尔是个以股东利益为导向的公司。

关键词：（不会）稀释、（没有）低估、引诱、克隆、招摇撞骗、挫败。

第十六节　股票回购

迷雾　为何伯克希尔一直以来很少进行股票回购？

解析　背后的原因有点复杂。

自从巴菲特 1965 年投资并接手伯克希尔的管理后，这家公司在过去的 50 年里不仅从不分红（仅在较早期时发过一次股息），也从未进行过股票回购——即使在股票价格大幅下跌甚至被腰斩时也是如此。一个喜欢甚至推崇上市公司进行股票回购的人，为何自己长期以来从不进行股票回购（直到 2011 年才实施了第一笔股票回购）？

在 2011 年的致股东信中巴菲特较为集中地谈了这个问题，我们的介绍与讨论将主要围绕这封信中的相关内容展开。

回购伯克希尔股票

情况介绍

“去年 9 月，我们宣布伯克希尔将以不超过股票账面价值 110% 的价格回购股份。我们入市购买才不过几天的时间，市场价格就超越了我们的底线。几天里，我们共计买入了 6700 万美元的股票。不管怎样，关于回购股票的重要性，我还是想多说几句。”

回购条件

“当满足以下两个条件时，查理和我会选择股票回购：（1）公司拥有充裕的资金可以满足日常运转和流动性的需要；（2）股票价格远低于经保守估计的公司内在价值。”

价格、价格、价格

“我们曾目睹了很多股票回购没有满足上述第二个条件。当然，有时候这种违背——即便是很严重的违背——是由于无知造成的，有不少公司的CEO永远都认为他们的股票是很便宜的；但在一些其他回购的场景中，情况可能就没有这么简单了。如果说股票回购仅仅是为了抵消因股票增发而带来的股权稀释，或者说仅仅是因为公司手里握有太多的现金，是远远不够的。只有当回购价格低于股票的内在价值时，对于选择留下来的股东来说，其利益才不致受到损害。资本配置的第一准则——无论是用于企业收购还是股票回购——应当是：在某一个价格上你是明智的，在另一个价格上你可能就是愚蠢的。（摩根大通的首席执行官Jamie Dimon就始终重视价格与价值的比值在回购决策中的重要性，我建议你们去读读他一年一度的致股东信。）”

射杀垂死的鱼

“当伯克希尔的股票以低于其内在价值很多的价格出售时，查理和我的心情是复杂的。一方面，我们希望为留下来的股东创造更多的利益，而最好的方法莫过于买入我们自己的股票，因为我们知道它的真实价值至少值多少——特别是当它正以低于这个价值的价格出售时。（就像我们一位董事曾经说过的，这就好比在一个水已流干的桶里射杀那些正在垂死挣扎的鱼。）但不管怎样，我们并不希望那些卖出股票的股东以一个打折的价格去变现自己的资产，尽管回购行动或许会让原有的股票价格提高一些。因此，当进行回购时，我们希望那些选择退出的股东能被告知他们所抛售的资产究竟价值几何。”

回购限制

“以我们预设的不高于资产净值110%的价格回购股票，将肯定会增加伯克希尔的每股内在价值。我们买得越多并且价格越便宜，留下来的股东所获得的利益就会越丰厚。因此，如果有机会，我们会在限定价格内积极地进行股票回购。然而需要指出的是，我们对用股票回购来支持股价这事毫无兴趣，而且在一个走势疲软的市场上，股票回购也不会引起大的涟漪。此外，如果手中的现金少于200亿美元，我们也不会进行股票回购。在伯克希尔，保持强劲的财务实力比其他所有事情都重要。”

两点思考

关于股本成本

企业融资中，一般情况下股本融资的成本应当是最贵的，越是好的企业就越是如此。假设一家优秀上市公司的 ROE 为 20%，投资者按 2PB 的价格买入，尽管他的即时资本回报仅为 10%，但下一年留存利润的资本回报就会变成 20%（假设企业的 ROE 保持不变）。以伯克希尔为例，由于其长期持有的公司股份是类似华盛顿邮报、大都会、盖可保险、可口可乐、美国运通以及吉利刀片这样杰出的上市公司，旗下的全资或控股企业又不乏喜诗糖果、内布拉斯加家具大卖场、波仙珠宝这样的优秀公司，因此它的股本成本无疑是很高的。

每当伯克希尔进行公司并购时，巴菲特最愿意使用的支付工具是现金而不是股份，其原因除了他手中从不缺少现金外（后期经营尤其如此），还有一个重要原因就是（我们以前讨论过这个问题）他觉得任何置换进来的公司股本都不会比伯克希尔的股本更有价值。那么，为什么伯克希尔从不进行股票回购呢？股价不合理的理由很难站稳脚跟，因为历史上伯克希尔股价大幅下跌甚至被腰斩的情况不乏其例，但巴菲特都无动于衷，背后的原因究竟是什么呢？

关于背后原因的猜想

既然是猜想，也只能仅供参考。伯克希尔是个庞大的企业集群，股票市场更是风云变幻、波诡云谲，在股海的风浪中摸爬滚打数十年的巴菲特到底在想什么，别人是无法知道的，即使他和股东之间有较为充分的沟通，也不可能面面俱到，更谈不上对公司所有事情都能推心置腹，无所保留。因此，有些事情我们只能猜想。

猜想一：不断提升保险公司的资本实力。

本人虽不懂保险事业如何经营，但从巴菲特的话语中还是能够感受到一家保险公司的资本实力有多么重要。伯克希尔无疑就是一个保险业集团，旗下的保险公司为公司的两项投资业务提供了源源不断而且是低成本的保险浮存金。正如巴菲特所讲，没有保险业，就没有伯克希尔的今天。在每年一度的致股东信里，巴菲特都要花费差不多四分之一的篇幅来介绍过去一年保险公司的经营情况，由此也可以看出保险业在他心中的位置有多么重要。低成本的股票回购虽然会提升留存股东的价值，但无疑也会削弱伯克希尔的资本实力。如果一家公司的发展不需要不断壮大的资本实力，问题就会变得简单许多。但如果需要呢？

猜想二：不断优化公司的资本结构。

上一个猜想讲的是不断扩充的资本实力将有利于保险业的经营，这一个猜想的出发角度则是风控。前面我们已经介绍过了，巴菲特对自己的其中一项工作职责是这样定位的：无论明天美国发生什么情况，伯克希尔的资本结构都能让公司渡过难关。尽管伯克希尔很少举债，但它的浮存金杠杆还是很高的，规模也十分庞大（到2015年已达800多亿美元）。因此，巴菲特需要构建坚实的资本结构，只有这样，公司才能够从容应对可能发生的任何危机。

猜想三：收集更多的优秀私人企业。

将伯克希尔打造成一个优秀企业的集群，这样的想法尽管不知何时出现在巴菲特的脑海中，但巴菲特在资本构建上的举措无疑暗合了他的这个梦想。伯克希尔尽管有源源不断的浮存金流入，但那毕竟是保险公司的钱，所投资的资产需要保持足够的流动性。这样，要想收购更多的私人企业，就需要有不断扩充的长期资金，而这个长期资金最坚实的来源，就是公司的股本。正如巴菲特所讲，如果我们从一开始就把经营利润分光吃光，就不会有今天伯克希尔强大的优秀企业集群。

IBM的股价与回购

2011年，巴菲特斥资108亿美元买入IBM公司的股票。截至2015年12月31日，其账面亏损已达26亿美元。关于巴菲特投资IBM的是是非非，我们就不在这里讨论了。下面我们要介绍与讨论的是一些与股票回购有关的内容，从这些表述中，我们可以看出巴菲特投资思想中另一个与众不同的地方。所有摘录仍全部来自2011年致股东信。

“今天，IBM有11.6亿股的流通在外股票，我们拥有其中的6390万股，占总股本的5.5%。自然地，公司未来5年的盈利状况对我们来说会非常重要。除此之外，公司还可能会花费大约500亿美元在未来几年内回购自己的股票。我们今天不妨做一个测试：一个长期投资者——比如伯克希尔——在接下来的这段时间内最应该为哪件事情而鼓掌和加油呢？

“还是不留悬念了。我们所希望的是：IBM的股价在未来5年内表现疲软。

“让我们做一个数学题。如果IBM的股价在这一时间段的平均价格为每股200美元，公司计划使用的500亿美元就可以回购2.5亿股的股票，这将导致流通在外的股票变为9.1亿股，而我们由此将拥有其中7%的股份。反之，如果公司股价在未来5年内以平均300美元的价格出售，IBM将仅能购买到1.67亿股，这将导致5年后公司还有大约9.9亿股流通在外的股票，而我们将拥有其中的6.5%。

“如果IBM继续盈利，比如第5年有200亿美元的利润，我们能够享受到的份额将会是1亿美元。这个以较低股价为回购蓝本的数额，无疑将大于以较高股价实施回购后的数额。而在以后的某个时点上，我们可以分享到的份额可能就会变成15亿美元——那么它也一定将高于公司以较高股价回购股票后我们所能享受到的金额。”

对于巴菲特投资IBM，腾讯科技曾有如下报道：

巴菲特早年的投资生涯与科技股并无任何交集。但是他晚年唯一一次对科技股的投资，却需要他不停地站出来，表示将继续力挺自己的投资对象。伯克希尔在2011年宣布开始建仓IBM股票，并一跃成为该公司第一大股东。巴菲特当年投资IBM时曾列出了投资该公司的数个原因，如管理技巧、公司的5年发展目标以及准备斥巨资进行股票回购等。但事实上，IBM未能实现自己此前制定的5年目标……IBM此前发布的财报显示，该公司第四季度来自于持续运营业务的营收为220.59亿美元，比去年同期的241.13亿美元下滑9%，这也是IBM的季度营收连续第15个季度出现同比下滑。

表5.12 IBM的营收与利润

年	2012	2013	2014	2015
营业收入（亿）	1 045	997	927	820
每股收益	15.0	14.2	10.5	11.5

不管怎样，根据表5.12以及IBM最近几年的股价表现就推断巴菲特已投资失败，时间也许有些过早。毕竟这家公司正处于转型之中。在2015年的战略规划中，公司的新业务包括云计算、大数据分析、手机平台应用等，都为公司带来了不菲的利润。而巴菲特最近的言论也不承认投资IBM是个错误，只是表示它“可能是个错误”。未来发展究竟如何，还是让我们拭目以待吧。

抓要点：股票回购需满足两个前提条件和两个限制条件。

关键词：流动性需要、保守估计、限定价格、财务实力。

第十七节　股息

迷雾　如何看过去数十年伯克希尔从不分红这一现象？

解析　要看留下来的钱公司都做了什么以及做得如何。

分红还是不分红，这个话题已经讨论了 100 多年，至今仍然莫衷一是。主张分红的人道理一箩筐，主张不分红的人也是道理一箩筐。究竟应如何看待这个问题呢？在这个问题上巴菲特持有什么观点？伯克希尔数十年没有分过一毛钱的股息，他又是怎样解释的呢？本节的介绍与讨论将围绕这个话题展开。

在前面的“六道门槛”一节，我们曾讨论过有关的话题，话题的重点是引导投资者如何去判断公司管理层的资金配置能力。这一节讨论的内容稍有不同，话题的重点会从一个较为宽泛的角度逐步聚焦在伯克希尔身上。当然，会有一些重合的地方，但也有不少新的内容。

利润再造

“基于某些理由，公司经理人往往会将那些非限制性的、完全可以分给股东的利润保留下来，以扩充企业帝国的版图，同时还能让公司的财务实力更加厚实。但我们相信，将非限制性利润保留下来，只能有一个站得住脚的理由，那就是基于公司过去的历史记录或深入的财务分析，可以预期公司所保留的每一块钱能为公司股东带来至少一块钱的市场价值。所有这些，只有在增量资本可以为股东带来实打实的利润时方可实现。”（1984 年信）

辅读：这段话要说的内容与前面“六道门槛”和“股东利润”中的某些观点或概念有些重合，但聊股息就难免会涉及一些基本的逻辑问题，没有这个逻辑做支撑，许多问题就聊不下去了，还请读者耐心地继续往下看。

选择基准：机会成本

“假设有一位投资者持有一种年利率为10%的永久性无风险债券，而这只债券有一个很不寻常的特色，那就是投资人每年有权选择领取10%的现金利息，或将这10%的利息用于买进新的同等条件债券。如果某一年市场的长期无风险利率降为5%，则投资人在那一年应当不会笨到选择领取现金，而是会选择继续买进同等条件的债券，因为后者显然能够产生更高的回报。如果这位投资人真的需要现金的话，大可以在利息转投债券后再到市场上以更高的价格将债券出售。再重复一次这种简单的逻辑：如果市场上的债券投资人都够理性的话，将没有人会在市场利率降至5%时选择领取现金——即使他迫切需要现金用于生活的支出。

“然而，当市场利率提升至15%时，一个理性的投资人也绝不会笨到选择用他的利息去转投利率仅为10%的债券。相反，投资者一定会选择领取他的现金利息，即使他当时对现金没有任何的需求。如果他选择的不是现金利息而是利息再投资，最终只会得到一个比选择现金更低的市场价值。如果他真的需要投资这只年利率为10%的无风险债券，完全可以选择用他收到的现金利息直接走到市场上，以较低的价格去购买这只正在打折出售的债券。”（1984年信）

辅读：这里说的尽管是债券，但所涉及的内容与逻辑自然可以延伸到股票上面。在以前的介绍与讨论中我们已知，在巴菲特的眼里，债券就是特殊的生意，因此，适用于债券的逻辑自然也就同样适用于股票。从上面这段话里我们是否可以解读出如下的信息：所谓留存的一块钱需要创造至少一块钱的市场价值，其实只是一个分与不分的底线标准。当一个投资者（或一个CEO）评估分红还是不分红究竟哪个好时，还要看社会的平均机会成本，如相关产业的平均回报、股市的平均回报以及优秀企业的平均回报等。如果后者的回报总是好于某个特定企业的回报，即使企业可以“创造至少一块钱的市场价值”，但选择分红还是比不分红要好。

新资本回报

“许多看起来能持续在资本或整体资金回报上交出好成绩的公司，事实上已经把保留利润的大部分用在了不具经济前景（甚至很差）的事业之上。公司出色的核心业务掩饰了资金配置上的一个又一个错误（最常见的例子就是用高价去并购平庸的企业）。经营阶层会一再强调他们已从前一次的失误中得到了教训，但接下来马上又去物色下一次的犯错机会。

“在这种情况下，只有当保留利润仅用于高回报的生意，而余下资金或以现金股利，或以股票回购回馈给股东时，公司的股东价值才可以得到良好的维护（一种既可以增加股东在出色生意上的利益，又可以避免股东被带入平庸生意的方法）。那些把从高回报生意赚来的资金不断地投入到低回报生意上的经理人，不管公司的整体回报表现如何，都应当对这种资金配置做出说明。”（1984 年信）

辅读： 巴菲特的这段表述对我启发颇多。以前我曾简单地认为，看一家公司的留存利润是否得到了很好的使用，只要看它的 ROE 就行了，如果这个指标一直表现不错（比如高于产业平均数或市场平均数），那么企业选择保留利润或者说不分或少分红，就可以接受。但看了巴菲特的这段话后，我才意识到事情并没有那么简单。下面我们来看表 5.13。

表 5.13　贵州茅台的几个相关数据　（单位：亿元）

年	2006	2007	2008	2009	2010	2011	2012	2013	2014	2015
ROE（%）	27.67	39.30	39.01	33.55	30.91	40.39	45.00	39.43	31.96	26.23
货币资金	45	47	81	97	129	182	220	251	277	368
资本支出	7.37	7.72	10.11	13.57	17.32	21.85	42.12	54.06	44.31	20.61

注：ROE 为加权数据。

从表 5.13 的整体数据上看，茅台过去 10 年的资本回报无疑是极为出色的。如果公司像伯克希尔那样选择不分或少分红，股东利益不但不会受到损害，甚至可能还会得到持续提升。但情况真的如此吗？我们至少还要看 3 个数据才能得出初步的结论：一是它的资本支出，二是它的新资本回报率（已投入的部分其回报应当没有问题，但还要加上没有投入、躺在银行里的部分），三是它的货币资金总额是否与它的流动性需要相匹配。不管怎样，当公司选择在 2015 年大比例分红时，这个决定应当说明了一些问题。

伯克希尔的选择

“过去的记录显示，伯克希尔已经为其保留利润赚取了较高的市场回报，即每一块钱的保留利润创造了大于一块钱的市场价值。在这种情况下，任何发放股利的动作都将不利于伯克希尔的股东利益，无论是大股东还是小股东都如此。

“事实上，过去的经验显示，如果我们在公司的经营早期就发放了大量的现金股利，这将是一件让我们感到非常后悔的事情。当时，查理和我管理着3家企业：伯克希尔、多元零售与蓝筹印花（现已合并为一家公司）。蓝筹印花只发放了一点点股利，而其余两家皆未发放任何股利。如果当时我们把所赚到的钱全部用于股息发放，那么现在可能已无任何利润可赚，甚至连原有的资本金都会用光。”（1984年信）

辅读：巴菲特的早期目标是让伯克希尔的每股内在价值每年平均增长15%，而从1999年开始，随着公司资金规模的不断扩充以及经营重心的转移，新的目标修订为“略微超越标普500指数”。从不分红的巴菲特究竟做得如何呢？我们下面来看表5.14。

表5.14　伯克希尔每股净值增长率（年复合）

时间	1965—1975	1975—1985	1985—1995	1995—2005	2005—2015
每股净值增长率	14.69%	32.97%	24.26%	15.20%	10.11%

总体来看非常优秀，基本实现了巴菲特自己定下的目标。不过细心的读者也许会发现，尽管伯克希尔每股净值的年增长率表现非凡，但从1975—1985年这个时间段开始，接下来的时间段呈现出逐步下滑的趋势。这个除了与伯克希尔的资金规模变大有关外，还有一个重要原因，就是从20世纪90年代中期开始，巴菲特的工作重点已经从投资股票转向私人企业收购，如果关注后期的另一组数据：每股收益的变化，整体情况还是比较平稳的。

持续不变的选择

“虽然过去犯过一些错误，但我们对未分配利润的首要配置依然是看它们能否被我们的现有业务进行有效再利用。2012年，我们创纪录的多达121亿美元的固定资产投资以及相关业务收购就再一次表明：伯克希尔还有一大片肥沃的土地有待进一步开垦。我们具备选择优势，是因为我们运营着众多的业务，可供备选的空间比一般公司要大得多。在进行投资决策时，我们可以浇灌鲜花，避开杂草。”（2012年信）

辅读：可以看出，尽管伯克希尔的资产规模已十分庞大，但作为公司CEO的巴菲特还是偏好留存尽可能多的利润。既然巴菲特说过公司是否留存利润要看是否能够带来更高的市场价值并需要以之前的历史记录作为参考，那么我们下面就再做一次计算，看看在过去的50年里伯克希尔每股股价的变化以及与标普500指数的对比情况，如表5.15所示。

表5.15　年均百分比变化

时间	1965—1975	1975—1985	1985—1995	1995—2005	2005—2015
伯克希尔股价	20.41	50.65	29.23	10.68	8.34
标普500指数	3.64	19.00	14.85	9.08	7.31

仅从过去的记录看，巴菲特如果继续选择不分或少分红，至少是有历史数据做支撑的。至于未来5～10年是一个怎样的结果，我们只能选择等待了。

最后还要说明一点，巴菲特在2012年致股东信里提出了一个“卖出法”方案，用来替代“分红法”。由于这个方案涉及太多的假设条件，因此本人认为对大多数的公司来说不具实际意义，就不在这里介绍和讨论了，有兴趣的读者可以直接找来相关内容读一读。

抓要点：分红或不分红的依据是要看留存利润能否创造更高的价值。

关键词：实打实的利润、高回报生意、土地肥沃、很大的选择空间。

第十八节　克莱顿房产公司

迷雾　**伯克希尔旗下有搞房屋贷款的公司吗？在次贷危机中是否也受过伤？**

解析　**有这样的公司，但在次贷危机中毫发无损。**

发生在数年前的美国次贷危机至今令人记忆犹新。伯克希尔作为一个经营多元化业务的企业集团，有没有涉及房地产业务？有没有从事房地产贷款的企业？在震惊全球的美国次贷危机中，伯克希尔的这些公司是否也同样受到了严重伤害？本节的介绍与讨论将围绕这个话题展开。

在 2008 年的致股东信中，巴菲特比较集中地谈了这个问题。我们的摘录与讨论也将围绕这一年股东信的有关内容来进行。

背景情况

弱化信贷操作

“市场上的一些主要金融机构却遭遇了很严重的问题，因为他们卷入了我在去年的致股东信中曾经提到的‘弱化信贷操作’。富国银行的 CEO，John Stumpf，对这些借贷者的行为进行了恰当的评价：‘有趣的是，这个行业让人赔钱的方法本来就不少，人们还要再去发明一些新的方法去挥霍金钱。’”

错误的自信

“你可能会想起 2003 年的时候硅谷很流行的一个车贴：‘上帝，请再给我们一次泡沫吧。’很不幸，这个愿望很快就实现了，因为几乎所有的美国人都开始相信房价永远都是上涨的。这一信念使得那些借款者的收入状况和现金资产在贷款者的眼里已变得不再重要，他们只是不断把钱借出去，相信房价的持续上涨可以解决所有的问题。正是这种错误的自信，导致我们国家目前正在经历不断蔓延的痛苦。一旦房价下跌，大量的金融愚蠢行为就会显露无遗。只有在退潮后，才知道谁在裸泳——而我们正在共同见证的那些大型金融机构们，其景象可谓是惨不忍睹。”

不该借款的人从不该放贷的人那里借到了资金

“那个时候，行业中的许多公司采取了一种很糟糕的销售方式。我在一篇文章里将它描述为‘不该借款的人从不该放贷的人那里借到了资金’。……更加荒谬的是，一些根本不可能支付月供的借款人也在合同上签了字，反正他们也没什么可以再失去的了。这样形成的按揭贷款还会经常被打包出售（证券化），由华尔街的投资银行卖给不知情的投资者。这种荒唐的链条只会面临一个糟糕的结局——而事实也正是如此。”

在同一个地方跌倒两次

“1997—2000 年的大失败本应该成为规模大得多的传统房产市场的‘金丝雀警告’，但是投资者、政府和评级机构却丝毫不肯吸取房屋建造业崩塌的教训。相反的是，相同的灾难竟然十分诡异地再一次降临，2004—2007 年的传统住房市场竟然重复上演了以前的错误：贷款人愉快地将钱借给那些凭借自己的收入根本还不起借款的人，借款人同样愉快地签下那些他们根本偿还不了的贷款合约。双方都同意签署这种本不可能签署的合约，是因为合约双方都把自己的希望寄托在‘房价上涨’上面。郝思嘉的电影台词再一次在我们耳边响起：‘明天再想这件事吧。’现在，这一行为的严重后果已经波及到了我们经济的每一个角落。”

我们的做法

我们没有受伤

“年末，我们的贷款不良率为 3.6%，仅比 2004 年和 2006 年的 2.9% 略高一些（除了自行贷款，我们还从其他金融机构购买了一些不同种类的贷款组合）。2008 年，克莱顿房产公司丧失抵押品赎回权的贷款比率为 3%，这一数字在2006年是3.8%，2004年则是5.3%。”

我们做了什么

“为什么这些只拥有中等收入和远达不到优秀信用评级的借款人会表现得如此优异？答案很简单：严格按贷款101条款的要求去做。我们的借款人只是简单地将他们需要定期偿还的按揭贷款金额与他们实际的而非臆想的收入做对比，然后再决定他们是否接受这份贷款合约。简单来说，他们借款是因为他们有能力还款——不管房价会有一个怎样的走势。”

我们没做什么

“同样重要的是我们的借款人不做什么。他们不指望通过再融资来帮助他们还款；他们也不会接受银行的回赠品而让贷款规模超出他们的支付能力；他们也不会假设当自己的收入不足以应对还款时，完全可以通过出售房屋而获得盈利。”

应有的反思

一个重要事实

“对于当前房地产危机的评论，经常忽略了这样一个重要事实，那就是大多数抵押品赎回权的丧失并非因为房屋的价值已经低于抵押品（所谓的贷款‘倒挂’），而是因为借款人已无力支付他们所承诺的月供。那些已经支付了首付的房屋所有者们——通过储蓄而非债务——很少仅仅因为房屋价值低于抵押品而放弃他们的首选居住地。他们选择离开，是因为他们已付不起月供。”

本应有的收入匹配准则

“拥有一所房子是一件幸福的事情。我和我的家人已经在现有的这所房子里生活了50年，而且还会继续享受下去。购买房产的主要动机应当是对美好生活和实用性的追求，而不是用于获利或者再融资。购买的房屋应该与购买者的收入水平相匹配。”

不低于10%的首付

“房地产的崩盘应该已经给房屋购买者、贷款人、房产经纪商和政府上了简单的一课，这将为未来市场的稳定性增添一些保障。购置房产理应附带一个实打实的比例不低于10%的首付，房产的月供也必须与借款人的收入水平相匹配。而且，这个收入水平应该被认真核实过。”

幸福的忽略

“事实上，人们在按揭贷款相关证券上的损伤很大程度是源于证券推销员、评级机构和投资者使用了有缺陷的、基于历史数据的模型。他们在查询历史中的失败记录时，忘记了那时的房价只是温和地上涨，而房地产业中的投机行为及其影响也微不足道。然而，他们却将这些历史数据当作衡量未来的标尺。他们十分幸福地忽略了房价在近几年的飞涨、贷款状况的恶化以及许多购买者乐于购买他们根本买不起的房子。简而言之，过去和现在的世界已有着完全不同的含义，但是贷款人、政府和媒体中的大多数人却没有认识到这一重要的事实。”

当心那些满脑子都是数学公式的极客

“投资者应该对那些基于历史数据的模型始终保持怀疑的态度。这些模型似乎是由一个呆头呆脑的术士所创造，使用了大量诸如β、γ、Σ之类的深奥术语，看起来让人印象深刻。然而在通常情况下，投资者会忘记去检验一下这些符号背后的条件假设。我们的建议是：当心那些满脑子都是数学公式的极客们。”

抓要点：由于坚守贷款准则，伯克希尔旗下的相关公司在次贷危机中毫发无损。

关键词：弱化信贷操作、实际而非臆想的收入、月供、实用性追求、贷款首付。

第十九节　我们有所不为

迷雾　**一个人不做什么有时比做什么还要重要，什么事情是巴菲特从不会去做的呢？**

解析　**巴菲特自己说了四条，笔者又给补充了几条。**

明确的四不为

“很久以前，查理就为自己制订了一个远大的人生抱负：‘我只想知道我会死在何处，然后我就绝不会去那个地方。’这一智慧是受到了普鲁士伟大数学家 Jacobi 的启发，他将‘倒过来想，一直倒过来想’作为协助自己解决难题的一个方法。以下这些例子体现了我们如何在伯克希尔应用查理的这一思想：

“——查理和我会避开那些我们不能评估其未来的生意，无论他们的产品有多么激动人心。

“过去，即使是普通人也能预测到汽车（1910 年）、飞机（1930 年）和电视机（1950 年）行业的快速发展。不过，它们的未来也包含了一种竞争动力，后者会吸引几乎所有的公司进入这个产业。最后的结局是：即使你是一个幸存者，通常也会鲜血淋漓地离开。

“即使查理和我能够明确预知某个行业未来的强劲增长，也并不代表我们能够判断那些争夺产业霸权的竞争者们会有一个怎样的利润边际和资本回报，因此在伯克希尔，我们只会坚守在那些可以合理预期其未来数十年利润增长的生意上面。即使如此，我们还是会经常犯错。

“——我们绝不会依赖陌生人的善举。‘大到不能倒’，也不是伯克希尔的思维模式。反之，我们会提前做出安排，让我们任何可以想象的现金需求与自身的流动性相比都显得微不足道。除此之外，源自我们多项生意的现金流将不断为我们注入新的流动性。

“2008 年 9 月，当金融体系陷入几近瘫痪之时，伯克希尔成为流动性和资本金的提供者而不是求助者。在危机到达顶峰时，我们向商界一共投入了 155 亿美元。否则，这些企业就只能向联邦政府求助了。其中的 90 亿美元投入了 3 家当时已倍受关注而以前则一直让人觉得非常安全的美国公司，以增厚他们的资本金——当时这 3 家企业需要我们马上投出明确的信任票。其余的 65 亿美元则用于兑现收购绿箭而提供资金的承诺，这桩交易在周围充满了恐慌情绪的情况下顺畅完成。

“——我们倾向于让旗下众多事业体自主经营，并且不会实施任何程度的指导和监视。

“这意味着我们有时会迟于发现管理上的问题以及他们在运营和资本配置方面的不当决策，这些决策如果征询我们的意见我们可能会不同意。然而，我们绝大多数的经理人都很好地运用了我们给予的自主权，始终保持着一种在大型机构中少见的、以股东利益为导向的行为模式。我们宁愿承受由一些糟糕决策造成的有形代价，也不愿承受由僵化的官僚作风而导致的决策过于迟缓或者决策缺失所带来的大量无形代价。

“——我们没有尝试去讨好华尔街。基于媒体或分析师的点评进行买卖的投资者不是我们喜欢的类型。

“我们希望合作伙伴加入伯克希尔是因为他们想对自己了解的生意进行长期投资，同时认可我们的各项经营策略。假如查理和我计划与几个合伙人开办一家小型风险投资企业，我们一定会寻找有着共同特质、一致目标以及会共同促进股东和经理人共建美好‘姻缘’的同道中人。即使企业发展到一个巨大的规模，我们也不会改变这一理念。”

辅读：上面一共说了四条，我自己的总结是：（1）从不碰不可预期的生意；（2）从不把命运交到别人的手上①；（3）对旗下的企业从不进行过多干

① 注：之所以提出这一条，显然与 2008 年的金融海啸有关。

预；(4) 从不会去讨好华尔街。

在2004年的伯克希尔股东年会上，有个年轻的股东问巴菲特怎样才能在生活中取得成功。在巴菲特分享了他的想法之后，查理·芒格插话说："别吸毒。别乱穿马路。避免染上艾滋病。"芒格的告诫听起来好像有点不太礼貌，不过本人倒觉得他的话里包含了很深的哲学思想：一个人既要有所为，更要有所不为。

补充说明

在投资领域，巴菲特有所不为的事情显然不止上面说的四条，以下给出本人的补充（仅给出本人认为比较重要的几条）。

从不投机

按别人的话讲，巴菲特一生都在进行价值投资；按巴菲特自己的语境，他的一生都在进行以价值为导向的投资。在格雷厄姆、费雪和芒格的共同影响下，巴菲特不仅从不做与投机有关的事情，而且将价值投资做到了极致。当巴菲特说企业是特殊的债券，债券是特殊的企业时，我认为这种投资理念已达到了一个很高的境界。

从不做时机选择

在《漫游华尔街》一书中，马尔基尔有一句话是这样说的："准确预测股票价格未来走势以及买进卖出的适当时机，被列入人们最坚持不懈的努力之一。"如果从这本书的首次出版算起（好像是1972年），时间已过去了40多年。然而，如果把这段话放到今天，想必大家一定会认为它同样适用。我们一言以蔽之：为何大多数业余和职业投资者的投资业绩不尽如人意甚至惨不忍睹？原因之一就是他们都热衷于在股票市场进行基于时机选择的"投资"；为何巴菲特会笑到最后？原因之一就在于他从不做时机选择。

从不碰价格不便宜的股票

投资中不要买错股票自然很重要，但不要买贵也同样重要。既然做的是"以价值为导向"的投资，那么当一件价值100元的物品叫价120元时还要买入，这自然不是价值投资。按照巴菲特的理解（理念源自格雷厄姆），一件价值100元的物品，最好等到它叫价50元时再买入才是正确的投资行为。

一为价值、二为缓冲、三为提升你的投资回报。如果价格都不便宜怎么办?那就耐心等待，直到那只小小的棒球落入你的最佳击球区域。

从不买过多的股票

巴菲特集中持股的极致是1987年，当时他把价值21.15亿美元市值的资金仅仅投放在3只股票上。即使纵观他的整个投资人生，其重仓持有的股票也很少超过8只。背后的道理在巴菲特看来倒是很简单：如果你有40个妻子，你就无法知道她们都在想什么和做些什么。比照那些机构投资者，其持有的股票数目动辄就会上百乃至数百。不是说分散投资就一定不可行，但如果把分散当作降低风险的一项举措，在巴菲特看来这并不可取。

从不和大多数人站在一起

这句话听起来尽管有些耳熟，但是真正能够做到的就很少了。投资不是赌博，看别人买大你就买小。既然投资是基于价值的操作，那么当股票价格出现非理性或恐慌性下跌时，市场就会提供极佳的投资机会。这时候，逆向操作的基本前提是“你必须比市场先生更懂得你手中股票的价值”。做不到这一条，所谓不要和大多数人站在一起，就会变成一句空泛的口号。巴菲特为何有优异的投资回报，除了其他一些众所周知的原因外，其中一条就是他几乎“从不和大多数人站在一起”。

抓要点：很多时候，你赢只是因为你坚持有所不为。

关键词：不能评估其未来的生意、别人的善举、大到不能倒、自主经营、讨好华尔街。

第二十节　我们的优势

迷雾　巴菲特如何为伯克希尔估值?

解析　既要定量，也要定性。

给伯克希尔估值可不是一件容易的事，即使是巴菲特本人也同样如此。而且，越到公司发展的后期（按巴菲特接手公司管理算起）估值就越不容易。在公司的早期阶段，巴菲特是用每股资产净值来显示公司内在价值的成长性。随着公司业务的不断多元化，巴菲特又提供了两组新的数据以帮助大家追踪公司内在价值的变化，即每股投资和每股收益。前者记录伯克希尔股票持仓的市值变化，后者记录旗下数十家私人企业的经营业绩。

本节的讨论并不是真要给伯克希尔估值，毕竟读者中目前愿意买这家公司股票的应当还是少数。我们只是在这里提供一个分析的框架，而这个分析框架也是巴菲特和他的老师格雷厄姆的共同看法。当为一家公司估值时，不仅要做定量分析，也要做定性分析。那么，与伯克希尔有关的“定性分析”又有哪些呢?

在 2013 年的致股东信中，巴菲特在以“内在价值：今天与明天”为题的一个讨论中向我们介绍了伯克希尔所具有的几项优势。在巴菲特看来，尽管在考察今后的伯克希尔会有一个怎样的成长速率时，规模是一个明显的劣势，但公司所具有的几项优势可以在一定程度上缓冲其规模的劣势。（以下摘录全部来自 2013 年致股东信）

优势一：有一支出色的经理人团队

“首先，我们拥有一批熟练的管理人员，他们在自己的工作岗位上可以为伯克希尔及其股东做出杰出的贡献。我们的CEO很多早已实现了财务自由，他们工作是因为热爱这份工作。他们是工作岗位上的志愿者，而非为了金钱而来。由于其他地方不可能再提供一个让他们更加热爱的工作，因此他们不会因诱惑而离开。”

辅读：我们尝试着列举一些被巴菲特称为“艺术大师”级管理人员的名单，如下：托尼·奈斯利（盖可保险公司）、罗·辛普森（盖可保险公司）、阿吉特·杰恩（伯克希尔再保险部）、B夫人及其后人（内布拉斯加家具大卖场）、阿·尤里奇（国家飞安公司）、凯瑟琳·格雷厄姆（华盛顿邮报）、唐·格雷厄姆（华盛顿邮报）、弗兰克·罗尼（H. H布朗鞋业）、斯坦·利普西（水牛城新闻）、查克·哈金斯（喜诗糖果）、拉尔夫·斯西（史考特飞兹）……

优势二：可投资一切

“我们的第二个优势与旗下企业利润的分配模式有关。在满足了这些企业本身的发展需要后，我们通常还会剩余大量的资金。大多数的企业都会限定自己仅能在所处的行业里进行再投资。然而，这样做常常会让他们在广阔的商业世界里将自身局限于一个小范围、低效用的资金配置中。除此之外，为数不多的机会必将带来惨烈的竞争。卖者会占上风——这就像在有众多男孩参加的舞会上仅有的一个女孩所处的位置一样。这种不均衡状态对女孩来说无疑很有利，对男孩来说则糟糕透顶。”

辅读：有读者可能会质疑，这也算公司优势？谁都可以这样做吧？其实，巴菲特之所以把这一条列为公司的优势之一，是因为伯克希尔具有三项其他公司没有或较少具有的特质：（1）杜绝机构惯性（固执、守旧、旅鼠等）；（2）多元化的经营所提供的资金配置便利；（3）不仅投资实业，也投资股票。特别是后两条颇具伯克希尔风格：公司涉猎的产业范围之广恐怕少有公司能比；公司将股票持仓当作一种实业投资也少有公司能做到这一点。

优势三：难以复制的企业文化

“我们的最后一项优势就是难以复制的并且渗透于伯克希尔公司上下的企业文化。在企业经营中，企业文化至关重要。首先，代表你们的董事会成员都能够像公司的所有者一样行事。他们只收到象征性的董事酬金：没有股票期权、没有限制性股票，也就是说，他们再没有任何其他现金补偿。我们没有为董事和高级职员购买任何责任保险，而这在几乎所有的大型上市公司中都很流行。如果他们没有管理好你们的资金，他们会承担和你们一样的损伤。

“这种股东导向的行为模式，也同样流行于我们的经理人中间。许多实例表明，他们选择伯克希尔，是因为他们把伯克希尔当作收购他们及其家人所属事业的理想持有人。他们以主人翁的姿态来到我们身边，我们则负责为他们提供一个宽松的环境以使这种姿态得以长期保持。拥有一群深爱自己事业的经理人，这是一个不小的优势。

“在伯克希尔的‘世界总部’，我们的年租金仅为 270212 美元。除此之外，我们在办公家具、艺术品、可乐售卖机、午餐室及高科技设备——你们是这样称呼的——上的投资总共是 301363 美元。查理和我在管理你们的资金时，就如同在管理我们自己的资金。伯克希尔的其他经理人也都有着同样的行为模式。

“我们的薪酬计划、年度会议，甚至于我们的年度报告，均着眼于能够不断强化我们的企业文化，并使之成为防范和驱逐不良经理人的利器。这一企业文化每年都会得到进一步增强，而且在我和查理离开公司这个舞台之后，仍可以完整无缺地继续存在下去。”

辅读：以上共列举了三条伯克希尔特有的公司文化现象：（1）有一群与众不同的董事，他们自己做的饭自己也吃并总能以股东利益为导向；（2）有一群与众不同的经理人，他们工作不是为了生活需要，而是把公司事业当作自己的事业并力求做到极致；（3）有一个超凡脱俗的公司总部，他们从不过多监视或干预旗下企业的经营，因此其总部规模以及费用支出让几乎所有的公司都相形见绌。

抓要点：伯克希尔未来的成长性既取决于它的规模，也取决于它所具有的各项优势。

关键词：志愿者、分配模式、企业文化。

第二十一节　聪明钱

迷雾　巴菲特之后，伯克希尔会由什么样的人担任投资经理呢？

解析　需符合多项要求。

早在10多年前，当巴菲特年过70时，伯克希尔董事会就慢慢开始了对巴菲特“接班人”的培养和选拔工作。按照董事会事先的安排，巴菲特的工作将被分解成至少两大部分：经营与投资。我们暂且把负责经营的继任者继续叫CEO，把负责投资的继任者暂且叫CIO。那么，公司后来对相关人士的物色与选拔工作做得如何呢？具体的标准又是什么呢？本节的介绍与讨论主要聚焦在CIO上面。

CIO比CEO难找

“4年前我曾告诉过你们，我们需要增添一个或多个年轻一点的经理，以便当查理、Lou和我不在的时候可以继续我们的事业。当时很快就有了几个可以接替我这个CEO位置的候选人（现在也是），但是在投资经理人方面，我们却没有好的候选人。”（2006年信）

辅读：之所以CEO比CIO容易找，我想可能有以下几个原因：（1）由于伯克希尔是一个优秀企业集群，因此它有丰富的CEO人才备选库；（2）尽管公司的经营比较多元化，但公司上下负责做股票投资的，除了罗·辛普森（负责盖可保险的部分投资事宜）外，就只有巴菲特一人；（3）尽管商场如战场，当好一个CEO一点都不容易，但股票市场的风雨变幻与波诡云谲似乎更难把控。

难以名状的技能

“要想找一些近期有出色表现的投资经理是很容易的。过去的业绩虽然很重要，但不足以判定其未来会如何。投资记录是如何实现的恐怕更为关键，比如投资经理对于风险的理解和敏感性等（许多学者用 Beta 来衡量风险，我们则一定不会使用这个指标）。在风险判定方面，我们正在寻找的是这样一种人，他具有一些难以名状的技能，能够事先观察到在某种经济状态下可能会产生的结果。最后，我们希望找到的这个人，伯克希尔对他来说不仅仅只是一份工作。”（2006 年信）

辅读：尽管伯克希尔的股票市值已有上千亿美元，但公司总部并没有一个类似机构投资者那样的庞大的风控体系（我曾经考察过一家著名的欧洲基金公司，它有着非常复杂的风控流程设计），所有的工作似乎就是由巴菲特一人独自承担。可想而知，这个未来的投资经理其身上的担子会有多重。我们前面已经讨论过一些相关的话题，比如风控中会有风险识别的问题，其他公司的流程设计大多有着相同的内容，然而伯克希尔风险识别的落脚处只是那句著名的话：告诉我会死在哪里，然后我就从不到那里去。要知道所谓有所不为也许说说容易，真正做到则很难。

与生俱来的风险意识

“长期来看，市场将会出现非比寻常，甚至十分诡异的风险。无论你积累了多少成功记录，只要犯下一个大错误，都可能会被一笔抹杀。因此，我们需要具有与生俱来的风险意识，能识别和规避重大——包括那些以前从未遇到过的——风险的人士。如今，许多金融机构投资策略中的一些操作性风险，并不能被这个群体所广泛使用的一些投资模型所识别。”（2006 年信）

辅读：这一段话还是谈风控，可见巴菲特的风险意识有多么强烈。尽管 2006 年还没有爆发金融海啸，但互联网泡沫的破裂仍让人记忆犹新，由次贷以及衍生性金融商品构建的风险也在慢慢积累着，不知何时爆发。所有这些，让巴菲特暗暗感觉到市场有可能会出现“非比寻常甚至十分诡异的风险”（不幸被他说中）。正如巴菲特所说，次贷危机和金融海啸让不少老牌公司犯下了“大错误”，从而让过去的所有努力最终被“一笔抹杀”。在这场几乎人人自危的风暴中，伯克希尔之所以会毫发无伤，靠的就是巴菲特身上所具有的“与生俱来的风险意识”，从而让公司成为危机中为数不多的施救者，而不是为数众多的被救者。

考核指标：相对业绩

“当查理和我遇到康布斯（Todd Combs）时，我们就知道他符合我们的要求。康布斯与罗·辛普森一样会有自己的工资，然后再依据其与标普指数对比后的相对业绩来获取额外的报酬。我们有一些延期支付的安排，以预防那些业绩起伏不定的经理人得到不当的酬劳。”（2010 年信）

辅读：以标普指数作为业绩考核基准，不少机构投资者也会如此。但后者通常会多一个指标：机构的业绩排名。正是这个排名（大多都是短期排名），让机构投资者的行为模式发生了变异。也正是因为这个排名，在机构投资者运行的数十年里，人们已习惯于用以下词汇来形容机构投资者的操作风格：时机选择、快进快出、用脚投票、华尔街时差、抱团取暖、旅鼠情结……反之，数十年来，巴菲特给自己定的目标就是超越指数，他现在只是要求继任的投资经理也要同样如此。

风雨同舟

“在对冲基金的领域里可以见证一些普通合伙人的可怕行径：他们会因为投资收益而获取巨额的酬劳，但当坏结果出现时，他们就会富有地离去，留下他们的有限合伙人把先前的盈利给回吐出来。有时，同一批的普通合伙人会迅速创建一个新的对冲基金，以便让他们又可以参与未来利润的分配，而不用为过去的损失承担责任。将资金交给这些人打理的投资者，他们不应当被称为合伙人（partners），而应被称为受骗者（patsies）。”（2010 年信）

辅读：我们以前讨论过，伯克希尔尽管是一家上市公司，但在巴菲特的眼里，它就是一个合伙公司，而他与芒格只是执行合伙人。想一想，今天伯克希尔已有上千亿美元的股票仓位，但它向股东收过一分钱的管理费吗？不仅没有管理费，它还为股东节省了大量的摩擦成本以及巨额的税负支出。除此之外，它的盈利模式也是以股东利益为导向：只有股东赚钱了，管理人才能够赚钱。这样的“机构”投资者，想必市场上没有几家吧？（当然，也不能简单对比，毕竟像伯克希尔这样的投资平台不是谁都可以拥有的。）

聪明钱

“只要我还是 CEO，我就会继续管理伯克希尔大部分的股票和债券投资。康布斯最初将管理 10 亿至 30 亿美元的资金，资金数额每年可以重新设定。

他目前的投资重点主要是股票，但又不限于股票。基金顾问喜欢将投资风格描述成‘多空策略’‘宏观’‘国际股票’等。在伯克希尔，我们唯一的风格是‘聪明（smart）’。”（2010 年信）

辅读：打开晨星基金的排名，你会看到不同风格的基金名称（先不管是否名副其实），如新兴产业、消费升级、互联网 +、一带一路、资源整合、趋势精选、红利回报等。如果你想投资 QDII，照样可以找到按地区划分的各类不同基金，如香港精选、海外精选、大中华地区、金砖四国、全球新兴市场等。如果时间回溯得更早一些，基金风格还会分成价值型、成长型、混合型、大型 × ×、小型 × ×，等等。然而，如果我们把伯克希尔也看作是一只共同基金的话，那么它的主体风格就只有一个：买股票等同于买企业。

抓要点：“smart”是伯克希尔“基金”的唯一风格。

关键词：难以名状的技能、与生俱来的风险意识、延期支付、合伙人、聪明钱。

第二十二节　不离不弃

迷雾　当旗下的企业经营不佳时巴菲特如何处理？

解析　大体上可用一个词概括：不离不弃。

截止到2015年，巴菲特已经收购了数十家私人企业，它们中的大部分公司目前都运作良好。当然，因为各种各样的原因，也有少数企业经营表现不尽如人意。对这些企业，一般情况下巴菲特的选择就是不离不弃。真的如此吗？

巴菲特的选择

中庸之道

"我不会因为企业的利润率能增加一个百分点，便结束不太赚钱的事业。但我也认为一个非常赚钱的公司用资金去支持一项完全不具前景的事业，同样不太妥当。亚当·史密斯一定不赞同我的第一个看法，而卡尔·马克思又会反对我的第二个见解。选择中庸之道，是唯一能让我感到安心的做法。"（1985年信）

恋旧情结

"我们旗下各事业体（包括去年盈利出现下滑的公司），一直都由一群杰出而专注的经理人在打理并因此而受益。就算现在有机会能够聘请到业界其他非常出色的经理人，我们还是不会考虑换掉他们中的任何人。"（1995年信）

无伤大雅

"这个集团公司生产从棒棒糖到喷气式飞机等多种产品。有一些生意做得非常出色——衡量的依据是其净资产回报率（排除对财务杠杠的过度使用）高达25%～100%。其他生意只能算是有较好的回报，净资产收益率分布在12%～20%之间。但是，也有少数几个生意的资本回报表现得很糟糕，这是因为我在做资本配置时犯了一些严重错误。之所以会有这些错误，是因为我在评估这些公司的竞争力以及所在行业的未来前景时出现了误判。

“伯克希尔的新进股东可能不理解为何我们还继续持有这些公司。总体来看，这些公司的盈亏状况对伯克希尔的价值影响很小。而且，问题公司比优秀公司需要更多的管理时间。那些管理咨询人员或华尔街的投资顾问们会觉得这些公司拖了我们的后腿，他们给出的建议只会是：扔掉他们。”（2011年信）

信守承诺

“过去29年来，我们已经定期在公司年报上公示伯克希尔的经营准则（第93—98页），其中第11条讲的就是我们在总体上会抵制出售表现糟糕的公司（大多数情况下，这种糟糕的表现是因为行业的原因而不是管理上的失误）。我们的作为与达尔文主义相距甚远，而你们中的很多人也可能不同意我们的这一做法。我理解你们的立场。然而，我们曾经——并将继续——对卖方有所承诺，即不管是顺境还是逆境，我们都会保留这些公司。到目前为止，这些承诺的资金成本并不算太高，而且我们因遵守承诺而建立起来的信誉往往会抵消掉这些成本，这是因为还有不少潜在的卖方正在为他们出色的生意和忠实的伙伴寻找一个可以永久停留的家。这些人很清楚我们给予他们的是他们无法从其他人那里得到的，而在未来的数十年里我们也会信守这份承诺。”（2011年信）

两个例外

“但是请你们理解，查理和我既不是受虐狂，也不会盲目乐观。如果我们的第11条经营准则中所规定的两个不符情况有任何一个出现——它们是：（1）这些业务长期来看很可能会让现金枯竭；（2）劳工冲突在当地很流行——我们将采取快速而坚决的行动。在我们47年的经营历史中，这种情况只发生过几次，而我们现在所拥有的生意中，还没有一个因陷入如此的窘境需要予以果断放弃。”（2011年信）

背后的故事

从上面的表述中我们了解到，对那些表现不佳的旗下企业，巴菲特的选择确实是不离不弃。下面我们要讨论的话题是：如何理解巴菲特的这个选择？我会先就巴菲特自己提到的两个原因做出辅读，然后再补充三条我本人的解读。

关于信守承诺

我们先来看印发于1996年6月的伯克希尔“股东手册”第十一条：“你们应当特别注意查理和我的一个做法，这个做法会在一定程度上削弱我们的整体财务表现：无论什么价格，我们都不会出售伯克希尔旗下的任何一家优秀企业。对那些较差的公司，只要我们预期还能产生一些现金流以及对其管理层和劳资关系较为满意，我们也不大会愿意将其出售。当然，我们希望今后不再重犯资本配置上的错误，导致买入这类公司。对于那些只要有大笔的资本支出即可让一些蹩脚生意重获新生的建议，我们也会慎之又慎。（对结果的预期总是令人鼓舞，提出建言的人也足够真诚，但到最后，在一个惨淡的产业中进行大笔投资，结果无异于在流沙中痛苦挣扎。）不管怎样，拉米纸牌式的行动（在每一轮中丢弃有最差前景预期的公司）不是我们的管理风格。我们宁可让财务表现略受影响，也不愿意采取那样的行动。”

这就是巴菲特给出的承诺，既然给出，就理应信守。

关于无伤大雅

信守承诺的前提必须是无伤大雅，否则问题就会变质。那么如何理解巴菲特所说“这些公司的盈亏状况对伯克希尔的价值影响很小”呢？我们不妨重读他在2002年信中所说过的一句话：“在投资股票时，我们预期每一次行动都会成功，因为我们已将资金集中在那些具有稳健财务、较强竞争优势、由才干与诚实兼具的经理人所管理的公司上。如果我们再能以合理的价格买进，出现投资损伤的概率通常就会非常小。事实上，在我们经营伯克希尔的38年里（不含由通用再保险与GEICO自行做出的投资），我们从股权市场获取的投资收益与亏损的比值关系大约是100∶1。”这个比例，如果适用于股票投资，也应同样适用于企业收购。

补充原因一：费心费力

因为旗下企业的经营表现不尽如人意就将其转手、拍卖或清盘，并不是一件容易的事情。如果选择将其转手，你需要考虑接手公司会如何处理这家公司。市场上谁都不是傻子，别人接手你脱手的公司，真的只是为了改善其管理，让公司青春永驻吗？如果选择拍卖，也会有同样的疑虑。而选择清盘则是一件费心费力的事情。早期巴菲特尝试过类似的事情，结果把自己搞得灰头土脸，狼狈不堪。

补充原因二：关系投资

这个我们以前讨论过，《滚雪球》一书中有一段话很好地表达了其中的意思。

在生意中，当我和自己喜欢的人相处时，我发现这对我是种激励（什么生意不这样呢），而且能获得相宜的资本回报（比如说 10%—20%），为了多那么几个百分点而在各种情况下仓促行事是愚蠢的。而且对我而言，在一个合理的回报率下和高品位的人建立愉悦的私人关系，比在更高的回报率下面对可能的愤怒、恼火加剧以及甚至还要糟糕的情况，要明智得多。

补充原因三：以小博大

当信守承诺变成一种品牌时，伯克希尔就能以一个无伤大雅的成本换取巨大的回报。如果说这个效应在伯克希尔开展购并活动的早期表现得还不是很明显的话，那么到了其不断进行企业购并的后期，效果就变得显而易见了。想一想：为何会有很多企业把伯克希尔作为首选甚至唯一的买家？如果伯克希尔没有遵守自己的承诺，会有这样的结果吗？接下来的问题就变得简单了，你愿意以“1”的成本去换取“100”的所得吗？

抓要点：“不离不弃”的背后有着复杂的故事。

关键词：一个百分点、影响较小、信守承诺、两个例外、果断放弃。

第六章

谈估值

第一节 厚钱包

迷雾 **规模拖累成长，在伯克希尔身上是否同样适用？**

解析 **同样适用，只是程度不同。**

从1965年入主伯克希尔，一晃50个年头过去了。在巴菲特的带领下，伯克希尔从昔日的一个小小纺织公司蜕变成一个有着近70家子公司的大型企业集团。除此之外，其持有的股票市值也从早期的数千万美元发展至上千亿美元。作为一个外部的潜在投资者，不管你何时想进入伯克希尔，都会面临一个同样的问题：它的未来会有一个怎样的成长速率？

就像巴菲特曾经讲过的可口可乐的故事一样，每一个投资者在进入这家公司的门槛之前都会问一个问题：我是不是来得太晚了？过去的辉煌在未来的日子里是否还会延续下去？无论是谁提出这样的问题，都可以理解。物理中的重量影响速度，与投资中的规模拖累成长，有着同样的道理。即使是伯克希尔也不例外。

不过，伯克希尔还是发生了一个不大不小的奇迹。不是说规律在这里失效，而是在程度或时间上出现了一些意外惊喜。

伯克希尔的奇迹

“在现有管理层过去19年的任期内，公司每股账面价值已由19.46美元增加到975.83美元，年复合增长率为22.6%。考虑到我们现有的规模，未来将无法再支撑这么高的成长率。不信的人，最好选择去当销售员而非数学家。”（1983年信）

“过去我曾经以学者的口吻向各位提到过：快速增加的资本会拖累我们

今后的资本回报率。不幸的是，今天我会以一个记者的口吻向各位报告：我们过去22%的成长速率将会成为——历史。”（1984年信）

“目前我们的权益资本是10年前的20倍。而市场的一个铁律是：随着规模的增加，成长的速率终将会逐步减弱。看看那些往日有着高回报率的公司，一旦其资本金规模超过10亿美元时将会有一个怎样的变化。据我所知，没有一家公司能够在全部或大部分利润转投资的基础上，还可以在以后的10年里维持20%或以上的资本回报。”（1985年信）

“当我们管理的资金规模只有2000万美元的时候，一项获利100万美元的投资就可以使我们的年回报增加5个百分点。时至今日，我们需要有3.7亿美元的获利（如以税前计算，则需要5.5亿美元），才能达到相同的结果。要一下子就赚3.7亿美元，比起一次赚100万美元的难度可是大多了。”（1991年信）

“钱包如果太厚，将难以让投资获取优异的回报。目前伯克希尔的资产净值已高达119亿美元，而当初查理和我开始管理这家公司时，资产净值只有2200万美元。虽然市场上还是一样有许多好的生意，但如果它们的规模——相对于我们的资产净值——太小，买入它们对于我们来说可能就意义不大（就像查理常常提醒我的：如果一件事情不值得去做，那么你把它做得再好也没有用）。现在，我们只对至少能动用1亿美元以上资金的投资项目感兴趣。在这样的门槛下，伯克希尔的投资世界已大幅缩小。”（1994年信）

“对于任何一个资金管理人来说，成功就意味着未来增长速率的下滑。我个人的投资历史就足以证明这一点：当我在1951年进入哥伦比亚大学向格雷厄姆学习投资时，一个能够赚到1万美元的投资就能让我的年度投资回报超过百分之百。时至今日，一笔能让我们赚取5亿美元的投资项目，也只能让伯克希尔增加一个百分点的投资回报。也难怪我个人在1950年代接近30%的年复合回报，比接下来的任何一个10年都要好。”（1997年信）

“如今我们有两个条件已与过去截然不同：（1）以前我们常常可以用比现在的市场价更便宜的价格买入我们看好的公司或股票；（2）我们当时管理的资金规模比现在要小很多。许多年以前，一个1000万美元的项目就可以让我们雀跃不已（比如1973年的华盛顿邮报和1976年的GEICO保险）。时至今日，就算有30个这样的项目且每一个项目的资金规模都扩至3倍以上，也仅仅能让伯克希尔的资产净值增加0.25%而已。我们需要大象一样规模的项目才能让公司净值实现大的增长，但这样的项目实在是少之又少。”（2001年信）

独家“神器”

可以看出，至少从1983年开始，巴菲特就开始不断告诫公司股东（包括潜在的股东）：由于公司的资本规模不断扩充，过去的高成长恐怕已成为历史。那么实际情况又是如何呢？在巴菲特接掌伯克希尔公司管理的20年、30年、40年和50年后，公司究竟有一个怎样的增长率变化呢？表6.1和6.2可直观地做出一些说明。

表6.1 伯克希尔股票持仓总市值 （单位：亿美元）

年	1985	1986	1987	1988	1989	1990	1991	1992	1993	1994
总市值	11.98	18.74	21.15	30.54	41.43	54.08	90.24	154.99	106.7	139.7
年	1995	1996	1997	1998	1999	2000	2001	2002	2003	2004
总市值	220.0	277.5	362.5	372.6	370.0	376.2	286.7	283.6	352.9	377.2
年	2005	2006	2007	2008	2009	2010	2011	2012	2013	2014
总市值	467.2	615.3	750.0	490.7	590.3	615.1	769.9	876.6	1175	1175

表6.2 伯克希尔每股净值年复合增长率

年	1985	1986	1987	1988	1989	1990	1991	1992	1993	1994
增长率	23.2	23.3	23.1	23.0	23.8	23.2	23.6	23.6	23.3	23.0
年	1995	1996	1997	1998	1999	2000	2001	2002	2003	2004
增长率	23.6	23.8	24.1	24.7	24.0	23.6	22.6	22.2	22.2	21.9
年	2005	2006	2007	2008	2009	2010	2011	2012	2013	2014
增长率	21.5	21.4	21.1	20.3	20.3	20.2	19.8	19.7	19.7	19.4

注：1965年至标出年份。

从表6.1和6.2可以解读出如下信息：（1）巴菲特在1983年提出过去的辉煌已成为历史，然而从1985年到2000年的15年里，伯克希尔的每股净值年复合增长率不仅没有任何降低，反而略微提升。（2）在保持这样高速增长的背后，公司的股票持仓市值从1985年的11.98亿美元提高到了2000年的376.2亿美元。（3）直到2010年，也就是巴菲特接掌公司管理45年后，公司每股净值的年复合增长率才从2字头降低为1字头。但即便如此，仍然保持着高速增长。(4）在长达50年的时间里，每股净值保持19.4%的年复合增长，我们不得不说，伯克希尔在抵抗地球吸引力方面具有独家“神器”。

正如前面讨论过的，这个独家“神器”除了公司有巴菲特和芒格外，本身还具有其他公司没有的几项发展优势。正是这几项优势，让公司即使拖着沉重的身体，仍然可以让它的每股净值、每股收益、每股投资以及每股价格在长达50年的时间里一直保持着快速成长。

在伯克希尔身上所发生的规模与成长奇迹，在其他公司身上也可以发生吗？这方面笔者还是比较悲观的。现在我们回头看，会发现无论是巴菲特还是芒格或是伯克希尔，在他们身上都具有某种难以复制的特质。正是这些特质，才让他们创造了一个又一个经营学、管理学和投资学上的奇迹。任何想抵消规模影响而创造速度奇迹的人或公司，都需要先问问自己：我与大家有何不同？

抓要点：在规模与成长问题上，伯克希尔创造的奇迹难以复制。

关键词：资金规模、资本拖累、铁律、投资世界、更便宜的价格。

第二节　账面价值与内在价值

迷雾　巴菲特如何看待账面价值与内在价值的关系？

解析　一言以蔽之：这是两个完全不同的东西。

受老师格雷厄姆的影响，巴菲特认为一个公司的账面价值与其内在价值是两个完全不同的东西。也正如我们以前介绍和讨论过的一样，巴菲特之所以总是提账面价值，那是因为伯克希尔的内在价值不容易计算，且由于两者的变动速率差不多，因此巴菲特就将账面价值作为内在价值的替代指标。

那么，在巴菲特的笔下，两者都有哪些不同呢？

指标详解

两个完全不同的东西

“有一点必须要清楚：账面价值和内在价值是两个完全不同的东西。账面价值是会计名词，记录的是原始资本与公司留存利润的再投入；内在价值是经济名词，反映的是企业未来现金流的折现值。账面价值告诉你已经投入的，内在价值则是估算你未来可能获得的。

“一个比喻也许可以道出两者的不同：假设你花费了相同的资金供两个小孩读书一直到大学，这两个小孩的账面价值（即学费和生活费等支出）是相同的，但如果把他们走出校门后在未来创造的回报折现为今天的价值，则可能会有从零到数倍于账面价值的巨大差距。所以，一个有着相同账面价值的公司，却可能有着截然不同的内在价值。”（1983 年信）

不靠谱的重置价值

“有关纺织业投资的传奇还要再补充一点。一些投资人在买卖股票时把账面价值看得很重（就像早期我本人的做法一样），也有些经济学家和学者认为在估算一家公司的股价是否合适时，资产重置价值是一个重要参考因素。对于这两种说法，1986 年早期由我们实施的纺织机器拍卖，则给我好好地上了一课。

“卖掉的设备（包括几个月前已处分掉的）堆满了位于贝德福德一个大约 75 万英尺的广场，且全部都还可以使用。设备的原始成本大约为 1300 万美元（包括 1980—1984 年追加投入的 200 万美元），账面价值为 86.6 万美元（经过计提折旧）。虽然没有人会笨到进行这样的投资，但要买一套全新的设备也要花费 3000 万至 5000 万美元。

“整个拍卖过程完成后，我们只收到 163122 美元，扣掉清算成本，最后一毛钱也没有剩下。我们在 1981 年购入的每台大约 5000 美元的现代织布机，开价 50 美元还没人要，最后以近乎下脚料的价格（每个 26 美元）才被卖掉，连支付搬运的费用都不够。”（1985 年信）

破产前的有趣数据

“当然，真正重要的是每股内在价值的增加而非账面价值的变化。许多情况下，一家公司的账面价值与其内在价值一点关联都没有。举例来说，LTV 与 Baldwin-United Published 在宣布破产前，经会计师审计的年度报告显示其账面净值分别还有 6.52 亿与 3.97 亿美元。而另一个公司 Belridge 石油在 1979 年以 36 亿美元的高价卖给壳牌公司时，其账面净值仅为 1.77 亿美元。”（1987 年信）

一个有效指标

“当然，真正重要的是每股内在价值而非账面净值。账面净值是一个会计名词，用来衡量一家公司已投入的资本——包括已用于投资的所有留存利润。内在价值则是指一家企业在以后的时间里所能产生的净现金流的折现值。对大部分公司来说，这两个价值并没有什么关联。不过伯克希尔是一个例外：我们的账面净值虽然远低于公司内在价值，但却是追踪内在价值的一个有效指标。”（1993 年信）

一个替代物

“我们会定期公布公司的每股净值数据，虽然作用有限，但却是一个比较容易计算的数据。就像我们定期会提醒各位的：真正重要的是内在价值。虽然该数据无法进行准确计算，但却是估值的本质所在。”（1994 年信）

股票总市值

“如今我们可以掌控的资产净值已达 574 亿美元，这一数字居所有美国公司之首（如果艾克森和 Mobil 石油合并成功，我们则必须让出宝座）。当然，我们在资产净值规模上的领先并不代表伯克希尔的企业价值也能同样领先。对于公司股东来说，股票的总市值才是值得关注的。比如，通用电气和微软公司的股票总市值就达伯克希尔 3 倍以上。资产净值只是反映了管理层可以运用的资本，而在伯克希尔，这个数字确实已变得十分巨大。”（1998 年信）

每股内在价值

“真正重要的是每股内在价值，而非账面价值。一个好的消息是，1964 年到 2003 年，伯克希尔已经从一家原本惨淡经营且内在价值远低于账面价值的北方纺织公司，蜕变成一个跨足多个行业且内在价值远高于账面价值的大型企业。基于此，39 年来我们内在价值的增长速率要高于 22.2% 的账面价值增长速率。”（2003 年信）

三个问题

我们要讨论的第一个问题是：如何追踪伯克希尔的业绩？到目前为止，我们从巴菲特那里一共收到至少 5 个追踪指标：（1）每股内在价值（最重要，但难以计算）；（2）每股账面价值（随着伯克希尔进入巴菲特管理的后期，效果越来越不好）；（3）每股投资（随着 20 世纪 90 年代中期公司业务重心的转移，指标也开始逐渐失去靶心）；（4）每股收益（有望逐步替代每股投资这一指标）；（5）每股价格（从 2014 年开始，巴菲特已将其作为每股净值的辅助乃至替代指标）。

究竟应当用哪个指标来追踪伯克希尔的业绩？或者说究竟应当用哪个指标来估算伯克希尔的内在价值？目前本人暂时没有答案。也许正像巴菲特所说（大意）：给伯克希尔估值需要涉及多个指标，没有任何一个单一指标能够独自完成任务。

我们要讨论的第二个问题是：为何伯克希尔的市净率不高？巴菲特在致股东信中也说了：尽管我们的资产净值规模居美国公司之首，但我们的股票总市值却远远落后于微软和通用电气等公司。为何伯克希尔的市净率不算高呢？我想可能有以下几个原因：（1）伯克希尔资产净值中的主体是所持股票的市值；（2）伯克希尔旗下的企业从事的大多是传统经济；（3）伯克希尔从不分红（除了60年代的一次“例外”）；（4）伯克希尔的业务过于庞杂；（5）伯克希尔股票的价格太高了且从不分割，让人望而生畏；（6）巴菲特和芒格正在一天天老去……

当然，股价合理反映公司的内在价值而不是过度反映才是巴菲特的工作目标。总体来看，伯克希尔的股价增长与其每股净值、每股投资和每股收益的增长大致还是相符的（股价增长会相对快一些）。如果你从1965年买入伯克希尔的股票并一直持有至今，你的投资回报基本上可以印证公司在过去50年里所做出的努力。

我们要讨论的第三个问题是：伯克希尔的资产净值尽管主要表现为所持股票的市值（早期尤其如此），但数十年来它的波动为何不是很大（如果波动很大，恐怕就不能作为公司内在价值的替代指标了），表现出少有的稳定性？

表6.3　波动数据对比

	巴菲特合伙（1957—1969）	芒格合伙（1962—1975）	红杉基金（1972—1997）	罗·辛普森（1980—1996）	伯克希尔（1965—1997）	标普500（1965—1997）
标准差	15.7	33.0	20.6	19.5	13.0	16.4
最低回报%	6.8	-31.9	-24.0	-10.0	4.7	-26.4
最高回报%	58.8	73.2	72.3	57.1	59.3	37.6

资料来源：《沃伦·巴菲特的投资组合》

表6.3中的数据显示，无论是早期的巴菲特合伙企业，还是后来的伯克希尔公司，其资产净值的波动性都低于甚至远低于对比公司（含指数）。究其原因，可能包含（但不限于）以下几条：（1）由于深受老师格雷厄姆投资理念的影响，巴菲特买入的股票均有着充足的安全边际，表现在股价波动上，就会比那些“买贵”的股票小一些；（2）伯克希尔的资产净值不仅有股票市值，还有旗下众多私人企业的利润贡献，加上它们都是非上市公司，

因此公司的资产净值就会表现得相对平稳一些；（3）过去数十年来伯克希尔收购了数十家私人公司，其中有不少涉及换股并购，公司的资产净值中也有来自股票溢价的贡献。

抓要点：账面价值与内在价值是两个完全不同的东西。

关键词：会计名词、经济名词、例外、估值的本质。

第三节　内在价值评估

迷雾　**如何给一个企业估值巴菲特似乎讲得不多？**

解析　**整体上看其实讲了不少，比如关于估值的 12 个你必须知道的内容。**

有个故事想必不少读者都听过。在一次股东会议的问答环节，芒格调侃说（大意）：“我从未见过巴菲特计算现金流量。”巴菲特接着回答（大意）：“如此秘密的事情我是不会当众做的。”这个故事虽有一些调侃的味道，但巴菲特究竟如何给一家企业估值，人们似乎了解的并不多。在历年的致股东信里，巴菲特好像也没怎么聊过他是如何给一项生意估值的。事实真的如此吗？

尽管巴菲特在致股东信中多次强调内在价值评估的重要性，但却较少提到他为某个生意进行估值的脉络与过程。也许正是因为如此，在 1994 年版的《胜券在握》中，罗伯特·海格斯壮为我们展现的估值细节，恐怕也只是他个人的猜想而已。至于巴菲特是否像他那样逐一并详细地进行了现金流计算，人们其实并不知道。

但是如果说巴菲特只讲概念，从不讲细节，似乎也并不如此。在历年的致股东信中，巴菲特整体上还是谈了不少与估值有关的内容。本人根据巴菲特的这些表述，总结出了一份估值小手册，你可以称它为“关于估值的 12 个你必须知道的内容”。

估值手册

现金流折现

“真正重要的还是内在价值，这个数字代表我们公司旗下所有事业体的综合价值。通过准确的预测，这个数字是将企业未来的现金流量（含流进与流出）以现行的利率进行折现而得出。不管是马鞭制造商还是移动电话从业者，都应在这个相同的计算基础上对其经济价值进行评估。”（1989 年信）

估计值

“伯克希尔的内在价值继续以一个较大的幅度高于账面价值。不过我们无法告诉你精确的差距是多少，因为内在价值只是一个估计值。事实上，查理和我本人所估算出来的公司内在价值数据，其差异就有可能超过 10% 。”（1990 年信）

简易计算

“几年前的一个传统观点，认为新闻、电视和杂志等媒体事业由于其折旧资金可满足资本支出的需要以及仅有着较小的营运资本需求，因此它们的经营利润可以在不必投入增量资本的前提下，无限期地以每年 6% 左右的速率成长。也因此，其报告利润（无形资产摊销前）全部都是可自由分配的利润，它意味着如果你拥有一家媒体事业，就等于拥有了一份每年可按 6% 增长的年金。假设我们用 10% 的折现率来计算这笔年金的现值，就可以得出如下结论：这个每年可赚取 100 万美元的生意，可以给出 2500 万美元的估值（你也可将这一税后利润的 25 倍市盈率转换为税前的 16 倍市盈率）。

“现在让我们把假设条件改变一下：这 100 万美元的利润仅代表的是这家公司的平均水平，即公司每年的利润会起伏不定。这种飘忽不定的利润模式也是大部分公司的实际状况，除非股东注入新的资金（通常都会以留存利润的方式）。我们把假设条件改变后，一个同样可赚取 100 万美元利润的生意，同样使用 10% 的折现率，公司的估值却因此变成了 1000 万美元。可以看出，一个看起来并不算很大的条件改变，就可让原有的估值从 25 倍 PE 降低为 10 倍 PE。”（1991 年信）

50 年前的公式

“John Burr Williams 在其 50 年前所写的《投资价值理论》（*The Theory of Investment Value*）中，便已提出计算价值的公式，我把它浓缩如下：任何股票、债券或企业的价值，都将取决于将资产剩余年限的现金流入与流出以一个适当的利率加以折现后所得到的数值。”（1992 年信）

便宜为大

“经过现金流折现后，投资人应选择的是价格相对于价值最便宜的投资标的——不论其生意是否增长、利润是否稳定、市盈率或市净率是高还是低。此外，虽然大部分的价值评估都显示出股票的投资价值高于债券，但这种情况并不绝对。如果计算出来的债券投资价值高于股票，就应当买入债券。”（1992 年信）

两座基石

“虽然用于评估股权投资的数学计算并不难，但即使是一个经验丰富、智慧过人的分析师，在估计未来‘息票’时也容易出错。在伯克希尔，我们试图用两种方法来解决这个问题：首先，我们试着坚守在自认为了解的生意上，这表示它们必须简单易懂且具有稳定的特质。如果生意比较复杂且经常变来变去，就很难有足够的智慧去预测其未来的现金流。附带说一句：这一点不足不会让我们有丝毫的困扰。就投资而言，人们应该注意的不是他到底知道多少，而是能够清晰地界定出哪些是自己不知道的。投资人不需要做太多对的事情——只要他能尽量避免去犯重大的错误。

“第二点一样很重要，那就是在买股票时，必须要坚守安全边际。如果计算出来的价值只比其价格高一点点，我们就不会考虑买进。我们相信，格雷厄姆十分强调的安全边际原则，是投资人走向成功的基石所在。”（1992 年信）

确定性

“在观察我们的投资时——不论是收购私人企业或是买入股票，大家一定会发现我们偏爱那些变化不大的公司与产业。这样做的原因很简单：在从事上述两类投资时，我们寻找的是那些在未来 10 年或 20 年内能够拥有确定竞争力的公司。快速变化的产业环境或许可以提供赚大钱的机会，但却无法提供我们想要的确定性。”（1996 年信）

唯一合理方法

“我们将内在价值定义为一家企业在其剩余时间所能产生现金流量的折现值。任何人在计算内在价值时都会依赖自己的主观判断，而这个主观判断又会因未来预估现金流量与市场利率的变动而变动。尽管计算这一数据时做

不到十分精确，但它却是一个非常重要的指标，也是评估某项生意或某项投资是否具有吸引力的唯一合理方法。”（1998 年信）

伊索寓言

“扣除税负因素不计，我们评估一只股票与一项生意的公式并无区别。事实上，这个评估所有财务性资产的公式，从公元前 600 年由某位先知首次提出后就一直没有变动过（虽然这位先知并没有能力预知当时是公元前 600 年）。

“我们说的这位先知就是伊索，而他的那个历久弥新但略显不太完整的投资观念就是：‘二鸟在林，不如一鸟在手’。要进一步诠释这一理念，你需要再回答 3 个问题：（1）树丛里有鸟的确定性有多大？（2）它们何时会出现以及数量有多少？（3）无风险收益率是多少（我们通常以美国长期公债利率为准）？如果你能回答这 3 个问题，那么你就会知道这个树丛的最高价值是多少以及能够决定树丛价值的鸟儿有几只。”（2000 年信）

成长迷幻

“一些共用的投资标尺，如股息收益率、市盈率、市净率甚至是成长率，除非它们能够提供一家企业未来现金流入与流出的足够线索，否则与价值评估没有一点关联。事实上，如果某个投资项目其早期的现金投入大于之后的现金产出，成长对价值不仅无益，甚至还会有害。不少市场分析师与基金经理习惯性地将‘成长’与‘价值’列为两种相互对立的投资风格，这只能显示他们的无知而不是老练。成长只是一个要素，在评估价值时，它可能是一个增项，也可能是个减项。”（2000 年信）

懂企业

“通常数据的范围会如此之大，以至于我们无法得到一个有用的结论。不过有时候，即使我们对鸟的数量做出最保守的预估，相对于树丛的价值，股票价格还是会显得有些过低了（我们暂且把这个现象称为 IBT——树丛无效理论）。可以确定的是，投资人除了必须对企业的经营有一定的了解外，还要有能力去独立思考以便得出经得起推敲的结论。除此之外，才华横溢、观点亮丽，并不是成功投资的必要前提。”（2000 年信）

没有任何一个标准能独自完成工作

“芒格和我用来衡量伯克希尔表现以及评估其内在价值的方法有很多种，

其中没有任何一个标准能独自完成这项工作。有时，即使是使用大量的统计数据，也难以对一些关键要素做出准确描述。比如，伯克希尔迫切需要比我年轻得多且能够超越我的经理人就是一例。我们从未在这方面有所改观，但却没有办法单纯用数字来证明这一点。”（2006 年信）

五个问题

关于内在价值的争议

尽管威廉姆斯在 70 多年前就给出了企业内在价值的定义，尽管巴菲特在历年的致股东信中也多次提到内在价值就是一家企业在剩余时光里的现金流折现值，甚至尽管我们在公元前 6 世纪的伊索寓言中就可以找到相同的思想，但还是有不少的投资者对评估内在价值的公式提出了质疑：有这么多的假设条件，这么长的剩余时光，靠谱吗？

下面这段关于内在价值的表述也许具有一些概念上的差异性，它来自由玛丽·巴菲特与大卫·克拉克所著《巴菲特原则》一书：“决定企业的实质价值是探究沃伦投资哲学的关键，对沃伦而言，内在价值就是投资所能创造的预期年复合回报率。沃伦就是用这个预期复合回报率估算该项投资是否划算。例如，沃伦先预估一个企业 10 年后的未来价值，然后再比较买下这个企业所需的价格与达到这个预估价值所需的时间。”你可以把上面这段话看作现金流折现的另一种表述。

当然，玛丽·巴菲特的观点不一定严谨，甚至有可能是翻译的问题（没有核对英文）。这里只是给出一个关于内在价值如何评估的（可能存在的）不同看法，仅供大家参考。

关于简易计算

不管怎样，列出企业的现金流量表是很烦琐的一件事。先不管它是否一定准确，在每次投资前（购买股票或进行企业收购），如果都要仔细计算相关股票（企业）的现金流量，这似乎也不太现实。因此，本人除了觉得玛丽·巴菲特的观点有一定的可操作性外，也相信巴菲特应当会在不少场合选择进行简易计算——就像他在 1991 信中所计算的那样。

巴菲特曾多次表示过（大意）：只要知道投资对象是不是一个胖子，而其标售的价格是不是与其体形相符就行了。这个观点也许就暗示了简易计算的可行性。我们以华盛顿邮报为例，当时的市场和巴菲特本人都觉得企业标售的价格出现了严重低估，那么在这些结论的背后，就真的躺着一份又一份的现金流量表吗？我看未必。

关于便宜为大

对这个问题我想强调两点：（1）所谓便宜，不仅是看市盈率（或市净率、市现率、市销率），还要看企业的内在品质究竟如何。某些企业尽管其静态估值看起来很高，但如果与企业的内在价值（而不是近期的某个财报数据）进行比较，也许不仅不高，甚至还很便宜。（2）请谨记格雷厄姆与巴菲特师徒二人的投资精髓：债券是特殊的企业；企业是特殊的债券。如果你同意他们的观点，那么在“便宜为大”这个问题上就不会出现错误的解读。

关于确定性

这是个老话题了，之所以又提出来，是因为它太重要了。其背后的逻辑既清晰又简单：无论你是用威廉姆斯的公式，还是玛丽·巴菲特的公式，或是巴菲特的简易计算，一个必要前提就是你预估的企业未来是否具有较高的确定性。如果没有，任何计算结果都会变成海市蜃楼。

在这个问题上，格雷厄姆表现出了高度的谨慎（这与他的经历有关）。而其他许多人则似乎表现出了极度的乐观态度。我想说的是，正是基于估值对确定性的要求，使大部分的上市公司可能都不宜进行所谓的现金流折现。也正是由于估值对确定性的要求，才使得巴菲特的投资组合表现出了较高的集中性。以中国的A股为例，假如你想做一个巴菲特式的价值投资者（这个定语已变得越来越有必要），那么你觉得这2000多家上市公司都能装入你的估值公式吗？

关于懂企业

在巴菲特所有与估值有关的论述中，我觉得这一条要求最为重要。1993年巴菲特在接受福布斯杂志采访时曾说过一段著名的话：“因为我是经营者，所以我成为好的投资人；因为我是投资人，所以我成为好的经营者。”在1996年伯克希尔年会上，巴菲特也说过一句很重要的话（大意）：计算内在价值没有什么公式可以轻松被你利用，你必须要了解这个企业。我们中的不少人，也许背起估值公式来滚瓜烂熟，说起其中的道理也头头是道，但是否真的懂企业，可能就是另一个问题了。巴菲特在股东信中曾表示，比起那些名校毕业的 MBA，他更喜欢在一线奋斗了很多年的“老家伙”们，背后的道理恐怕也是如此。

没有经营企业经历的人，是否就一定不懂企业呢？我本人倒不那么悲观。尽管我们中的不少人缺少经营企业这一课，但现在的学习环境要比 20 世纪 50、60、70 甚至 80 年代好很多。只要肯认真学习、多些深入观察、多点独立思考，还是有希望以勤补拙的。股票投资讲究“道”，企业经营也是如此。如果你能掌握这些道，你的价值投资就能提高胜算。

抓要点：你需要掌握的 12 个估值要点。

关键词：12 个要点构成了 12 个关键词。

参考文献

1977—2015 年巴菲特致股东信。

本杰明·格雷厄姆．聪明的投资者[M]．王中华,黄一义,译．北京:人民邮电出版社,2010.

本杰明·格雷厄姆, 戴维·多德．证券分析[M]．邱巍,李春荣,黄铮,译．海口:海南出版社,1999.

E. 迪姆森, P. 马什, M. 斯汤腾．投资收益百年史[M]．戴任翔,叶康涛,译．北京:中国财政经济出版,2005.

埃德加·史密斯．用普通股进行长期投资[M]．曹泽枝,刘俊伟,译．北京:中国华侨出版社,2009.

西格尔．股市长线法宝[M]．范霁瑶,译．北京:机械工业出版社,2009.

艾丽斯·施罗德．滚雪球[M]．覃扬眉,丁颖颖,张万伟,等,译．北京:中信出版社,2009.

斯科恩菲尔德．主动型指数投资[M]．穆瑞年,田唯,译．北京:机械工业出版社,2009.

伯顿 G. 马尔基尔．漫步华尔街[M]．刘阿钢,史芡,译．北京:中国社会科学出版社,2014.

伯格．伯格投资[M]．王华玉,等,译．北京:机械工业出版社,2006.

罗伯特·P. 迈尔斯．投资大师沃伦·巴菲特的管理奥秘[M]．吉林:辽宁人民出版社,2003.

詹姆斯·阿尔图切尔．像巴菲特一样交易[M]．胡志强,译．北京:机械工业出版社,2006.

巴顿·比格斯．对冲基金风云录[M]．张桦,王小青,译．北京:中信出版社,2007.

彼得·林奇. 选股战略[M]. 张立,译. 台北:金钱文化企业股份有限公司,1986.

玛丽·巴菲特,大卫·克拉克. 巴菲特原则[M]. 余永硕,等,译. 台北:金钱文化企业股份有限公司,1998.

玛丽·巴菲特,戴维·克拉克. 新巴菲特法则[M]. 北京海德堡,译. 广州:广州经济出版社,2007.

王巍,康荣平. 中国并购报告[M]. 北京:中国物资出版社,2001.

安迪·基尔帕特里克. 投资圣经——巴菲特的真实故事[M]. 何玉柱,等,译. 北京:民主与建设出版社,2003.

杰克·韦尔奇,约翰·拜恩. 杰克韦尔奇自传[M]. 曹彦博,孙立明,丁浩,译. 北京:中信出版社,2004.

约翰·布鲁克斯. 沸腾的岁月[M]. 万丹,译. 北京:中信出版社,2006.

吉姆·柯林斯,杰里·I. 伯勒斯. 基业长青[M]. 真如,译. 北京:中信出版社,2002,

Seth A. Klarman. Margin of Safety[M]. New York: HarperCollins, 1972.

约翰·邓普顿. 约翰·邓普顿爵士的金砖[M]. 付瑜,张清泉,译. 北京:中国青年出报社,2012.

迈克尔·尤辛. 投资商资本主义:一个颠覆经理职位的时代[M]. 海口:海南出版社,1999.

小弗雷德·施韦德. 客户的游艇在哪里[M]. 吴全昊,译. 海口:海南出版社,1999.

罗伯特·海格斯壮. 胜券在握[M]. 罗若苹,译. 台北:远流出版公司, 1996.

安德瑞·史莱佛. 并非有效的市场 [M]. 赵英军,译. 北京:人民大学出版社,2003.

彼得·泰纳斯. 投资大师谈投资[M]. 朱仙丽,等,译. 北京:北京大学出版社,1998.

菲利普·A. 费舍. 怎样选择成长股[M]. 罗耀宗,译. 海口:海南出版社,1999.

华安基金管理公司. 基金能够把握市场时机吗?[R]. 华安基金,2003.

彼得·考夫曼. 穷查理宝典[M]. 李继宏,译. 上海:上海人民出版社,2010.

理查德·比特纳. 贪婪、欺诈和无知:美国次贷危机真相[M]. 覃扬眉,丁颖颖,译. 北京:中信出版社,2008.

刘守英. 巨人的智慧[M]. 成都:四川人民出版社,1999.

罗伯特·哈格斯特朗. 沃伦·巴菲特的投资组合[M]. 江春,译. 北京:机械工业出版社,2000.